JN295868

軍政ビルマの権力構造

ネー・ウィン体制下の国家と軍隊 1962-1988

中西嘉宏 著

京都大学学術出版会

はしがき

　どの時代にも悪政として非難される政治体制がある．東南アジアの西端に位置するビルマ（ミャンマー）はその典型例だといってよい．この国では，我々には時代遅れにも見える軍事政権が1962年3月2日から45年以上続いている．

　冷戦終結後，欧米諸国は一部の非民主的体制への批判を強めており，ビルマに対しても援助停止や資産凍結などの経済制裁が実施されて久しい．日本もかつては最大の援助国として友好的だったが，政府開発援助は1995年の1億1,423万ドルから，翌1996年には民主化運動の弾圧を理由に3,519万ドルに急落し，その後も低い水準で推移している．

　こうしたビルマ軍政への低評価は，現代の欧米中心の国際社会が民主制をほぼ唯一の正統な政治制度とみなしている以上，さして不思議なことではない．その結果，軍政に抵抗する人々，たとえば，1991年にノーベル平和賞を受賞した民主化運動のリーダー，アウン・サン・スー・チー（現在は自宅軟禁中）は，圧政に抵抗する市民社会の世界的な象徴になりつつある．

　ビルマ政治を考えるときに連想される，こうした「世界の民主化に逆行する圧政」というイメージや「軍政 vs. 市民社会」という構図．これら自体は決して誤りではないだろう．ただ，軍政に対する価値判断や評価をいったん脇において，ビルマ政治の具体的な状況認識に立ち返るとき，驚くほど多くの事実がいまだ闇の中にあることがわかる．

　軍事政権のもとでいったい何が起きているのか．指導者はどういう人たちなのか．なぜこんな軍政が長きにわたって続いているのか．こうした問いがこれまで十分に検討されてきたとはいえないのである．

　実態把握をともなわないまま無闇に評価を下してしまうことは，社会科学の態度として問題がある上に，ビルマの理解をますます困難なものにしかねない．さらには，無理解と対立の連鎖を生み出してしまうだろう．地域研究が持

つ1つの意義は，こうした他者への無理解と対立の連鎖を断ち切ることにあるのではないだろうか．そこで本書は，いったいなぜビルマにおいて軍事政権が生まれ，どのような発展をとげ，なぜこれほど長く続いているのかを，実証的に明らかにしようとする．そうした理解のうえに立ってこそ，適切な価値判断が可能になると考えるからである．

考察の主な対象になるのは，1962年3月2日の軍事クーデタにはじまり，その後26年間続いた，ネー・ウィン将軍を中心とする社会主義的な軍事政権である．この体制は，現在まで47年続く軍事政権のうち，1988年からはじまった現政権から考えれば第1期の軍政にあたる．この体制を本書ではネー・ウィン体制と呼ぶことにしよう．ネー・ウィン体制を対象に，以下の問いに対して筆者なりの答えを出すことが本書の目的である．

1962年のクーデタで国軍が政権を奪取して以来，「革命」の名のもとで実行された国家再編により，ビルマの国家はどのように変容したのか．なかでも国家と軍隊の関係はどのように変わったのか．また，その「革命」の過程で，ネー・ウィンはいかにして独裁者の地位を築き，1988年まで26年間にわたって権力を維持できたのか．

先に結論を記しておこう．ネー・ウィン体制の時代，「革命」の大義のもと，ビルマでは大規模な国家再編が実行された．本書はこの国家再編に3つの側面があったことを指摘する．それは，第1に安全保障を国家の最優先課題とする国防国家の建設，第2に革命政党が国家機構全体を指導する党国家の建設，第3に国家が軍機構の論理によって運営される兵営国家の建設である．それらが時に協調，時に対立関係に立ちながら「革命」は進行していった．結果，相対的に小さな国軍将校団に対して，党と行政機構における極めて多くの役職を配分することが可能になり，これがネー・ウィンの権力維持および軍政の持続を可能にしたのである．

また，この国家再編が，必ずしもネー・ウィンによる合理的な支配戦略の成果だったというわけではなく，さまざまな意図せざる結果の集積であったことも強調しておく必要があるだろう．本書は，ビルマの軍事政権の動きを，指導

者の合理的意思に還元したり，国軍や政府をひとつの統合的な主体とみなさない．指導者の構想や指導者間の政治対立のもとで常に変容する国家と国軍の関係を実証的に分析し，ビルマで軍政が長く続く理由を説明しようとする．

　1988年に大規模な民主化要求運動を受けてネー・ウィン体制は崩壊し，政治経済体制が大きく変わったことで，ビルマの党国家はその終焉を迎えたわけだが，依然として国防国家および兵営国家としての側面は引き継がれている．この20年間の国軍機構の拡大や政治的自由化に対する保守的対応を見る限りでは，両者はむしろ強化されているとさえいえそうである．だが，そこまでの議論は本書のねらいを越えてしまうだろう．ただ，ネー・ウィン体制下の国家と軍隊に関する実証研究ということだけでなく，そこから現代ビルマ政治をも見通せるような枠組みを提供することも本書は視野に入れている．

目 次

はしがき ——— i
目次 ——— v
表目次 ——— viii
図目次 ——— x
凡例 ——— xiii

序章　ビルマにおける長期軍政とネー・ウィン体制 ——— 3
　序章-1　落胆する司令官 ——— 3
　序章-2　ビルマ政治の隘路 ——— 7
　序章-3　ビルマ研究による5つの説明 ——— 10
　序章-4　政軍関係論の知見 ——— 17
　序章-5　視角と構成 ——— 23

第1章　帝国の辺境
　　　　—— 近代ビルマにおける国民国家建設と暴力機構 ——— 29
　1-1　はじめに ——— 29
　1-2　イギリス植民地時代 ——— 32
　1-3　日本軍政期から独立へ ——— 44
　1-4　結び ——— 57

第2章　ビルマ式社会主義の履歴
　　　　—— 国家イデオロギーの形成と軍内政治 ——— 63
　2-1　はじめに ——— 63
　2-2　チッ・フライン ——— 66
　2-3　1950年代の国軍改革と参謀本部穏健派 ——— 73
　2-4　反共宣伝工作 ——— 79
　2-5　国防省参謀本部穏健派の周辺化 ——— 85
　2-6　「人と環境の相互作用の原理」の誕生 ——— 91
　2-7　結び ——— 94

第 3 章　未完の党国家
　　　　　── ネー・ウィンとビルマ社会主義計画党　　　── 97
　3-1　はじめに　　　── 97
　3-2　独裁と軍政　　　── 99
　3-3　党国家への転換と挫折　　　── 111
　3-4　結び　　　── 135

第 4 章　官僚制を破壊せよ
　　　　　── 行政機構改革と国軍将校の転出　　　── 139
　4-1　はじめに　　　── 139
　4-2　近代国家の移植と独立後の行政機構　　　── 141
　4-3　新行政体制建設　　　── 145
　4-4　人民評議会幹部と副大臣の経歴　　　── 152
　4-5　結び　　　── 159

第 5 章　「勝者総取り」の政治風土
　　　　　── 政治エリートのプロフィール分析　　　── 161
　5-1　はじめに　　　── 161
　5-2　誰が政治エリートか　　　── 164
　5-3　社会的プロフィール　　　── 174
　5-4　断絶と連続　　　── 190
　5-5　文民党幹部の限界　　　── 198
　5-6　結び　　　── 207

第 6 章　兵営国家の政軍関係
　　　　　── ネー・ウィンによる国軍の掌握とその限界　　　── 211
　6-1　はじめに　　　── 211
　6-2　クーデタと国軍　　　── 214
　6-3　国軍から党軍へ　　　── 225
　6-4　国軍人事の安定化　　　── 240
　6-5　側近の配置と分断人事　　　── 258
　6-6　結び　　　── 267

終章　結論
　　　── ネー・ウィン体制の崩壊と新しい軍事政権の誕生　── 271
　終章-1　はじめに ── 271
　終章-2　ネー・ウィンの「革命」とは何だったのか ── 272
　終章-3　体制崩壊 ── 274
　終章-4　1988年の「父殺し」 ── 281
　終章-5　片隅の死亡記事 ── 290
あとがき ── 293
参考文献 ── 297
索引 ── 317

表 目 次

表序-1	東南アジア11ヶ国における「政府の実効性」	9
表序-2	独裁制への移行直前の民主主義体制下における一人当たり国民所得（1951-1969）	12
表序-3	就業人口構成の推移	13
表1-1	1941年4月30日における英国ビルマ軍および国境防衛軍の民族別兵士数（士官は除く）	42
表1-2	独立直後のビルマにおける地税徴収の状況	52
表1-3	軍内部門別人員損失（1949年3月19日）	54
表1-4	部門別に見たインド高等文官たちの諸州への配属状況（1892-1914）	34
表2-1	月刊誌『ミャワディー』に掲載されたシュエ・モー名義の論考	81
表2-2	1958年6月9日政府不信任動議の議決結果	87
表3-1	初代革命評議会議員の階級とポスト	102
表3-2	第1期中央委員候補者になった党本部幹部の階級と人数	107
表3-3	中央政治学大学の職業別受講者数（1963-1971）	109
表3-4	党地方幹部の階級と文民数	110
表3-5	第1期中央執行委員会	113
表3-6	1972年の新任副大臣	114
表3-7	1974年の新任副大臣	115
表3-8	1975年の新任副大臣	116
表3-9	第1期中央委員選出における選出母体別候補者数と選出率	121
表3-10	第1期中央委員候補者，委員及び委員候補に含まれる国軍将校の階級と選出率	123
表3-11	第1期中央委員候補から第2期中央委員に新任された委員の民族名とポスト	126
表3-12	第3期新任中央執行委員の主要なキャリア・パス	129
表3-13	第4期新任中央執行委員の主要なキャリア・パス	135
表3-14	第5期新任中央執行委員の主要なキャリア・パス	136
表3-15	第6期新任中央執行委員の主要なキャリア・パス	136
表4-1	タイとビルマにおける閣僚の出身職業別分布	141
表4-2	副大臣（1972年12月時点）の主要な経歴	152
表4-3	国軍から行政機構への省別出向者数（1972-1988）	154
表4-4	人民評議会への出向者（1977-1987）の軍種・階級別人数	155
表4-5	副大臣（1974-1988）就任までの経歴分類	157

表 4-6	副大臣（1974-1988）の学歴	—— 158
表 4-7	1972 年行政機構改革前後の行政機構編成	—— 151
表 5-1	中央委員に占める新任委員数	—— 176
表 5-2	人民議会議員の民族構成	—— 179
表 5-3	党中央委員の民族別分布	—— 179
表 5-4	人民議会議員の宗教別分布	—— 181
表 5-5	人民議会議員の学歴（第 4 期を除く）	—— 187
表 5-6	ビルマ社会主義計画党中央委員会委員（候補者含む）の学歴	—— 188
表 5-7	インドネシア・ゴルカル議員の学歴別の人数と割合	—— 189
表 5-8	1942 年 1 月 1 日で 15 歳以上の人民議会議員（第 4 期を除く）の日本軍政期 —— 193	
表 5-9	1942 年 1 月 1 日で 15 歳以上の中央委員（候補者）の日本軍政期	—— 194
表 5-10	第 1 期から第 3 期新任・文民人民議会議員の主な経歴（1948-1962） —— 195	
表 5-11	新任・文民中央委員（候補者）の主な経歴（1948-1962）	—— 196
表 5-12	地方党幹部の入党時平均年齢と 30 歳未満の割合	—— 199
表 5-13	1977 年第 3 回党大会地方党委員会代表のうち大学以上の学歴を持つ代表の人数と割合	—— 200
表 5-14	第 5 期中央委員に含まれる文民党幹部の就任役職	—— 206
表 5-15	人民評議会議員，中央委員候補者，国軍将校の出身地	—— 183
表 6-1	新兵採用数と除隊者数の推移	—— 219
表 6-2	陸軍各軍管区における国軍，反乱軍の死者数，負傷者数等（1975-1987） —— 222	
表 6-3	1965 年時点での陸海軍人員構成	—— 245
表 6-4	1965 年における国軍士官の年齢構成	—— 246
表 6-5	階級別昇進者数の比較	—— 249
表 6-6	1980 年から 1987 年に軍管区司令官に就任した将校のキャリア	—— 257
表 6-7	軍管区司令官・歩兵師団師団長の平均在任日数（1970-1988）	—— 260
表 6-8	国防省・陸軍主要役職在任者の士官学校年次別分布	—— 264
表 6-9	各軍管区における反乱勢力の種類とその人員（1966/10/1-1967/9/30）	—— 218
表 6-10	1966 年時点の国軍（陸・海・空）における党員候補数	—— 230
表 6-11	1966 年時点の国軍（陸・海・空）における党員候補申請者数	—— 230
表終-1	ビルマの武器輸入額（1988-1997）	—— 287
表終-2	歩兵大隊数の推移（1948-1998）	—— 287
地図 6-1	陸軍軍管区（1988 年）	—— 215

図 目 次

図序-1	クーデタ数の推移（1944-1987）	—— 18
図 3-1	計画党の支出の推移	—— 106
図 3-2	1968年から1974年にかけての人事ルールの変化	—— 117
図 3-3	人民政党期計画党の中央組織構造	—— 119
図 3-4	将校たちの第1期中央委員候補者への経路	—— 122
図 4-1	国家行政計画指揮系統図	—— 146
図 4-2	『ビルマ連邦新行政体制調査会報告』に示された行政機構図	—— 150
図 5-1	ネー・ウィン体制期政治エリートの階層	—— 171
図 5-2	ビルマ社会主義計画党中央委員および人民議会議員の選出	—— 171
図 5-3	人民議会議員の年齢構成	—— 177
図 5-4	計画党中央委員の年齢構成	—— 177
図 5-5	国軍高級将校に含まれるビルマ族将校の比率	—— 180
図 5-6	新規中央委員（候補者）に含まれる現役将校・退役将校・文民の割合の推移	—— 202
図 5-7	1942年1月1日に15歳以上の新規中央委員（候補者）に含まれる現役将校・退役将校・文民の割合の推移	—— 202
図 5-8	1942年1月1日に15歳未満の新規中央委員（候補者）に含まれる現役将校・退役将校・文民の割合の推移	—— 203
図 5-9	文民党幹部のキャリア・パターンとその限界	—— 204
図 6-1	政府全省予算および国防省予算の推移	—— 217
図 6-2	政府全省予算に対する国防省予算の割合	—— 217
図 6-3	海外留学した将校数の推移	—— 221
図 6-4	軍人と農民	—— 235
図 6-5	農作業をする軍人①	—— 235
図 6-6	農作業をする軍人②	—— 235
図 6-7	農作業をする軍人③	—— 235
図 6-8	農作業をする軍人④	—— 235
図 6-9	国家像	—— 236
図 6-10	労働者と農民	—— 236
図 6-11	少数民族①	—— 236
図 6-12	少数民族②	—— 236
図 6-13	軍人と花輪①	—— 238
図 6-14	軍人と花輪②	—— 238

図 6-15	父としての軍人	―― 238
図 6-16	アウン・サンのイメージ	―― 238
図 6-17	ビルマ国軍機構図（1988）	―― 243
図 6-18	OTS 卒業生数（第 1 期-第 80 期）	―― 244
図 6-19	陸軍将校の指揮幕僚学校修了者数（1951-1988）	―― 249
図 6-20	歩兵大隊大隊長の昇進先および昇進数（1977-1987）	―― 252
図 6-21	第 1 作戦参謀の昇進先および昇進数（1977-1987）	―― 253
図 6-22	軍管区戦略部長，歩兵師団戦術部長の昇進先および昇進数（1977-1987）	―― 254
図 6-23	軍管区副司令官，歩兵師団副師団長の昇進先および昇進数（1977-1987）	―― 255
図 6-24	歩兵師団師団長等の昇進先および昇進数（1977-1987）	―― 256
図 6-25	年月別国軍主要ポストの（約 30）就任数（1977-1987）	―― 261
図 6-26	戦う女	―― 237

凡　例

1. 国名について

　1989年6月18日にミャンマー政府は英語の国名を Burma から Myanmar に変更すると発表した．それにしたがって日本でも「ミャンマー」という呼称が次第に使われるようになり，今ではどちらかといえば「ミャンマー」がより一般的になりつつある．よく知られているように，この英語名称の変更が軍政によるものであったため，国名の表記を政治的党派性の表明と受けとる風潮が一部である．本書では，国名をめぐる議論とは無関係に，本書が考察対象とする時代には，「ビルマ」という名称が一般的であったことから，1989年以降について言及する時も含めて，便宜的に「ビルマ」という国名に統一する．

　ちなみに，「ビルマ」を意味するビルマ語の「バマー」(*bàma*) はどちらかといえば口語的で，「ミャンマー」(*myanma*) は文語的な用語という違いしか本来はない．そのため，国名，組織名では「ミャンマー」と「バマー」が明確な区別もなくしばしば併用されてきた．たとえば，本書に登場するビルマ社会主義計画党は英語訳では the Burma Socialist Programme Party と「ビルマ」であるが，ビルマ語名をローマ字化すると *myanmà hsosheli' lânzin pazi* と「ミャンマー」が使用されている．

　なお，国名と民族名との混同を防ぐために，本文中では民族としての「ビルマ」についてのみ「ビルマ族」という名称を用いる（表中では「ビルマ」を用いる）．他の民族については「カレン」「カチン」「シャン」など「族」はつけない．地名についても1989年に変更があったが，すべて英語名の変更であり，ビルマ語については変更がないので，ビルマ語に近い発音のカタカナ表記を用いる．したがって，たとえばヤンゴンはかつて英語表記になって日本でもラングーンと呼ばれていたが，ビルマ語ではずっとヤンゴンと呼ばれていたので，本書でも原則としてヤンゴンという呼称を用いる．

2. ビルマ語のローマ字表記について

ビルマ語のローマ字表記は，人名をのぞいて以下の報告書にある奥平龍二先生考案のビルマ語表記法に従う．

The Burma Research Group. 1991. *Burma and Japan: Basic Studies on Their Cultural and Social Structure*, Tokyo: Burma Research Group.

3. 国軍将校の階級名については以下の対照表のとおりである．

ビルマ国軍階級のビルマ語／日本語／英語対照表

အရာရှိများ：士官		
ဗိုလ်ချုပ်ကြီး	大将	General
ဒုတိယ ဗိုလ်ချုပ်ကြီး	中将	Lieutenant General
ဗိုလ်ချုပ်	少将	Majour General
ဗိုလ်မှူးချုပ်	准将	Bigadier General
ဗိုလ်မှူးကြီး	大佐	Colonel
ဒုတိယ ဗိုလ်မှူးကြီး	中佐	Lieutenant Colonel
ဗိုလ်မှူး	少佐	Major
ဗိုလ်ကြီး	大尉	Captain
ဗိုလ်	中尉	Lieutenant
ဒုတိယ ဗိုလ်	少尉	Second Lieutenant
စစ်သည်များ：下士官および兵卒		
အရာခံဗိုလ်	准尉	Warrant Officer Class1
ဒုတိယ အရာခံဗိုလ်	第2准尉	Warrant Officer Class2
တပ်ခွဲ တပ်ကြပ်ကြီး	中隊曹長	Company Staff Sergeant
တပ်ကြပ်ကြီး	曹長	Staff Sergeant
တပ်ကြပ်ကြီး／စာရေး	曹長（事務官）	Staff Sergeant (administrator)
တပ်ကြပ်	伍長	Corporal
ဒုတိယ တပ်ကြပ်	上等兵	Lance Corporal
တပ်သား	兵卒	Private

軍政ビルマの権力構造

ネー・ウィン体制下の国家と軍隊　1962-1988

中西嘉宏著

序章　ビルマにおける長期軍政とネー・ウィン体制

序章-1　落胆する司令官
序章-2　ビルマ政治の隘路
序章-3　ビルマ研究による5つの説明
序章-4　政軍関係論の知見
序章-5　視角と構成

序章-1 | 落胆する司令官

筆者「大臣に任命されたとき，どういったお気持ちでしたか？」
元司令官「私は昔から兵站や軍内事務の仕事はしたくなかったんだ．作戦畑を歩んで国軍のトップにまでのぼりつめたかった．だから，国防省の局長になって1年くらいで大臣に任命されたとき，正直がっかりしたよ」(2005年 大臣経験のある元軍管区司令官へのインタビュー)．

　上ビルマのある軍管区司令官が自宅で夕食会を開いたんだ．部下はもちろん，親戚や有力な実業家たちがやってきて和気あいあいと食事を楽しんでいた．会もなかばにさしかかった頃だろうか，司令官の携帯電話が鳴り，かれは席をはずして電話に出た．しばらく話をして電話を切ったあと，司令官は突然ふさぎこんで自室に閉じこもったきり出てこなくなったんだ．仕方なく客は全員帰っていった．なぜ司令官は部屋から出てこなかったと思う？　後日わかったんだが，かれはそ

の電話で知らされたんだよ．もうすぐ大臣に就任するってことを（2007年 ジャーナリスト談）．

　最初の引用は1980年代に大臣をつとめた退役将校が，筆者のインタビューで語った言葉である．次の引用は，あるビルマ人ジャーナリストが2000年以降に起きたエピソードとして筆者に語ったものである．われわれには何とも奇怪にうつるこうした発言やエピソードも，ビルマで聞くとまったく違和感がない．長年続く軍事政権の特質をはっきりと示す，とても一般的な話にすら思えるだろう．ビルマには大臣就任に落胆する国防省の局長がおり，地方司令官が閣僚への就任よりも引き続き司令官でいることを望むのである．いったいこうした軍人たちはどのような歴史的経緯でビルマに生まれ，いかにして再生産されてきたのか．これを明らかにしていく作業が本書の内容である．そして，大臣よりも国軍幹部の方が威信が高いという認識，これを支える諸制度，それらがビルマで軍事政権が続く重要な要因だと主張する．

　今から考えると意外かもしれないが，ビルマの軍事政権は静かにその幕を開けた．1962年3月2日未明，国軍参謀総長ネー・ウィン将軍がクーデタを決行する．国軍は首相をはじめとした閣僚，一部の国会議員を拘束し，国家の全権をネー・ウィンを議長として国軍幹部17名からなる革命評議会（*tohlânyêi kaunsi*）に集中させた．

　クーデタに対する国民の反応はいたって冷静なものだった．学生運動の一部に反対の動きがあったものの，大規模な抵抗運動が起きることはなかった．ネー・ウィンによる政権運営に期待を抱く国民も少なくなかったといわれる．というのも，1948年1月4日に独立したビルマは，植民地支配からの解放という理想とはかけ離れた多くの困難に直面していた[1]．

1　1960年代初頭にビルマ国家が抱えていた政治制度，統治能力および国民統合をめぐる問題は，脱植民地化を経験した新興国家の多くが直面していた問題でもあり，それらに対処すべく，軍によるクーデタなどを通して議会制民主主義が制限され，小数の指導者に権力が集中する権威主義体制が構築されることも決してめずらしいことではなかった．こうした新興諸国における民主主義の挫折を，衛兵主義社会論やギャップ仮説を通じて考察したものとしては，後述するHuntington [1968] が古典的な研究である．また，戦後新興諸国の権威主義

太平洋戦争によって荒廃した国土は，独立後の経済の足かせとなり，ビルマ経済の根幹をなす農業部門では，米の生産量が戦前（1936-37）レベルに回復するのに約10年の歳月を要した［Walinsky 1962: 338-339］．植民地国家（colonial state）から国民国家（nation state）への移行も難航し，どういう国家を目指すべきか（資本主義体制か共産主義体制か，あるいは社会民主主義体制か），誰が国民なのか（市民権認定の問題や少数民族州の自律性をどの程度認めるか）について合意形成ができないまま，共産主義者や少数民族の一部は自ら進んで武器をとり，政府に対する武装闘争を開始した［Smith 1999］．1949年の中華人民共和国成立とアジアにおける冷戦の本格化を背景として，シャン州に侵入した中国国民党軍にアメリカ政府（特にアメリカ中央情報局）の軍事援助が行われるなど，ビルマ政府の意思とは無関係に外部介入が繰り返された［Taylor 1973］．議会制民主主義も反ファシスト人民自由連盟の分裂などで機能不全に陥っていく．
　国軍によるクーデタはそうした状況下で起こった．殉死した英雄アウン・サンを「創設者」とする国軍は，民族解放の立役者として国民から広範な支持を集めており，当時のビルマにおいて軍の政治介入が必ずしも否定的にとらえられていたわけではなかった．
　クーデタ後，革命評議会は政策声明「ビルマ式社会主義への道」（myanmà sosheli' lânzin）を発表し，そのなかで独自の社会主義国家建設を宣言する．まもなくして大規模な国家再編がはじまった．本書では，この「ビルマ式社会主義」の大義のもとに建設された体制を，指導者の名をとってネー・ウィン体制と呼ぶことにしたい．ネー・ウィン体制はクーデタから1973年までの改革期を経て，1974年の憲法制定をもって制度的な完成をみ，以後，1988年に大規模な反政府運動を受けて9月18日に再び国軍がクーデタを起こすまで続いた．
　この1962年から1988年まで26年間持続した国軍中心の政治体制は，平均寿命5年ともいわれる軍事政権としては異例の長期政権だといってよい［Nordlinger 1977: 139］．しかし，ネー・ウィンによる長期軍政は，当時の東南アジアに成立していたタイ（サリット体制）やインドネシア（スハルト体制）の軍事政権に比べて，政治的にも経済的にもはるかにたち遅れたものだった．ネー・

体制の成立について特に政治指導者のリーダーシップに焦点をあてた分析として木村［2003：序章］がある．

ウィンは70歳を越えても最高権力者の地位を譲らず，大臣たちはその多くが幹部将校および退役将校によって占められ，結社の自由や表現の自由などの国民の諸権利は「組織化」(siyôunyêi) や「団結」(sîlôunyêi) の名のもと著しく制限された．計画経済も1970年代半ばには限界が明白となったが，その後も隣国タイの高度経済成長を尻目に停滞が続いた．1987年には累積債務問題により国連へ後発発展途上国（Least-Less Developed Countries）認定の申請を行うまでになってしまう．ネー・ウィン体制期の26年間でビルマの政治経済はまったくその様相を変えてしまったのである．

では，ビルマ政治経済史上の大きな転換点となったネー・ウィンの「革命」(tohlânyêi または khi'pyáun tohlânyêi) とはいったい何だったのか．ネー・ウィン体制はいったい何を目指したものだったのか．それはどのようにビルマの国家を変え，その低い政治的，経済的パフォーマンスにも関わらず，なぜ長期の安定を実現しえたのか．そして，現在まで続く軍事政権にいかなる影響を与えたのだろうか．

残念なことに，こうした問いがこれまで十分に検討されてきたとはいえない[2]．理由としては，1962年以降のビルマ政府が現地での学術調査に対して消極的だったことが大きく，1960年代半ばからは外国人による調査はもちろんのこと，国内の研究者すら調査活動を制限される時代が続いている．政治にかんする調査はなおさら困難であり，制度の解説はあっても，体制全体の質を分析する枠組みが提供されることはなかった．そこで，本研究は2003年6月から2005年3月までビルマ（主にヤンゴン）で行った資料調査およびインタビュー調査をもとにして，ネー・ウィンによる「革命」の実態を実証的に考察することを課題とする．

議論の道標とすべく，ここで本書全体を貫くより具体的な問いを2つ示しておこう．第1に，ネー・ウィン体制期にビルマ国家はいかに変わったのか．なかでも国家と国軍との関係はどのように変容したのだろうか．第2に，ネー・ウィンはなぜ，どのようにして26年間にわたり権力者の地位を維持すること

---

2 経済面については他の分野よりも比較的研究が進んでいる．たとえば，農業政策および農村経済については斉藤[1979]，Mya Than [*et al.* 1990]，高橋[1992]などを参照されたい．

ができたのだろうか．いいかえるなら，第1の問いはネー・ウィン体制下における政軍関係の問題，第2の問いはネー・ウィンの政治リーダーシップをめぐる問題である．

序章-2　ビルマ政治の隘路

　問題の背景について敷衍しておこう．「ビルマ式社会主義」という自称が示すように，ネー・ウィンが試みた国家再編は，社会主義国家をモデルとしつつも，いわゆるマルクス・レーニン主義にもとづく共産主義体制とは一線を画すビルマ独自の社会主義だった．ただ，どの程度「ビルマ式社会主義」が独自の制度設計をともなっていたのかについては疑問がある．第2章で具体的に論じるように，その大部分は何らかの独自性を積極的に規定するものではなく，排他的なナショナリズムと反共主義という他者否定を核とした自己規定であり，「共産党主導ではない社会主義」程度の意味でしかなかった．

　しかし，空虚な概念でも敵の否定には役立つ．権力者の責任を問われない権威的な政治状況さえ用意すれば，あとは「ビルマ式社会主義」を根拠にしてあらゆる敵対的なものを排除していけばよいからである．事実，政党，外国資本，私企業，地主などは，ビルマにおける社会主義の発展を妨げてきた要因として「破壊」の対象となり，革命評議会によってその活動は非合法化された．複数政党制にかわって，ビルマ社会主義計画党（以下，計画党）が建設され，一党支配体制へむけて社会の脱政治化と組織化が進められた．連邦制は事実上停止され，強力な中央集権体制のもと，少数民族が多く住む各州の自律性は失われていく．労働組合，農民組織，学生運動へも介入が行われ，労働者評議会（*alou' dàmâ kaunsi*），農民評議会（*ledàmâ kaunsi*），計画青年団（*lânzin lunge*）が上から強制的に組織された［Taylor 1987: 304-333］．

　経済的には，産業の国有化が1963年2月の民間銀行24行の国有化をかわきりに本格化し，各種製造業，造船，鉱山，新聞社など多くの民間企業が国有企業に再編成された［西沢 2000: 19-20］．地主をビルマからなくして小作人と農

業労働者を自作農にすべく農地改革が試みられた．それまでエリート養成の機能を果たしていたキリスト教系の私立学校や，華僑・華人系の子息たちが通っていた中華学校も軒並み国有化されて公立学校となった．

　こうした諸施策が体系的な計画として進められたという形跡は乏しく，その多くが前政権の達成できなかった「社会主義」の実現という動機に支えられ，きわめて強引に実施されたものだったといってよい．そのため，経済面で間もなく限界が明らかになった．農地改革では，土地の所有権はすべて国家に移され，農民には耕作権だけが認められたが，耕作権は農地を自作あるいは小作として実際に耕作していたものにしか与えられなかった．社会の低所得層を構成する農業労働者はそこから除外された［髙橋 1992：76-81］[3]．外貨獲得の手段として期待された米の輸出も，「緑の革命」の成果で一時的に伸びたものの，政府の統制による農民のインセンティブ低下や米の質の低下などで期待されたほどは伸びず，70年代半ば以降は対外債務の返済が国家財政にとって大きな負担となった．

　ビルマ政治における最大の問題点は，こうした明らかな失政が政権の責任問題になることがなく，指導者の交代が生じずに問題が常に棚上げされていくことにある．むろん，指導者が交代すれば必ず事態が改善するというわけではないが，過去の失敗を認めずに自らの地位に拘泥するものが政治的影響力を持ち続ける限り，事態の改善は望めない．この，政治的停滞あるいは政治権力の流動性の低さが現在までのビルマ政治の特徴となっており，それは政府そのものの統治能力をも著しく低下させている．

　ネー・ウィン体制期のデータが存在しないので，参考程度にとどまるが，表序-1は世界銀行が発表している世界各国のガバナンス指標のうち，2005年の政府の実効性（Government Effectiveness）を東南アジア各国で比較したものである．示されたパーセンタイル順位を見れば，ミャンマーが2.4と群を抜いて低いことがわかる．これは，現在のビルマ政府が実効性のある政策を作成，実施

3　農村における非農家のシェアは1931年に41.7％，1953/54年度には46.5％であった．そして，1973年においても42.0から44.5％とほとんど変化を見せなかった［藤田 2005：275］．ただし，非農家には農業労働者以外の小作や非農業従事者も含まれているので注意を要する．

表序-1　東南アジア11ヶ国における「政府の実効性」

国	パーセンタイル順位 (0-100)	標準誤差
シンガポール	99.5	0.15
マレーシア	80.4	0.15
ブルネイ	70.3	0.25
タイ	66.0	0.15
フィリピン	55.5	0.15
ベトナム	45.0	0.15
インドネシア	37.3	0.14
カンボジア	18.7	0.18
東ティモール	14.8	0.22
ラオス	12.0	0.19
ビルマ	2.4	0.18

出所）[Kaufmann *et al.* 2005] より作成

できていないことを示している[4]．この点が同じ権威主義体制の国でも，ベトナム (45.0)，シンガポール (99.5) などとは大きく異なる．本来，低いガバナンスは政治の不安定化を引き起こすが，ビルマの場合はそうではなく，ガバナンスが低いまま，体制がある種の「安定」を獲得しているのである．

　ガバナンスを向上させない限り，たとえ政治指導者が変わったとしても，国家が社会に利益と公正さをもたらすことはできないだろう．しかし，政治が適切な指導力を発揮しなければ，ますますガバナンスが低下していき，社会経済問題を悪化させる．この，政治指導とガバナンスの悪化スパイラルに陥っているのが，45年以上軍政下にあるビルマ国家の姿なのである．そして，この悪化スパイラルからの脱出を妨げている最大の要因がビルマ国軍であることについては多言を要すまい．国軍による政権掌握の持続それ自体が自己目的化し，国家の政治経済的な発展をいかに実現するのかといった問題は二義的な意味しか持たない．

4　正確に世界銀行の定義をひけば，「政府の実効性」とは「公的サービスの質，公務員の質，政治圧力からの自律性の程度，政策作成能力と実施の質，および諸政策への政府の関与の信頼性」を指す [the World Bank 2007: 2]．

序章-3　ビルマ研究による5つの説明

では次に，先行研究はビルマの軍政をどのように考えてきたのだろうか．すでに述べたように，ビルマにかんする研究は，主に調査の難しさを理由として長らく停滞してきた．そのため，長期軍政の謎に実証的に答えを出そうとした研究は少なく，その特質を指摘する有効な分析概念もいまだ導き出されていない．さらに，鎖国と呼ばれるほど外国との関係が乏しかったネー・ウィン体制については，数えるほどしか先行研究がない．そこで，ここではネー・ウィン体制だけでなく，ポスト88年の軍政も含めて，これまでの研究がビルマにおける軍政の長期持続をどういった要因で説明しようとしてきたのか検討しておきたい．先行研究が指摘してきた要因は大きくいって以下の5つに区分できるだろう．

a. 政治文化

第1に，ビルマの政治文化に原因を求めるものである．以下のマウン・マウン・ジーの見解がその最も典型的なものである．

> 政府というのはそれがどんな形態をとろうとも，かれら（ビルマ国民）にとっては一貫して収奪的で専制的なものなのだ．広範囲にわたる飢餓でもない限り（恒常的にありあまるほど穀物生産があるこの国ではそう起きそうにはないが），また，生活必需品が大衆に行き届いている限り，国民が立ち上がることはないだろう．社会全体に共有された運命論と，主に農民から獲得された軍への忠誠が，ネー・ウィンの長期独裁を可能にしている．ネー・ウィンや支配エリートを打倒しようとする試みは宮廷政治としてしか起こりようがない．国民は相対的に政治システムに無関心である［Gyi 1983: 212］．

国家はそもそも収奪的で専制的なものであるという運命論的政治理解がビルマ国民の圧政への従順な姿勢を生み出し，それを乗り越えるには，それこそ大

規模な飢餓が起きる時ぐらいしかないという指摘である．同種のものとして，社会通念上，水（水害），火（火事），盗賊，嫌いな人と並んで王（政府）が「五大敵（*yandumyô ngâbâ*）」として人々に認識されているため，敵にわざわざ近づかない．すなわち政治に無関心になりやすいという点も指摘されている [Gyi 1983: 154–159]．こうした文化論的な理解は，多分にして印象論であり，今のところまだそれを支持する客観的証拠に乏しいといわざるをえない．

b．経済構造

第2に，経済構造の特質を重視するものである．上に挙げた文化論を避けながら国民の従順さを説明するとすれば，「農民はいくらとられたかを問う前に，いくら残ったかを問う」というジェームス・スコットのモーラル・エコノミー論を挙げることも可能だろう [スコット 1999：35]．農民は自らの生命を脅かされないかぎり国家に対する暴力的な集団行動は起こさない，というスコットの主張を受け入れるとすると，軍政持続のポイントは，国民に生命の危機を感じさせない経済構造がビルマに存在するから，ということになる．元来熱帯であるビルマの豊かな自然と，そこから採取される食料の多さが，国民の従順さを支えてきたことは，一般的にも指摘されるところである

それに加えて，藤田幸一は政府統制による米を中心とした基礎消費物資の価格低位安定が，社会不安を未然に防ぐ機能を果たしてきたと主張する [藤田 2005：7]．筆者も，フィールドワーク中にネー・ウィン体制期を振り返って，主に物価の安さに触れながら，当時の生活は安寧（*êichâːthaya*）だったと懐かしむ人々によく出会った．近年，国内米価が国際価格に近づくなど，全般的に物価が上昇していることを考慮すれば，この要因は次第に説明力を失いつつあるように思えるが，少なくとも1990年代までは社会と体制の安定に物価の低さが相当程度貢献したと考えていいように思う．最近では，ヤダナガス田，イェタグンガス田からタイへの天然ガス輸出が主な外貨獲得源になっているため，天然資源に依存する軍政というとらえ方もしばしば見られる．これ自体は新たな経済的説明として有効だと思われるが，21世紀に限定された現象であるから，本書の主題とは直接かかわらない．

c. 中産階級と市民社会

　統制経済による物価の安定は経済停滞の裏面でもあったため，タイやインドネシアの軍政下で 1980 年代以降急速に進んだ中産階級の増大が，ビルマではほとんど見られなかった．この中産階級の層の薄さが第 3 の説明である．そもそもビルマにおける民主制の崩壊と権威主義体制への移行は経済発展レベルの非常に低い段階（1 人あたり国民所得 312 ドル）で生じた上に（表序-2），1964 年から 1990 年までの就業構造にほとんど変化が見られなかった．表序-3 からわかるように，ネー・ウィン体制期のビルマは終始，農業従事者が全人口の 70％弱を占める社会だったのである．「中産階級の台頭＝民主化」という図式は単純に過ぎるが，社会の流動化が何らかの政治変動に寄与する可能性は高

表序-2　独裁制への移行直前の民主主義体制下における一人当たり国民所得（1951-1969）

国名	年	国民所得（$）	体制
アルゼンチン	1965	5,011	大統領制
アルゼンチン	1965	4,790	大統領制
アルゼンチン	1954	3,989	大統領制
ギリシャ	1966	3,176	議会制
ペルー	1967	2,694	大統領制
パナマ	1967	2,227	大統領制
ペルー	1961	2,148	大統領制
ブラジル	1963	1,889	大統領制
グアテマラ	1962	1,693	大統領制
グアテマラ	1953	1,509	大統領制
エクアドル	1962	1,451	大統領制
フィリピン	1964	1,217	大統領制
コンゴ	1962	1,120	大統領制
シエラレオーネ	1966	1,097	議会制
ホンジュラス	1962	1,042	大統領制
ソマリア	1968	1,015	混合
韓国	1960	898	議会制
ナイジェリア	1965	620	議会制
パキスタン	1955	577	議会制
ビルマ	1961	312	議会制
ビルマ	1957	267	議会制

出所）［Przewolski *et al.* 2000: Table 2.6］から 1950 年代，1960 年代の項目のみを抜粋して作成

表序-3 就業人口構成の推移

	1964-65		1978-79		1989-90	
	(千人)	(％)	(千人)	(％)	(千人)	(％)
農業	6,409	64.8	8,360	64.6	10,079	66.1
畜産・漁業	147	1.5	171	1.3	360	2.4
林業	30	0.3	166	1.3	175	1.1
鉱業	51	0.5	68	0.5	98	0.6
製造業	727	7.3	968	7.5	1,137	7.5
電力	13	0.1	15	0.1	17	0.1
建設	109	1.1	189	1.5	174	1.1
運輸・通信	294	3.0	430	3.3	385	2.5
社会サービス	163	1.6	262	2.0	394	2.6
行政	344	3.5	498	3.9	562	3.7
商業・貿易	728	7.4	1,239	9.6	1,405	9.2
その他	880	8.9	566	4.4	455	3.0
合計	9,894	100	12,932	100	15,241	100

出所）[髙橋2000：第Ⅱ-1表]のうち1989-90まで

い．

　さらに，中産階級の薄さはそれが主導する市民社会の弱さにもつながる．ただでさえ薄い中産階級に対して体制が言論の自由や結社の自由などの政治的，市民的権利を大幅に制限し，さらにかれらにとって動員のリソースとなる農民や労働者も官製組合に強制加入させることでコントロール下に置いてしまう．体制による管理の隙間をぬって時に起きる集会やデモなどに対しては，譲歩のそぶりすら見せずに徹底的に弾圧する．こうした，ビルマにおける社会の流動性の乏しさと市民社会の弱さが軍政のなしくずし的な長期化に貢献してきたと考えていいのではないだろうか．

　以上の3つの説明，すなわち，文化論的な説明，経済構造による説明，中産階級の層の薄さと市民社会の弱さによる説明は，それぞれ一定の説明力を備えているものの，すべてに共通したひとつの前提がある．それは，社会による政府への暴力的抵抗が政治体制を変えていくという理解である．この前提に立てば，社会による抵抗が抑えられる原因を指摘することで体制の持続は説明できることになる．もちろん，国民の抵抗から軍政の崩壊へというパターンもあり，1986年のフィリピンにおけるマルコス政権の崩壊や，1998年のスハルト

政権崩壊には，そうした側面が見られる．しかしながら，こうした説明だけでは国家そのものの有り様が等閑視されてしまう．たとえ権威主義体制であっても，国家はただ社会を抑圧的に管理するためだけにある組織ではない．したがって，ビルマ国家の特質を問わずにただ社会経済的側面だけから軍政の長期持続を説明しては，片手落ちということになるだろう．

その点で，ロバート・テイラーが『ビルマにおける国家』(*The State in Burma*)で試みた，王朝時代から1980年代半ばまでのビルマ国家の変化の考察は，出版から20年をへた現在でも異彩を放っている．テイラーは，約150年間のビルマ国家の変化をおおむね以下のように描いている．19世紀以降のビルマ国家は，大英帝国の植民地支配によって王朝国家が合理化され (the rationalization of the state)，その後，日本軍政期と独立直後に急速に弱体化したのち (the displacement of the state)，ネー・ウィン体制期に再び拡大局面に入り，かつての植民地支配をもしのぐほど国民の社会経済活動に介入することになった (reasserting the state) [Taylor 1987]．

テイラーのそもそものねらいは，王朝時代から1980年代半ばまでのビルマの国家形成について検討することであったから，軍政の長期持続要因については明示的に論じていない．あえて抽出すれば，1962年からはじまる一党独裁制と労働者評議会，農民評議会などの官製大衆組織の整備過程に国民の体制支持の増大を重ね合わせているようにもとれるが [Taylor 1987: 291–372][5]，軍政持続の説明としてはさして有効ではないだろう．したがって，ここでの一類型としてはテイラーの議論を挙げないが，かれがビルマ国家の全体像を分析したことは，国家内部に説明要因を求めるアプローチに再考をせまることになった．

d. 民族解放軍

そのテイラーの研究によって再考をせまられた主たる説明が，ビルマ国軍の歴史的な性質を重視するものであり，これを第4の説明としておきたい．この説明は，ビルマ国軍創設のひとつの起源が，反英闘争，反日闘争を戦った青年ナショナリストたちの軍隊だったことを強調し，「日本に対する反ファシス

5　筆者は，これらを国民の支持増大というよりも，政治運動が無力化されていく過程と考えている．

ト革命の時代に名を上げた第一世代の国軍指導者たちが，国家安全保障上の必要性と政治に対する境界線を越えて拡大する国軍の伝統を形成した」とみなす[Than 2002: 163]．ドロシー・ギーヨウの言葉を借りるなら，「軍隊を装った政治運動」[Guyot 1966: 51] としてビルマ国軍の行動様式を理解するのである．

確かに，1970年代までの国軍幹部の多くは，専門職業として軍人を選んだ人々ではない．少なくとも若い時期には民族解放という政治的な意志をもち，それを重大な動機として軍人を志したものも多い．しかし，そうであるとはいえ，日本軍政期はわずか3年間の出来事である．それだけで後の国軍の動きを説明することはできない．また，1950年代半ばの段階で，反乱勢力であるビルマ共産党との関係を理由に，北部軍管区司令官であったチョー・ゾー准将が解任されるなど，独立直後の国軍は決して安定した機構ではなかった．さらに，一般的にいえば，同じく民族解放運動の流れを汲むインドネシア国軍が，独立後，地方部隊の軍閥化に悩まされていたように，軍隊が政治運動の延長であるかぎり，中央集権的管理の失敗などといった組織的不安定要因を抱えることは避けられない．だとすれば，ビルマ国軍が内包する政治運動的な要素を強調すればするほど，その政治介入の長期安定を説明することは難しくなる．

e．国軍と国家

第5の説明は，上記の「軍隊を装った政治運動」論を的確に批判し，かつ，テイラーのビルマ国家論を継承したメアリー・キャラハンの議論である．それは，1950年代の国軍の制度的発展を強調する．『敵をつくる ―― ビルマにおける戦争と国家建設』(*Making Enemies: War and State Building in Burma*) で，キャラハンはビルマにおける植民地期からの暴力機構の歴史を，チャールズ・ティリーの戦争国家論を援用しながら丹念に考察した[Callahan 2003]．そして，テイラーが国家の弱体期とみなした1948年から1962年までの時期に，国軍はむしろ内戦を通じて組織的発展と自律化を遂げていたことを指摘した．これまで論じられてこなかった1950年代の国軍近代化過程を実証的に明らかにした意義はきわめて大きい[6]．

6　例外は，1950年代の国軍について考察したソー・ロック・トップの博士論文である [Top 1988]．

しかし，キャラハンの議論の最大の弱点は，軍政の時代である1962年以降を実質的な考察対象としていないところである[7]．彼女の狙いは，政治運動の担い手としてではなく，戦士（war fighter）としての軍人とかれらによる統治の起源を明らかにすることだった．そして，1950年代の国軍機構の発展をつぶさに描くことで，その目的をおおむね達成したといってよい．たしかに，ビルマ国軍の指導者たちは独立直後に不安定化した国軍を建て直すべく，軍隊に所属する戦闘員として機構の制度化を進めていた．

ただ，こうした構図が成り立つのは，実のところ，キャラハンが1962年3月2日クーデタ前の政軍関係を考察の対象にしたからであろう．ギーヨウは，1940年代前半の日本軍政下で青年ナショナリストたちが主体となって組織したビルマ独立軍を分析し，ビルマ国軍の政治志向の高さを強調した．対して，キャラハンは独立後の議会制民主主義体制下で，国家機構の一部として国軍が自律化しはじめた時期を考察し，ビルマ軍の戦闘組織としての性質を強調した．両者の主張の違いは分析対象とする時代の違いを反映したものと考えることもできるのである．

本書が考察する1962年3月2日クーデタ後の時代は，国軍指導部が国家全体を動かさねばならず，否が応にも軍人の政治家としての側面が表出する．同時に国内の反乱勢力鎮圧は完遂しておらず，戦闘部隊としての軍事活動は続けなければならない．したがって，政治家としての軍人と，戦士としての軍人の両側面および，それらの間の緊張関係に注意を払う必要が出てくるのである．キャラハンの議論は，軍政成立の背景説明としては有効だとしても，軍政の長期持続を論じるに不十分だといわざるをえない．

以上のような5つの説明類型のなかに本書を位置づけるなら，筆者の立場はテイラーとキャラハンの系譜に属する．国軍を議論の中心にすえながら，同時に国軍と国家との関係がときどきの政治的条件のなかでどのように変容してきたのかを検討するからである[8]．そのうえで，かれらと本書が一線を画するの

---

[7] 本研究とキャラハン[2003]との視角の差異については註14を参照されたい．
[8] そのため，不本意ではあるものの，社会経済的要因にそれほど触れることができず，どうしても説明として足りない点が出てしまうことは認めざるをえない．それでも，1962年以降のビルマ政治にかんする研究が長年停滞しており，

は，ひとつに，本書がネー・ウィン体制期の国家再編を，国家と国軍の関係を軸にした3つの過程，すなわち，国防国家建設，党国家建設，兵営国家建設の複合として考える点である．またもうひとつに，国軍の内部構造のより詳細な点，具体的には人事パターンの変容と世代交代を分析する点であろう．後者については序章-5でより詳しく説明する．

次節では，理論的な先行研究を参照しておく．政軍関係にかんする理論研究や比較研究は1950年代からかなり蓄積されており，軍事政権にかんする研究も多く存在する．では，かつて第三世界に多く見られた一般的な軍事政権を比較政治学がどういった視角から分析してきたのか．そして，そこから本書のためのヒントを得るとしたら，それはどのようなものだろうか．

序章-4　政軍関係論の知見

「不思議なのは，なぜこの反逆者たちが文民の主人に逆らうのかではなく，なぜかれらが［文民の主人に］従うかだ」と記したのは，イギリスの政治学者サミュエル・ファイナーであった［Finer 1988: 5］．ここでいう「反逆者たち」とは軍人のことを指す．つまり，軍人たちは日常的に兵器を取り扱う武力の管理者であり，暴力的に権力を奪取するのに圧倒的に優位な立場にあるのだから，軍人が政治に介入する方がむしろ自然ではないか．そういった批判である．このファイナーの批判の矛先は，文民統制にもっぱら関心を払う従来型の政軍関係論であった．文民による軍隊の統制をいかに確保するのかという点に関心を寄せる多くの研究者に対し，かれらの議論に通底する，文民統制の機能した状態を正常な国家とみなす前提に疑義を呈したわけである．

ファイナーの著書『馬上の人』（*The Man on Horseback*）の初版は1962年に出版されているのだが，上記のかれの批判は当時の世界状況を考えるとより理解しやすくなるだろう．図序-1は，1943年から1988年までに第三世界61ヶ国で

その重要性にもかかわらず現在まで未開拓な研究領域であることを考慮すれば，学問的な意義は十分にあると思う．

凡例) ■ クーデタ数
　　　□ 成功数

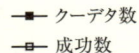

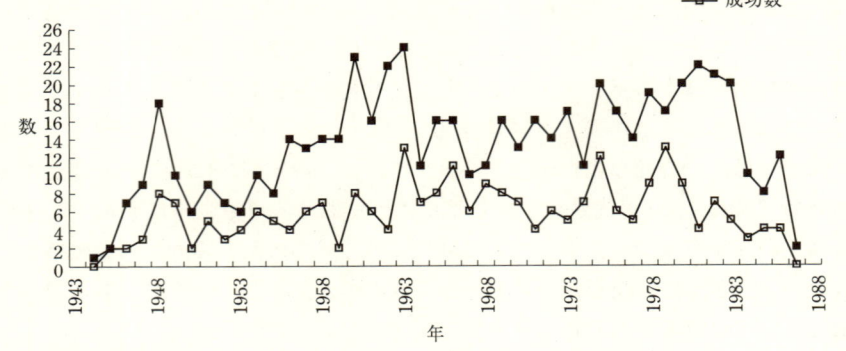

出所）[Tilly 1990: 214]

図序-1　クーデタ数の推移（1944-1987）

生じたクーデタの量的推移を示している．これを見るとわかるように，1950年代後半から1980年代前半までの第三世界では，毎年10から25のクーデタが生じていた．そのほとんどすべては新興独立国家で生じており，そうした国々で政治と軍隊との間の勢力均衡がいかに崩れやすいものであったかがはっきりわかる．なかでも，1950年代末と60年代初頭は世界中で軍によるクーデタが最も試みられていた時代であり，こうなると，同時期に出版された著書で，意図的な誇張とはいえ，軍隊の政治介入が起きる方が自然だ，とファイナーが指摘するのもうなずける[9]．

クーデタ頻発の世界情勢に合わせて，文民統制だけでなく，軍の政治介入にかんする研究がその後は蓄積されていく．多くはクーデタを中心とした軍の政治介入を類型化したり，政治介入の原因を探る研究であった．その先駆者でもあるファイナーは，「政治文化」概念を使って，当該社会の政治文化が軍の介入のレベルに影響を及ぼすと主張した [Finer 1988: 78]．具体的には，政治文化を成熟，発達，低い，最低限の4つに分け，それぞれで軍の政治介入のレベル

9　実際には，1960年代後半以降はラテン・アメリカおよびアジアでのクーデタは減っていて，この時期増加しているのはアフリカ諸国でのクーデタである [Tilly 1990: 214-216]．

（影響，脅迫，文民政府の排除，文民政府の転覆）の幅が決まるというのである．

　ほとんど同じようなことをいっていながら，ファイナー以上に影響力を持ったのがサミュエル・ハンチントンの研究である．ハンチントンは，軍隊や社会勢力が政治参加を求める政治化された社会を「衛兵主義社会」(Praetorian Society)と呼び，その原因を，政党組織の未熟などといった政治制度の未発達に求めた [Huntington 1968: 192-263]．社会の要求が政治制度のキャパシティを超えてしまうために，政治ルールへの合意も形成されず，さまざまな政治勢力が時に暴力的に政治参加を試みるというわけである．実際には，ファイナーのいう「低い政治文化」(Low Political Culture)と「最低限の政治文化」(Minimal Political Culture)が，衛兵主義社会のイメージにかなり近く，衛兵主義社会論についても軍の政治介入が起きやすい条件とその介入の程度を説明するものと見てよいだろう．

　こうした政治介入の政治社会的条件を探る研究と並行して，介入の当事者である軍の性質を検討する研究も進んだ．軍を社会階級との関係から検討するものや，軍を近代化の推進者として評価するもの[10]，あるいは，軍の専門職業主義と政治介入との関係を考察するものまで多岐にわたる．なかでも現在まで影響力を保持しているのは最後の専門職業主義にかんする研究であろう．ハンチントンが1950年代に専門技術 (expertise)，責任 (responsibility)，団体性 (corporateness) から特徴づけられるものとして専門職業主義 professionalism を定式化して以来 [ハンチントン 1964：8-12]，この概念は軍の行動を説明するうえで不可欠なものとみなされてきた．ハンチントン自身は主にアメリカを対象にして専門職業主義を軍の非政治性と結びつけたわけだが，その後のさまざまな研究の蓄積により，今では，専門職業主義が必ずしも軍の非政治性を保証するわけではなく，政治性，非政治性ともに含んだ軍の行動を構造的に規定する

10　代表的な近代化論者で，ビルマの国民建設についても著作のある政治学者ルシアン・パイは，調整能力を欠いて腐敗した政治家に政権をゆだねるよりも，軍の政治介入の方が一国の政治経済発展にとって望ましいという見方をはっきりと示していた [Pye 1962: 69-70]．他にも，近代化と軍の役割についてビルマとタイを比較したものとして Lissak [1976]，ビルマ，タイ，インドネシアを比較したものとして Yawnghwe [1997] がある．

ものという認識が一般的だと思われる[11]。

たとえば、アルフレッド・ステパンは、軍が担う国防義務に国内の安全保障だけでなく経済開発が含まれるようになると、国防の専門家としての専門職業主義ゆえに軍は政治化し、その役割を拡大させることがあると主張した［Stepan 1973］。そして、それを「新しい専門職業主義」（New Professionalism）と名付けている。こうなると、専門職業主義は軍の政治行動の原因というよりも、軍の政治行動を説明する視角といってしまった方がよく、具体的なその意味と機能については各地域で異なることになる。

このように、積極的な要因で軍の政治介入を説明しようとする試みが数多くなされてきた。とはいえ、それでもやはり政軍関係の研究はクーデタを扱ったものが中心であり、ビルマのように安定を獲得した軍政にはあまり注目が集まらなかった。それもゆえなきことではない。事例が少ないからである。通常、軍が武力による政権転覆を超えて政権運営という段階になると、多くの困難が待ち受けている。政権をとった軍は複雑な国家の諸機能を前に管理者としての無能力を認識するか（技術的な不適合）、あるいは国民からの支持調達に失敗すること（正統性の欠如）が少なくないのである［Finer 1988: 12-19］。

そのため、軍による直接統治は常に暫定的であり、実際に行うかどうかは置くとしても、軍政の多くは将来的な民政移管を約束する。たとえ軍自らが政権を長期間維持する場合でも、軍事的なものを超えた何らかの超越的な価値（ナショナリズム、民主主義、革命など）にコミットすることを表明して、その正統性をアピールしなければ、政権を維持することはできない。

むろん、そうした「口約束」も、まもられない限り早晩国民からの反発を招くだろう。そこで軍政はより望ましい文民政権に権力を委譲して政権から離

---

11 専門職業主義については大串［1993：第1章］が優れている。アジア諸国を論じたものについては Alagappa [2002] がある。専門職業主義に限らず、東南アジアの政軍関係を論じたものとしては、Ahmad [*et al.* eds., 1985]、萩原［1989］、Alagappa [ed. 2001a] [ed. 2001b] などを参照。各国研究ではインドネシアが最も進んでいる。たとえば、Crouch [1988]、Jenkins [1989]、白石［1996：第5章］、Kammen [*et al.* 1999]、Honna [2003]、Mietzner [2006] などがある。タイについては Surachart [1998]、玉田［1992］［2003：第3章］を参照。マルコス政権崩壊時のフィリピン軍については藤原［1989］が整理されている。

脱するか，そうでなければ，自らの技術的な不適合を補うために，テクノクラートや一部の文民政治家を積極的に登用して政策を合理化しつつ（たとえば輸入代替工業化から輸出志向工業化への転換），経済発展やインフラ整備，各種の社会政策という国民の目に見える実績づくりのための施策をこうじる．ダンクワート・ラストウのいうように，「軍事政権の成功は文民制度の効率化を許容し，促進する技術にかかっている」のである［Rustow 1963: 19］．そうなると，長期軍政の説明要因は軍の外に求めなければならず，政軍関係論だけでは説明が難しくなる．

　軍政を含む権威主義体制の世界的流行とその持続を説明しようとした代表的な研究としては，軍事政権と従属論を結びつけた，「官僚的権威主義体制論」(Bureaucratic Authoritarianism) がある．これは，ラテン・アメリカ，特にブラジル，アルゼンチンを対象にした枠組みであるが，提唱者であるギレルモ・オドンネルの初期の議論にもとづいて内容を簡単にまとめれば，官僚的権威主義体制とは人民主義の失敗による経済停滞を受け，軍将校，官僚，経営者が同盟を組んで非民主的な政治体制を成立させるとともに，国内市場の国際化による外資の導入で工業化をはかる体制であった［O'Donnell 1979: Ch. 2］．この議論のポイントは，ひとつに工業化の発展段階と政治体制の転換を結びつけたところであり，もうひとつには，概念の最初に「官僚的」とあることからもわかるように，テクノクラートの存在を強調することであった．

　このうち，1点目はその後の実証研究で批判を受けることになったが［出岡 1991：573-589］，2点目のテクノクラートについては，東・東南アジア研究における「開発主義論」「開発体制論」にも通じる．たとえば，開発体制について，末廣昭は「『開発政策の制度化』と『成長イデオロギーの国民的共有』の2つこそが，『個人独裁』や『政府党長期支配体制』とみられてきたアジア諸国の政権の存続にとっては，決定的に重要であった」［末廣 2000：116］と記し，なかでも経済開発を担うテクノクラートの重要性を強調している．そこでの軍幹部は政権担当者ではあるものの，経済発展の陰に隠れるかたちになる[12]．

　この，官僚的権威主義体制論や開発体制論はビルマ軍政を説明するうえでも

12　開発体制あるいは開発国家については他にも Woo-Cumings [1999] を参照されたい．

有効なのだろうか．残念ながら，ビルマの軍政を説明するには十分とはいえない．それは，ビルマにおける経済成長の低さとテクノクラートの存在感の乏しさを考えれば明らかだろう．もちろん，オドンネルは工業化が一定程度進んだ社会を官僚的権威主義体制論の対象とし，末廣も開発体制の範疇から社会主義国を外しているわけで，両概念の説明力の問題というよりも，ビルマ軍政の性格が外れ値であるために，そもそもモデルの適用を阻んでいるといった方がよい．非民主的な体制の持続を計量的に分析した研究でも，軍は政治的混乱の調整役として登場して短期で兵舎に戻るケースが多いため，軍政の長期化については例外的な位置づけが与えられている [Gandhi 2008: 173]．

では，外れ値であるビルマを理解するにはどうすればよいのか．本書の視角を設定するうえで参考になるのは，主に以下の2つの議論である．ひとつは，チャールズ・ティリーの国家形成にかんする研究である．ティリーがヨーロッパにおける国家形成を暴力（coercion）と資本（capital）との相互作用から考察し，「戦争が国家をつくる」と喝破したのはあまりに有名であろう [Tilly 1985: 170]．もちろん，本書はネー・ウィン体制を対象とするので，ティリーが行ったような長期にわたる国家形成に直接かかわるものではない．しかし，ティリーの研究が示唆に富むのは，第1に国家のあり方と暴力や戦争との間に深い関係を見いだした点，第2に暴力，資本，国家の関係は絶えず変化を繰り返すもので，ヨーロッパ内ですらそれらの相互作用にはかなりのバリエーションがあったことを指摘している点である [Tilly 1990: 187-188][13]．ビルマにおける国家と暴力あるいは戦争との関係史を対象に，その特異性は何なのかを問うことで長期軍政の謎にアプローチできるように思われる．

ただ，ティリーのような国家形成論をそのまま採用すると，テイラーのように数百年のプロセスを追うことになるため，特定の為政者の個性や短期的な変動がときに軽視されてしまうことも確かである．45年を越える軍政も，長期的な国家形成にとっては驚くべき異常事態ではなくなってしまうかもしれず，それは筆者の望むところではない．

ここで参考になるのは，分類学的な政軍関係論と比較政治史の架橋を試みた

---

13 ヨーロッパ以外の地域における国家形成について論じたものとしては，Centino [2002]，Wong [2000]，白石 [2000] が優れている．

アモス・パールマターの研究である．かれは近代国民国家において3種の軍人が登場したと指摘した．第1に合理的な官僚で安定した政治システム下にある専門職業的軍人，第2に政治志向が強く，クーデタも辞さない衛兵主義的軍人，第3に自らを革命戦争の兵士と規定する革命的軍人である［Perlmutter 1977: 9-17］．本書は理論研究ではないから，こういった分類そのものについてその是非を問うことはできないものの，ビルマ政治を考える上でのヒントを得ることはできる．それは，パールマターが軍の組織的な問題から生まれる集団的志向と，歴史的に形成される政治志向を軸にしてこの分類を行っている点である［Perlmutter 1977: 6-7］．その含意は，各国の軍の行動を規定する，組織的な発展状況と政治志向との間に一定の対応関係があるわけではなく，特に後者については各国の政治史が深く影響しているために歴史的検討を必要とするということだろう．ただ，志向（orientation）という概念が明快さを欠くため，この点についてはなるべく客観的な指標を用いるように修正する必要がある．

　まとめよう．一般的な軍事政権の事例と比べて特異ともいえるビルマの国軍と政治の関係を，われわれはどのように考えればよいのだろうか．政軍関係論をはじめとした理論的な研究から得られるヒントは以下のものである．まず，ビルマが国民国家としてどのように形成され，そのなかで暴力機構である軍がどのように位置づけられてきたのか，その変遷を明らかにする必要がある．次に，軍の行動は，軍の置かれた組織的事情とその政治志向に相当程度規定されており，それらを知るには，軍機構の内部構造についての検討はもとより，ときどきの政治状況が軍の志向に与えてきた影響を検討する必要がある．

序章-5 ｜ 視角と構成

　最後に，本書の視角を示しておきたい．目的を再確認しておくと，本書は，ネー・ウィン体制期（1962-1988）を対象に，ビルマにおける国家と国軍の関係を分析し，その体制持続のメカニズムを解明しようとするものである．そのために，以下の3つの視角を設定する．

第1に，分析の焦点を国軍将校団にあてる．ビルマ政治において最も重要な政治勢力が国軍であることに異論のあるものはいないだろう．ただ，これまではネー・ウィンをはじめとした最高幹部に国軍を代表させて，政権と国軍の動きをかれらの意思そのものとみなすか，あるいは国軍全体の行動に論者の解釈を施すことでその政治的機能を説明することが多かったように思われる．それに対して本書は，ビルマにおける軍政の長期化要因を，国軍将校団と国家の内部構造に求める[14]．

　確認しておくと，将校団とは軍の中核をなす幹部集団であり，暴力の管理を専門とする専門的職業集団である．しかし，他の専門家集団とは違って，厳格なヒエラルキーに規定された官僚組織でもある [Van Doorn 1965]．職域の内部では，能力は階級によって，業務は職位によって区別される．むろん，ビルマ国軍がどの程度専門職業主義的な軍隊であるのかもひとつの論点になるが，そ

---

[14] 国軍機構の安定が軍事政権の安定にとって不可欠であるという前提に立っている点で本研究の立場は，本文でも言及したように，キャラハンのそれに近い．しかしながら，いくつか認識が異なる点があるので説明しておきたい．第1に，軍事機構の発展のどの側面を重視するかにおいて異なる．キャラハンが重視するのは，1950年代における参謀本部と地方司令官の関係であり，地方司令官が地方軍閥化せずに参謀本部の指揮下にあった理由を問う．対して，筆者は軍内の階統制および異動の制度化と，それらと他の国家機構との関係を重視する．これは軍隊の近代化あるいは軍事力の増大という軍事的側面とは必ずしも結びつかず，階統秩序および人事異動にしたがった合理的な利益配分，利益集中の抑制という政治的機能の方がより重要であると考えるからである．第2に，制度化の指標を何に求めるかという点で異なる．キャラハンは1950年代の参謀本部拡充におけるアウン・ジー，マウン・マウンの役割を，地方司令官に対する参謀本部優位の指標としている．部局としてはマウン・マウンが局長を務めた教育・心理戦局がとりあげられている．しかし，マウン・マウンは1961年に軍を離れ，アウン・ジーは1962年には軍内での実質的な力を失い，教育・心理戦局に所属したものは軍から計画党の幹部養成学校に異動している．つまり，キャラハンが長期軍政の基盤をつくったと主張する際に観察した対象が，軍政の開始とともに軍内部から姿を消しているのである．これでは彼女と同様の視角で後の時代を検討することができない．対して，本研究の主たる指標は将校団の昇進人事および出向人事である．これにより，構造的なネー・ウィン体制の特徴を理解することが可能になるとともに，異なる時代との間での比較，または他国との比較のための基礎情報を提供することもできるだろう．

れも含めて将校団全体に留意することで，ひとつに，過度に強調されてきた国軍最高幹部の政治的影響力を相対化し，もうひとつに，印象論を超えてより実態に即した政軍関係の考察が可能になるものと思われる．

　第2に，将校団の組織構造と人材の配分を指標にして，国軍の国家における公式・非公式の制度配置を明らかにする．本研究の分析対象は国軍の軍事的側面ではなく，国軍と国家の関係である．したがって，重要になるのは，ビルマにおいて，国軍が国家をどう捉え，国家とどのような関係をとり結んできたかである．そこで，国家機構内における国軍の位置づけとその政治的機能を，組織構造と人事を指標にして考察したい．公式制度上の組織構造にとどまらず，人事的な配置にまで分析対象を広げることは，ビルマ研究ではほとんど試みられてこなかった．人事の流れを丹念に考察することにより，将校団への利益配分のシステムとそれを基礎にした将校団のインセンティブ構造を一定程度推測することができるだろう[15]．

　第3に，将校団の制度配置とその変容過程を政権レベルの政治状況と関連づけながら論じる．ネー・ウィン体制における政治はネー・ウィンによる独裁を基調としている．しかし，それは歴史的な経緯やネー・ウィンの個人的資質から必然的に生じたことではない．本論で示すように，計画党，国軍，諜報機関の幹部との間に権力闘争は生じており，ネー・ウィンの長期独裁はネー・ウィンが26年にわたって自らの政治的安全保障に成功してきた結果といえよう．これまでの研究はこうしたかれの権力維持を，国軍との一体性を強調することで不問に付してきたように思われる．本研究では，ネー・ウィンと将校団を切り離してとらえ，ネー・ウィンが将校団をいかに統制したのかを検討したい．そして，その結果として構築された将校団の制度配置に体制持続の肝を見いだす．ネー・ウィンがどのように将校団をおさえ，同時に将校団さえおさえれば

15　政軍関係論における軍の制度配置は主に民主政下における文民統制という観点から考察されてきたものである．それはどちらかといえば逸脱行為へのサンクションを強調したものであり，将校団に行動の動機を提供するインセンティブはあまり注目されてこなかった．理論を発展させることは本研究において筆者のよくなしうるところではないが，エージェンシー理論をつかって政軍関係を再考する試みとして Feaver [2003] が興味深い．

国家を管理できるような構造をつくりだしたのかを問うのである．

　以下，第1章ではネー・ウィン体制の歴史的背景を概説する．国家，国民，軍隊それぞれが近代ビルマにおいてどのように生まれ，どのような伝統を形成してきたのか．ネー・ウィン体制誕生の前提条件を明らかにするとともに，ビルマ国民国家の歴史的特質を示すことを目的とする．

　第2章ではネー・ウィン体制の成立をイデオロギー的側面から考察したい．ネー・ウィン体制の国家イデオロギーは元共産党員の1人の軍属，チッ・フラインによって起草された．かれの個人史を通して，国家イデオロギーの形成過程をあとづけることで，体制の思想的支柱となる国家イデオロギーがいかに軍内政治および国防上の事情に影響されて作成・制定されたのかを明らかにしたい．これにより，国防国家としてネー・ウィン体制が成立したことを示すのがそのねらいである．

　第3章では1948年の独立以来続いてきた議会制民主主義を廃止して導入された計画党による一党支配体制を考察する．従来，同党は国軍による支配を覆い隠すカモフラージュとみなされてきたが，本章ではネー・ウィンに軍事政権から党国家への体制移行の意思が存在したと仮説を立て，それを党幹部人事の分析を通じて検証する．ネー・ウィンによる党国家建設の動きをあとづけるとともに，いかにしてそれが挫折したのかを明らかにすることがこの章の目的である．

　第4章は行政機構改革を主たる素材にして，ネー・ウィン体制下における行政官僚機構と国軍の関係を検討する．前述したように，ビルマの軍政の重要な特徴は，文民行政官僚が軽視されているにもかかわらず，長期の安定を実現していることにあった．では，実際に1962年以来，ビルマの行政機構は何を理由にして，いったいどのように影響力を低下させたのか．1972年の新行政体制の採用と1974年の新憲法成立による制度的変化と，その後の国軍と行政官僚機構との間の人的関係を素材にして，この点を検討したい．

　第5章では「勝者総取り」という言葉をてがかりに，ネー・ウィン体制期政治エリートのプロフィール分析を行う．植民地時代も含めたビルマ政治史においては，体制が転換するごとに政治エリートが大幅に入れ替わるという特徴があると指摘されてきた．しかし，これまで実証的に検討されたことはない．そ

こで，ネー・ウィン体制期のビルマ政治エリートたち，具体的には人民議会議員，計画党中央委員，国軍幹部将校が，どういった社会的出自を持ち，体制全体をどのように構成していたのかを明らかにする．

第6章は体制を屋台骨として支えた国軍について論じる．ここでの課題は，国軍がネー・ウィンの独裁に対して持つ「支持基盤」と「脅威」という2つの側面に注意を払いながら，国軍将校団に体制維持の動機を与える制度的，人事的構造とその限界を明らかにすることである．国軍博物館・歴史研究所に所蔵された一次資料などを利用しながら，可能な限り詳細にネー・ウィン，国軍，国家の三者関係を考察する．

終章では，まず，第6章までの議論をまとめて，本章冒頭で示した2つの問いに筆者なりの答えを出す．そのうえで，1988年のネー・ウィン体制崩壊過程の再検討を通して，軍事政権内変革として1988年が持つ意義を再解釈したい．そして最後に，ネー・ウィン体制からの連続として見たポスト88年のビルマ政治の状況を論じる．

第1章　帝国の辺境
―― 近代ビルマにおける国民国家建設と暴力機構

1-1　はじめに
1-2　イギリス植民地時代
1-3　日本軍政期から独立へ
1-4　結び

1-1　はじめに

　本章ではイギリスによって植民地化されてから，ネー・ウィン体制が成立するまでのビルマにおける国民国家と暴力機構の歴史について整理しておきたい．それを通じて，次章以降の議論の前提を確認するのが目的である．
　まず，ラインハルト・ベンディクスがまとめたマックス・ウェーバーの古典的な定義にしたがえば，近代国家（以下で国家という場合は近代国家を意味する）の基本的な要件は以下の4点にある．「(1) 立法による変更に服する行政秩序と法秩序，(2) 立法による規則にしたがって公務を運営する行政装置，(3) その管轄権のおよぶ地域内にあるすべての個人 ―― ふつう，出生と同時に市民権を獲得する ―― および，そこで生起するたいていの行為にたいする，拘束力ある支配，(4) その地域内における正当的な実力の行使 ―― この場合，その強制力の発動は，法にもとづいて構成された政府によって是認されるか命令される」[ベンディクス 1988: 450-451]．

これらの要件には秩序としての国家（1と3）（= governance）と，秩序をもたらす機構としての国家（2と4）（= government）が区別されずに並列しているが，本書では国家を，国境により空間的に区切られた社会に対して，合法的な暴力を独占し，依法的な支配を構築・再生産しようとする機構，と定義する．そうすることで，機構と秩序を区別でき，機構の説明が秩序の説明にずれこむことを防げるからである．国家は社会秩序に影響を与えるひとつのアクターである．その影響力は極めて大きいが，社会を完全にコントロールできることはなく，各地域における国家の機能とその形成過程を同定していくことが国家論，政治研究のひとつの課題である．

　さて，本書が主として検討するのは，ビルマにおける国家と暴力機構との関係である．国家による合法的暴力の独占あるいは独占への意思が，近代国家の重要な特徴となっているのは，要件（4）にあるとおりである．国家は社会勢力を武装解除し，さらに国内における反政府的行動や外国の侵入に備えて日常的に武器・装備・人材の発展につとめようとする．そうした，暴力の管理を専門的に行う集団として，西欧では18世紀に軍隊が社会から自律化していった．この，合法的暴力の独占および独占への意思と，暴力の専門的管理者としての軍隊の発達は，近代国家と暴力の関係を特徴づける重要な要素であるものの，それぞれ根本的な限界を抱えており，その限界が国家形成のダイナミズムを引き起こす要因となった．限界とは次の2点である．

　第1に，近代国家による強制力行使を支える合法性は，基本的に制定法によって定められるが，制定法そのものを定める主体の正統性は，何をもっても基礎づけることはできない．究極的には国家によって行使された暴力が合法か違法かを判断することはできず，国家が合法的暴力を独占しているのではなくて，国家の暴力だけを国家自身が合法的とみなす，という自作自演の論理構造を多かれ少なかれ有している．

　植民地国家では，国家と社会の間に圧倒的な力の差があるため，近代国家による統治の合法性とその存在論的意義に疑問を提起する人々は，千年王国運動的な反乱を除けば，少数だった．ところが，20世紀に入り，植民地支配下にある社会でもナショナリズムと共産主義が勃興し，国家は誰のためのものか，誰が国民か，「われわれ」の国家とはどういう国家であるべきかという，いわ

ば国家の存在論的基盤をめぐる政治が活発化した．そのなかでは，ときに植民地国家の存在が外部者の支配として不当とみなされた．それはまさに合法的暴力を行使する主体の正統性を脅かすものであった．植民地化によって近代国民国家の枠組みが外部から移植された地域であるほど，ナショナリズム運動や共産主義運動は武力をともなった苛烈な闘争を惹起することになった．

　第2に，専門職業主義的な軍隊についてである．そもそも国家における軍事機構の将校団が傭兵的，貴族的な集団であることを脱し，社会から自律的で専門職業的な軍隊に変容しはじめたのは19世紀初頭の西欧である．自律化した軍の将校団をマイケル・マンにならって軍人カーストと呼ぶなら，軍人カーストは官僚制化，専門職化，民主平等化によって生まれた［マン 2005：61-83］．かれらは給与の支払いを受け，組織内における階級と職務は機能的なヒエラルキーによって規定され，またそうしたヒエラルキーへの参入・昇進・退出に際して非人格的な能力尺度が採用されるといった官僚制化を経験した．また同時に，軍人カーストは軍事に関する特殊技能を独占する専門家集団であり，兵器・装備および戦略・戦術の高度化にともなってますます専門化していった．さらに，フランス革命とナポレオン戦争の影響により，軍内の昇進には家柄の縁故関係ではなく，実績がものをいうようになった．これが民主平等化である．将校団に占める貴族の割合は急速に低下していき，近代国家における軍は，専門家たる軍人カーストによって運営される自律的官僚組織になっていく［Huntington 1968: Ch. 2; マン 2005：第12章］．

　その後，西洋生まれの近代軍モデルは近代国家や国民国家とセットになって，世界に拡大していった．この専門家集団としての軍隊が原理的に抱える限界とは，軍隊が管理する暴力が権力の源泉として圧倒的に強力であり，軍事の専門家として教育され，職務を遂行してきた軍人カーストが，その限定された権限を越えて政治に参入しない保証は，実のところどこにもないということである．もちろん，政治的野心から行動する軍人が登場する可能性もあるが，たとえ専門職業的な軍人であったとしても，国民と国土を防衛するという軍本来の任務を軍事的な手法に限定する理由はなく，政治家こそが国防を危機に陥れる元凶であると軍人が認識すれば，国防意識と政治介入との距離は決して遠くないのである．ここに，非政治的軍隊の限界があり，軍をめぐる政治の余地が

生じる。

　以上の2点，国家による強制力の正統性をめぐる限界と政治，軍隊の非政治性をめぐる限界と政治が，特に発展途上国の国家と暴力を考えるうえで重要な論点となる。以下では，この2点を軸にして，イギリス植民地時代 (1824-1941)，日本軍政期からイギリスの復帰と独立後 (1942-1961) に分けてビルマ近代史を俯瞰していく。

1-2　イギリス植民地時代

　ビルマに近代国家が本格的に移植されたのは，イギリスの植民地化によってである[1]。1824年から1826年に第1次，1852年に第2次，1885年に第3次の3度の英緬戦争を経て，ビルマ最後の王朝国家コンバウン朝は段階的に植民地化されていった。この段階的な植民地化の過程でビルマは国家の中心を上ビルマのマンダレーから下ビルマのヤンゴン（ラングーン）に移すことになり，加えてインド帝国への統合により周辺国家としての性質を付与されることになった。

（1）英緬戦争と王朝の終焉

　東南アジア大陸部の領土獲得競争をめぐる英仏間の緊張は18世紀の半ばに高まっていく。当時ベンガルのチッタゴンにビルマから流入していたアラカン

1　イギリスの植民地化は段階的に進められたため，コンバウン朝は1885年まで上ビルマで存続した。1852年に下ビルマをイギリスに領有されて以降，ミンドン王は外国人を雇用し，ヨーロッパやインドへ留学生を派遣するなど，積極的に国家の近代化をはかっており［石井他編 1999：298-301］，その点でイギリスによる植民地化だけを近代化の契機とみなすことはできない。ただ，ビルマの場合，首都が下ビルマへ移動し，王族あるいは貴族の末裔がその後に強い政治的影響力を持った事実もないため，王朝国家と植民地国家との断絶は相当程度大きいものと考えられる。滅びゆく王朝国家と近代ビルマの関係については Myint-U［2001］を参照されたい。

難民をめぐってイギリス東インド会社との間で紛争を抱えていたコンバウン朝も，次第にイギリスによる帝国主義支配の対象になっていく．アラカン問題が発展して 1824 年にはじまった第 1 次英緬戦争は，イギリス軍が中部平原に位置するパガンを占領して終結し，1826 年 2 月に結ばれたヤンダボー条約によってアラカンと，南部のテナセリムの両地域がイギリス東インド会社に割譲された．アラカンはベンガル下に置かれ，テナセリムはペナンから派遣された文民官僚が統治の任を負った．第 2 次英緬戦争によって，マルタバンとバゴーがイギリス東インド会社所有になると，前者はテナセリム弁務官の管轄する州へ，後者はバゴー弁務官が管理することになったが，1858 年にイギリス東インド会社からイギリス政府へ領土所有権が移されると，近隣四地域にそれぞれ別の管理者が任命されているのは非効率であるとして 1862 年にはアラカン，テナセリム，マルタバン，バゴーがヤンゴンにオフィスを置く弁務長官（the Chief Commissioner，初代長官はフェイヤー少佐）のもとに統合された．下ビルマ全体がイギリス領ビルマ州（the Province of British Burma）となる．

さらに，イギリスのコンバウン朝への経済的・政治的要求は高まり，1885 年にはその外交（特に対仏外交を対象とする）にまでインド政庁の承認を要求するようになった．独立国家の君主としてそうした要求を受け入れない王に対して，イギリスは軍事行動を起こし，目立った戦闘のないままあっけなく上ビルマもイギリスの領有するところとなった．ティボー王がボンベイに移送されてコンバウン朝はあえなく滅亡する．1886 年に現在のビルマ全体が正式にインド帝国の一州となった．

（2）周辺国家ビルマの諸特徴

近代の植民地支配が基調とするのは支配の合理化である．ただし，合理化は目的や外部環境との関連のなかで規定される相対的なものでもあり，宗主国が植民地支配に見いだす利益や，支配の理念，制度的・政策的伝統，現地の社会経済的条件，自然環境および地政学的位置が合理的な支配の内容を決定する．では，ビルマに構築された植民地国家にはどのような特徴があったのか．

第 1 に，それはインド帝国の辺境で建設された植民地国家であった．ビルマ

は1936年まではインド帝国の一州としてインド総督任命下の知事が司法・立法・行政の権限を握った．20世紀初頭からのナショナリズム運動拡大などを受けて，次第にイギリスは立法権を現地人からなる立法機関に付与する方向，すなわち現地人による自治の拡大にその統治システムを変化させたが，それでも，主要な行政ポストはイギリスから派遣された官僚のもとにあった．官僚たちはインド帝国内を定期異動で「巡礼」しながら任務を果たすインド高等文官（Indian Civil Service: ICS）を中心とした人々であり，かれらの頂点にはインド総督が君臨した（詳しくは第4章）．インド総督はイギリス本国のインド担当大臣のもとにあり，インド担当大臣はイギリス本国議会に対してその責任を負った．1937年のビルマ統治法（the Burma Act）施行以後はイギリスに新たに設置されたビルマ省に管轄が移り，イギリス国王に直接任命されるビルマ総督がその任を負うことになった[2]．

第2に，周辺部（シャン，カチン，チンなど）とビルマ中央部とが異なるシステムで統治された．上ビルマ領有時，イギリスはコンバウン朝に服従していた

---

2 インド高等文官の州別配属状況は表1-4のようになっている．ちなみに1921年時点における諸州の人口総計は約2億人であり，そのうちビルマ州は約1,300万人と約7％を占めている（ミッチェル［編 2002］などから算出）．対して，表1-4にあるように，ビルマ州に派遣されたインド高等文官数は全体の10％となっており，人口規模からすれば適正規模の官僚数の配置だったといえる．

表1-4　部門別に見たインド高等文官たちの諸州への配属状況（1892-1914）

	ベンガル	ボンベイ	ビルマ州	中央州	マドラス	パンジャブ州	連合州	計
行政 （人）	184	88	81	54	91	82	130	710
（％）	26.0	12.0	11.0	8.0	13.0	12.0	18.0	
司法 （人）	76	35	21	14	31	33	40	250
（％）	30.4	14.0	8.0	5.6	12.4	13.2	16.0	
政務 （人）	11	4	0	2	2	21	6	46
（％）	24.0	9.0		4.0	4.0	46.0	13.0	
スペシャリスト（人）	6	9	3	5	10	6	10	49
（％）	12.2	18.3	6.1	10.2	20.5	12.2	20.5	
インド高等文官全体に占める割合（％）	27.0	13.0	6.1	10.2	13.0	13.0	17.0	100

出所）［本田 2001：70］

シャンの諸司候国をも支配下におさめようとしていた．それに対して一部の藩王（sawbwa）は敵対的だったが，イギリスの派遣する管理官（superintendent）のもとでの地位が保証され，事実上の間接統治が試みられるとかれらはイギリスに従うようになった．1888年にはシャン州法（Shan States Act）が施行され，また1892年にシャムとシャン州との境界が画定されたことで，イギリスによる間接統治は制度として定着した．1893年，1895年にはカチン，チンにも管理官が派遣された．こうして，植民地体制はビルマ・プロパー（Burma Proper）と呼ばれるビルマ中央部における直接統治と，辺境地域（Frontier Area）における間接統治という2つの統治様式がとられることになったのである［Cady 1958: 132-137］．

　第3に，インド総督のもと，従来の王朝国家とは異なる一元的な統治機構が構築された．地理的にはヤンゴンから地方に向かって，機能的には上位から下位に管区―県―郡―町区・村落区という整然とした行政区画が設置された．当初は，郡と村落の間にサークル（tai'）が存在し，郡はいくつかのサークルで形成されていて，それぞれのサークルには現地人であるタイッ・ダヂーとガウンがいた．かれらが徴税権と警察権を行使することになっており，また，タイッ・ダヂーは世襲制で，ある程度の自律性が保障されていたので，地方レベルでの自治が許されていたともいえる．しかし，1886年に上ビルマが統合された直後，チャールズ・クロスウェイトが州長官に就任して村落法を制定し，郡と村落の間に位置したタイッ・ダヂーのポストを廃止する．かわって村落区が基本単位となり，村落在住のユワ・ダヂー（村長）が任命された．直接統治への移行である．

　こうして，伝統的な社会の権威は，政府から手当を支給されて務める新しい近代的な権威にとって代わられ，統治行為の単位は治安と徴税のために合理的に規定された行政区画に変容した[3]．植民地期ビルマの研究者のなかで，インド帝国の行政システムとビルマの伝統的秩序との関係におそらく最も鋭敏だったファーニバルによると，クロスウェイトの村落法は，村落単位での秩序が厳

3　自然村が行政村へと「合理化」のために統合されていき，それにともなって村長の数も減少した．たとえば，1909年から10年の間に17,980人から15,661人へと2,000人以上の村長が減った［Furnivall 1956: 75］．

格なインドをモデルにつくられており，タイッ・ダヂーを頂点に相対的に緩やかな権威関係を持っていたビルマの伝統的地方自治システムとは本来相容れなかったという [Furnivall 1957: 74]．しかし，インドでの経験からビルマ村落における権威の不在を欠点と捉えたクロスウェイが村落法を制定し，村落秩序不安定化の一因をつくった．その結果，ビルマ州の治安は急速に悪化し，たとえば，1913年時点でビルマ州における禁固刑判決の数が，インドの他州とくらべて3，4倍になっていた [Furnivall 1957: 138]．

　第4に，社会経済的には，イギリスの経済自由主義政策のもとで，ビルマは国際的な資本主義経済体制に組み込まれ，米の一大生産地になった．1850年代以降，下ビルマで急速に水田開発が進んで，下ビルマの米の作付面積は1870年代の180万エーカーから1930年代には1,000万エーカーに拡大し，輸出量も1870年の44万トンから1930年代には300万トンに達した [髙橋1999：296–297]．こうした生産および貿易の拡大は，初期については下ビルマの開拓によって支えられており，開拓の担い手は主に上ビルマからの移民やインドからの移民であった．特にインドからの労働者移民については，賃金の高さ，輸送手段の簡便さもあって，短期の出稼ぎ労働者が大量に流れ込み，1920年代の後半には毎年約40万人がビルマの各港に到着したという [斎藤2001：155]．

　しかし，こうした米生産地としての発展の一方で，第1次大戦後にフロンティアが消失すると，開拓のための資金を借金によってまかなっていたビルマの自作農たちは次第に困窮しはじめた．担保に入っていた多くの土地が高利貸しや地主のもとに渡っていく．1930年代には自作農の割合が20％代前半となり，不耕作地主の数が増えていった．地主の大半はインド人を中心とした「外国人」によって占められていた [斎藤2001：159]．流通業は初期の段階からヨーロッパ人，インド人，中国人の企業と商人が市場を握っており，一部の精米業を除けば，終始ビルマ人による新規参入が難しい状況であった．都市部でも，インドから進出してきた企業は，インドから人を呼びよせるのが比較的容易な環境のなかで，経験のないビルマ人を従業員として積極的に雇うことはしなかった．その結果，インドからの大量の移民と，「外国人」のビルマ人に対する経済的優位という構造が生まれるとともに，多様な人種がすみ分けながら経済社会活動に従事する複合社会が形成されていったのである [Furnivall 1957:

304].

　第5に，イギリスの植民地運営方針がかつての経済自由主義的なものから，次第に原住民の社会福祉にも配慮するものへと変わりはじめ，世紀転換期には「白人の責務」(the White Man's Burden)論を背景に各種の社会福祉的政策に結実する．鉄道，電信，道路建設，郵船などをはじめとした公共事業や，公衆衛生，教育などの福祉政策が実施された[4]．もちろん，こうした施策はイギリスあるいは植民地政庁内の議論だけでなく，インド社会の需要や次第に芽吹きはじめたナショナリズムへの対応策でもあったわけだが，ここでもビルマの周辺性を見出すことができる．教育がひとつの典型であった．

　政庁は当初，補助はするものの，原則的に教育の主体に政府よりも民間という方針をとっていた．インド以上に近代教育の需要が低かったビルマでは，原住民教育については19世紀末までは基本的にキリスト教宣教師（主にアメリカン・バプティストとフレンチ・ローマン・カトリック）と仏教の僧院任せだった．その結果，1880年までに当時のインド帝国の最高学府であったカルカッタ大学に入学が許されたビルマ人生徒はわずか8名と極めて少なかった．ビルマ人が医者やエンジニアになりたければ，1923年まではインドに行く以外に方途がなく，また，同じ年まで農業が主要産業でありながらビルマ州内に農業学校がひとつも存在しなかった［Furnivall 1957: 123-130][5]．それでも，1920年のラングーン大学設立をかわきりに高等教育についても拡充がはかられ，それらがビルマ人に社会的地位上昇の機会を提供し，中産階級の形成が進んだ[6]．そして，

4　たとえば，公共事業では，鉄道の総路線距離は1886年に327マイルだったものが，1914年には1,552マイルと5倍近くに延びている［Saito *et al*. 1999: 167］．

5　ただし，こうした教育の停滞を，東南アジア諸国で比較したとき，必ずしもビルマだけの特徴でないことがわかる．ある統計によれば，1936年から39年のあいだで，東南アジア各政府が学校と認めた教育機関に通っている生徒の全人口の割合は，最高のフィリピンで10.75％，タイ9.69％，マレー6.02％，ビルマ3.92％，蘭領インド3.35％，仏領インドシナ2.06％となっている［Furnivall 1943: 111］．もちろん，生徒数という分類では大雑把に過ぎ，初頭，中等，高等教育と分けて考えるなど精査の必要があるだろう

6　カレッジとユニバーシティーに通う学生数は1900年時点で115人だったのが，1940年には2,365人に増加している［Taylor 1987: 14］．

特に大学に進学した全人口のうち1%にも満たないエリート青年たちがその後のビルマ政治社会を大きく変える存在になっていく．

（3）国民の国家のために

「白人の責務」論が語られ，原住民の福祉に植民地政府の目が向き始めたころ，現地社会でも重要な変化が起きていた．それは「青年」(lunge) を担い手とし，近代的な方法を用いて，新しい社会の実現を目指す動きだった．

ビルマ・ナショナリズムは仏教青年会 (Young Men Buddhist Association: YMBA) の結成を起源とする．YMBA はキリスト教青年会 (Young Men's Christian Association) を参考に1906年にラングーンで結成された組織であり，多くの参加者は近代教育を受けたビルマ人知識人や公務員，そして僧侶たちだった．かれらの目的は「仏教の復興」という文化的なものであった．しかし，この，植民地化によって新しく現れた社会階層が，失われた「われわれ」の伝統を取り戻そうとする構図は，土屋健治が『カルティニの風景』で示した，近代によるノスタルジーの「発見」そのものであり，ナショナリズムが誕生する前夜ともいえるものだった [土屋 1991]．あとは，ノスタルジーが新しい社会（解放）への夢と結びつく思想的転倒が生じれば，ナショナリズム運動ははじまる．

そう考えると，1920年にYMBAの構成員のなかから，より政治的な活動を志向する人々が現れ，ビルマ人団体総評議会 (General Council of Burmese Associations: GCBA) を結成したのも不思議なことではなかった．かれらは不買運動やボイコット，納税拒否を行い，イギリスからの自治獲得を目指して全国的な運動を展開した．しかし，GCBA 内でイギリスによる限定的な自治権付与を受け入れるべきか拒否すべきかをめぐって対立が生じ，また党の主導権争いなどもあって分裂を繰り返したため，全国的に求心力のある政党組織に成長することはなかった．とはいえ，改正インド法による1923年の立法参事会，行政参事会の設置や，1935年ビルマ統治法（施行は1937年）にもとづく上下二院制による議会の設置などもあり，GCBA は分裂しながらも植民地下で政治エリートを輩出する機能を果たした．

総じて1920年代以降のビルマではナショナリズムの勃興と，それと軌を一

にした自治権の拡大が，議会政治を中心とする政治社会の発展を生み出していたといってよいだろう．ただし，それでもやはり議会での審議および決定は政庁の影響下にあり，イギリス人総督の権限は依然として絶大だった．

ナショナリズム運動をはじめとする社会運動が，国家によって制度的な政治社会へと囲いこまれると，妥協や取引が不可避となるため，目標の貫徹，すなわち完全自治の獲得を望む人々は反発する．ラングーン大学英語科の翻訳助手だったタキン・バ・タウンはまさにそうした人物だった．かれは仲間とともにのちに「タキン党」と呼ばれるようになる「我らビルマ人協会」(dò bàma asîsyôun) を 1930 年に結成した．「我らビルマ人協会」は，GCBA の路線転換に否定的な若者たちを運動の担い手とし，植民地支配に協力する人々を「彼らビルマ人」(thudò bàma) と呼んで「我らビルマ人」(dò bàma) とは区別したうえで植民地支配とともに打倒すべき対象とみなした [根本 1998]．タキン党の活動方針は一貫して反イギリス闘争の社会的拡大にあり，立法権へのアクセスよりも人々の動員を目指した．1937 年に初代首相に就任し，首相退任後の 1939 年にはタキン党と協力して自由ブロックを結成したバ・モー博士は以下のように回想している．

> 彼ら［タキン党員］はどこにいっても，その「ドバマ」の歌（わがビルマの歌）という後日ビルマの国歌となった民衆歌を唱い，その歌がかもし出す郷愁をさそう響きのなかに，民族主義の純粋な精神を織りなしていったのである．彼らはまた現代の政治技術つまり，示威運動，スローガン，そして敬礼などの方法により大衆の心をとらえようとした．彼らはまた，英国やありとあらゆるものをシン・フェイン党のあの激しさでもって痛烈に非難し，そのことによって時代の情熱にとらわれはじめていた若い世代の心をつかみ，前進していったのであった ［バァ・モウ 1995：73］．

「前進していった」とあるが，事実はそうではなかった．1930 年代半ばにはタキン党はすでにバ・セイン派と本部派に内部分裂を起こしていたし，1930 年代末のヨーロッパでの第 2 次大戦勃発を契機に結成された自由ブロック（タキン党，貧民ウンターヌ結社，全ビルマ学生同盟による連合）に対して，植民地

政庁は執拗な弾圧を行い，2,000人近くの政党関係者が逮捕されている［根本 1996：91］．アウン・サンにも逮捕状が出ていた．決して運動の拡大に成功しているわけではなかったのである．やはり政治的自由が制限されたなかで，明示的に政庁批判を行いながら運動を続けることは至難の業であり，かれらの国民動員戦略は失敗しつつあったといってよい．

このまま組織として衰退していくことを避けるのであれば，選択肢は2つしかなかったように思う．GCBAのように政庁に囲い込まれた政治社会，すなわち植民地支配下での議会政治に参加を試みるか，運動への動員をはばむ植民地秩序を暴力的に廃棄するかのどちらかである．タキン党はアウン・サンらをリーダーとして後者を選んだ．武器の入手と軍事訓練を求めて中国国民党，中国共産党，インド国民会議派などと接触する．もちろん，多少の武器を入手したところで植民地軍に立ち向かうことは難しく，その点でかれらの目論見は無謀だった．

中国国民党，中国共産党，国民会議派はタキン党への協力を拒み，武器が入手できる目途は立たない．そこに現れたのが，ビルマから雲南へ続く援蒋ルートを通じた，中国国民党への連合軍による援助を遮断したい日本軍だった．両者の接触がビルマの歴史を大きく変えることになる．

（4）植民地支配と暴力機構

タキン党が武器を求めて海外の組織に接触したという事実は，裏返せば，ビルマ国内においてかなりの程度武装解除が達成されていたということを意味するだろう．武器の使用は警察，武装警察および軍隊だけに許可されていた．ここでは植民地支配体制下における軍隊および武装警察の機構的，人的特質について概説しておきたい．ともに以下のような特徴を持っていた．

第1に，ビルマはインド帝国に統合され，また植民地化されるのが比較的遅かったこともあって，コストの問題などから国防の担い手は主にイギリス軍とインド軍から派遣された駐屯部隊だった．王朝国家の軍隊は廃止され，一部貴

族層および農民による反乱があったものの[7]，次第に現地社会の武装解除が進んだ．それは行政システムの整備とあいまって，国家による合法的暴力の独占状態をつくりだしつつあった．

　第2に，イギリス軍，インド軍の派遣は，当然のことながら軍および武装警察の幹部将校がイギリス人将校やインド人将校であることを意味し，また軍の編成もインド軍のそれと近いものを導入することになった．むろん，植民地において植民地宗主国出身者が軍の幹部をつとめることに珍しいことではないが，ビルマ州はインド帝国のさらに周辺であったため，現地人のなかでもインド人将兵が重用された．ビルマ州出身者が軍の幹部クラスになることは極めて稀だったし，将校養成機関がビルマ州内に設置されることもなかった．

　とはいっても，すべての兵卒・将校をイギリス人，インド人でまかなうことはできず，ビルマでも募兵が行われた．これが第3の特徴である．しかし，募兵に際してはインド軍の伝統が反映し，そのうち特に重要なものが「尚武の民」(マーシャル・レース)の重視と「分割統治」(ディバイド・アンド・ルール)である．インド帝国はイギリス陸軍とインド軍によって治安が維持されていたが（その割合は19世紀後半で2対5），インド軍に所属する兵員にはパンジャーブ地方，北西辺境地域およびネパール出身者が多かった．それらの地域は社会経済発展が遅く，そのためにイギリス人支配者からは「愚かであるが従順な」兵卒の供給源とみなされていた［秋田2000：184］．また，かれらを採用することは，少数民族によって多数民族を統治する「分割統治」の原則に合致したものでもあった．1914年にはインド軍歩兵の約4分の3にあたる552歩兵中隊，138歩兵大隊が「尚武の民」で占められていた［秋田2000：182］．

　この施策はビルマでも適用され，「尚武の民」としてカチンやチンが募兵され，「分割統治」的な配慮からカレンが重視された．その結果，ビルマのインド軍および1937年の分離以降の正規軍でも人口比とくらべてはるかに多くのカレン，カチン，チンが採用された．1941年の英国ビルマ軍および国境防衛軍の民族別兵士数の分布を示した表1-1によれば，カレンが4,782人（17.1％）と少数民族中最大数となっている．ビルマ族の数はインド人，中国人なども含

---

[7]　反植民地反乱については，伊東［1994］，伊野［1998］，スコット［1999］などを参照されたい．

表 1-1　1941 年 4 月 30 日における英国ビルマ軍および国境防衛軍の民族別兵士数（士官は除く）

民族	正規軍	駐屯中隊	ビルマ補給部隊	ビルマ国防部隊	ビルマ国境防衛部隊	合計	
ビルマ	1,893 (人)	52 (人)	362 (人)	1,189 (人)	246 (人)	3,742 (人)	13.4 (%)
カレン	2,797	476	171	939	399	4,782	17.1
カチン	852	377	5	36	855	2,125	7.6
チン	1,258	362	2	7	978	2,607	9.3
シャン			1	940	139	1,080	3.9
雲南語を話す北シャン住民	32	12				44	0.2
ラフ					49	49	0.2
ワ					29	29	0.1
インド人	2,578	112	73	120	7,376	10,259	36.7
中国人	330		22	16		368	1.3
その他※	137		2,732	25	2	2,896	10.3
合計	9,877	1,391	3,368	3,272	10,073	27,981	100.0

※その他にはイギリス人，ヨーロッパ人，アングロ・インド，アングロ・ビルマ，中国系ビルマが含まれる．
出所) Burma Office File 66/41, India Office Archives and Library, London [Taylor 1985: 17, table 2.1]

むビルマ州全人口中の割合である 65.7％に比べれば，13.4％と極めて低かったことがわかるだろう．士官になるとビルマ族の数はさらに減り，少数民族出身者がより多かったといわれる．こうした構造的な特徴をふまえつつ，植民地期ビルマにおける軍機構の変遷を記述すれば，以下のようになる[8]．

　イギリスは第 1 次英緬戦争直後にアラカン軽歩兵大隊 (the Arracan Light Infantry) を設置した．兵士はアラカン，チン，マニプールによって構成された．次いで，モンとマレーからなるモン部隊 (A Talaing Corps) が設置された．これらは東インド会社軍が各地に有していた地方部隊 (local corps) のひとつであり，組織や訓練，軍服などはインド連隊のものが採用され，将校はベンガルとマドラスの部隊から送り込まれた．アラカン軽歩兵大隊は第 2 次英緬戦争に出征したが，インドにおけるセポイの反乱後，インド軍そのものが改革され，地方部

8　以下の記述は Furnival [1947: 178-184] に拠っている．

隊も廃止，一部は警察に組み込まれた．第3次英緬戦争時，カレン部隊（Karen units）がアメリカ人宣教師などの支持をうけて創設されたが，王朝軍を殲滅するために投入されたのはマドラス軍（Madras Army）だけだった．マドラス軍の負担を軽減するために，ビルマ歩兵大隊（Burma Infantry）（のちのビルマ・ライフル大隊）3個大隊とビルマ武装警察（Burma Military Police）が創設された．「ビルマ」と名はつくが，ほとんどの兵はパンジャブ地方の「尚武の民」たちから募集され，インド連隊のイギリス人将校が部隊立ち上げのために派遣されていた．

次いで，カレン武装警察大隊1個大隊が設置された．これを端緒にインド軍におけるクラス中隊制（class companies）がビルマでも採用される．この制度は，同一部隊内で異なるカーストが対立することを防ぐ目的で，インドにおけるコミュナルな慣習に配慮して設計された制度であり，中隊の構成員を出身地や民族，カーストごとに配属させるものであった．ビルマでは，高地の住民（the hill people）が，主にカチンのバモーを根拠地に募兵された．ビルマ族からなる部隊は1887年に設置された工兵・地雷工兵による野戦中隊1個中隊だけだった．

第1次世界大戦時，インド軍の拡大に伴い，ビルマ・ライフルも4個大隊に増大する．士官と下士官は，インド軍とビルマ武装警察から採用された．大隊はクラス中隊制を基礎とし，ビルマ国内出身者としてはカレンが最大であり，その他，ビルマ族，アラカン，カチン，チン，シャン，グルカが採用された．大戦終了後，再びビルマ・ライフル大隊は3個大隊に削減され，ビルマ族の募集は1925年に停止された．3個大隊にはカレン中隊2個中隊，カチン中隊1個中隊，チン中隊1個中隊が含まれていた．他方，ビルマ族からなっていた工兵・地雷工兵による1個中隊は1927年に廃止されている．その後，ビルマ族が暴力機構に参入できる唯一の方法は武装警察だけになる．武装警察は当初各県に1個大隊設置されたが，その後半減し，1918年には13個大隊，その後10にまで削減された．

1937年にビルマ州がインドから分離されると，ビルマ・ライフルはインド軍第20連隊から分離され，3個大隊から4個大隊にふたたび増大する．クラス制は維持され，軍内の所属と民族的出自が依然として結びつくことになった．分離を機に再びビルマ人の募兵がはじまったが，軍内での序列は経歴がも

のをいうため，ビルマ族が他民族より劣位に置かれることはやむをえなかった．武装警察はビルマ・プロパーに従来どおり3個大隊（2個大隊はラングーン，1個大隊はマンダレー），残りの6個大隊でフロンティア部隊（Frontier Force）が結成される．

　1939年時点での国防機関は，総勢約12,000人からなるフロンティア部隊と武装警察，それと5,000人規模の正規軍であった．正規軍はビルマ・ライフル大隊4個大隊，イギリス歩兵大隊2個大隊からなっていた．1939年にヨーロッパでイギリスがドイツと開戦すると，ビルマ・ライフルは第5大隊から第13大隊まで9個が増設された．兵卒，将校の民族構成は，従来から所属したグルカ，インド人，シーク，パンジャーブ・ムスリム，カレンだけでなく，新たに多くのビルマ族，シャンも採用されるようになった．

1-3　日本軍政期から独立へ

　1939年にドイツがポーランドに侵攻し，ヨーロッパでは第2次大戦がはじまる．東アジアでは1937年からの日中戦争が泥沼化し，日本はヨーロッパでの戦争で統治能力が脆弱になった東南アジアに，資源確保を主たる目的として狙いを定めていた．1940年9月，日本軍が北部仏印に進駐する．南進がはじまった．1942年1月にはビルマにも侵攻し，同年6月にはほぼ全土を掌握して軍政を開始する．インドネシアやフィリピン同様，ビルマでも，その後の日本軍政によって植民地時代の統治システムは相当程度崩壊し，一時的な混乱を経て，それまでとは異なる新しい政治状況が生まれた．日本軍侵攻から1950年代まで，ビルマ政治経済は激動の時代を迎える．本節では，日本軍政，イギリス復帰，独立，の3つの時期に分けて，それぞれの時代の政治変動を軍事機構に焦点をあてて考察したい．

(1) 日本軍政とその帰結

　日本軍政によってビルマの国民国家および暴力機構に起きた構造的な変化は主に以下の点にあった．

　第1に，日本軍の侵攻はイギリスの統治システムを部分的に解体した．植民地軍はほぼすべてビルマ内から姿を消し，現地人自治制度も廃止された．侵攻直後からタキン党員たちが各地で組織していた臨時行政府も2ヶ月で解散を余儀なくされている．日本軍は政庁によって投獄されていたバ・モー博士をビルマ側の最高責任者（中央行政府長官）に任命し，1943年8月に名目上の「独立」を付与した．日本軍第15軍の管理下で成立したバ・モー政権のもと，行政機構については植民地期の機構と人員が維持されたため，統治システムの全面的解体とはならなかったものの，議会が復活することはなく，戦前にGCBA系の政治家を中心に活発化しつつあった議会政治は終焉した．バ・モー博士もタキン党系の活動家たちと連携したために，戦前政治家の多くは行き場を失ってしまったのである．

　第2に，日本軍はイギリスが警戒した社会の動員を積極的におこなった．前述したように，タキン党は政庁によって囲い込まれた議会政治を忌避して，民衆の動員をねらい，社会運動を展開していた．当然，囲い込まれた議会に完全自治などの統治システムの根本的な変化を期待することはできない．しかしながら，社会運動という戦略も，動員のための資源も環境も欠いている状態でなおかつ弾圧を受けて停滞していた．その意味で，アウン・サンらタキン党員による日本軍との接触は，かれらにとっては，ほとんど可能性のない望みにかけた最後の手段だった[9]．最後の手段は予期せぬかたちで功を奏し，日本陸軍参謀本部第二部第八課所属の鈴木敬司大佐によって，対ビルマ工作機関である南機関が設置された．その主要メンバーであるタキン党員（のちの「三十人の志士」）は海南島の海軍基地で訓練を受け，日本軍将校が主導するビルマ独立軍

9　タキン党書記長だったアウン・サンが1940年8月に中国アモイに出国したのは，かれへの逮捕状が出されたことを知り，当局による拘束を避けるためでもあった［根本2002：176］．

(Burma Independent Army: BIA) のバンコクでの結成をへて，1942 年に日本軍第 15 軍団の 2 個師団とともにビルマに進駐する．

　BIA は名目上は軍隊であったが，実質的には武装したタキン党だった．かれらは概して国民に歓迎され，侵攻とともに組織拡大をはかって急速に成長していく．BIA は各地で植民地行政機構を解体して臨時行政府を組織したが，その急進的な動きが，初期には軍政による統治を目指していた日本軍に警戒されて，前述したように，臨時行政府はまもなく廃止されてしまった．そして，BIA もビルマ防衛軍 (Burma Defence Army: BDA) へと縮小・再編された．

　ただ，日本軍が BIA を中心としたアウン・サンの影響力を本当に削ぎたかったのであれば，BIA という組織への直接介入よりも，社会動員そのものを限定する方が有効だっただろう．ところが実際には，日本軍は動員の制限どころか，ドー・バマー・シンイェダー協会，東亜青年連盟，警防隊など大衆動員組織を積極的に設置，活用した [Guyot 1966: 275]．

　戦闘や経済的停滞のなかで政府の実効的な統治能力は極端に下がっており，そんななかで社会の動員が続いているかぎり，BIA が BDA，さらにビルマ国民軍 (Burma National Army: BNA) へと組織再編されていかにその人員を減らそうとも，大衆動員組織にその支持者が集まれば，アウン・サンらの社会への影響力は衰えない[10]．よって，日本軍政下にあって BIA の軍事的な力そのものは重要ではなかった．重要なのは，動員力と国民からの支持調達力，端的にいえば，ビルマ国民のどの程度の人がアウン・サンの名前を知り，かれの演説を聞き，その内容を他の人々に伝達するかにあった．統治能力が低下し，社会の動員状態が続く限り，日本軍が BIA やタキン党に小手先の組織改変で対応したところで，事態を収拾できるような状況ではなかったのである．そうしたなか，アウン・サンは急速に英雄として名をはせるようになっていく．

　結局，イギリス植民地下で反帝国主義運動のために国民の動員を図り，逮捕寸前まで追い詰められた過激派学生のアウン・サンが，異なるシステムを持つ大日本帝国を呼び込むことで国民の動員に成功し，英雄へと変身を遂げたとまとめることができるだろう．

10　タキン党と大衆動員組織の関係について，たとえば東亜青年連盟については武島 [2005] を参照されたい．

第3の変化は，第2の変化とも関連しているが，社会における動員の政治がはじまった．アウン・サンの動員戦略が成功したといっても，それはイギリスによる植民地統治から日本による統治へと移行する，いわば権力の空白期を突いてのことであり，外部からの主権の侵害と植民地国家の破綻の結果と理解することもできる．BIAやタキン党には，血気盛んな若者たちが特に入隊資格もなく，まともな訓練も受けないまま参入してくる．かれらは武器を手にし，独立闘争の大義名分のもと，いわゆる軍隊や政党への参加というよりも，より大きな時代の流れ（まさに革命）に参加していた．

　侵攻後2ヶ月で構成員1万人を越える組織となったBIAを指導部が完全にコントロールできるはずはなく，既存の秩序や社会状況への不満が，ラングーンやデルタ地帯の一部ではインド人とビルマ族，カレンとビルマ族の衝突に発展した[11]．すでに述べたように，日本軍がBIAを解体してBDAに整理・縮小したのも，日本軍政の指示に従わないビルマ人青年たちの暴走を防ぐためであった．

　BDAは，アウン・サンが司令官となり，そのほかネー・ウィンやヤン・ナインらBIA出身者3,000人によって1942年8月に発足した．この軍隊は「ビルマ防衛軍組織令」（1942年8月9日発令）にもとづいて組織された，日本軍指揮下の国家の軍隊である．組織法を持ち，士官養成学校を持ち，階級に応じた給与体系を持つ．これまでのような自由な動員は不可能であり，その意味でアウン・サンの直接指揮下にある人員は減少した．他面，国家の軍になることにより，アウン・サンの政治力は日本軍政に対しては安定することになった．かれはバ・モー内閣で国防大臣をつとめる．指導者のイメージが鍵となる動員の政治においては，こうした対日協力は相当危険な綱渡りではある．事実，この時代に積極的に党員拡大をはかっていたビルマ共産党は，その親日姿勢を理由にアウン・サンには批判的だった．

　それに対して，アウン・サンは動員そのものには積極的にかかわらず，いつ分裂するかわからない社会勢力間の調整役としてその影響力を維持した．ビル

11　当時の混乱状態については，フィクションではあるが，マァウン・ティンの『農民ガバ』［マァウン・ティン 1992］が参考になる．民族間の衝突についてはバァ・モウ［1995：194-222］および池田［2005］を参照．

マ共産党の抗日の動きと，もうひとつの抗日勢力である人民革命党とを結びつけ，1945年8月に統一戦線である反ファシスト組織 (Anti-Fascist Organization: AFO)（のちの反ファシスト人民自由連盟 (Anti Fascist People's Freedom League: AFPFL)）の結成を指導したのである．1945年3月27日，連合軍の侵攻を受けてAFOは抗日闘争に踏み切った．

（2）イギリスの復帰

1945年5月にラングーンを連合軍が奪還し，8月の日本によるポツダム宣言受諾を受けて，10月にはビルマ総督レジナルド・ドーマン＝スミスがビルマに復帰した．そこから1948年の独立までビルマの国家と暴力機構は再建と自立化にむけたジグザグ道を進むことになる．以下で見ていきたい．

第1に，新しい軍が誕生した．日本の敗戦直後の8月6日から7日にかけて，新しいビルマ軍についてイギリスと愛国ビルマ軍 (Patriotic Burma Force: PBF)（BDAがBNAを経て6月に改称）との間で会談が持たれた．この会談はキャンディー会議と呼ばれ，この会議で結ばれた合意がキャンディー協定 (Kandy Agreement) である．キャンディー協定は，連合軍とアウン・サンとの間で合意された，植民地軍と愛国ビルマ軍との統合案である．12,000人の将兵からなる軍が設立され，そのうち少なくとも5,200人がPBF出身者で，200人の士官が新しい軍でも採用されることになった[12]．

これは植民地軍と反植民地軍の統合であると同時に，異なる伝統を持つ軍隊の棲み分けでもあった．その際採用されたのが，前述したインド軍のクラス・ユニット制である．規模を拡大してクラス大隊 (Class Battalion) 制となり，新しい軍は民族別の歩兵大隊を基本にして構成されることになった．前述したように，植民地軍は少数民族を主体としている一方，PBFはビルマ族が多くなっていたため，クラス大隊制の採用は，植民地軍所属の部隊とPBFの部隊がそれぞれ部隊単位で新しい軍に配属されることを意味した．これはインド軍下で訓練された将校と兵士を新しい軍隊に組み込みつつ，他方でビルマ国民の反植

---

12 キャンディー協定とその後についてはCallahan [2003: Ch. 4] が優れた分析となっており，以下の記述もキャラハンの研究をベースにしている．

民地感情を抑えたい連合軍および政庁と，部隊単位で新軍に移行させることでPBFの生き残りをはかりたいアウン・サンとの妥協の産物であった．その結果，連合国，政庁とPBF間のスムーズな合意と新軍への移行は可能になったが，他方で軍内に深い亀裂を残すことになった．

　第2に，社会動員の継続である．新しい軍にPBFを組み込むことを主張したのは連合軍東南アジア軍司令部（SEAC）司令官ルイス・マウントバッテンである．かれはビルマ・ナショナリズムの高揚はもはや不可逆なものであり，それを折り込んだうえでビルマが安定を取り戻すには，アウン・サンとPBFの，政府への取り込みが不可欠であると考えていた．そこで　アウン・サンに対して，新軍を監督するイギリス人監察総監に次ぐ副監察総監（Deputy Inspector General: DIG）の任命を打診した．たしかに，アウン・サンとPBFはAFPFLの指導者と中核組織であり，DIGにアウン・サンを就任させ，さらにPBFを新軍の一部に組み入れてしまえば，両者の影響力を活用しつつ，それぞれに制度的な拘束をかけることができる．キャンディー協定はその意味で連合軍およびイギリスによるビルマ社会の動員解除の第一歩だったといってもよい．

　アウン・サンはDIGへの就任を拒否し，AFPFL議長として政治活動に専念することを決めたため，イギリスの目論見ははずれてしまった．しかし，その後の一連のアウン・サンの行動は，かれの高い政治指導力を物語るとともに，動員政治から議会制民主主義という制度内政治へとビルマの政治社会を誘導したいイギリスの思惑を別のかたちで実現へと向かわせるものだった[13]．かれは行政参事会メンバーとして対英交渉の先頭に立ち，次第に態度を軟化させるイギリス政府を相手に独立への合意をとりつけ（アウン・サン＝アトリー協定），さらに帰国後，国内の少数民族指導者との協議によってビルマ・プロパーと辺境地域がともに連邦国家として独立することを確認した（パンロン協定）．続く制憲議会ではAFPFLを率いて182議席中176議席を獲得して圧勝する．

　ところが，そんなさなか，1947年7月19日にアウン・サンら行政参事会メ

13　アウン・サン＝アトリー協定につづいて，軍についてもイギリス・ビルマ防衛協定（Britain-Burma Defence Agreement）が結ばれ，それはビルマ軍の組織運営に対してイギリス軍ミッション（British Services Mission）に監督権を与えるものであった．

ンバー 7 名が閣議中に暗殺されてしまう．アウン・サンの地位は AFPFL 副議長のウ・ヌによって引き継がれた．

　アウン・サンの指導力は余人をもって代えがたいものだったが，かれの指導力は主にエリート間での調整能力であり，いったん動員された人々を再び日常に返すほどの力はなかった．社会の動員解除はひとつには国家の統治能力の問題であり，またもうひとつには社会経済状況に依存する問題だからである．戦禍による国土の荒廃で経済が停滞し，日本軍政期に出回った武器で武装した集団がいたるところに跋扈するなかで，トップエリート同士の合意だけでは社会秩序の安定を確保することはできない．

　事実，最も初期に政府に取り込まれたはずの PBF ですら，除隊支援組織である人民義勇軍（People's Volunteer Organization: PVO）が武装組織化するという事態に陥っていた[14]．また，ビルマ共産党も 1946 年に AFPFL から除名された上に一部が武装蜂起し，残りも 1947 年の制憲議会選挙をボイコットするなど，動員の政治に固執して強硬な姿勢を崩しておらず，最大の少数民族勢力であるカレンとの連邦制をめぐる合意形成も進展していなかった．国家の低い統治能力，経済的疲弊，国民国家の枠組みそのものへ抵抗勢力など，状況は危機の予兆に満ちていた．ビルマの独立はそうしたなかで実現したものであった．

（3）独立の歓喜と危機

　1948 年 1 月 4 日午前 4 時．政府庁舎からユニオン・ジャックがおろされ，新しい国旗が掲揚された．赤を基調にして，左上隅には青地に囲まれた大きな白い星と，それを囲む小さな星が 5 つ．大きな星は 9 つの管区を，5 つの星は 4 つの州と 1 つの特別州を意味していた．ここにビルマ連邦（The Union of Burma）は独立する．長く独立を求めてきた人々にとって，1 月 4 日の感慨はひとしおだっただろう．全 181 条からなる 1947 年憲法は，共和制と，国民院・民族院からなる二院制の議会，各州評議会による連邦制の採用を定めており，

14　PVO の武装組織化にはアウン・サンの意図があったとされるが，それが当初からのねらいだったのか，それとも武装解除の困難さを認識したのちに次善の策として組織化を試みたのかは明らかでない．

議会制民主主義にもとづく主権国家としてビルマ連邦は船出する．

　しかし，すでに論じてきたように，終戦からわずか3年足らずの国家にさまざまな社会の利害対立を調整する能力は乏しかった．議会ではAFPFLが議席の圧倒多数を占めて与党となったが，ひとたび議会を離れれば，そこには共産主義革命をめざす赤旗，白旗の両共産党，イスラム国家の設立を試みるムジャヒズ（Mujahids），他にもPVOやカレン民族同盟（KNU）など1947年憲法の枠組みそのものを認めない人々が多く存在した．そうしたなかでビルマの国民国家と軍事機構は独立から1962年までどのような道を歩んだのだろうか．

　独立直後から国家は分裂の危機に立たされた．ビルマ共産党から分派したタキン・ソー率いる赤旗共産党は1946年3月の段階で武装闘争を開始していたが，残る共産党員（のちの白旗共産党）も1948年3月にタキン・タン・トゥンをリーダーにして地下活動に入り，4月2日にバゴー県パウコンジーで蜂起を開始した．ビルマをいまだ「半ば植民地的」「半ば封建的」な社会とみなし，農村部でのゲリラ戦を通じて革命を実現するのがその狙いだった［Lintner 1990: 14］．15,000人の勢力が「ビルマ人民解放軍」（People's Liberation Army of Burma）の名のもと武器をとり，その勢力はバゴーで最も強く，ミンジャン，バセインなどのデルタ地帯にもひろがった．7月28日にはPVOが反乱を起こし，さらにデルタ地帯でPVOとカレンの衝突から再びカレン・ビルマ族間の民族紛争が激化した．KNUの軍事機構であるKNDOがインセインの武器庫とマウービンの政府金庫を襲い，それに対して国軍がアメリカン・バプティストのミッション・スクールを燃やして応戦するなど，事態はさらに混乱した．1949年1月にKNDOは非合法化されている［Tinker 1959: Ch. 2］．

　内戦状況の勃発は国内経済に打撃を与え，税収の確保すら困難なものになった．独立直後のビルマ政府の地税徴収状況を示した表1-2によれば，1949年から50年にかけて徴収予定税収額の87％が未徴収だったことがわかる．独立の翌年には公務員の給料カットが決定され，それに反対して，公務員団体である全ビルマ公務員組合が2月に全国的なストライキを敢行した．国家による社会の統制どころか，国家機構そのものが十全に機能しない状況に陥ったのである．そんな国家に国民が従うはずはない．インセインを占領していたKNDOの前にヤンゴン陥落の可能性すらあったといわれる［U Nu 1975: 185-187］．

第1章　帝国の辺境

表1-2　独立直後のビルマにおける地税徴収の状況

(単位：10万ルピー)

年	徴収予定額	免除	徴収	未徴収
1946-46	155.3	2.88 (2%)	47.25 (30%)	105.17 (69%)
1948-49	283.98	0.97 (0.3%)	68.25 (25%)	214.76 (75%)
1949-50	99.23	0.12 (0.1%)	12.75 (13%)	86.36 (87%)

出所）[Callahan 2003: 117]

　国家の危機は国軍にも影響し，国軍もまた内部分裂を表面化させた．それはビルマ国家が直面した危機とほぼ同様の構図を持っていた．亀裂の要因は，ひとつに，共産党支持者の武装闘争である．PBF 出身の将校・兵士には，元来 AFPFL 内で主導権を握る社会党支持者と，よりラディカルな社会革命を望む共産党支持者が混在していた．それぞれ政党組織として安定していたわけではないが，戦略上，武装闘争を辞さない共産党，暴力を廃して議会内政治にとどまる社会党とに分かれていたため，行動の差異で両者の境界が分けられることになった．具体的には，バゴー駐屯の第6ビルマ・ライフルが1948年6月24日に蜂起，その一部が共産党に合流した．さらにクーデタをはかって失敗した第3ビルマ・ライフル大隊と，第1ビルマ・ライフル大隊が武器を持ったまま共産党やPVOの反乱に参加する[15]．PBFとPVO出身者の多い連邦武装警察の一部も反乱に参加した．

　次に，カレンによる反乱が軍内に波及した．前述のように，軍内にはカレン，カチン，チンといった少数民族が多く含まれていた．特にカレンには正規軍出身者が多く，イギリス軍事ミッションの意向もあって，軍内の枢要ポストはかれらが握っていた[16]．職業軍人として訓練を受け，軍内で経験を積んでき

15　クーデタ未遂と第3ビルマ・ライフルの反乱については Burma Debate に掲載されたチッ・ミャイン大佐（当時）へのインタビューに詳しい．(http://www.burmadebate.org/archives/julaug97bttm.html#Colonel)（2009年3月20日確認）

16　スミス・ダンはインド陸軍士官学校（The Indian Military Academy）の第1期生で，卒業後は主にビルマに駐屯した武装警察で経歴を積んだ人物である．ダン

た正規軍出身将校と違って，PBF 出身将校が能力的に劣っていたことはおそらく間違いないだろうし，年功が昇進と深く関わる軍機構において若者が多い PBF 出身将校の地位が概して低かったこともさほど不思議ではない[17]．しかし，それはあくまで近代軍という官僚機構のなかでの「正しさ」であり，政治的な「正しさ」とは次元を異にする．

PBF 出身将校たちは，独立闘争を担った人々であり，その政治的な「正しさ」を自負していた．そのため，正規軍出身者と PBF 出身者の関係は，PBF 出身者と文民政治家たちによって，帝国主義者（右派）／反帝国主義者（左派）の対立と読み換えられながら政治化し，両者の溝は深まっていった［Callahan 2003: 130-135］．そこに KNDO と PVO の衝突など，カレンとビルマ族との武力衝突が勃発した．カレン主導の民族反乱の脅威に対して，ウ・ヌ首相はすべてのカレンの武装解除に踏み切った．国軍も対象となったため 1949 年 2 月 1 日には軍内のカレンは将校，兵卒問わず，その多くが地位を剥奪されてカレン・キャンプに一時収容されたのち，そのまま国軍を追われた．結果，国軍参謀総長スミス・ダンや元陸軍参謀次長ソー・チャー・ドーをはじめ，正規軍時代に将校になった人々が軍を出て，それに代わって PBF 出身将校が軍内の主導権を握った．このとき陸軍参謀次長から国軍参謀総長に就任したのがネー・ウィン将軍である．

カレン将校の解任により，国軍は軍事機構としては弱体化した．1949 年以降，次第に共産党，KNDO，PVO ともに勢力は衰退していったものの，独立後 1 年で約 1 万人の将校・兵士を失うことは軍事機構としては大きな痛手である（表 1-3）．一方で，この危機が将来的に民族間の対立という極めて深刻な内部分裂の原因を軍内から解消する契機になったことも否定できない．

については Dun［1980］を参照．
17 スミス・ダンは自伝のなかで「ビルマが 1948 年に独立したとき，カレンが軍の要職を占めたのは，我々にその資格があるからであり，政治的なプレッシャーだとか誰かが裏で糸を引いたからではない」［Dun 1980: 115］と述べたあとに，優れたカレン将校の事例を挙げ，「戦時中に将校となった 1 人か 2 人をのぞけば，上に記した人々は 15 年から 25 年軍人として勤めてきた．したがって，本書の著者［ダン］はビルマの独立に際してカレンがそうした役職につくことは，われわれの権利だったと主張するのである」［Dun 1980: 115］と記している．

表1-3 軍内部門別人員損失（1949年3月19日）
(単位：人)

部門	損失した人員
歩兵大隊	6,757
戦車・砲兵	163
技術	496
通信	253
補給・輸送	920
軍需物資	108
医務	626
電気・機械	524
参謀本部	308
訓練	254
その他	416
教育	60
合計	10,885※

出所）[Callahan 2003: 138, Table 5], "Statement Showing the Effective Strength of the Army as at Present 19 March 1949," appendix F to Adjutant-General (Lt. Col. Kyaw Winn), "Manpower Review of the Burma Army," March 1949, DR 1011, DSHRI
※出所の表では11,852人となっているが, 実際の合計とは異なるために修正した.

　とはいえ, 組織の政治は所詮状況依存的なものだろう. ひとつの対立が解消されても, ふたたび異なる対立構造が生まれるものである. 共産党シンパは軍内に依然として存在し, 新たな亀裂が生まれた場合, 今度はどのように分裂が起こるかわからない. したがって, 政治化した軍隊はネー・ウィンにとっても, 国家にとっても有益ではなかった. さらに, 1949年1月には中国雲南省から中国国民党軍が侵入してケントゥン地方, コーカン地方, ワ州といったシャン州東部地方を占領し, 新たな国防上の脅威になっていた. 国民党軍は当初の200人から, 1952年には12,000人へと勢力を拡大したため, 1953年には大規模な国民党鎮圧作戦「ナガー・ナイン (nàgâ nâin)」(勝龍) を実施するも, 数週間ももたずに国軍は敗北した. のちに同作戦は「ナガー・ショウン (nàgâ shôun)」(負龍) という汚名を着ることになる[18].

18　国民党軍はアメリカCIAの援助を受けていた. アメリカのビルマ工作についてはいまだ不明な点が多いが, 一例として熊田 [2001] を参照.

こうしたなかで，軍内のみならず，文民政治家のなかにも国軍の近代化を試みようとする動きが出てくる．国軍の政治化を抑制し，自律的で非政治的な官僚機構として国軍を発展させるべく，1950年代半ばから国軍参謀本部の拡充を中心とした国軍改革が実施されていった（詳しくは第2章）．

　他方で，一時は「ラングーン政府」と呼ばれるほど統治能力を低下させた国家だが，次第に実効的支配が可能な地域は広がり，1951年6月には第1回，1956年4月には第2回の総選挙が実施された．AFPFLが与党の地位を維持したものの，野党である民族統一戦線（National United Front NUF）も獲得票を伸ばすなど，議会制民主主義の定着をうかがわせた[19]．しかし，その後間もなくして，議会制民主主義は行き詰まってしまう．それは，以下の3点によった．

　第1に，与党AFPFLの長期政権が，党の制度整備ではなく，むしろ指導者間における独裁・対立・分裂といった不安定化に結びついた．アウン・サン暗殺後，AFPFLはウ・ヌ，バ・スェ，チョー・ニェイン，タキン・ティンの4人の領袖によって指導された．かれらは独立闘争時代からAFPFLに参加していた人々であり，ウ・ヌは首相（在任期間：1947年7月20日から1956年6月5日，1960年4月4日から1962年3月2日）として，バ・スェはAFPFL下の最大党派である社会党の党首として，いわば集団指導体制をとっていた．しかし，長くウ・ヌが首相を務めると，次第にかれの独断専行の行動が目立ちはじめ，バ・スェ，チョー・ニェインと対立を深めた[20]．1956年のウ・ヌ首相辞任，1957年の社会経済局廃止，1958年1月のAFPFL大会におけるウ・ヌのマルクス主義批判演説などをへて，1958年7月にAFPFLは二派に分裂し，それぞれ清廉派AFPFL（ウ・ヌとタキン・ティン）と安定派AFPFL（バ・スェとチョー・ニェイン）を名乗ることになった．当初，こうした動きは議会内のエリート間抗争に過ぎなかったが，エリート間抗争がさまざまな経路を通じて議会外へと拡大していく．特に，首相であったウ・ヌの動きが鍵になった．

　バ・スェが率いる安定派はAFPFL内最大派閥の社会党からなっており，ウ・

19　第2回総選挙のAFPFLの獲得議席数は250議席中173．対して，野党第1党NUFのそれは47議席であった．
20　ウ・ヌおよび50年代のAFPFL政治については比較的まとまった研究がある．Tinker [1958]，Furnivall [1960]，Butwell [1963] などを参照．

ヌの清廉派に比べて所属議員数は多い．そこで，ウ・ヌはまず最大野党であるNUFと協力関係を結ぶ．NUFがイデオロギー的，人的に共産党と近かったため，この動きは軍内の反共主義を刺激することになり，それがのちに国軍が1958年9月から1960年3月までネー・ウィン将軍を首班とする選挙管理内閣を組織するひとつの要因となった．

第2に，1947年憲法における連邦制の限界である．多民族国家における議会制民主主義は，票数が代表数を決めるため，多数民族に有利な構造を持っている．ビルマではそれを調整するために連邦制が敷かれたわけだが，州議会は設置されず，連邦議会内に州出身議員からなる州評議会（シャン州評議会，カチン州評議会，カレン問題評議会，カレンニー州評議会，チン問題評議会）と各州の担当大臣が任命され，州に関連する立法権と行政権が一定程度付与された（1947年憲法第4章）．これは連邦制というには各州の自律性が低く，いわば，「少数民族州に配慮した中央集権体制」とでもいうべきものだった．それに対して，少数民族出身の政治家たちの間で，よりいっそうの自治権を求める動きが活発化し，さらに憲法施行から10年後以降の州分離権が憲法に明記されていたため（1947年憲法第10章），シャン州とカレンニー州は1958年にはより広範な自治を要求するための「人質」を得ることになり，分離圧力は強まった．特に，シャン州ではかつての藩王たちの影響力もあり，自治権拡大の要求が高まった．

第3に，議会内政治の流動化は選挙を通じて社会へと拡大する．ウ・ヌは第3回総選挙に向けてポピュリズム戦略をとり，選挙キャンペーンでは国軍による統治を批判し，仏教国教化，ヤカイン州とモン州の設立を公然と語った[21]．仏教徒が全人口の9割を占めるものの，ムスリム，ヒンドゥー教徒，キリスト教徒も多く居住するビルマにおいて，特定宗教への支持と少数民族の自律性について言及することは，特定集団の支持をとりつけるためには有効であっても，社会の不安定化や分裂を促進しかねなかった．

選挙戦略は功を奏し，1960年，ウ・ヌを党首とする連邦党（清廉派AFPFLから改名）が勝利した．しかし，議会内における多数派形成は議会がなければ意

---

21 この時代のウ・ヌについてはButwell [1963: Ch. 7] に詳しい．

味がなく，選挙政治の安定を前提に左派を取り込み，宗教的に偏った主張を行って，国民統合に脅威を与えることは，ややもすると議会という政治アリーナへの不信感を醸成せしめ，議会そのものの転覆をも惹起しかねなかった．ウ・ヌはそうした危険性に対してあまりに無自覚だったといわざるをえない．1948年の独立が国家破綻という分離圧力によって議会制民主主義を危機に陥れた年とするなら，1960年の選挙は逆に統合圧力への反動のきっかけになるものであった．むろん，反動の担い手はビルマで最も中央集権的な組織構造を持ち，国民国家統合を最大の任務と認識していた国軍であった．

1-4 結び

本章の内容を図式的に整理し直せば，以下のようになるだろう．

近代国家は合理的支配を基調とし，政治社会の制度化と統合への欲望を常に抱いている．対して，国民国家を目指すナショナリズム運動は，政治組織の整備と議会政治への参加という制度化への動きと，動員による社会からの支持培養という運動の論理をともに持っている．近代国家とナショナリズムが結びつくことで生まれる国民国家は，この制度と動員のバランスのなかで成立するものである（制度／動員の軸）．またその一方で，ナショナリズムは社会経済構造および多様な歴史を反映して，実にさまざまなかたちで表れるため，一民族に一国家が対応することはまずありえない．常に，ひとつの国家内に，いくつかのナショナリズム運動が共存し，ときにこれらは対立しながら，国民国家の分離圧力となる（統合／分離の軸，図1-1）．

この，制度／動員，統合／分離の2つの軸のなかで，ビルマ国家は大きく揺れ動きながら構築されてきた．イギリスによる植民地支配は限定的な原住民自治の制度化と統合によって秩序を維持しようとした．対して，ビルマ人の国家（国民国家）を目指すナショナリズム運動は植民地国家が用意した制度内で自治を拡大するか，制度を拒否して社会動員によって独立を獲得するかで戦略が分かれた．動員戦略をとったタキン党と援蒋ルートの遮断を模索する日本軍との

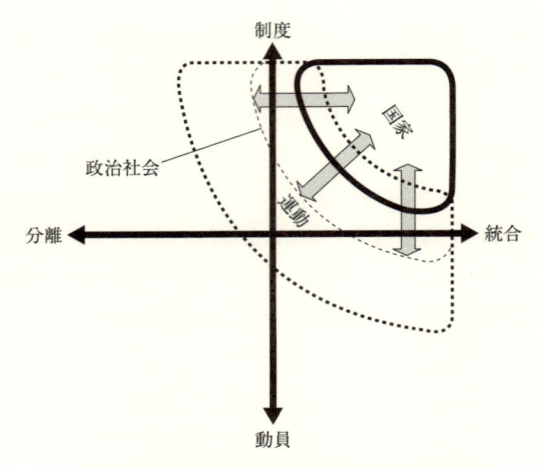

図 1-1　制度／動員，統合／分離

協力関係が成立し，日本軍の侵攻によってイギリスの植民地統治は解体する．

　しかし，日本軍も近代的統治を前提とする以上，社会動員の継続は政治の不安定化要因となるため，タキン党の取り込みと動員解除をはかったが，日本軍に社会全体の動員を解除する能力はなかった．また，秩序変動期にある社会では，さまざまナショナリズム，共産主義運動，イスラム国家建設運動がそれぞれ動員政治を繰り広げていた．そうした不安定な状況のなか，アウン・サンはエリート間の調整に成功し，ビルマは国民国家としての独立にこぎつけたものの，その直後から社会動員圧力と分離圧力の激化のなかで国民国家は危機に陥った（図1-2）．

　このように考えると，1962年のネー・ウィンによるクーデタは分離と動員への圧力にさらされてきたビルマ国民国家を防衛しようとする動きだったといえるのかもしれない．左に傾いていた振り子が，反動を利用して大きく右に振れるように，クーデタ以降，国軍が柱となって国家と社会の制度化と統合に向けて急速に動員が解除されていった．

　忘れてはならないのは，その国軍もまた，制度／動員，統合／分離の軸のなかで揺れ動きながら形成されてきた機構だったことである．1945年に発足した新しいビルマ国軍は，植民地国家とともに発展してきた正規軍と，社会動員

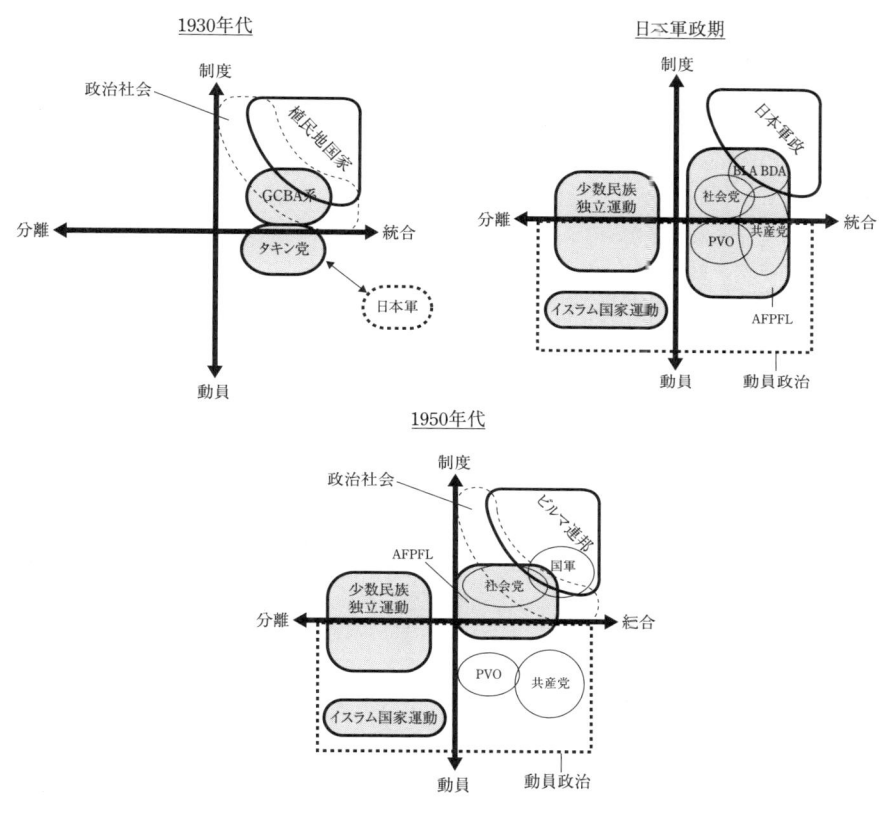

図1-2 ビルマ国家の変遷

とナショナリズム，さらに日本軍の後援を受けて発展してきたPBFとの統合だった．両者は主要な構成員に民族的な差異（カレンとビルマ族）があり，くわえてその正統性の源泉（官僚的「正しさ」と政治的「正しさ」）が異なった．両者の差異は軍内の主導権争いを超えて，独立直後の国民国家の危機のなかで政治化した．

　植民地期の武装警察出身でカレンであるスミス・ダンから，「三十人の志士」の1人であるネー・ウィンに，国軍参謀総長の職が引き継がれたとき，PBF系将校の軍内における主導権が確立することとなり，これをきっかけに国軍は

第1章　帝国の辺境　│　59

国民国家統合の防衛者として発展していくことになったのである[22]。

では，その発展はどのようなものだったのか．また，1950年代の国軍改革は1962年にはじまるネー・ウィン体制をいかに準備したのか．次章ではイデオロギーに焦点をあてて，この問いを検討したい．

---

22 若干長くなるが，ここでネー・ウィンの国軍参謀総長就任までの経歴について簡単な説明をしておく．

　ネー・ウィンは1911年5月14日に租税調査官ポ・カの息子として現在のバゴー管区プローム県で生まれた．ネー・ウィンという名は1941年の末につけられたもので，青年時代の名はシュー・マウンだった．シュー・マウンはパウンデーで幼少期を過ごし，プロームの高等学校を卒業した後，医者を志して1929年6月，ラングーンのユニバーシティー・カレッジに入学した．しかし，2年の終わりに生物学の試験に合格できず，中途退学を余儀なくされる．かれが大学に在学していた時代は，学外では1930年に下ビルマを中心に大規模な反乱であるサヤ・サンの乱が起き，学内でも学生組織によるナショナリズム運動が盛り上がりを見せ始めていた時期である．在学中は政治運動に関心を持たなかったシュー・マウンだが，大学中退後に郵便局で働き始めてから，次第に政治運動に傾斜していくことになった．タキン党に入党し，派閥としてはバ・セイン派に属していた．とはいっても，かれが党内で特に重要な人物であったわけではない．周囲の人間も誰一人としてシュー・マウンが将来要人になるとは予想していなかっただろう．かれの運命を大きく変えたのは，「三十人の志士」の一員として1941年に日本へ渡航し，海南島で日本軍による軍事訓練を受け，そして同年12月にバンコクでBIAを結成するという一連の出来事であった．

　1941年4月初旬から約半年間，シュー・マウンは「高杉晋」の日本名で海南島南部の海軍基地「三亜」で日本軍に訓練を受けた．日本名はかれの背の高さと「高杉晋作」の名にちなんだものだった [Dr. Maung Maung 1969: 87]．その後，バンコクでのBIA結成時，「三十人の志士」はビルマ侵入後に名を同定されることを警戒して，全員に新たな名前がつけられた．このとき，シュー・マウンはボー・ネー・ウィン（「ボー」は将校という意味）という名を受ける．中佐として国内擾乱班に配属され，1942年1月25日にはビルマの侵入に成功した [大野 1970a: 247]．BIAは，日本軍政開始後，日本軍の警戒の対象になって，BDAへと縮小・再編された．ネー・ウィンはビルマ防衛軍では第1大隊大隊長（中佐），1945年の反日闘争では第2管区（ハンターワディー，ピャーポン，マウービン）の司令官（大佐）を務め（後にアウン・ジー少佐に交代），終戦後，1947年に植民地軍と愛国ビルマ軍が統合された際には第4ビルマ・ライフル大隊の大隊長になっている．その直後，北部軍管区司令官（准将）に昇進して

1948年1月4日のビルマ連邦独立を迎える．それから間もない同年8月1日には陸軍参謀次長（准将）に就任した．1949年1月，国軍参謀総長スミス・ダンが解任されたため，この日，ネー・ウィンが国軍参謀総長に就任した．若干37歳だった．

第2章　ビルマ式社会主義の履歴
—— 国家イデオロギーの形成と軍内政治

2-1　はじめに
2-2　チッ・フライン
2-3　1950年代の国軍改革と参謀本部穏健派
2-4　反共宣伝工作
2-5　国防省参謀本部穏健派の周辺化
2-6　「人と環境の相互作用の原理」の誕生
2-7　結び

2-1 | はじめに

　ネー・ウィン体制は「ビルマ式社会主義」という言葉が示すように，ビルマ独自の社会主義体制を自称していた．この，「ビルマ式社会主義」というアイデアが，いかにして生まれ，政治，経済，社会，文化，各局面において，どのように政策に反映されたのかについては，調査の難しさもあって十分に解明されてきたとはいえない．そこで，本章が試みるのは，ネー・ウィン体制を思想的に支えた2つの国家イデオロギー，すなわち革命評議会政策声明「ビルマ式社会主義への道」(*myanmà hsosheli' lanzin*)とビルマ社会主義計画党公式イデオロギー「人と環境の相互作用の原理」(以下では「原理」(*lu hnin' pa'wânkyindò ì innyà minnyà dabôthàyâ*)のうち，「原理」について，その形成過程を1950年代後半から1960年代初頭にかけての軍制度史および軍内政治の文脈から論じることである．それによって，イデオロギーから見たネー・ウィン体制の特質を示すことがその目的である．

国家イデオロギーについては英語翻訳版が発表されたこともあり，従来からビルマ研究者の注目を集めてきた．しかし，その多くは1930年代を起源とするタキン党のビルマ・ナショナリズムに連なるものとして，思想史的な連続性を指摘することに終始してきたように思われる．たとえば，ロバート・テイラーは「道」と「原理」に1930年代のナショナリスト組織であるタキン党と同様のレトリックを見出している［Taylor 1987: 296-297］．デイビッド・スタインバーグもまた，両文書が「明らかにビルマの伝統であり，近代ビルマにおける3つの中心的な概念 ── ナショナリズム，社会主義，仏教 ── に訴えかけ，それらを融合している」と指摘した［Steinberg 1982: 76］[1]．

　これらは，20世紀初頭から連綿と続くビルマ・ナショナリズムの系譜を措定し，そのなかにネー・ウィン体制の国家イデオロギーを位置づけるものである．たしかに，タキン党系ナショナリストを創始者にもち，植民地支配からの解放を求めて実際に戦った国軍将校たちが主導する体制によって，国家イデオロギーとして採用された思想が，ビルマ・ナショナリズムの系譜のなかにあったとしてもそれは不思議なことではない．

　しかし，独立前からのナショナリストであり，保守派の政治家であるバ・モーが1963年1月23日の英字紙『ガーディアン』で「原理」に頻出する仏教用語を指して，現代社会を論じるには不適切であると難じたように[2]，ナショナリズムも社会主義も，用語としては極めて多義的なものであり，思想的な大きな流れを捕捉しても，それだけでは，どうして「原理」でなければならなかったのかは明らかにはならない．その解明作業をしないまま，「原理」をビルマ・ナショナリズムの系譜のなかに回収してしまうことは，歴史の重層性を無視す

1　同様の指摘をしたものとして，他にもWiant［1982］，奥平［1990］，髙橋［2002］，斎藤［2004］などがある．

2　バ・モーは「原理」の問題点を以下のように指摘する．「思うに，問題なのは，人種（race）と宗教，宗教と社会を混同するというありがちな誤りであろう．その結果，宗教的，思弁的な考え方が，社会の現実や法則に対して用いられてしまっている．そんなことでは，社会哲学が宗教的ドグマにつなぎとめられてしまう．宗教的ドグマというものは太古の昔から絶対的かつ不変であろうとするのに対し，社会哲学は本来，常に変化している時々の状況や法則に基づかねばならないのだ」［*The Guardian*, January 23, 1963］．

ることになりかねないだろう．そこで，本章は「原理」の形成過程を可能な限り具体的に考察することを目指す．以下の作業によってそれを果たしたい．

　第1に，国家イデオロギー原案の起草者を特定し，その個人史と思想形成を考察する．「原理」の起草者はチッ・フラインという当時国軍参謀本部教育・心理戦局に所属した軍属であった．チッ・フラインが1950年代後半に自らの任務で執筆した文書のいくつかが，ネー・ウィン体制期の支配政党であるビルマ社会主義計画党を支えたイデオロギーの起源になっている．この事実自体はこれまでも部分的には言及されてきたが [U Myat Han et al. 1993: Ch. 2]，いったいかれがどういう人物で，軍内でどのような立場にあり，どういった活動のなかで「原理」のアイデアが培われたのかは明らかにされてこなかった．そこで，チッ・フラインの生い立ちと軍内での活動を追いながら，かれとかれの言説を軍制度史のなかに位置づけたい．

　第2に，上記の作業の結果明らかになるのは，チッ・フラインという人物が決して著名な思想家であったわけでもなければ，国軍内の実力者であったわけでもないという事実である．それにもかかわらず，かれが国家イデオロギーの起草者となったのはなぜなのか．これを軍内政治の観点から分析するのが，本章の第2の作業である．「原理」は1963年1月17日に革命評議会から発表されている．革命評議会はクーデタ直後に国軍幹部17名によって組織された最高意思決定機関である．したがって，文書が作成・採用された場は国軍の強い影響下にあった．政党政治とは必ずしも連動せず，それとは別の政治，すなわち軍内政治が影を落とすことになった．この軍内政治のイデオロギーへの影響にこれまでの研究はほとんど注意を払ってこなかったように思われる．

　以上を受けて，本章は以下のような構成をとる．2-2で1955年に国軍に所属するまでのチッ・フラインの経歴と政治志向の変遷をあとづける．続いて，2-3ではチッ・フラインが国軍に所属することになる背景を示す．具体的には，1950年代に軍内の主導権を握っていたアウン・ジー准将とマウン・マウン大佐の国軍改革が，1947年憲法体制の擁護と反共主義をベースにした政治不介入を国軍の原則に掲げようとしていたことを明らかにしたい．続いて2-4では，チッ・フラインが反共宣伝工作のなかで，ビルマ独自の社会主義を模索したものの，未完に終わった論説に注目する．そして，2-5で，次第に軍内強硬派が

台頭する状況を1958年の選挙管理内閣への移行を事例に示し，1962年3月2日クーデタが穏健派の周辺化を決定的なものとしたと主張する．2-6では，この軍内政治の変化の結果として，1950年代に発表された反共主義的な論考がネー・ウィン体制の国家イデオロギーになる過程を明らかにしよう．

2-2 チッ・フライン

　本節は，1950年代の国軍および1960年代以降のネー・ウィン将軍による国家再編にとって基本的な「理念」となる文書を作成したチッ・フラインが，1950年代半ばに国軍に所属するまでの経緯を，その政治志向に焦点をあててあとづける．

　ビルマがインド帝国ビルマ州としてイギリスの植民地支配下にあった1926年3月15日，上ビルマのザガイン管区カター県モールーミョー郡にチッ・フラインは生まれた[3]．1942年1月に日本軍がビルマ侵攻を開始すると，まだ高等学校を卒業していなかったチッ・フラインだが，ビルマの独立を目指してビルマ独立軍（BIA）に加わった．その後のビルマ防衛軍（BDA）への再編時に，チッ・フラインは士官学校第2期生として日本軍の将校から6ヶ月の訓練を受け，BDAの士官になっている[4]．

　10代前半から政治に関心をもち，1939年にナガーニー出版会から出版されたタキン・ソー『社会主義』（*hsosheli' wadà*）の影響で共産主義を信奉していたチッ・フラインは，ビルマ防衛軍の将校を務めながら結成直後のビルマ共産党

---

[3] 民族的にはシャン・ビルマである．なお，以下のチッ・フラインの半生については基本的に4度の本人へのインタビューと，「シュエ・モー」および「コー・コー・マウン」のペンネームで執筆した雑誌記事に基づく．

[4] ビルマ防衛軍としての活動，また反日闘争のための地下活動を通じて，タキン・ソー，アウン・サン，ネー・ウィンといったナショナリスト運動のリーダーをはじめとして，戦後政権を担う政治家や国軍指導者たち，反乱を起こす共産党員たちとの人脈が形成された．

チッ・フライン氏(写真中央)(1960年)

に入党した[5]．共産党入党後まもなく，『社会主義』の著者であり，ビルマ共産党のリーダーでもあったタキン・ソーに師事し，1942年から43年にかけてタキン・ソーのもとでマルクス・レーニン主義をはじめとした左翼思想についての理解を深めていった．また，BDA内でのビルマ共産党組織化活動のために，アウン・サンと接してかれの人柄と考え方に深く感銘を受けたという．たとえばアウン・サン宅で共産党の組織化について議論を行った後，自身のアウン・サンに対する理解の誤りを悟った様子を以下のように回顧している．

> ウ・ナウン・チョー［アウン・サンの偽名］の家からサンジャウンにある部隊に戻る時，ウ・ナウン・チョーに対して持っていた私の誤解はきれいさっぱり消

---

5 ビルマ共産党についてはLintner [1990] 参照．ビルマでは華僑・華人による共産党組織化が成功しなかったこともあって，共産党の設立が遅かった．しかも，1942年以降の日本軍政という社会変動期を考慮すれば，当時のビルマ共産党は組織としては極めて脆弱であり，政党というよりも，共産党員を自称する人々のゆるやかな人的ネットワーク程度に考えておいたほうがよいだろう．

えてしまった．かれと会う前には，かれを軍国主義者だと思っていた．今は，民主主義者だと信じられるようになった．ウ・ナウン・チョーの言葉を聞くまでは，かれをマルクス主義の敵だと思っていた．今，かれを本当の社会主義者として尊敬している［Shwe Moe 1956: 8］．

　この引用からは，当時の共産党が日本軍政と協力的な関係を築こうとするアウン・サンに対して敵対的であったことがうかがえるが，同時に，アウン・サンのカリスマに魅了される一青年の姿を思い浮かべることもできるだろう．チッ・フラインが「三十人の志士」をはじめとした将来の政党指導者，国軍幹部将校たちとの間に人脈を形成したのもこの時代だった．同時代の青年たち同様，日本軍政はかれの人生を根本的に変えることになったのである．
　1946年3月，師であるタキン・ソー率いる赤旗共産党が武装闘争に転じたものの，終戦とともに国軍を離れていたチッ・フラインは，反ファシスト人民自由連盟（Anti Fascist People's Freedom League: AFPFL）に対するタキン・ソーの敵対姿勢に疑問を抱いて反乱には参加せず，AFPFL下の社会党に協力する道を選んだ．当時のチッ・フラインは思想的にはマルクス，レーニン，毛沢東に共鳴しており，共産主義者であるというアイデンティティは保持し続けながら，一共産主義者として，国家社会主義路線をとる社会党指導者とともに言論活動を開始したのである．その活動は，たとえば，バ・スエ，タキン・チョー・セイン，ダゴン・フラ・ペーらともに，人民文芸社（*pyithù sapei thai'*）を組織し，マルクス・レーニン主義の解説本，毛沢東思想の解説本などを「マウン・チッ・ジー」（*maun ci' gyî*, Maung Chit Gyi）名義で翻訳出版することであった．共産主義者でありながら，共産党の武装蜂起には参加せず，社会党にも党員としては参加していない．こうした状態が数年続いたのち，再び転機が訪れる．
　1951年8月に東ベルリンで開催されたソ連後援の国際青年会議にチッ・フラインがAFPFL代表として出席することになった[6]．かれ自身は，この訪欧を機会に，ソビエト連邦へ留学しようと考えていたという．しかし，ソ連共産党代表と接触はしたものの，ソ連からの留学許可を得ることはできなかった．

　6　AFPFLからはチッ・フラインと当時代議士であったボー・テイン・フラインが出席した．

チッ・フラインン自身は，その理由について，同じく同大会に出席していたビルマ共産党代表トゥン・シェインの妨害のためだと認識していた［2004年12月20日チッ・フラインへのインタビュー］．その結果，かれはソ連行きを諦め，東ベルリンからフランスへと視察の旅へ向かう．その後，当時の在仏ビルマ大使ウ・ミャ・セインのはからいでフランスでの長期滞在が可能になったため，パリでの生活を始めた．

　パリ生活は1955年に帰国するまで約4年間続き，チッ・フラインはその時の様子を1955年4月から1957年初頭にかけて月刊誌『ミャワディー』に「パリ滞在記」というタイトルのエッセイで綴っている．「パリ滞在記」を読む限り，かれのパリ生活は政治的には決して活発なものではなかったようである．ほぼ同時期にパリにいたサロト・サル（後のポル・ポト）がケン・バンサク率いるカンボジア人を中心としたマルクス主義討論会に参加したように［チャンドラー 1994：63］，民族主義運動あるいは共産党関連の活動には，かれはほとんど加わらなかった[7]．アリアンス・フランセーズに通いフランス語を学ぶ一留学生に過ぎなかった．

　それにもかかわらず，フランス滞在はかれにある「転向」を引き起こす．フランス滞在開始からまだ間もない10月末に届いた手紙がきっかけだった．手紙の主はともにヨーロッパを視察したテイン・フライン．テイン・フラインはチッ・フラインと別れてイギリスに向かい，イギリスからユーゴスラビアを訪問していた．当時のユーゴスラビアは1948年にコミンフォルムを除名された後，ソ連および東欧諸国との関係が悪化して，ソ連のスターリン主義を激しく批判するとともに，独自の外交路線を模索している時代であった．そうした状況を受け，手紙の後半部で，テイン・フラインはユーゴスラビアの現状について記した後，ソ連が抱える問題点として以下の5点を挙げている．

7　チッ・フラインがソ連への留学を望むほどの共産主義者であったにも関わらず，なぜフランスで共産党をはじめとした左翼系の政治組織と積極的に接触を持たなかったのかについては，2つの点が重要だと思われる．第1に，パリにはビルマ人が少なかったという単純な事実と，かといってフランス人にまじって政治活動を行うほどの語学力と意思がかれにはなかったこと．第2に，フランスの大学に通うためには共産党員であることが知られるとまずいのではないか，というチッ・フラインの警戒心があった［Ko Ko Maung 1956a: 50-59］．

第2章　ビルマ式社会主義の履歴　｜　69

(1) コミンフォルム問題は，世界における先進国と発展途上国との間の対立の表れの一つに他ならない．
　(2) ロシアは新たな植民地支配をつくりだしている．
　(3) [ソ連は] 第1に，国内には巨大な官僚機構があり，国家資本主義へと向かう傾向がある．第2に，社会主義国家同士で官僚主義的な関係を築いている．1つにそれは軍事的影響力，2つに経済による搾取である．
　(4) ロシアで国営大企業を解体しなかったのは誤りである．
　(5) マルクス主義の解釈をロシアが独占しているのは誤りである．
[Ko Ko Maung 1955a: 66-67]

　手紙の内容は短く，詳細には言及されていない．しかし，チッ・フラインはこの手紙に感動し，「政治思想が変わる重大なきっかけ」になったという．なぜだろうか．かれはこう説明する．

　　私は，ソビエト連邦に1, 2年くらい滞在しよう．ロシア語をしっかり学ぼう．ロシアの歴史とマルクス・レーニン主義，社会主義実現に関するイデオロギー，教育などをきちんと勉強しようと意気込んでいた．期待していた．[しかし，]期待していたようにはならず，落胆してしまった．テイン・フラインからの手紙を読んだとき，落ち込んでいた気持ちが再び盛り上がってきた [Ko Ko Maung 1955a: 68]．

　まず，前提として，自らのソ連行きが叶わなかったことへの落胆がある．これは必ずしもソ連側の責任ではない．しかし，理由が何であれ，ソ連行きへの期待が大きかった分，留学できなかったことが，ソ連そのものへの失望につながった．そんなときテイン・フラインから手紙が届き，その内容がユーゴスラビアによるソ連批判についてだった．かれはユーゴスラビアにソ連型とは異なる社会主義の可能性を感じて，ユーゴスラビア関連の英語文献，具体的には，チトー将軍の『ユーゴスラビアにおける労働者の工場管理』(*Workers Manage Factories in Yugoslavia*)，エドワード・カルデリの『ユーゴスラビアにおける人民民主主義について』(*On People's Democracy in Yugoslavia*)，ミロバン・ジラスの『社

チッ・フライン氏（2004 年）

会主義国家間関係とレーニン』(*Lenin on Relations between Socialist States*),『社会主義への新しい道について』(*On New Roads of Socialism*) などを読んで，スターリニズム批判を中心に独学で学んだ[8]．当時のチッ・フラインはユーゴ指導者

8　チッ・フラインは独学の結果を5点にまとめている．「(1) 10月革命によって権力を奪取したソビエト共産党はリーダーであるレーニンの死後，スターリンをはじめとした人々の裏切りによって，レーニンが規定した民主社会主義国家建設の計画から逸脱し，軍と秘密警察に基礎を置く特権的政党の党員による独裁的官僚階級の支配を確立してしまった．政府の独裁主義を確立してしまった．(2) 世界革命を装いながら，世界各地の共産党をソ連政府の外交政策を遂行する第五列へと変えてしまった（ユーゴスラビアと中国だけはソビエト連邦の第五列にはならなかった）．(3) こうした方法でソ連の影響力を世界の労働運動に与え，世界分割競争を共産主義の戦術や戦略かのように装おうことを狡猾にもたくらんできた．（たとえば，大戦中にユーゴスラビアを二分すべくスターリンとチャーチルが秘密裏に結んだ合意を見よ．）(4) ソビエトで，実際に生産している労働者たちが工場を管理していないことは，ソビエトの生産力の状況を考えると適当ではない．したがって，特権的な官僚たちによる独裁的支配により，社会主義の実現がしばしば困難に直面している（殺人，政権内部の権力争い，5ヶ月年計画の目標未達成，強制収容所，東欧の共産党の困難，など）．(5) ソビエトの経験をモデルとしなければならないのなら，それは裏切りの教条主義になる．社会主義の実現は，皆おなじようには起こりえない．時代，地

の批判を「どこまで正しいのかまだ判断できずにいた」という．しかし，自らのマルクス主義に関する考え，社会主義実現への意思，世界認識のための哲学が変わり始めているのを感じてもいたようである [Ko Ko Maung 1955b: 253]．

　1952年6月にはチッ・フラインは当時のビルマ連邦産業大臣チョー・ニェインをリーダーとする1ヶ月ほどのユーゴスラビア視察ミッションに召集されている．6月24日，ベオグラードに到着した一行は，省庁の見学やユーゴスラビア共産主義同盟，労働組合，青年組織の活動を視察し，幹部たちと討議したという．チッ・フラインの言葉を借りよう．

> ユーゴスラビアに行く前に，ユーゴスラビア共産党指導者たちのマルクス主義に対する考えを学んではいた．今，ユーゴスラビアでミロバン・ジラスをはじめとした思想家たちと討議して，ユーゴの共産主義者たちが自らつくりあげたマルクス主義思想に心底強く惹かれ，そして気に入った [Ko Ko Maung 1955b：259]．

　ジラスと何について会談したのかについてエッセイでは触れられないが，チッ・フラインが筆者に語ったところによると，ジラスから「新しい階級」に関するアイデアを聞いて感銘を受けたという [2004年12月20日チッ・フラインへのインタビュー][9]．「新しい階級」はジラスが副大統領解任後に執筆した共産党（主にロシア共産党）批判の鍵概念で，簡単にまとめれば，社会主義国家においても階級問題は解決されず，党官僚が「新しい階級」として支配階級になると主張する論考であった [ジラス1957：49-54]．ユーゴスラビア訪問はわずか1ヶ月足らずであったが，チッ・フラインの考え方，特にマルクス主義に対するスタンスを決定的に変える経験になった．

　　域，都合，環境に合わせて，さまざまな形態となって現われてくるだろう．したがって，ソビエトだけ（が正統）だといって，中央から糸を引き，どこにでも命令を下すようなやり方は，社会主義を破壊する道にしか進みようがない．各国の社会主義者，共産主義者は自らの道にしたがってのみ，社会主義社会へと前進できるだろう」[Ko Ko Maung 1955b: 251-252]．
9　ミロバン・ジラスはチトーとともにナチとのパルチザン戦争を組織した人物である．1953年にはユーゴスラビアの副大統領になるが，翌年に解任されてしまう．

しかし，いかにユーゴスラビアの外交基調が反コミンテルンだったとはいえ，やはり当時のユーゴスラビアにおける社会主義の独自性は，生産手段の社会的所有，すなわち労働者による自主的な共同管理を目指す自主管理社会主義に求めるのが自然である[10]．そうした文脈を換骨奪胎してスターリニズム批判ばかりに注目したのは，チッ・フラインの個人的な感情のバイアスとかれの素養の問題によるものだったと考えられる．そのため，共産党批判のアイデアはあっても，ビルマにとって独自の社会主義がどういったものなのか，かれがこの時期，着想を得た様子はない．また，社会主義の核ともいえる所有制や計画経済といった点について知識を獲得した様子もない．端的にいってしまえば，かれが手に入れたのは，マルクス・レーニン主義を批判するためのレトリックに過ぎなかった．

　しかし，レトリックであっても，社会主義を原理原則としながら共産党を批判するという論理は，社会主義をひとつの正統性の源泉としたビルマ国家の中で，共産党反乱勢力と戦うビルマ国軍にとっては好都合だった．チッ・フラインは1955年，当時の国軍参謀本部第1作戦参謀アウン・ジー大佐の依頼を受けてビルマに帰国する[11]．

2-3　1950年代の国軍改革と参謀本部穏健派

　1955年にビルマに戻ったチッ・フラインは，1956年4月の第2回総選挙でAFPFLの選挙スタッフを務めたのち，1956年8月に元共産党員の編集者であったソー・ウとともに陸軍参謀本部心理戦局に軍属として配属された．かれらが国軍に招集されたのは，国軍の大規模な機構改革に伴って，心理戦部門が強化されたためであった．本節では，はじめにビルマ国軍の歴史と心理戦局の軍内制度史上の位置づけを明らかにし，その上でチッ・フラインが軍内においてい

10　ユーゴスラビアの自主管理社会主義については岩田［1974］を参照．
11　帰国自体はチッ・フラインの望むところではなかったようである．かれはフランスで学位を取ることを目標としていたからである．

かなる活動を担っていたのかを示したい.

　第2章で触れたように，ビルマ国軍は2つの起源を持つ．第1に，植民地政庁の正規軍である．第2の起源はビルマ独立軍である．両者がイギリス復帰後の1945年9月7日，ドーマン=スミスとアウン・サンとの間で結ばれたキャンディー協定により統合される．戦後ビルマ軍の原型が生まれたわけである．これは，植民地軍と反植民地軍の融合を意味し，さらに正規軍がカレン，カチン，チンといった少数民族を主体とする軍隊であったため，民族間対立をも抱え込んだ組織であった．こうした内部の亀裂は1948年1月4日のビルマ連邦独立後，国民国家そのものが危機を迎えたことで苛烈を極めることになった．

　共産党，人民義勇軍，一部の少数民族が相次いで反乱を起こし，それに連動して，国軍内でも第1，第3ビルマライフルが地下活動に転じた．さらに，カレン民族同盟とその武装組織であるカレン民族防衛機構の反乱に呼応して，カレンライフル3個大隊のうち，2個大隊が反乱に加わった．独立を求めるカレン政治勢力と軍内のカレン系将校が必ずしも利害を同じくしていたわけではないが，カレンライフルの離脱を受けて，ウ・ヌ首相は1949年2月1日，軍内のカレン系兵卒および将校を解任した．国軍参謀総長スミス・ダン将軍に代わって，ネー・ウィン准将が新しい国軍参謀総長に就任する．

　こうして，植民地軍の系譜を継ぐカレン系将校が組織から排除され，国軍内の対立構造は幾分か解消されることになった．しかし，権力闘争にひと段落がついたとしても，軍内には依然として共産党親派が不安定要因として存在していた．加えて，軍の対処すべき課題は国内反乱勢力と中国からシャン州に侵入した国民党軍の鎮圧であり，それには弱体化した現状の兵力，兵器，組織では不十分であった．ここに，国軍改革のインセンティブが生まれた．

　1951年にはネー・ウィン将軍から指示が出され，アウン・ジー中佐（当時）をリーダーとする国軍改革のための委員会（Military Planning Staff，以下MPS）が設置された．そして，同年8月にはマウン・マウンがMPSの事実上の責任者になる．以降，アウン・ジーは1953年から参謀本部第1作戦参謀，1956年からは陸軍参謀次長を務め，ネー・ウィン将軍に続く国軍のナンバー2として国軍改革を主導することになった．マウン・マウンは，1954年から心理戦局長，1956年には訓練局長として実務レベルの将校とアウン・ジーとの間をつなぐ，

調整役の役割を果たした[12].

　この，アウン・ジーとマウン・マウンが主導した1950年代の国軍改革は多岐に渡るが，その柱は参謀本部の整備・拡充である[13]. 配属された人員数を見ると，1948年4月14日に施行された参謀本部（War Office）機構図 BA/100/1/48では参謀本部内にわずか45名の将校しか配属されていなかったのに対し，1956年1月1日施行の国防省機構図 100/2/56 では160人以上の将校が定員と定められている[14]. 同日，参謀本部（War Office）が国防省（the Ministry of Defence）に改組され，三軍の長である国軍参謀総長の下に陸軍参謀次長，海軍参謀次長，空軍参謀次長が位置する組織構造が生まれた.

　こうした機構改革の中で本章が注目する心理戦部門も拡大していく. そもそも，ビルマ国軍における心理戦（*sei'da'si'sinyêi*, Psychological Warfare）は，独立直後の1949年にラジオで反乱勢力に対する勝利の報を伝えたのが起源とされている［DSHRI 1996: 164］. 1952年1月にチャウセーで実施された「解放者作戦」では心理戦部隊が暫定的に組織され，第2連隊とともに2ヶ月以上の宣伝工作を行うなど，次第に心理戦が反政府勢力鎮圧作戦の一部として定着していった[15]. 同年11月には参謀本部内に心理作戦課が創設されて常設の部局となり，その後，1954年に心理戦部，1956年8月1日には心理戦局に，1960年には教育局と統合されて教育・心理作戦局になった. チッ・フラインがアウン・ジー

12　アウン・ジーとマウン・マウンの軍内での経歴については Mya Win ［1991］参照. それぞれ 34-35 ページ，22 ページに経歴がある. アウン・ジー准将とマウン・マウン大佐の軍改革については Callahan ［2003: Ch.6, Ch.7］に詳しい.

13　参謀本部の人的な脆弱さは，たとえば1950年の国軍大会で「イギリスの参謀本部には3,000人の高官がおり，70万人の兵士を管理しているが，ビルマでは10万の兵力を（参謀本部の）80人の高級将校が管理していたところに，カレン問題でさらにその数が減ってしまった」［DSMHRI 1996: 160］と報告されたほどである. ただし，人不足，物資不足は前線も同様であり，参謀本部優先の機構改革がスタッフとラインの関係を悪化させた面があるだろう.

14　DSMHRI ［DR8482：付表1］から概算. ただし，BA/100/1/48 については空軍参謀本部，海軍参謀本部が，100/2/56 では空海軍と教育・心理戦局の将校数が含まれていない.

15　当該作戦では 75,900 枚の宣伝ビラ等を配布したという［DSMHRI 1996: 164-166］.

によって国軍に呼び戻されたのは，こうした参謀本部拡充と心理作戦部門の定着の流れのなかでのことだった．

　この時期，心理戦部門が国軍の活動に果たした役割のうち，重要なものが2点ある．第1に国軍ドクトリンの作成，第2に反共宣伝工作の実施である[16]．後者については次節で検討することにして，ここでは前者について見ておく．

　ビルマ国軍において，ドクトリン策定の動きが本格化するのは1956年の国軍大会からである [Maung Aung Myoe 1999; sì'thàmâin pyàdai' hnìn ta'màdo mogûndai'hmûyôun 1996]．ただし，軍事ドクトリンではなく，政治と国軍との関係を規定するドクトリンだけが1950年代末に一定の進展を見ることになった．これは，同時期のインドネシアで，軍が「領域戦」から「二重機能」へと政治関与を正統化する方向にドクトリンを変更していった時期とほぼ重なるものの[Honna 2003: Ch. 2]，ビルマの場合はインドネシアとは逆に軍の非政治化を規範とするドクトリンの検討が行われた．

　1956年の国軍大会から本格的に検討が開始され，1958年の国軍大会で「国家イデオロギーの防衛」が採択される．翌年にはタイトルが若干変更され『国家イデオロギーと国軍の行動指針』（以下『指針』）として国防省から出版された．『指針』は，国軍のイデオロギー的発展を歴史的に概観した上で，現在の国軍が擁護すべき「国家イデオロギー」（*naingando wadà*）を提示する文書で，そこに示された，国軍が擁護すべき「国家イデオロギー」とは，(1) 社会の平和と法による統治（*ya'ywa êichânyêi hnìn tàyâ ùbàdei ou'sôeyêi*），(2) 民主主義の発展（*dimoekàreisi htûnkâyêi*），(3) 社会主義経済体制の確立（*hsousheli' sîpwâyêisani' htuhtaunyêi*）の3点であった [kagwyêi wangyî htanà 1959: 18]．

　文書の内容そのものにとりわけ新しい発見があるようには思えない．「社会の平和と法による統治」は，イデオロギー的，民族的，宗教的，個人的な理由で反政府武装闘争を起こしているグループと戦い，鎮圧することが国軍の行動

16　なぜチッ・フラインだったのかは明らかでないが，おそらく，まず，かれがビルマ独立軍出身で，個人的にアウン・ジーをはじめとした国軍将校や文民政治家たちと知り合いであった点，また，元共産党員で共産主義に通じながら，当時はすでに共産党から距離を置いていた点が挙げられよう．それらは，チッ・フラインとともに心理戦局に所属したウ・ソーにも共通している．

マウン・マウン大佐

の究極の目的であることを確認したものである．「民主主義の発展」と「社会主義経済体制の確立」は，冒頭に前文が引用されていることからもわかるように，1947年憲法に示された政治的原則と経済的原則を改めて確認したものであった．むしろ重要なのは，この動きの背景にある政治的意図と軍内の状況である．

ドクトリン作成の実務をとりしきったのは心理戦局であり，主導したのはマウン・マウン，原案作成はチッ・フラインによるものだった．マウン・マウンは「筆者の見解」と断った上で軍内に配布した冊子『軍事ドクトリンの基礎』(si' àcheihkan dàbomyâ) のなかで，ビルマ国軍関係者が常に心にとめ，研究すべき文書として，1947年憲法から87の条項を選び出しており [Bouhmûgyî Maung Maung 1959: 1–6][17]，チッ・フラインはこうしたマウン・マウンの見解と，1947年憲法，独立宣言，初代大統領サオ・シュエ・タイの第1回議会演説を参照して『指針』を起草していた [Chit Hlaing 1992: 4; 2004年12月20日 チッ・フラインへのインタビュー]．

ここに，アウン・ジーとマウン・マウンによる参謀本部を拠点とした国軍改革のねらいを読み取ることができないだろうか．これまでの研究は，『指針』

17 序文によれば，マウン・マウン大佐は本書の内容を1954年から検討していたという．

第2章 ビルマ式社会主義の履歴

をあたかも国軍によるその後の政治介入の予告宣言であるかのようにみなしてきた［伊野 2000：10-13］．確かに，当時のビルマ国軍が専門職業的軍隊だったとみなせば，上記のようなドクトリンが軍隊の本来の役割を越えたものだと解釈するのが合理的であろう．『指針』は明らかに政治的なメッセージを持っているからである．しかし，ビルマ国軍が独立解放の立役者としてのアイデンティティを保持していたことを考えれば，1947年憲法は，自らの命をかけて勝ち取った勝利の証そのものであり，それを国軍の行動指針として原則に掲げることに当時はためらいもなかったのではないだろうか．現に，『指針』の発刊が文民政治家たちに国軍の政治介入の脅威を予期させた形跡はない．

　より重要なのは，1956年に北部軍管区司令官チョー・ゾー准将と共産党との密通疑惑が浮上して解任されたように，共産党の動きや民族間対立が再び軍内を分裂させかねない状況があったということである．くわえて，すでに見てきたように，参謀本部整備・拡充により，中央から地方への一元的な指揮命令系統構築を目指していたアウン・ジーとマウン・マウンによる国軍改革があった．これらをふまえたとき，参謀本部主導で1947年憲法の意義を再確認したことの意味をその後に起きる政治介入から逆算して読み解くことには疑問を感じざるをえない．政治介入へのギアチェンジ予告としてではなく，独立から8年がたって，あらためて1947年憲法の意義を確認し，国軍そのものの統合をはかることが参謀本部の狙いだったと理解する方が自然なのではないだろうか．

　この推測が正しいとすれば，『指針』は国軍の政治化を避けることにその眼目があったことになる．もちろん，現段階で結論を出せるほどの証拠はないが，少なくとも，起草者であるチッ・フラインの目的意識と，後述するアウン・ジーおよびマウン・マウンの軍の政治介入に対する認識を見る限り，将来のクーデタをこの時期にかれらが念頭に置いていたとは思えないのである．

　付言しておくなら，こうした参謀本部のねらいが国軍の統合に実際にどの程度効果的であったかについては筆者自身は懐疑的である．なぜなら，地方司令官たちにとって最大の不満は，人員，武器，装備の不足や給料の遅配といった前線での具体的な問題であって，それらに対して最も効果的なのは何より予算措置であり，言葉によって方針を示すことで解決できるようなものではなかっ

た.むしろ,こうしたアウン・ジーとマウン・マウンの動きが,前線の軽視という不満となって地方司令官たちに蓄積していった可能性も否定できない.

2-4 反共宣伝工作

次いで本節では,心理戦局におけるチッ・フラインのもうひとつの主要な任務である,反共宣伝工作を見ていく.その主要な場は,国軍が1952年に創刊した雑誌『ミャワディー』(myàwàdi)であった.『ミャワディー』は1956年には1万8,000部を発行し,小説,詩,エッセイ,政治論文などを掲載する当時のビルマで最も有力な総合雑誌であった[Callahan 2003: 183][18].チッ・フラインは「シュエ・モー」(shwei môu, Shwe Moe)というペンネームで,正式に軍で勤める以前の1955年4月発行第3巻第6号に掲載されたソビエト連邦批判記事「前と後で食い違う」をかわきりに,論考の執筆を開始している[19].

表2-1はチッ・フラインがシュエ・モーとして『ミャフディー』に執筆した反共主義的な論説の一覧である.その時期と内容ごとに4つに区分することができる.第1は1955年に書かれた一連のスターリニズム批判である.「前と後

---

[18] キャラハンのインタビューに対してアウン・ジーは,当時最も人気があった雑誌『シュマワ』(shùmàwà)が政府批判の漫画や記事を掲載していたために,バランスをとるべく『ミャワディー』を発行したと述べているが[Callahan 2003: 183],筆者が『シュマワ』のバックナンバーを創刊号から調べたところ,正面から政府を批判する論考を発見することはできなかった.当時,作家として活躍していた人たちに尋ねても,『シュマワ』,『ミャワディー』はともに文芸誌としての認識が強く,政治的な議論の場としては認知されていなかったようである.

[19] チッ・フラインは任務である政治記事だけでなく,「コー・コー・マウン」(koe koe maun, Ko Ko Maung)名義で恋愛小説や「パリ滞在記」のようなエッセイも執筆している.1955年4月から1961年4月の6年間に72本の政治記事,小説,エッセイを『ミャワディー』に載せ,さらに,軍内の雑誌である『キッエー』の反共記事執筆,書き下ろしで小説が数冊出版されており,この時期はチッ・フラインの執筆活動が最も盛んだった時期である.

ろで食い違う」は，ソ連がかつてビルマの独立に対して「ビルマの独立は本物ではなく，偽物というほかない．大英帝国の手のなかから未だ逃れられていない」と評したにもかかわらず[20]，1955年2月に発行された『コミンフォルム・ジャーナル』には「インドとともにインドネシア，ビルマも植民地支配のくびきから抜け出した」とある．チッ・フラインは，このビルマ評価の転換を批判し，その原因は「ソビエト連邦という国が，多くの人が考えるような社会主義の大国ではなく，イギリス，アメリカと同様に官僚主義，植民地主義が支配的なファシスト国家だから」だと断じた [Shwe Moe 1955: 54-55]．ミロバン・ジラスをはじめとしたユーゴスラビア指導者のスターリニズム批判の手法をビルマと結び付けながら展開したのである．

　第2期は1956年後半から1957年前半にかけてのビルマ共産党批判である．赤旗共産党指導者タキン・ソーや白旗共産党指導者タキン・タン・トゥンが対象となる．批判の論理は第1期のスターリニズム批判とほぼ同様である．たとえば，「おー，タキン・ソー，タキン・ソー」（第5巻第3号）では，「わが師」タキン・ソーの問題点はその無知にあるという．無知とはすなわち社会主義がソ連のように容易に官僚機構による支配に陥ってしまうという事実を知らないことだった．

　こうして，ソ連からビルマ共産党に批判対象を移した後，チッ・フラインは独自の社会主義思想の構築を試みる．これが第3期で，第5巻12号（1957年10月）「ビルマと民主社会主義」から第6巻第4号（1958年2月）「ナーマルーパ主義と人類史」までの論考である．本書にとって重要なのは，この第3期にあたる「ナーマルーパ主義」（*namà rupà wadà*）に関する一連の論考である．これは5ヶ月にわたって連載された総ページ数33ページの短い論考であった．まず，以下ではその構成にしたがって内容を要約しておこう．

　議論は社会主義思想と社会主義国家の歴史からはじまる．200年前から発展しはじめた資本主義．その対抗概念としての社会主義が，空想的社会主義から科学的社会主義へと発展し，そのひとつの帰結としてロシア革命とソビエト連邦の成立が紹介される．その結果，「官僚独裁主義」のソビエト共産主義が

20　いつどこで論じられたビルマ評であるかは原文には記されていない．

表 2-1　月刊誌『ミャワディー』に掲載されたシュエ・モー名義の論考

巻	号	年	月	タイトル	
3	6	1955	4	前と後ろで食い違う	第1期
3	7	1955	5	ソビエト共産主義のファシスト官僚植民地主義	
3	8	1955	6	ソビエト官僚制批判	
3	9	1955	7	裏切り者チトーとスターリンの大間違い	
3	12	1955	10	世界平和とビルマ共産党	第2期
4	9	1956	7	私の知っているウ・ナウン・チョー	
4	12	1956	10	スターリンとフルシチョフ	
5	3	1957	1	おー，タキン・ソー，タキン・ソー	
5	5	1957	3	私がタキン・タン・トゥンになったら	
5	8	1957	6	派閥主義を放棄せよ	
5	9	1957	7	ウ・ナウン・チョーの団結主義	
5	12	1957	10	ビルマと民主社会主義	第3期
6	1	1957	11	民主社会主義制度とナーマルーパ主義	
6	2	1957	12	ナーマルーパ主義と人間社会の成り立ち	
6	3	1958	1	ナーマルーパ主義と人間社会の成り立ち	
6	4	1958	2	ナーマルーパ主義と人類史	
6	5	1958	3	独占資本主義	第4期
6	6	1958	4	極めて独裁的なソビエト共産主義の官僚制資本主義	
6	7	1958	5	ユーゴ・ソ連の対立	
6	8	1958	6	マルクス主義と共産主義	
6	9	1958	7	マルクス主義	
6	10	1958	8	マルクスの唯物史観	
6	11	1958	9	レーニン・スターリン・毛沢東	
6	12	1958	10	マルクスと革命の諸事実	
7	1	1958	11	共産党という新しい階級	
7	2	1958	12	共産主義の完全な支配	
7	3	1959	1	共産党国家	
7	5	1959	3	民主主義と共産主義	
7	6	1959	4	民主主義と社会主義経済	

出所）『ミャワディー』各号をもとに筆者作成

優勢になり，社会主義（意味するところはいわゆる社会民主主義）は力を失っていく．スターリン独裁以後のソ連は各国の共産党を通じて，その影響力を拡大しようとした．それに対抗したのがユーゴスラビアである［Shwe Moe 1957b: 13-17］．ここまでは，これまでの反共プロパガンダと同じ論理である．問題はこのあと，ビルマについて論じる部分である．

ビルマは現在国民国家統合の危機に直面しており，このまま統合を取り戻さ

なければ，ふたたび植民地化されてしまう．統合のために必要とされるのは，イデオロギー（*wadàdàbôtàyâ*）であり，そのイデオロギーは「民主主義に基礎を置く社会主義」（*dimokàresi achehkantô hsosheli'wadà*）でなければならないとチッ・フラインは主張する．ただし，社会主義ではあるが，これはマルクス・レーニン主義でもなければ，西洋の中産階級の利益を代表する社会民主主義でもない．それは「ビルマ連邦の憲法に規定されている民主主義イデオロギーと社会主義経済体制に基礎を置く」という［Shwe Moe 1957c: 286］．しかし，憲法を破壊しようとする分子がいるために，目標になかなか近づくことができずにいる．目標に近づくためには，民主主義に立脚した社会主義国家について哲学的な基礎を示す必要があり，それが「ナーマルーパ主義」である．

「ナーマルーパ」は，「ナーマ」（*namà*）と「ルーパ」（*rupà*）というふたつのパーリ語からくるチッ・フライン独自の合成語である．本来の意味は，「ナーマ」は名前を，「ルーパ」は外見や見た目を意味するのだが，ここでかれはふたつの言葉に必ずしも辞書的ではない意味を与える．すなわち，「ナーマ」とは精神を意味し，「ルーパ」とは物質を意味すると定義する．世界はこの，「ナーマ」と「ルーパ」，すなわち精神と物質の2つが持つ原理によって成り立っていて，「ナーマルーパ」という言葉で示されるのは，両原理の相互作用であると主張する．その上で，続けてチッ・フラインは「ナーマルーパ主義」の3つの特徴を指摘する．第1に，世界が物質世界（*the'mê you' lôkà*），生物世界（*the'shì lôkà*），現象世界（*hpyi'phe'pyùpyin lôkà*）の三界からなると解し，人間が三界すべてに関わり，最も重要であるとする．第2に，人間は精神の原理と身体の原理によって成り立ち，身業（*kayàkan*），口業（*wàsikan*），意業（*mànôkan*）の三業は精神が身体を介して統率している．第3に，人の精神も身体も絶えず変化している．そして，両者は互いに恩恵を与えあう（*àpyanàhlan kyêzûpyù di*）ことで成り立っている［Shwe Moe 1957c: 289–292］．

以上のような原理的な説明に続いて「ナーマルーパ主義」にもとづく歴史観が示される．しかし，ここでそれまでの仏教的な要素が急に失われる．「経済活動における生産手段と生産資本をだれが所有しているのか，どの階級が所有しているのか．生産手段を所有している人々と生産資本を有しない人々がどのような関係にあるのか．こうした疑問への答えが一時代の経済体制を論じるこ

とになる」[Shwe Moe 1957d: 81-82] とあるように，内容としては唯物史観そのものである．事実，そのあとには，封建主義，資本主義，帝国主義と時代区分がなされ，第2次大戦までの世界史が総括されていく．

以上の構成からわかるのは，「ナーマルーパ主義」にかする一連の論考のオリジナリティが，マルクス・レーニン主義を唯物論に還元し，それに観念論を対置して，両者を否定しながら，同時に両者を含みこむものとして人間を措定する，筆者のいう「哲学」部分にあった．これが意味を持ちうるのは，戦前以来，ビルマの政治社会でしばしば史的唯物論の宗教への否定的な見解が論争の種になっていたからである[21]．そうした論争に終止符をうち，反共的な社会主義を打ち立てるべく，唯物論でも観念論でもない世界観として「ナーマルーパ主義」は主張されたといえよう．

ただし注意を要するのは，「ナーマルーパ主義」が1947年憲法の「哲学的基礎」として提出された概念だということである．したがって，こうした「哲学的基礎」を具体化する制度は，1947年憲法に示されているというのがチッ・フラインの見解であり，強調点はむしろ現状の危機が憲法からの逸脱によるものだという主張にあった．また，歴史観は批判対象であるはずの唯物史観そのものであって，前段での仏教思想が援用されて，新しい解釈が示されることはなかった．その点で「ナーマルーパ主義」は，基本的には護憲と反共を唱える論

---

21 唯物論への違和感は，ビルマ共産党結成時からビルマ人共産主義者に共有されていたものであるし [根本 1990：445]，仏教とマルクス主義の融合の試みについても，たとえば，与党AFPFLの指導者の1人であるバ・スエは1951年に以下のような演説をしている．

> マルクス主義哲学は天地創造の原理を受け入れない．しかし，（それは）宗教に反対するということではない．事実，マルクス主義理論は仏教哲学に敵対するものでもない．率直にいえば，両者は似ているだけでなく，実際のところ，概念の点でいえば同じである．ただ，両者を別々のものとみなしたいのであれば，マルクス主義は低地を，仏教哲学は高地を占めていると考えればよい．マルクス主義理論は世俗的な事柄を扱い，生活における物質的な必要を満足させることを目指す．しかし，仏教は生活における精神的な満足と世俗世界からの解放を目指して，精神的な事柄を扱うのである [Smith 1965: 129]．

考であり，また，いまだ抽象性が高く未完成であったため，パーリ語を用いた空虚な言葉遊びの印象は否めない．たしかに，マルクス主義と仏教の融合を試みてはいるのだが，決して成功しているようには思えないのである．

事実，『ミャワディー』という当時の有名雑誌に掲載されながら，「ナーマルーパ主義」はほとんど読者の反響を得ることはなかったという．国軍上層部からの反応もなかった［インタビュー 2005 年 1 月 25 日］．それが将来，国家イデオロギーの原案になるとは，読者も軍上層部も，チッ・フライン自身も考えていなかった．新体制の構想などとは無縁の反共宣伝文書だったのである．

1957 年 12 月に心理戦将校の育成を目的としてはじまった第 1 期心理戦将校講座で，チッ・フラインは政治思想の講師として，世界の共産主義の状況，ビルマ共産党の思想について政治教育を行った．その講座のなかで用いられたテキストが「人の本質と民主主義の批判可能な発展原理」(*lù thàbawà tayâ hnin' dimokàresi ì wehpan ta'thô tôte'yê dabôtayâ*)（以下「発展原理」）という 18 ページからなる小冊子であり，内容は前述の「ナーマルーパ主義」を下敷きにしたものだった［Chit Hlaing 1992: 2–3; Chit Hlaing 1959][22]．

簡単に内容を紹介するなら，「発展原理」の前半部は「ナーマルーパ主義」のうち，三界，精神と物質の相互作用，両者の無常の理，という世界観部分がほぼ同様の内容で繰り返されている．残り半分は，「ナーマルーパ主義」にはなかったものであり，具体的には以下のようなものであった．人間の精神には，欲望 (*lôbà*)，怒り (*dôthà*)，迷妄 (*môhà*) といった不正義が存在し，それらは物質的な充足だけではなくすことができない．利己的な精神と利他的な精神

---

22 「発展原理」のテキストはチッ・フラインから直接に譲り受けた．チッ・フラインはこのテキストを当時心理戦局長だったバ・タン大佐を介して，陸軍参謀次長アウン・ジーおよび訓練局局長マウン・マウンに提出している．アウン・ジーからは将校用の教材とすることに同意を得ただけであるのに対して，マウン・マウンは仔細に検討したうえで意見をチッ・フラインに送付したという．1960 年に総選挙が実施され，ネー・ウィン参謀総長を首班とする選挙管理内閣が終了すると，講義はいったん打ち切られたが，1961 年 11 月に再び心理戦局の若手将校たちを対象とした講義が開かれ，かれが講師として政治教育を行った．反共プロパガンダの実施および将校への反共的政治教育の担い手を養成することが目的であった．

がともに共存するのが人間の本質である．したがって，精神の原理を批判的に学び，その知識を利用できてこそ，人間の幸福の実現ははじまる．マルクス・レーニン主義は物質的な正義だけを優先し，人間の意義を破壊する悪しき思想である．そういう内容だった．

新たに書き加えられた部分も，前述の雑誌連載の論旨を大きく変更するものではなかった．マルクス・レーニン主義に対抗するものとして常にチッ・フラインが提示するのは人間の精神（*rupà* あるいは *sei'*）であり，それを考慮しない点で，マルクス・レーニン主義が誤りであるという．同時に，人間の精神を論じるときに多用されるパーリ語が，ヨーロッパから移入された近代思想に対して，ビルマ独自の仏教思想，より具体的にいうなら論蔵（*àbidanma*）に示された上座仏教思想を対置することで，物質／精神＝西洋思想／仏教思想＝敵／味方，という二元論的対立構造を作り出そうとしている．しかしながら，より詳細に論蔵の援用へと踏み込んでいくことはない．マルクス・レーニン主義を批判することで議論を終えてしまうのである．その意味で，一部の将校を対象とした講座で利用されるテキストになっても，依然としてチッ・フラインの思想は反共プロパガンダの域を出てはおらず，また，軍内の一部でしか知られていないものだった．

2-5 　国防省参謀本部穏健派の周辺化

では，チッ・フラインが反共プロパガンダを越えようとしながら，いまだ未完であった論考「ナーマルーパ主義」が，いったいどのようにして最終的に国家イデオロギーになったのだろうか．その背景に1950年代末から1960年代初頭にかけての軍内政治構造の変容を指摘するのが本節の課題である．結論を先取りすれば，この時期，軍内で強硬派の動きが活発化し，アウン・ジー，マウン・マウンといった1950年代前半から軍内政治で主導権を握っていた参謀本部穏健派が周辺化されていった．以下では，1958年の選挙管理内閣の成立と，1962年のクーデタを事例に周辺化のプロセスを明らかにしたい．

（1）選挙管理内閣の成立

　1958年における政変の発端を事件史レベルで考えれば，与党AFPFLの分裂にある．AFPFLはウ・ヌと，社会党の3人の領袖である，バ・スェ，チョー・ニェイン，タキン・ティンを指導者とする政党連合であった．四者の関係は党人事などをめぐって1957年4月29日にヌーティン派とスェーニェイン派に公然と分裂し，6月13日にはAFPFLの組織そのものも二分してしまう．表2-2は，組織的な分裂の直前である6月4日にスェーニェイン派が国会に提出したヌ内閣への不信任動議に対する投票結果である．これを見れば，AFPFL内ではヌーティン派（後の清廉AFPFL）がスェーニェイン派（後の安定AFPFL）に対して議員数としては劣っていたことがわかる．ウ・ヌは最大野党で左派勢力でもある民族統一戦線（NUF）を取り込むことで対抗し，最終的には不信任案を否決に持ち込んだ．その後，ウ・ヌによる左派の取り込みは拡大し，1958年8月には反政府武装勢力に対して恩赦令を布告して，さらに人民義勇党を合法化した[23]．

　この，AFPFLの分裂およびウ・ヌによる左派勢力の取り込みは軍内に波紋を呼ぶ．それが最も先鋭なかたちで表れたのが，北部軍管区司令部の動きであった．1958年に，北部軍管区司令官アウン・シュエ准将を中心に，バ・スェの義理の兄弟であるチー・ウィン大佐，北部軍管区司令部第1作戦参謀チッ・カイン中佐がクーデタを計画しはじめた[24]．事前にこの情報をつかんだ内務大臣ボー・ミン・ガウンが首都防衛のために内務省下にある武装警察の一部をラングーンに配置したため，両派AFPFLと国軍の対立が激化して急速に事態が緊迫し，北部軍管区グループは陸軍参謀次長アウン・ジーに国軍によるクーデタを提案するに至った．しかし，アウン・ジーは提案を拒絶したという．それで

23　AFPFL分裂についてはSein Win [1959]，Furnivall [1960: Ch 5]，Butwell [1969: Ch 16]，邦語では矢野 [1968：第2部第2編第1章] を参照．

24　ウ・ヌの左派への接近などによって，国軍関係者の大多数は安定AFPFL支持者になったといわれる．しかし，五十嵐誠のいうように，少なくとも1960年2月の総選挙における国軍関係者の投票を見る限り，軍内におけるヌーティン派支持者とスウェーニェイン派支持者の数は拮抗している [五十嵐2001：第3章]．

表2-2　1958年6月9日政府不信任動議の議決結果

(単位：人)

	不信任案賛成 (スウェー・ニェイン派)	不信任案反対 (ヌー・ティン派)
AFPFL	97	54
NUF[※1]	1	44
ANUO[※2]	0	5
シャン州	9	16
カチン州	4	3
チン州	3	3
カヤー州	0	3
カレン州	5	2
合計	119	128

※1　NUFはNational United Front（民族統一戦線）の略
※2　ANUOはArakan National United Organization（アラカン民族統一機構）の略
出所）［矢野1968：468・表3］を若干修正

も，北部軍管区グループは安定派AFPFL支持とクーデタ実行の姿勢を崩さず，9月27日にクーデタを実行する計画を立てていた［Dr. Kyi *et al*. 1991: 107］．

　対して，マウン・マウンは強硬派の切り崩しに奔走し，さらに国軍参謀本部として対処をすべく，9月22日にアウン・ジー，キン・ニョー大佐と会談を行った．会談で懸念されたのは国軍の分裂であった．国軍参謀本部には単独で北部軍管区グループを抑え込む力はない．一方で，南部軍管区司令官バ・レイ准将はクーデタに反対しており，参謀本部と歩調を合わせることで合意していたという［Dr. Kyi *et al*. 1991: 109-110］．この状況で北部軍管区グループがクーデタを実行すれば，武装警察との衝突は避けられず，さらに軍の分裂すら招きかねない．そこで，アウン・ジーらは北部軍管区グループによってクーデタが引き起こされる前に予防クーデタを計画する［Callahan 2003: 187］．ヤンゴン軍管区司令官チー・マウン大佐指揮下の第106歩兵大隊をヤンゴンの各所に配置した．

　その上で，クーデタをひとつの交渉カードとして，9月23日，24日にウ・ヌ首相と会談し，妥協の道を探った．その結果導かれたのが，合法的にネー・ウィン国軍参謀総長へ政権を移譲するというシナリオだった．9月26日，内閣からウ・ヌ首相，タキン・ティン副首相，ボー・ミン・ガウン内相，ティン・

マウン公共事業・住宅相，国軍からアウン・ジー准将，マウン・マウン大佐，ティン・ペ准将が会談し，ネー・ウィンの首班指名と，第3回総選挙後の政権移譲などについて記した書簡が交換される．1958年10月28日，憲法第56条第1項に基づいて，大統領はネー・ウィン国軍参謀総長を首相に指名した［Dr. Kyi *et al*. 1991: 111–123］．

　この一連の出来事を軍内政治の文脈から見たとき，アウン・ジーとマウン・マウンによる諸勢力間での調整の動きが際立つ．かれらは，政権幹部の拘束による暴力的なクーデタも辞さない北部軍管区グループと，そうした脅威に対して認識の薄い清廉派AFPFLとの間で，国軍の分裂を回避しながら，同時に，1947年憲法体制を維持すべく動いた．クーデタの可能性を見せて清廉派から妥協を引き出し，同時に，ネー・ウィンを首相とすることで北部軍管区グループの動きを封じる．ただし，それらは1947年憲法の枠内で達成されねばならない．もちろん，すべてがアウン・ジー，マウン・マウンの思惑どおりであったとは思えないが，両者の尽力なしには到達しえなかった着地点であろう[25]．

　首相に就任したネー・ウィンが軍内外に向けて繰り返し国軍の政治不介入原則を示し，憲法遵守を訴えたのも，この，アウン・ジーおよびマウン・マウンの軍内における主導権維持を傍証する．1958年の政治危機と選挙管理内閣成立は，参謀本部穏健派に対する強硬派地方司令官の挑戦であり，同時に，参謀本部穏健派による強硬派の抑え込みだったのである．1958年10月31日の国会演説で国軍参謀総長ネー・ウィンは下のように語った．

　　憲法と民主主義を私個人が信じているように，議員の皆さんにも真剣に信じてもらいたい．憲法と民主主義を私が守るように，議員の皆さんにも守ってもらいたい．憲法と民主主義を，連邦の国民ひとりとして，首相として，兵士として，

25　ウ・ヌ自身はその自伝の中で，自らの提案で合法的な政権移譲を達成したかのように記しているが，これは，そうした譲歩をしなければクーデタが強行されると認識した結果であろう［U Nu 1975: 325–329］．譲歩する場を設定したアウン・ジー准将とマウン・マウン大佐の力は大きい．譲歩の場さえ与えられなかった1962年3月2日のクーデタでは，ウ・ヌは状況がつかめず，クーデタ直後にはネー・ウィンの安否を懸念していたといわれる．

どの立場においても，命を犠牲にして守り抜く義務を［わたしが］負っているように，議員の皆さんにも，どの立場においてもこの義務を負ってもらいたい［khi' yê 1(9) 1958: 24］．

そして，この言葉に従うように，ネー・ウィンは1960年2月の第3回総選挙に勝利した連邦党に政権を譲り渡した．その功績によってラモン・マグサイサイ賞にノミネートされるほど，当時の世界においてかれの行動は特筆すべきものであった．ところが，穏健派と強硬派の間で超然としていたはずのネー・ウィンが次第に穏健派から距離を置きはじめる．

（2）1962年3月2日クーデタ

これまで見てきたように，アウン・ジーとマウン・マウンは国軍による政治介入に概して否定的であり，ネー・ウィンとかれらの姿勢が変わらなければ，参謀本部の強化はむしろ軍を政治介入から遠ざけるはずである．ところが，1962年3月2日クーデタはネー・ウィン主導で実行された．つまり，1958年には強硬派の北部軍管区グループを押さえるために参謀本部幕僚の意思統一がなされたのに対し，1962年には逆にクーデタによる積極的な政治介入で参謀本部主要幕僚の意思統一がなされたのである．

こうした変化を引き起こした要因のひとつとして重要なことは，マウン・マウンが国軍を離れたことだろう．1961年2月1日，前年2月の総選挙への干渉を理由に将校11名の解任が発表された．参謀本部の将校が1名，旅団長9名，軍管区司令官1名が解任された．解任された参謀本部所属の将校はマウン・マウンであった．かれは同年2月13日に退役というかたちで国軍を離れ，さらに3月22日にはイスラエル大使に任命されてビルマからも離れた．マウン・マウンの解任の理由については，総選挙への介入ではなく，アメリカ中央情報局との関係ではないかといわれている[26]．ことの真偽は現在のところ不明であ

26　たとえば，アメリカ中央情報局と連携しながら諜報活動関連施設の建設を中国国境地域で行っていたことが中国政府に伝わり，中国政府からウ・ヌ首相のもとに情報が届いた結果，解任にいたったのではないかという説や，マウン・マ

るが，いずれにせよ，これは，アウン・ジー陸軍参謀次長にとって大きな痛手であった．参謀本部穏健派をともに形成してきた幹部将校が軍を去ったからである[27]．

残念ながら，ネー・ウィンを中心にいかにしてクーデタ計画が練られていたのかは明らかになっていない．伝えられるところでは，参謀総長ネー・ウィン将軍，兵站局長ティン・ペ准将，参謀本部参謀大佐タン・セイン大佐，人事局長チョー・ソー大佐の4人が首謀者であったという．そこにアウン・ジーは含まれていなかった．かれは陸軍参謀次長でありながら，クーデタの具体的な計画をまったく知らなかったといわれている［2006年2月8日 関係者インタビュー］．

1962年3月2日未明，国軍はクーデタを決行し，大統領，首相，閣僚，司法長官および，2月24日からはじまっていた連邦セミナー出席中のシャン州およびカヤー州選出の政治家などを拘束した．そして，革命評議会を設置し，国家の全権を革命評議会に集中させた．国軍が国家の全権を握ると同時に，アウン・ジーの軍内における主導権喪失が明白になる．後に，アウン・ジーはクーデタ直後の状況を以下のように記している．

> ティン・ペ将軍，タン・セイン大佐，バ・ニェイン，ティン・ソー大佐，タン・ユ・サイン大佐が政府の中に小政府をつくり，［革命］評議会の中に小評議会をつくり，そこで秘密裏に合意形成をおこなってから，政府内，評議会内に［決定事項を］持ち込んだ．派閥を形成する慣行を評議会，政府，国軍に持ち込んでい

ウンと対立していたボー・ルウィン情報局長が，マウン・マウンを追い落とすべく，ネー・ウィンにアメリカ合衆国中央情報局とマウン・マウンとの親密な関係を噂もふくめて報告した結果ではないかという推測もある［Callahan 2003: 199］．

27　ただし，解任そのものは多くの地方司令官を中心に断行されたものであり，そこには1958年クーデタの首謀者であったアウン・シュエ准将（1959年2月25日から南部軍管区司令官），チー・ウィン大佐（第7連隊連隊長）も含まれている．かれらがどの程度選挙に介入し，安定派AFPFLの支持活動を行ったのか不明である．総選挙後も軍による政権を継続するために，有力地方司令官内で相談していたことが理由であるともいわれる［Callahan 2003: 200–201］．

たと私は思う［Aung Gyi 1976: 4］.

「派閥を形成する慣行」かどうかは置くとしても，アウン・ジーが革命評議会の意思決定過程において，もはや主導権を握れなくなったことがわかるだろう．それは，国軍についても同様だった．

> 陸軍については，すべての責任を私が負っている．しかし，陸軍将校を他の省へ送りたいだけ送り，召集したいだけ召集し，異動させたいだけ異動させ，選びたいだけ選び，そうしたすべてを陸軍参謀次長である私にはいっさい知らせずに，その第2の政府ともいえる内務省で［人事にかんする決定を］行っていた［Aung Gyi 1976: 15］.

内務省で決定が行われていたのは，おそらく国防省人事局長のチョー・ソー大佐が内務大臣に就任していたのと，内務省機構のてこ入れが積極的に図られていたからだと思われる．陸軍内の人事を陸軍参謀次長がコントロールできない状況にまで，アウン・ジーの力は落ちていた．こうした事態は同時に，アウン・ジーがマウン・マウンとともに築こうとしてきた国軍の行動指針の反故を意味した．国軍統合の柱として掲げられた1947年憲法体制は，議会の停止（革命評議会布告第4），連邦制の廃止と中央集権的な州評議会の設置（布告第6から第11）などによって崩壊する．国軍は1947年憲法の枠から離れ，長期的な政治介入へと舵を切った．

2-6 「人と環境の相互作用の原理」の誕生

長期的な政治介入を開始したといっても，ネー・ウィンにも，クーデタを主導した強硬派の国軍幹部たちにも，新体制のための具体的なアイデアはなかった．あったのは，新体制にはそれに正統性を与える何らかの理念が必要であるという認識と，その理念は世界に現存する社会主義とは異なるビルマ独自の社

会主義でなければならないという漠然としたイメージである．ネー・ウィンはクーデタ後初の国軍大会において幹部将校に向けて，新体制には主義（wadà）が必要である旨を述べたうえで，以下のような演説をしている．

　　イデオロギーについて，独立前から我々が信じてきたのは社会主義制度，社会主義社会である．[1947年]憲法もそれを目標にして書かれているのだ．だから，今[政権運営を]行うにあたって，この社会主義[を採用するの]だ．そして，諸君たちに説明しておきたいのは，[我々の社会主義は]他人が実行している社会主義の類ではないということだ．これは曲げてはならない．まねでは一切ない．我々ビルマに適合的で，我々ビルマ人の考え方に合っていて，ビルマの自然，ビルマの状況にふさわしい社会主義である[DSMHRI CD878(1): 4-5]．

　では，どういった理念を採用するのか．ここに，一軍属であったチッ・フラインとネー・ウィンとの間に政策過程上の回路が開かれる．ネー・ウィンが体制の理念作成についてチッ・フラインに指示を出したのは2度である．1度はクーデタの4日後に革命評議会の政策声明の作成を命じたとき．その結果，1962年4月30日に発表されたのが，「ビルマ式社会主義への道」であった．これは「ビルマ式社会主義経済体制」の建設を謳ったネー・ウィン体制の基本文書である．2度目は，1962年11月に出されたビルマ社会主義計画党の公式イデオロギーの作成指示である．チッ・フラインの証言にもとづいて，クーデタから「原理」の発表までの流れをまとめれば，以下のようになる．
　クーデタ後，革命評議会は既存政党の統合を目指して，連邦党，AFPFL，国民統一戦線の三大政党幹部との会合を開いた．しかし，一党制採用への了解が得られず，交渉は決裂する．これを受けて，革命評議会は独自の政党づくりに乗り出し，7月4日にビルマ社会主義計画党を設立した．そして，党設立から4ヶ月経った11月7日，再びチッ・フラインはネー・ウィンから党のガイドラインとなるイデオロギーの執筆を指示される．1962年の末，かれは前述の「発展原理」に手を加えた草案を，革命評議会議員の出席するインフォーマルな会議に提出した．1963年1月17日の革命評議会会議で承認を受け，同日中に「人と環境の相互作用の原理」として計画党の公式イデオロギーが発表さ

れた [Chit Hlaing 1992: 17].

「原理」は,第1章「三界」(*lôkàgyî thôunbâ*) で,世界を物質世界 (*the'mè you'lôkà*),生物世界 (*the'sì lôkà*),現象世界 (*hpyi'pye'pyùpyin lôkà*) の三界からなると規定する.第2章「人と人間社会」(*lu hin' lùlôkà*) では,上記三界のうち,生物世界,その中でも人の社会が最も重要であるから,三界を理解し,世界の問題を解決するには,人を基本として分析しなければならないとする.そして,①人を研究することは上記三界を研究することである.②人は身体 (*you' hkanda*) だけでなく,精神 (*sei'da'*) がなければならない.③人は身業 (*kayà kan*),口業 (*wàsi kan*),意業 (*mànô kan*) の三業が先にたつ.④人の精神と身体は休むことなく変化している.⑤その変化はゆったりとした変化から目に見えて急速な変化へと移り変わっていく.⑥人はもとより自己利益を追求する利己的な性質 (*a'tàhîta*) と社会の利益を求める利他的な性質 (*pàràhità*) をあわせもつ,という6点が示される[28].第3章「人と人間社会における無常の理」(*lùbaunthàmain i pyâunlêyêitàyâ*) では,人が環境に働きかけるという物質と精神の相互作用がすなわち生産様式であり,この生産様式の変化が歴史の発展であり,その発展の一形態である革命とは発展を阻止しようとする勢力と発展を進めようとする勢力との対立から生まれるなどといったように,前章までの世界観と唯物論的弁証法による歴史観との融合がはかられる[29].

以上から2点を指摘することができるだろう.第1に,ネー・ウィンにも他のクーデタ首謀者にも新体制の明確なアイデアがないまま,国家イデオロギー作成の指示がチッ・フラインに下されたため,かれは自らの1950年代の任務の成果であった「ナーマルーパ主義」と「発展原理」をその草案としていた.

第2に,革命評議会会議の議論によって,チッ・フラインの草案に大き

---

28 「ナーマ」と「ルーパ」という用語は使用せず,より一般的に用いられる「セイダッ」(*sei'da'*)(精神)と「ヨウカンダッ」(*you'hkanda*)(身体)を用いるようになった.チッ・フラインによると,この変化に別段の意味はなく,一般的な用語を使うことでわかりやすくするためだったという [2005年1月6日 チッ・フラインへのインタビュー].
29 第4章「労働する人民の本質に関する章」では人の本質を説明し,第5章「我が党の基本イデオロギーに関する我が党の見解」では「原理」が決して絶対ではなく,時代と状況によって修正可能であることを強調する.

な変更が加えられた様子はなく，実質的にネー・ウィンの指示とそれに対するチッ・フラインの応答のみによって党の公式イデオロギーが決定された．チッ・フラインによる草案は心理戦将校講座で使用されたテキストであり，かれが1950年代末に反共宣伝工作のなかで展開した議論そのものだった．しかし，かれを取り囲む状況が変わった結果，テキストの位置づけが大きく変化し，いまや一党独裁体制の公式イデオロギーになったのである．

2-7　結び

　その後，アウン・ジーは1963年2月に革命評議会議員や陸軍参謀次長などのすべての公的な地位を辞した．革命評議会が進めようとする急進的な経済の社会主義化に対して抵抗を見せていたが，ネー・ウィン将軍の支持を得ることはできず，もはや政治的復権が望めない状況での辞職であった．チッ・フラインは1963年6月1日にビルマ社会主義計画党の幹部養成学校である中央政治学学校 (*bàhou nainganyêi thei'pan kyâun*) 教頭に就任し，1971年に学内政治を理由に退職するまで党幹部の養成に従事した．党内の要職ではあるものの，政府の政策決定に直接関わるポストではなかった．

　本章では，ネー・ウィン体制における国家イデオロギーの形成過程について，個人史と軍内政治の文脈から検討してきた．新体制がネー・ウィンの強力なリーダーシップのもと，きわめて場当たり的に構築されていたことがうかがえるだろう[30]．その背景には，1950年代末からの軍内政治構造の変容があった．

---

[30] クーデタ直後に開かれた1962年の国軍党大会における開会演説で，ネー・ウィンは，同年2月24日の連邦セミナーにおける「過激な」(*pyìnpyinhtanhtan*) 議論が耳に入り，連邦運動 (federal movement) に関連してシャン州代表議員たちが何か反逆的な動きを起こそうとしているのではないかと推測されたため，事前にそれを押さえ込むためにクーデタをやむなく (*màlou' màpyi'*) 実施したと説明している [DSMHRI CD878(1): 1]．しかしながら，当の連邦セミナーは，ネー・ウィンがいうような分離権行使を見すえたものではなく，そこでの議論はより穏健な自治権拡大の主張にとどまっており，国家分裂が目前の危機

1960年代初頭にネー・ウィンと強硬派将校の同盟が成立し，かれらは軍外勢力との協力関係を望まず，クーデタ後の多くの決定を国軍幹部だけで行った．そのため，国軍にわずかしかいない政治思想に通じた人物であるチッ・フラインが国家イデオロギーの起草者となり，かれはかつて発表した論説を基礎にして草案を作成した．その過程には1950年代後半にチッ・フラインの活動を支えたアウン・ジーとマウン・マウンの狙い，すなわち憲法擁護と反共主義による国軍の統合と政治不介入原則の確立は考慮されていない　皮肉なことに，かつて憲法擁護と反共主義の文脈で書かれた未完の論考が，強硬派によるクーデタを経て1947年憲法体制からの離脱と一党支配体制建設を正統化する文書になったのである．

　おそらく，ネー・ウィンにとって重要だったのは，多義的かつ論争的な「社会主義」の意味を「ビルマ式」という名のもとに国家が独占的に管理し，それから生じる政治的な不安定要因を排除することだったのだろう．そうであれば，国家イデオロギーはその内容よりも制定することに意義がある．あとは，国家イデオロギーを根拠に言論統制を実施すればよいからである．事実，1950年代にはさまざまな人々がそれぞれの思想と思い入れのなかで論じた「社会主義」や「民主主義」にまつわる言説が，「原理」の制定をもって公共的な言論の場から駆逐されてしまう．残されたのは，政治思想から生まれる安全保障上の脅威を排除するとともに，偏狭なナショナリズムを誇示するための言葉だけであった．社会主義国家の核心ともいうべきイデオロギーですら，国家安全保障に規定されたネー・ウィン体制を国防国家と呼ぶことに問題はないだろう．

になっていたわけではない．

第3章　未完の党国家
── ネー・ウィンとビルマ社会主義計画党

3-1　はじめに
3-2　独裁と軍政
3-3　党国家への転換と挫折
3-4　結び

3-1 　はじめに

　本章では，ネー・ウィンによる党国家の建設とその挫折について論じる．ここでいう党国家は，唯一の支配政党が国家の指導・管理を行う政治体制を指す．クーデタ後の体制構築が場当たり的に始まったことは前章で見たとおりだが，そうはいっても，体制構築にはモデルが存在し，それが社会主義諸国を中心に成立していた党国家であったことは間違いない．1962年にビルマ社会主義計画党（*myanmà hsosheli' lânzin pati*, Burma Socialist Programme Party．以下では計画党）が組織され，1974年の憲法制定により一党制が敷かれることになるからである．

　では，計画党による一党独裁体制とはいったい何だったのだろうか．計画党に対する従来の理解は，簡潔にまとめるなら以下のようなものであった．ネー・ウィン体制とは独裁者ネー・ウィンを頂点として国軍が社会を支配する体制であり，計画党一党独裁体制に基礎を置く党国家としての体制像はネー・

ウィンと国軍による支配を正当化するための外装に過ぎない[1]．この見方に従えば，計画党は設立当初からネー・ウィンの支配にとって従属的な位置づけしか与えられてこなかったことになる．

確かに，ネー・ウィン体制が共産主義国のような党を中心とした政治体制であったかというと，かなり疑わしい．しかし，計画党がただ独裁と軍政を偽装するためだけにつくられた政治組織だとするなら，それも同様に疑わしいように思われる．筆者は少なくとも1970年代のネー・ウィンは自らの権力基盤を軍から党へ移しつつあったと考えている．そこで，本章では，その準備期である1960年代も含め，ネー・ウィン，国軍，計画党，三者の関係に焦点を当てて，ネー・ウィン体制の形成と発展をネー・ウィンによるビルマの党国家への転換とその帰結として論じていく．

くわえて，計画党のさまざまな側面のうち，役職人事を主たる分析対象とする．その理由は，まず，人事が量的に測定しやすいからである．政党を分析するには政策決定過程や派閥の検討も必要だが，ビルマでの調査はいまだ不自由であり，人事のような比較的入手しやすい情報から党のメカニズムを推測することが今のところ最も現実的かつ有効だと思われる．また，人事は短期で変動するため，組織やイデオロギーから党を分析するよりも動態的な分析が可能になる．そして最も重要なのは，人事ルールの変化を通して計画党の組織的自律性を推測できる点である．党が国家を指導するには，党が国家機構から自律的でなければならない．もちろん法的には計画党の自律性は保障されている．しかし，それが実態として存在したかどうかについては，本格的な検証がなされぬまま，国軍の計画党への影響力ばかり強調する見解が目立つ．そこで，本章では人事ルールとその変化を指標にして，計画党の自律性を推測することにより，ネー・ウィン体制の党国家への転換の度合いを判定する．

本章の構成は次の通りである．3-2で社会主義を標榜しながらも，党国家と

1　たとえば，「［民政移管の］中味はネー・ウィンを頂点とする軍部権力構造の恒久化と正当化を計るための最後の手続きであったといえるだろう」とする見解［桐生 1975：226］や，「支配層に視点を置いてみるならば，1962年以降のビルマの政治体制を，『軍政』と一括りにすることができよう」という見解［高橋 2002：7］がある．

してはいまだ準備段階であった1962年から1970年までの国家中枢人事を分析し，それが独裁と軍政の論理によって貫かれていたことを示す．また，それと並行して進められた計画党の建設過程を検討する．3-3では，1971年からはじまる政治体制の変容過程を人事的側面から分析して，ネー・ウィン自身には党国家建設の意思があったにもかかわらず，1977年2月の第3回党大会とその後の政治危機によって結局失敗してしまったことを明らかにする．最後に，1978年以降の状況を眺めながら，ネー・ウィンによるビルマの党国家への転換とその挫折の過程をまとめる．

3-2 独裁と軍政

（1）革命政党をつくる

クーデタで政権を握った革命評議会は国家再編のモデルとして社会主義体制を選択した[2]．この選択はひとつにはクーデタを正当化するためであり，もうひとつにはビルマが直面していた国家統合の危機や経済停滞に対する処方箋を提示するためでもあった．そして，政治体制，経済体制ともに大きく変わっていく．経済体制に関しては，比較的早い段階から社会主義化が推し進められた．石油，銀行，タバコ製造，宝石鉱山などの民間企業が次々と国有化され，農地の国有化政策も強化された．それに対して，政治体制の変革は容易には進まなかった．なぜなら，ビルマの社会主義はクーデタではじまったため，社会主義体制の核となる革命政党を一からつくる必要があったからである．

2　本書では，国家を政治体制と経済体制に分けて前者に焦点を当てる．社会主義では両者は「密接にからみあって」いて，分離できないという指摘があるが［塩川 1999：50］，ビルマの場合，共産党でなく国軍が政権をとって社会主義を目指したために，党を一から建設しなければならず，政治体制の社会主義化と経済体制の社会主義化とに時間差が生じた．

演説するネー・ウィン将軍

　革命評議会は「ビルマ式社会主義への道」の第14条において，ビルマでの議会制民主主義の有効性を否定し，社会主義の発展と国家の安定を促進するような民主主義の必要性を唱えた．それにしたがって，ネー・ウィン革命評議会議長はまず既存政党による統一戦線の結成を目指し，1962年5月7日に連邦党，反ファシスト人民自由連盟，民族統一戦線の代表と個別に会談した．しかし，政党側の反発により交渉は決裂してしまう．次にとられた手段が，独自の革命政党の結成であった．「革命は革命政党によって指導されるべきである」(党綱領第2条) という理念のもと，同年7月4日に計画党が設立された．1963年には，軍管区に対応して西北，西南，東部，東南，中央，ラングーンの6つの党地域本部と，管区と州の行政単位にほぼ対応した15の党地区本部が設立され，中央政治学学校 (のちに中央政治学大学に改名) という党の幹部養成学校も設置された．さらに，革命評議会告示第47号で党の運営資金が国庫でまかなわれることになった．そして，1964年3月28日には国家統一法が施行され，計画党を除くすべての政党，政治団体の活動が禁止された．

　こうして法的には一党制が成立した．しかし，計画党が「革命政党」として

本格的に始動するには，1971年6月の第1回党大会まで7年の歳月を要することになる．この間，計画党は基礎の建設にあたっていたため，党の最高幹部組織である党組織中央委員会が重要な政治機能を果たすことはなかった[3]．しかし，1971年以降の計画党を分析する上で，この時期のネー・ウィンとその周辺の動きを見ておく必要があるため，次に革命評議会人事と閣僚人事を分析対象として，一党支配体制が本格的にはじまるまでの国家中枢人事を考察する．

（2）革命評議会議員人事と閣僚人事

1962年クーデタは，国軍参謀総長によって実行されたため，軍内政治を不安定にさせることなく成功した．革命評議会議員は国軍の最高幹部によって構成されることになった．内訳は国軍司令部から参謀総長と陸・海・空参謀次長の4人および兵站局長，軍務局長をはじめとした重要ポストについている6人，地方からは5人の陸軍軍管区司令官が任命され，そのほか，国境地帯で行政長官を務める将校1人と人民警察副長官1人の，計17人によって構成された（表3-1）．

この構成にはビルマ国軍内の権力関係が反映されている．その権力関係とは，第1に陸軍の圧倒的優位である．これは，1962年時点で陸軍約12万人，海軍約3,000人，空軍約2,500人という，歪な兵員構成からもわかるように，国軍設立当初から一貫して変わることのない特徴である［東南アジア要覧1962年版：223］．そのため，国軍司令部の要職のほとんどを陸軍将校が占めており，海軍と空軍からは参謀次長しか議員になることができなかった．第2の権力関係は国軍司令部幹部と地方司令官とのバランスである．ビルマ国軍にとって，中央司令部と地方司令官の亀裂は長年の問題であった．5人の軍管区司令官全員が革命評議会議員になったのも，ネー・ウィンが軍内の中央—地方関係の安定をはかった結果だと思われる．

初代内閣は8人で構成され，1人を除けば全員が複数の大臣職を兼務してい

---

3 党組織中央委員会の委員の顔ぶれは多くがわかっていないが，党綱領第3条（c）に委員は「革命評議会議員からのみ任命される」とある．また，ネー・ウィンが委員長を，サン・ユが副委員長を務めていたことはわかっている．

表 3-1　初代革命評議会議員の階級とポスト

革評役職	名前	階級（軍種）	ポスト※
議長	ネー・ウィン	将軍（陸軍）	国軍参謀総長
議員	アウン・ジー	准将（陸軍）	国軍参謀次長（陸）
議員	タン・ペ	准将（海軍）	国軍参謀次長（海）
議員	T. クリフ	准将（空軍）	国軍参謀次長（空）
議員	ティン・ペ	准将（陸軍）	国軍司令部兵站局長
議員	タン・セイン	大佐（陸軍）	国軍司令部陸軍高級参謀
議員	チョー・ソー	大佐（陸軍）	国軍司令部人事局長
議員	チッ・ミャイン	大佐（陸軍）	国軍司令部副兵站局長
議員	キン・ニョー	大佐（陸軍）	国軍司令部訓練局長
議員	フラ・ハン	大佐（陸軍）	国軍司令部医務局長
議員	サン・ユ	准将（陸軍）	西北軍管区司令官
議員	セイン・ウィン	准将（陸軍）	中央軍管区司令官
議員	タウン・チー	大佐（陸軍）	東南軍管区司令官
議員	チ・マウン	大佐（陸軍）	西南軍管区司令官
議員	マウン・シュエ	大佐（陸軍）	東部軍管区司令官
議員	ソー・ミン	大佐（陸軍）	国境地域行政長官
議員	タン・ユ・サイン	大佐（陸軍）	人民警察副長官

※ここでの国軍司令部は国防省と各軍の参謀本部を含む
出所）U Mya Han [et al. 1993: 3] より筆者作成

た．また，ティ・ハン以外は全員が現役将校で，しかも，国軍司令部の将校ばかりであった[4]．国軍，革命評議会，内閣の人的関係はここから1971年の第1回党大会までどのように変化したのだろうか．そこには2つの傾向を読み取ることができる．

　ひとつは国軍将校（特に陸軍）優位の継続である．1971年6月まで合計33人が革命評議会議員および閣僚に任命されているが，その中で現役の将校でないのはティ・ハン（外相，国家計画相などを歴任），ニー・ニー（教育省副大臣），バ・ニェイン（協同組合省副大臣）の3人だけである．そのうち，ティ・ハンは元兵站局長の退役軍人であり，あとの2人，ニー・ニーとバ・ニェインも1970年になってはじめて閣僚に任命された．したがって，この期間中，革命評議会議員と閣僚は実質的には全員が現役の国軍将校だったといってもよい．また，海軍および空軍の参謀次長と，人民警察副長官（後に長官）を除けば，すべてが

　4　以下の革命評議会人事および閣僚人事に関する情報は主に『東南アジア要覧』『アジア動向年報』による．

陸軍将校であった．

　もうひとつの傾向は権力構造の二層分化である．つまり，革命評議会内に二種類の将校が共存するようになっていた．ひとつは，ネー・ウィンの信頼を受け，側近として政権運営を担った将校たちである．サン・ユ准将，ティン・ペ准将，セイン・ウィン准将，チョー・ソー大佐，フラ・ハン大佐，タン・セイン大佐などがそれに含まれるだろう．かれらのうち国軍参謀本部出身者は参謀本部の役職と閣僚を兼務し，陸軍軍管区司令官出身者は司令官の任務が終了した後に閣僚入りした．かれらはネー・ウィンとともに政権を運営していく柱になった[5]．

　次に，第2の層とは陸軍軍管区司令官兼革命評議会議員だった者が軍管区司令官の任務を終えて，大臣あるいは副大臣になった人々である．第1の層にもサン・ユをはじめとして軍管区司令官から閣僚入りしているものがいるが，第2の層については，ネー・ウィンの側近であるかどうかとは関係なく，閣僚入りが機械的になされた．1回目の異動は1964年である．前中央軍管区司令官セイン・ウィン大佐が住宅・公共事業相に，前東南軍管区司令官タウン・チー大佐が農林相と土地国有化相に，前東部軍管区司令官マウン・シュエ大佐が工業相に，それぞれ任命された．2回目の異動は1969年である．この時点では大臣職が飽和状態であったため，新しく副大臣ポストが設けられ，そこに4人の前軍管区司令官が就任した．軍管区司令官の任期を終えた陸軍将校がそのまま閣僚入りするという人事慣行がこのとき生まれたのである．

　以上のように，革命評議会には，ネー・ウィンとともに政権運営の柱となる側近と，司令官の任期を終えて閣僚入りする元軍管区司令官たち，という二層が存在するようになった．では，この二層分化はなぜ生じたのであろうか．

　国権を掌握したネー・ウィンにとって，権力の安定に欠かせない課題は2つあった．ひとつは自分の信頼できる人間をそばにおいて自らの権力を固めることである．この課題に対応して生まれたのが，第1の層，すなわちネー・ウィンの側近たちである．また，クーデタの時点でナンバー2といわれていたアウン・ジーが1963年2月9日に革命評議会を辞職することになったのは，ネー・

---

[5] 現在でも革命評議会内での権力関係については不明な部分が多く，この二層分化にかんしても，境界線を明確に引くことはできない．

ウィンがかれの行動に何らかの脅威を感じたからであろう[6]．しかし，革命評議会人事を自分の権力維持のためだけに利用していては問題が生じる．その問題とは国軍内部である．閣僚の権限と利権を手にしているのは，一部の将校，それも国軍参謀本部の将校が中心であった．対して，地方司令官は国内反乱勢力との戦闘に明け暮れており，かれらが参謀本部に不満を募らせても不思議ではない．ネー・ウィンは国軍創設以来からの幹部であり，1972年まで国軍参謀総長を務めていたので，当然それを知っていた．ここから，国軍幹部への利益配分と軍の制度的安定という第2の課題が浮上する．そこで，軍管区司令官を終えた将校に閣僚ポストを用意して，かれらと現職軍管区司令官の不満を抑えつつ，一定期間で司令官が入れ替わる官僚組織としての国軍を安定させようとした[7]．その結果，二層分化の第2の層が登場したのではないだろうか．

　以上のように考えれば，革命評議会という組織が二つの性質を持っていたことがわかるだろう．ひとつに，それはネー・ウィンの権力維持の場であった．もうひとつには国軍幹部への利権配分と転出の場であった．さらに，ネー・ウィンの信頼できる人物が国軍将校ばかりだったことを考え合わせれば，この時期の革命評議会議員と閣僚のほとんどが現役国軍将校（特に陸軍）によって占められたという第1の傾向の理由も，おのずと明らかになるであろう．

6　この辞職には現実主義者であるアウン・ジーと理想主義者であるネー・ウィンとの意見対立によって生じたという説［佐久間 1993：70-71］や，ティン・ペ准将派の将校がネー・ウィンにアウン・ジーの悪評を伝えたために解任されたという，軍内の派閥対立を原因とする説［Colonel Chit Myaing 1997］，アウン・ジーが無断で政治的発言を繰り返したために，ネー・ウィンが発言内容それ自体よりも，その勝手な振る舞いに我慢できず，解任したという説［Hlaing 2001：144-145］などがある．いずれの説が妥当かを判断する証拠はないが，いずれにせよ，ネー・ウィンの意思と決定によって，アウン・ジーが解任されたことは間違いないだろう．

7　軍管区司令官が2年から3年で任期を終えるという慣行はネー・ウィン体制下では比較的安定して続いた［Myoe 1998：9］．しかし，国家法秩序回復評議会（SLORC）が政権を担当するようになって，一部で異動が滞り，現在，司令部と軍管区との間で緊張が存在するという［Callahan 2001：38-39］．ここからも，ネー・ウィンが国軍の安定に心を砕いていたことがうかがえよう．詳しくは第6章で論じる．

このように，1970年までの国家中枢人事は独裁と軍政の論理によって貫かれていたといってよい．社会主義を標榜しながら，そこには革命政党である計画党の影響を見出すことはできない．それが変わり始めるのは，1971年以降である．党は1962年から1970年まではまだ建設途中であったが，この建設過程が1971年以降にも重大な影響を与えることになる．そこで次に，計画党がいかに建設されていったのかを見ていく．

（3）ビルマ社会主義計画党の人的資源

　革命評議会は党の結成から1971年の第1回党大会までを「幹部政党」の時代と位置づけ，将来の「人民政党」への転換に向けて党の整備拡大に努めていた．
　イデオロギーについては，すでに第2章で検討したように，1963年1月に「人と環境の相互作用の原理」，翌年に「ビルマ社会主義計画党の諸特徴」が発表され，比較的初期の段階で精緻化された．党機構面では，中央本部に党組織化のリーダーシップをとる党組織中央委員会，部局として農民局，労働局，人民組織化局，管理局，教育局が設置された．支部は6つの党地域に地域監察委員会，15の党地区に地区監察委員会を置き，その下にに郡レベルに党支部が組織された．党支部はその他にも中央政治学大学や国軍内にも創設され，1966年時点で334の支部が存在すると発表された［東南アジア要覧1967年版：559］．各郡の党支部の下にさらに村落区や町区，工場などの党細胞が広がることになる．党員については，正式党員は20名にとどまっており，1963年の入党申請受付から1970年までは，党の関係者のほとんどが党員候補であった．その党員候補は，1965年の時点で10万人弱，1966年に18万人を越え，1970年には25万に達したと発表された．党支出についても，党機構の拡大，党員候補の増加などに伴って着実に増えていった．このように，歩みは決して早くないものの，計画党は機構，党員，支出すべての面で拡大の傾向を見せる[8]．その間，1965年，1966年，1968年，1969年に党セミナーが開催され，党の問題について討議がなされた[9]．

　8　党の拡大過程についてはTaylor［1987：300-326］に詳しい．
　9　例えば，1968年の第3回党セミナーは，「量より質を」を主題として，党内組

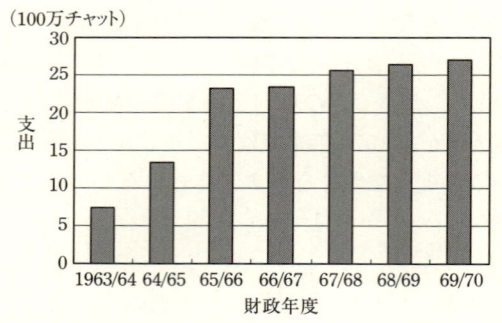

出所）[pati siyounye bahoukomiti 1971 表11] より筆者作成

図 3-1　計画党の支出の推移

　では，こうした党拡大のただなかにおいて，人的資源はどこから供給され，どのように移動していたのだろうか．同時代の資料が少ないため，以下では1971年の第1期中央委員会委員候補者のプロフィールを分析対象にして，党幹部になった人々はどういう人々だったのかを明らかにする[10]．

　表3-2は党本部幹部に含まれる軍人と文民の数，および軍人に関しては階級別の人数も示したものである．党本部の幹部のうち，事務方である局員も政治職に近い常任委員もともに国軍将校が多かった．かれらは退役することなく，出向で国軍を出て，党以外の国家機関も含めていくつかのポストを渡り歩いていた[11]．また，かれらの党内での地位は軍の階級に比例する傾向が見られた．

　　　織改革の必要性や行政機関との関係，人民政党への転換，憲法草案などについて討議がなされた．
10　ここで党幹部とは主に以下の役職を指す．党中央については，党組織中央委員会本部各局（農民局，労働者局，人民組織化局，管理局，教育局）の常任委員と局長補佐，部長，副部長，課長，係長である．各局局長は革命評議会議員が務めていたため，ここでは分析対象からはずす．党地方については，党地域監察委員会委員長，党地区監察委員会副委員長，同書記長，党支部支部長，同書記長，同執行委員，党クラス書記長，同書記長補佐を幹部とみなす．
11　そのため，党本部で幹部を務めるものの中には，国軍と党を行ったり来たりするケースも見られた．例えば，党組織中央委員会人民組織化局局長補佐であるマウン・エー中佐の経歴は以下のようになっている．1962年から1963年まで北部軍管区の補給部隊に所属し，1963年から1965年には党本部教育局で係長，

表3-2 第1期中央委員候補者になった党本部幹部の階級と人数

(単位:人)

党役職		階級(軍種)	人数
常任委員		大佐(陸軍)	2
		中佐(陸軍)	6
		中佐(空軍)	1
		少佐(陸軍)	2
		少佐(海軍)	1
		文民	11
局員	局長補佐	中佐(陸軍)	3
		中佐(空軍)	1
	部長	大佐(陸軍)	1
		中佐(陸軍)	2
	副部長	少佐(陸軍)	1
	課長	少佐(海軍)	2
		少佐(空軍)	4
		大尉(陸軍)	3
		文民	2
	係長	少佐(陸軍)	2
		大尉(陸軍)	1
合計			43

(出所) [bahoukomiti winlâunmyâ î kôuyêi hma'tân acînjou' 1971?] より筆者作成

さらに,常任委員を務めている12人の将校全員が何らかの国家機関の役職を兼務している一方,局員は誰一人として他のポストを兼務していなかった.常任委員たちは遅くとも65年には軍から党か行政機構に転出し,その後の昇進に伴って,兼務するポストを増やしている.つまり,将校たちにとって,党本部常任委員のポストは,昇進にともなって増えていく権限と利権のひとつであった.一方,党本部局員は,国軍から出向した中堅将校が初期に就くポストであり,党と行政機関を含む新たな昇進コースのはじまりであった[12].

1965年には第1シャンライフル大隊で大隊長を務めた.1966年から党本部人民組織化局長補佐を務めている.

12 ただし,党本部の役職人事がもっぱら軍内の事情だけで決まっていたわけでは

これでは，党中央人事の決定主体は国軍であり，党に人事の自律性はほとんどなかったとしかいえそうにない．ならば，幹部養成機関であるはずの中央政治学大学の機能は何だったのだろうか[13]．1971年までにのべ3万人近くが中央政治学大学で講義を受けている［pati sîyôunyê bahoukomiti 1971：表10］．それにもかかわらず，党本部の幹部の中に中央政治学大学の講座受講生はほとんどいなかった．なぜなら，卒業生の多くは党の地方幹部になっていたからである．1971年の中央委員候補者に含まれる党地方幹部177人のうち，少なくとも101人は中央政治学大学で何らかの講座を受講したことがあった[14]．

　しかし，受講生も国軍と無縁ではなかった．中央政治学大学の職業別受講者数を示した表3-3を見ると，軍人の受講生数1,156人は，全受講生の4%程度であり，格段に多いとはいえない．しかし，党の地方高級幹部養成を主眼とした講座（特別幹部講座，副委員長・書記長講座，地区監察幹部講座，地区監察幹部再教育講座）は，それぞれ1度だけ，しかも受講者は軍人だけに限定されていた．そのため，1971年に中央委員候補者になった党地方幹部に関しても，党地域監察委員会幹部，党地区監察委員会幹部は1人を除いて全員が将校であった（表3-4参照）．その一方で，党支部幹部になると，139名中軍人は61名であり，半分以上の78名が文民であった．つまり，党地方幹部については，中

　　　ない．それは，党本部常任委員の文民たちを見ればわかる．かれらの中には大
　　　学教授や最高裁判所判事といった有識者やかつての政党員が含まれていた．例
　　　えば，元政党員でいえば，共産党出身者が4名，左翼系政党連合である民族統
　　　一戦線出身者が2名いた．かれらは党の設立時から本部の特別官として関わり，
　　　1971年まで党本部で務め続けていた．かれらの任務は党組織化の指導だと思
　　　われる．少数とはいえ，党本部には将校へのポスト配分とは違う人事も存在し
　　　ていたのである．
13　1年と4ヶ月の，イデオロギーや党組織化の方法に関する講座が開講されてい
　　　た．1963年から1971年の間に22種，合計156回のコースが開かれ，のべ3
　　　万人近くが受講した．
14　Burma, anonymous ［1971?］より算出した数字である．この資料は候補によっ
　　　て記述に濃淡があるため，中には受講していても，履歴には書かなかったもの
　　　もいると思われる．したがって，ここでは「少なくとも」という表現を用いた．
　　　内訳は，党地域監察委員会幹部は0人，党地区監察委員会幹部は26人中13人，
　　　党支部幹部は139人中86人，党クラスで4人中2人，党細胞は3人中0人であっ
　　　た．

表 3-3　中央政治学大学の職業別受講者数（1963-1971）

(単位：人)

番号	講座名	開催数	農民	労働者 公務員	労働者 非公務員	党スタッフ	党協力者	軍人	受講生合計
1	特別幹部講座	1						24	24
2	副委員長・書記長講座	1						21	21
3	地区監察幹部講座	1						117	117
4	地区監察幹部再教育講座	1						41	41
5	高等講座	1				16		4	20
6	指導講座	6		41	1	109	6	70	227
7	党組織化講座	7				408		189	597
8	基礎政治学講座	23	51	2,185	101	446	328	445	3,556
9	党組織化・管理再教育講座	6		504	31	315	55	181	496
10	基礎政治管理講座	8	19	504	31	212		26	847
11	党組織化・基礎軍事教練講座	3				237			237
12	少数民族幹部講座	3	14	25	6		50		95
13	労働者講座	30		8,976	1,763	252	172		11,163
14	農民講座	18	5,921	444	479	81	171		7,096
15	国家農民評議会組織化講座	1		4		111			115
16	国家労働者評議会組織化講座	2		56	5	112	8	38	219
17	農業機械化補助員講座	1	37	4					41
18	国家労働者評議会管理講座	13		1,023	120	179	59		1,301
19	国家農民評議会管理講座	6	105	134	42	99	59		439
20	郡部国家農民評議会活動講座	3				558			558
21	人民講座	2	5	53	3	6	33		100
22	党事務所管理講座	19				1,751			1,751
	合計	156	6,152	13,449	2,551	4,892	941	1,156	29,141

出所）[bahoukomiti winláunmyà î kóuyéi hma'tàn acînjou' 1971: 表 10] を翻訳

第 3 章　未完の党国家　109

表 3-4　党地方幹部の階級と文民数

(単位：人)

党組織	役職	階級（軍種）	人数
地域監察委員会	委員長	大佐（陸軍）	5
地区監察委員会	副委員長	中佐（陸軍）	10
		中佐（海軍）	2
		少佐（陸軍）	1
	書記長	少佐（陸軍）	4
		少佐（海軍）	2
		少佐（空軍）	1
		大尉（陸軍）	4
	事務長	大尉（陸軍）	1
		文民	1
党支部	支部長	少佐（陸軍）	1
		少佐（空軍）	1
		大尉（陸軍）	57
		中尉（陸軍）	1
		文民	58
	書記長	大尉（陸軍）	1
		文民	15
	執行委員	文民	5
党クラス	リーダー	大佐	1
		文民	2
	副リーダー	文民	1
党細胞	書記長	文民	3
合計			177

出所）［bahoukomiti winlâunmyâ î kôuyêi hma'tân acînjou' 1971?］より筆者作成

央政治学大学という党独自の幹部養成機関があったものの，制度運用が軍人優先になっており，地方幹部のうち地区監察委員会事務長以上の役職は圧倒的に国軍将校によって占められることになったのである．その結果，党地方幹部の構成は国軍内の階統秩序を反映することになった．大まかに対応関係をつかまえると，党地域監察委員会委員長は大佐，党地区監察委員会副委員長は中佐，書記長は少佐，党支部幹部は大尉となっていた．

　以上に述べてきたように，計画党拡大に伴う人材の需要増大は，多くが国

軍将校の出向によって満たされた．そのため，文民の党幹部は常に劣位に置かれ，文民が党の昇進制度によって就くことができる党内の役職は党支部長までであった．これでは計画党が党組織として自律化していたとはいえそうにない．人的側面から見た場合，国軍将校が党の骨組みをつくったのである．

3-3　党国家への転換と挫折

（1）中央執行委員会

　本節の課題は，党国家への転換をはかったネー・ウィンがなぜどのように挫折したのかを人事の変動から明らかにすることである．
　最初に機構改革を概観しておく．1965年の第1回党セミナーの演説において，ネー・ウィンは計画党への「民政移管」の意思を公の場ではじめて明らかにした．「民政移管」には憲法と議会，支配政党が必要である．そこで，まず，1971年に憲法起草委員会が発足，同年6月には計画党第1回党大会が開催され，「幹部政党」から「人民政党」へ大規模な党の組織改革が行われた．1972年3月16日には憲法起草委員会が第1次憲法草案を発表し，続いて，ネー・ウィンを初めとする政府高官のほとんどが軍を退役して「文民」になる．73年になると，憲法草案の検討が進む中，憲法信任国民投票の準備と人民議会の開設準備がはじまった．7月には第2回党大会が開かれ，第3次憲法草案が最終草案として採択された．12月実施の憲法信任国民投票で，90.19％の信任票を得て，翌1974年1月3日新憲法が施行された．新憲法に従って，1月から2月にかけて人民議会議員選挙が全国で実施された．「国家は一党制を採用する．ビルマ社会主義計画党は唯一の政党であり，国家を指導する」という憲法第11条どおりに，候補者は全員が計画党党員であった．選挙結果を受けて，同年3月2日，第1回人民議会が開催され，「民政移管」が実現した［桐生 1975：221-

226]¹⁵.

　以上のような国家機構の改革に合わせて，ネー・ウィンは国家指導部の人事ルールも変えていく．まず，1969年に現役軍管区司令官の革命評議会議員への任命を止めた．次に，1971年の第1回党大会から党機構を改編し，国家の事実上の最高意思決定機関として中央執行委員会を設置した．表3-5に第1期中央執行委員会のメンバーを示した．15名のうち13名が革命評議会議員を兼務し，残りの2人も執行委員になるまでは議員を務めていた．したがって，顔触れ自体に大きな変化はない．しかし，これ以降，新規任命と役職の兼務状況に変化が生じる．

　第2回党大会で新たに任命された3人の中央執行委員は2人がネー・ウィンに近い人物であり，1人が国軍の参謀総長候補であるチョー・ティン大佐であった．ここでは任期を終えた陸軍軍管区司令官の機械的な登用は行われていない．また，1972年4月20日にネー・ウィンも含めた多くの将校が退役し，中央執行委員のうち現役将校は陸軍参謀総長のサン・ユ将軍，海軍参謀次長のタウン・ティン准将，空軍参謀次長のタウン・ダン准将だけとなる．第2期執行委員についても，現役将校はタウン・ティン准将，タウン・ダン准将と陸軍参謀次長ティン・ウ准将および1974年から陸軍参謀次長になるチョー・ティン大佐だけであった．さらに，1974年3月の第1回人民議会を機に，中央執行委員の大臣兼務の多くが解かれ，兼務は副首相，計画財務相，内務・宗教相，工業相だけとなった．ネー・ウィンが，自らの側近を囲い込みつつ，中央執行委員会を国家の最高幹部組織へと高め，国軍と行政機構からの分離を進めていったことがわかるだろう．

　それと連動して副大臣ポストの位置づけが変化していく．3-2で述べたように，以前の副大臣ポストは任期を終えた陸軍軍管区司令官のためのものに過ぎ

15　この「民政移管」が何を意味したのかについては，「ネー・ウィンが軍服を脱いだだけ」［根本 1996：211］というような理解が一般的である．「民政」と言いながら，権力中枢にいるもののほとんどが退役将校である状況を考えれば，この評価は当然であり，筆者にも異論はない．しかし，問題はそこで終わらない．前章でも述べたように，一口に将校といっても，さまざまな人々がおり，どういった将校たちがどのように重要職を独占していたのかを問う必要がある．

表3-5 第1期中央執行委員会

階級（軍種）	名前	年齢	中執内の役職	革評役職	兼務状況
将軍（陸軍）	ネー・ウィン	61	委員長	革評議長	首相、国防省、国家参謀総長
准将（陸軍）	サン・ユ	54	委員	革評議員	副首相、財務相、国家計画相、陸軍参謀次長
大佐（陸軍）	タウン・チー	49	委員	革評議員	農林相、土地国有化相
大佐（陸軍）	チョー・ソー	53	委員	革評議員	工業相、労働相
大佐（陸軍）	フラ・ハン	53	委員	革評議員	内務相、法務相、地方行政民主化相、宗教相、灌漑、国民登録・国勢調査相
大佐（陸軍）	マウン・シュエ	51	委員	革評議員	外務相、教育相、保健相
准将（空軍）	タウン・ダン	48	委員	革評議員	情報相、文化相、救済・定住・民族団結相、社会福祉相、空軍参謀次長
大佐（陸軍）	マウン・ルウィン	47	委員	革評議員	貿易相、協同組合相
大佐（陸軍）	マウン・ルウィン	53	委員	革評議員	国家計画省副大臣
大佐（陸軍）	セイン・ミャ	49	委員	革評議員	内務省副大臣、カチン戦略司令部司令官
文民	バ・ニェイン	55	委員	革評議員	協同組合省副大臣
大佐（陸軍）	ティン・ウ	44	委員候補	革評議員	中央軍管区司令官
准将（海軍）	タウン・ティン	49	委員候補	革評議員	鉱山相、海軍参謀次長
大佐（陸軍）	マウン・マウン・カ	52	委員候補	（前議員）	工業省副大臣
大佐（陸軍）	アウン・ぺ	46	委員候補	（前議員）	鉱山省副大臣

出所）[bahoukomiti winláunmyá i kóuyéi hma'tán acínjou' 1971?]、[東南アジア要覧 1972年版] などから筆者作成
（注）「中執」は中央執行委員会、「革評」は革命評議会をさす。

第3章　未完の党国家　113

表 3-6　1972 年の新任副大臣

階級（軍種）	名前	年齢	副大臣職	就任前の主要なポスト	離任後のポスト
退役（陸軍）	トゥン・ティン	49	協同組合省	国軍司令部教育総監	協同組合相
准将（陸軍）	ティン・ウ	44	国防省	中央軍管区司令官	国防相
退役（陸軍）	バン・クー	46	社会福祉省	東南軍管区副司令官	社会福祉相
中佐（陸軍）	マウン・チョー	40	鉱業省	軍需品製造局局長，兵器工場長，工業省重工業 GM，財務省ワージー計画局長	工業相
退役（陸軍）	ティン・チョー	51	建設省	党監察委員会副委員長（64-65）→建設省次官，建設公社副総裁，採石公社総裁	建設相
退役（陸軍）	エ・ガウン	50	農林省	農林省次官	農林相
退役（陸軍）	タ・チョー	50	運輸・通信省	運輸・通信省次官	運輸・通信相
退役（空軍）	チッ・キン	52	内務・宗教省	国軍司令部情報局長	情報相
退役（陸軍）	エ・マウン	50	文化省	中央人民農民評議会副議長	文化相
文民	アウン・ミ	58	労働省	中央人民労働者評議会副議長	74 年更迭
文民	チッ・マウン	45	計画・財務省	財務省次官	75 年更迭

出所）［bahoukomiti winlâunmyâ î kôuyêi hma'tân acînjou' 1971?］，［東南アジア要覧 1973 年版］などから筆者作成

なかった．しかし，1969 年時点で 4 だった副大臣ポストは次第に増え，1972 年の大規模な行政機構改革に伴って 18 になる．1972 年に新任された副大臣の前職と離任後のポストを示したものが表 3-6 である．新任の副大臣には軍管区副司令官や行政機構に出向した将校たちが含まれており，副大臣ポストの配分対象者が広がっている．1974 年の民政移管では，かれらの多くが大臣になり，一方で大臣のほとんどが国家評議会（大統領を長として人民議会の招集，憲法の解釈などを任務とする機関で，メンバーは人民議会議員から選ばれる）の議員になった．

　以後，毎年 3 月の人民議会で任命が行われるようになると，副大臣の入れ替えが頻繁に起こる．表 3-7 と表 3-8 はそれぞれ 1974 年と 1975 年に新任された副大臣の前職と離任後のポストを示している．ここからわかるのは，国軍の現役将校だけでなく，計画党や行政機構に出向した退役将校たちが副大臣にな

表 3-7 1974 年の新任副大臣

階級（軍種）	名前	年齢	副大臣職	就任前の主要ポスト	離任後のポスト
大佐（陸軍）	ティン・スウェ	49	国防省	東南軍管区司令官	第1工業相
退役（陸軍）	オウン・チョー	47	内務・宗教省	第77歩兵師団副師団長	社会福祉・労働相
退役（陸軍）	ミョー・ミン	49	計画・財政省	農林省局長，農業公社総裁	78年更迭
退役（陸軍）	テイン・ニュン	50	貿易省	マグエ管区治安行政委員会委員長	77年更迭
退役（陸軍）	ミン・アウン	50	運輸・通信省	党本部農民局書記長補佐	80年更迭
退役（陸軍）	テイン・トゥー	51	協同組合省	チン州治安行政委員会委員長	77年更迭
退役（陸軍）	キン・ニェイン	47	保健省	タニンダリー管区党監察委員会副委員長	80年更迭
退役（陸軍）	アウン・トゥン	51	教育省	士官学校校長，バゴー管区地方党委員会委員長	75年更迭
退役（陸軍）	チョー・カイン	45	労働省	南西軍管区副司令官，地方党委員会委員長	75年更迭
退役（陸軍）	フラ・ティン	49	建設省	党中央委員会本部組織局長	75年更迭
退役（陸軍）	キン・マウン・ティ	47	内務・宗教省	カレン州地方党委員会委員長	81年更迭
退役（陸軍）	ウィン	53	外務省	外務省次官	77年更迭
中佐（陸軍）	ティン・マウン	51	情報省	ザガイン管区治安行政委員会委員長	77年更迭
退役（陸軍）	ティン・ウ	53	工業省	カヤー州地方党委員会委員長	75年更迭
文民	テイン・ハン	50	農林省	中央人民農民評議会副議長	77年更迭

出所）［bahoukomiti winlâunmyâ î kôuyêi hma'tân acînjou' 1971?］，［東南アジア要覧1973年版］などから筆者作成

　るという傾向が定着しつつあったことと，1974年にあったような副大臣から大臣への昇進が減り，昇進するのはほとんどが国軍幹部（多くは軍管区司令官）までのぼりつめた将校に限られたことである．そのために，副大臣は頻繁に入れ替わるものの，大臣はあまり交代しない状況が生まれた．また，大臣を辞めた後も，いっさいの公職から離れる場合と名誉職的な国家評議会議員や大使へと転任する場合があった[16]．

　　16　大使に転出したケースとしては，1975年3月に辞任したニー・ニー鉱山相のオーストラリア大使，同じく1975年に辞任したタン・チョー運輸・通信相の

第3章　未完の党国家　115

表 3-8　1975 年の新任副大臣

階級（軍種）	名前	年齢	副大臣職	就任前の主要なポスト	離任後のポスト
准将（陸軍）	チョー・ティン	50	国防省	陸軍参謀次長	国防相
大佐（陸軍）	ティン・スウェ	49	総理府	国防省副大臣	第1工業相
大佐（陸軍）	キン・オウン	52	運輸・通信省	ヤンゴン軍管区司令官	運輸・通信相
大佐（陸軍）	タン・ティン	47	鉱山省	西南軍管区司令官	鉱山相
退役（陸軍）	ミャ・マウン	50	情報省	党中央委員会本部教育局局長	情報・文化相
大佐（陸軍）	フラ・マウン	54	第1工業省	内務省次官, 法務省次官	国家評議会議員
退役（陸軍）	アウン・ブイン	51	貿易省	西南軍管区副司令官, イラワジ管区地方党委員会委員長	77年更迭
文民	ボ・レイ	41	農林省	ヤンゴン経済大学講師, 党中央委員会本部財務・計画委員会書記長	80年更迭

(出所）[bahoukomiti winlâunmyâ î kôuyêi hma'tân acînjou' 1971?], [東南アジア要覧 1973 年版] などから筆者作成

　結局，この時期のネー・ウィンは国家指導部内での側近と現役将校と閣僚が渾然一体となった状況に終止符を打ち，権力維持と政権運営の新たな回路をつくろうとしていたといえるだろう．すなわち，中央執行委員会を独立させて，それを側近と国軍の最高幹部（参謀総長と各軍参謀次長）によって固めることで自らの権力基盤の安定をはかりつつ，その一方で，大臣，副大臣，国家評議会議員といった役職を使って，現役・退役将校への役職配分を拡大したのである（図3-2参照）．これは，国家中枢において，独裁の維持，自律的な支配政党の確立，国軍の掌握という3つの課題を同時に達成しようとするものであった．ただし，中央執行委員の閣僚職との兼任制限と役職数の増大をその主たる手段としていたため，中央執行委員自体の入れ替えは小規模にとどまった．

　党が国家を指導する体制をつくるには，中央執行委員会が他の国家機構から独立するだけでなく，計画党の最高幹部組織として機能する必要がある．これは，人事的な観点からいえば，党務を務めてきた人物が党内での実績を基準にして中央執行委員に選出されることを意味する．しかし，前節で述べたように，1971年までの計画党は上層部になるほど国軍将校が浸透していた．では，

イギリス大使などがある．国家評議会議員に転任したものとしては，1976年のセイン・ウィン首相，ルウィン副首相兼計画・財務相などがいる．

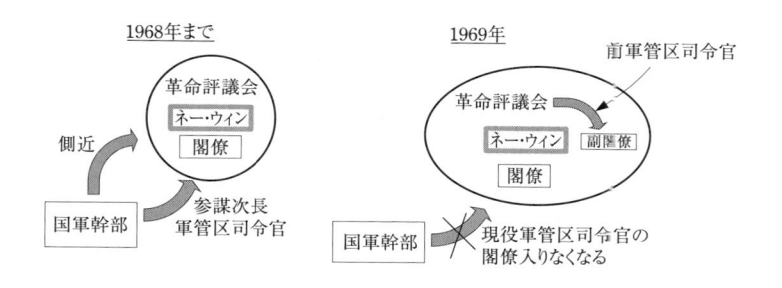

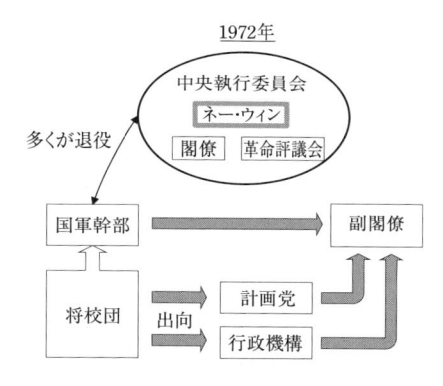

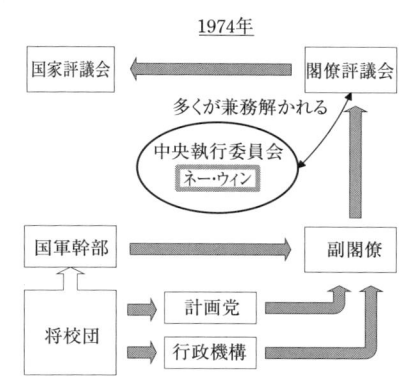

図 3-2　1968 年から 1974 年にかけての人事ルールの変化

第 3 章　未完の党国家

「民政移管」前後の時期に党は自律的な組織として制度化されていったのだろうか．次節ではこの点を検討する．分析対象は中央執行委員を選出する母体となった中央委員会である．

（2）中央委員会

1971年6月28日計画党第1回党大会がはじまった．大会は「幹部政党から民主集中制に基づく人民政党への転換を目的」とし，新しい党綱領が採択されて，党機構も大幅に改編された［Working People's Daily, June 29, 1971］．改変後の党中央は図3-3のようになる．

この改革の最も重要な点のひとつが中央執行委員会と中央委員会の設置である．前述のように中央執行委員会は，これ以降事実上の国家の最高意思決定機関になる．執行委員には中央委員の中から15人程度が選出された．中央委員会は党大会（原則4年に1度）で決定された計画や原則を具体化する任務を負い，党大会が開催されない時期には党内で最高の決定権限を有した（党綱領79条）．

以下では，中央委員候補者，中央委員，中央委員候補の構成をもとに，第1期，第2期の中央委員会がどのように制度化されていったのかを分析する[17]．

最初に，中央委員および委員候補の選出手続きを概説しておく．第1期中央委員は党大会8日目の7月5日に選出された．事前に候補者の名簿が配布され，各党地区代表，党本部代表，国軍代表合計825人の党大会代表が投票者として，8つのブースに分かれて無記名投票を行った［Working People's Daily, July 6, 1971］[18]．候補者は15に分かれた各党地区，党組織中央委員会，中央政治学大

17　中央委員候補者とは中央委員選出選挙の候補者をさす．一方，中央委員候補は中央委員とともに選ばれ，中央委員会に出席できるが，議決権を持たない委員である．

18　ここで決定的に重要なのは，誰が何を基準にして候補者リストをつくったかである．結論からいうならば，それはわからない．立候補ではない．といっても，300人の候補者全員をネー・ウィンが選び出したとも考えにくい．党綱領には，党内の各種選挙は「各種の委員会および小委員会が，民主集中制の原則に基づいて，代表者のグループと協議の上作成されなければならない」（69条(a)）［Working People's Daily, March 2, 1977］とあるが，これでは抽象的過ぎてよくわ

第1回計画党党大会（1971）

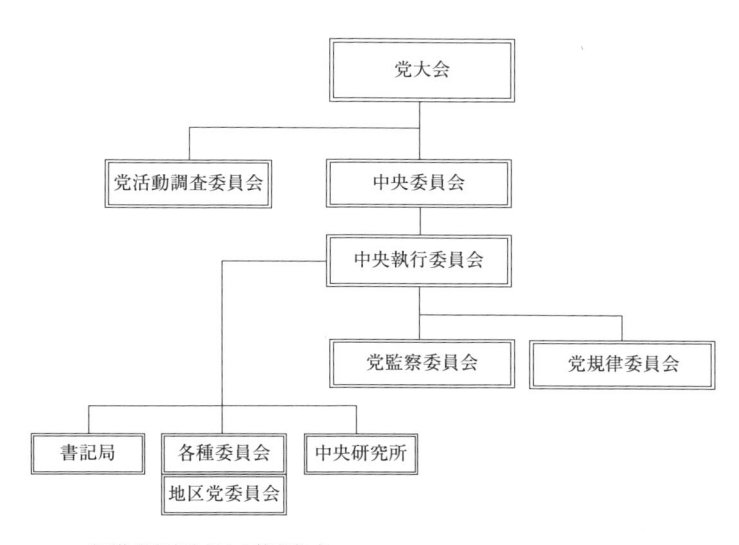

```
                    ┌─────────┐
                    │  党大会  │
                    └────┬────┘
            ┌────────────┤
     ┌──────┴──────┐ ┌───┴─────┐
     │党活動調査委員会│ │ 中央委員会 │
     └─────────────┘ └────┬────┘
                    ┌─────┴──────┐
                    │ 中央執行委員会 │
                    └─┬──────┬───┘
                ┌─────┴───┐ ┌┴──────────┐
                │党監察委員会│ │ 党規律委員会 │
                └─────────┘ └───────────┘
     ┌──────┬──────────┬──────────┐
  ┌──┴──┐ ┌─┴────┐ ┌───┴────┐
  │書記局│ │各種委員会│ │中央研究所│
  └─────┘ │地区党委員会│ └────────┘
          └────────┘
```

出所）党綱領などから筆者作成

図3-3　人民政党期計画党の中央組織構造

学党大会，国軍党大会の代表からなる 300 人であり，かれらの中から 150 人の中央委員と 50 人の中央委員候補が選出された．ただし，実際にどれほど公正な選挙が行われていたかは明らかでない[19]．

　表 3-9 は選出母体別の候補者数，委員数，委員候補数を示したものである．第 1 に，党本部関係者の優位を指摘できよう．候補者のうち党地区党大会で選ばれた候補者は 150 人（50%）と半数を占めたものの，選出された中央委員のうち，党地区代表者はわずか 21 人（14%）に過ぎなかった．それに対して党本部代表（党本部内支部代表，中央政治学学校代表，つまり党組織中央委員会代表）は 100 人中 89 人（89%）が中央委員になっている．つまり，党内の中央―地方関係では中央が圧倒的に優位だったのである．第 2 に，国軍将校の優位が明らかである．そもそも，300 人の全候補者のうち，194 人（65%）を国軍将校が占めていた．国軍党大会からは 50 人の候補者が出て，そのうちの 40 人（80%）が中央委員になっている．

　また，96 人と最も候補者数が多い党組織中央委員会代表も，76 人が国軍将校であり，同代表全体の選出率も 90% と高い数字を示した．結局，党は中心に近づくほど国軍将校が多くなり，また国軍党大会代表というかたちで国軍から直接候補者を出すことが認められていたために，150 人の中央委員中，国軍将校が 119 人という結果になったのである．ただし，一口に将校といっても多様である．そこで次に，キャリア・パスを基準としてかれらを類型化し，それらと第 1 期中央委員選出との関係を検討したい．

　図 3-4 は中央委員候補者となった将校たちがたどってきた職務上の経路を図示したものである．①軍務組，②政務組，③上位党務組，④下位党務組の 4 つに分類できる．以下で，それぞれについて説明する．

　　からない．実際にリストを準備するのは，党大会前につくられる党大会召集委員会（the Party Congress Convening Commission）であり，1971 年の候補者名簿で確認できる招集委員会メンバーは 6 人いる．全員が党本部の局員か常任委員であった．
19　チョー・イン・フラインがかつての党幹部にインタビューしたところによると，実際行われたのは，すでに党本部が絞り込んだ委員および委員候補合わせて 200 人に対する信任投票であったという［Hlaing 2001: 136］．

表 3-9　第 1 期中央委員選出における選出母体別候補者数と選出率

選出母体（該当管区・州）	候補者（人）	委員（人）	委員候補（人）	落選（人）	委員選出率（％）
第 1 地区（マンダレー管区）	10(6)	0(0)	1(0)	9(6)	0(0)
第 2 地区（マグエ管区）	10(5)	1(0)	0(0)	9(5)	10(0)
第 3 地区（チン特別州）	6(3)	1(1)	1(0)	4(2)	16.7(33.3)
第 4 地区（ザガイン管区）	6(1)	1(0)	0(0)	5(1)	16.7(0)
第 5 地区（カチン州）	7(3)	2(0)	2(1)	3(2)	28.6(0)
第 6 地区（シャン州（北部））	7(3)	2(0)	3(2)	2(1)	28.6(0)
第 7 地区（シャン州（東部））	3(1)	0(0)	2(1)	1(0)	0(0)
第 8 地区（シャン州（南部））	8(1)	1(0)	4(1)	3(0)	12.5(0)
第 9 地区（カヤー州）	3(1)	1(0)	1(0)	1(1)	33.3(0)
第 10 地区（カレン州）	4(0)	0(0)	2(0)	2(0)	0(0)
第 11 地区（テナセリム管区）	10(5)	0(0)	2(0)	8(5)	0(0)
第 12 地区（イラワジ管区）	9(4)	1(1)	2(0)	6(3)	11.1(25)
第 13 地区（ヤカイン州）	9(4)	0(0)	3(2)	6(2)	0(0)
第 14 地区（バゴー管区）	24(8)	3(1)	1(0)	20(7)	12.5(12.5)
第 15 地区（ヤンゴン管区）	34(20)	8(4)	6(2)	20(14)	23.5(20)
党地区代表合計 (a)	150(65)	21(7)	30(9)	99(49)	14(10.8)
党本部内支部	2(1)	1(0)	1(0)	0(0)	50(100)
中央政治学学校	2(2)	2(2)	0(0)	0(0)	100(100)
党組織中央委員会	96(76)	86(69)	9(6)	1(1)	89.6(90.8)
党本部代表合計 (b)	100(79)	89(72)	10(6)	1(1)	89(91.1)
国軍党大会代表 (c)	50(50)	40(40)	10(10)	0(0)	80(80)
合計 (a + b + c)	300(194)	150(119)	50(25)	100(50)	50(61.3)

注）カッコ内は現役将校の人数
出所）［Burma, anonymous 1971?］より筆者作成

①軍務組

　軍務組はそのほとんどが国軍内でキャリアを歩んできており，いわば軍内の出世頭であった．かれらは軍内で最低でも連隊長クラスを務め，党務としては軍管区司令官の 4 人が党地域監察委員会委員長を務めるほかは，全員が軍内教育委員会の委員であった．かれらは政治や行政に深く関わることなく，軍内で出世して国軍内のポストに基づいて機械的に党ポストを割り当てられ，中央委員の選出では軍管区司令官が党組織中央委員会代表として，その他が軍党大会代表として中央委員候補者になった．

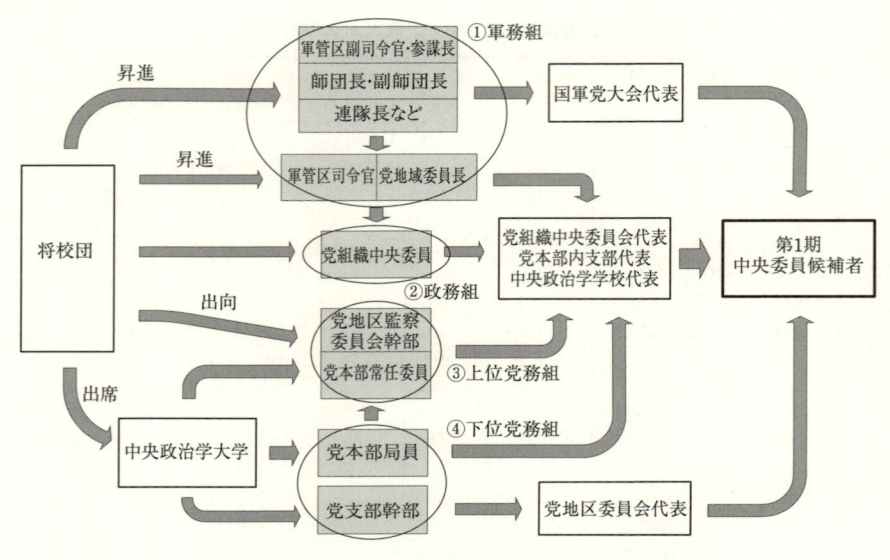

図3-4 将校たちの第1期中央委員候補者への経路

②政務組

　政務組は国軍最高首脳と元軍管区司令官から構成されており，ほとんどが大臣か副大臣としてすでに政務に携わっている．ネー・ウィンやサン・ユも政務組に含まれる．かれらは党組織中央委員会委員として党の組織化を推進してきたが，自身は軍内の出世コースを歩んできており，それが以下に説明する党務組との違いである．党組織中央委員会代表として中央委員候補になっている．

③上位党務組

　上位党務組は党地区監察委員会幹部と党本部常任委員である．かれらは1962年以降に国軍から計画党や行政機構に出向してキャリアを重ねてきたもののうち，党内での地位が比較的高い将校である．なかには出向して最初に就いた地位が上位党務組の場合もあるし，次に説明する下位党務組から昇進したものたちもいる．いずれにせよ，かれらは軍内の出世コースから外れたものの，軍外で昇進を重ね，党の幹部を務めている将校たちである．党組織中央委員会代表，党本部内支部代表，中央政治学学校代表として中央委員候補者になって

122

表3-10 第1期中央委員候補者，委員及び委員候補に含まれる国軍将校の階級と選出率

(単位：人)

軍種	階級	候補者	委員	候補
陸軍	将軍	1	1	0
	准将	1	1	0
	大佐	41	41	0
	中佐	44	36	8
	少佐	19	17	1
	大尉	67	5	13
	中尉	1	0	1
海軍	准将	1	1	0
	中佐	4	3	0
	少佐	4	3	1
空軍	准将	1	1	0
	大佐	1	1	0
	中佐	3	3	0
	少佐	6	6	0
合計		194	119	25

出所）[Burma, anonymous 1971?] より筆者作成

いる．

④下位党務組

　下位党務組は党本部の局員と党支部幹部を指す．党本部局員は党組織中央委員会代表として，党支部幹部は各党地区の代表として中央委員候補者になった．かれらも軍から出向して党務にかかわるようになったわけだが，党内での地位はあまり高くない．上位党務組と違うのは，そのほとんどが中央政治学大学に通った経験を持ち，いわば党制度を通じて養成された幹部でもある点である．

　以上の4類型は階級から見ると，多少の例外はあるものの，政務組は将官と大佐，軍務組は大佐，上位党務組は中佐と少佐，下位党務組は大尉という階級

との対応関係が見られ，政務組＞軍務組＞上位党務組＞下位党務組という力関係を推測することができる．党に国軍が深く入り込んでいる状況では，軍内の出世頭が党で実務をこなしている党務組よりも地位が上になるのである．

そうした軍内序列の党への影響は，当然中央委員選出にも影響した．表3-10に見るように，中央委員に選ばれたのは圧倒的に佐官級以上の将校であった．したがって，下位党務組は多くが中央委員に選出されず，政務組，軍務組，上位党務組によって中央委員および委員候補は構成されることになったのである．さらに，政務組は全員が中央委員選出直後に開かれた第1回中央委員会で中央執行委員に選出された．

このように，第1期中央委員は主に国軍将校から選ばれたが，そこにはキャリア・パスの異なる3種の将校が存在していた．従来の研究は，中央委員に国軍将校あるいは退役将校が多いという点だけをとらえて，計画党を軍政の隠れ蓑とみなすことが多かった．しかし，話はそこで終わらない．ステパンをはじめとする政軍関係研究者が指摘してきたように，軍は一枚岩ではない．軍政下の将校団には多くの亀裂が生じる[20]．その中でも最も重要なのが政治と軍事の機能分化である［ステパン 1989: 43-64］．ビルマにおいても明確に両者の機能分化が見られた．前者は政務組と上位党務組，下位党務組である．後者は軍務組となる．ただ，政治や党務を担当する将校がまだ出向というかたちをとっていたために，第1回党大会時点では機能分化の程度は低かった．しかし，72年以降，政治と軍事の機能分化がより明瞭になっていく．ビルマの場合，それは計画党の自律化という過程を通して起こっていった．したがって，ビルマにおける党国家の建設は，文民が重要な役割を果たさなかった点で民政移管とはいえないものの，軍内における政治機能と軍事機能の切り離しという十分に大きな変化を意味していたのである[21]．この機能分化に焦点を合わせることで，軍

---

20 軍内に下位集団が発生する契機については大串［1993：8］を参照されたい．
21 武田康裕はネー・ウィン体制における軍内の政治機能と軍事機能の配置に注目し，それを「融合型」，つまり，「政治と軍事が高度に一体化」している状態と指摘する［武田 2002：88-91］．「高度に一体化」という表現が具体的に何を指しているのか不明な部分があるので，どの程度筆者の主張と対立するのかはわからないが，仮に「高度に一体化」が国軍幹部と計画党幹部のほぼ完全な一致を意味するなら，筆者とは見解が異なる．そうではなく，政務部門の幹部に多

人/文民という二分法ではわからない体制の変容過程を抽出できる．

　では，中央委員にかんしては，どのように組織の自律化が進んでいったのだろうか．まず，1972 年に政務組と党務組の多くが退役する．ほぼ全員が退役軍人となり，出向の軍人ではなくなった．その一方で，軍務組の多くは退役しなかった．これにより機能分化は身分上明確になった．次に，1973 年 10 月 17 日に第 2 期中央委員が選出される．新任は 35 人であった．そのうち現役将校はわずか 7 人である．

　また，表 3-11 は新任中央委員のうち第 1 期中央委員候補から委員になった 22 人の民族名と 71 年時点でのポストを示したものである．党支部幹部が 16 人を占め，しかもその多くが文民で，かつ多様な民族的出自を持つ人々だったことがわかる．これは，第 1 期中央委員 150 名のうち 120 名をビルマ族が占めていた状況と比較すれば，大きな変化だといえよう．そもそも第 1 期中央委員にビルマ族が多いのは，国軍将校にビルマ族が多いからであった[22]．それに対し，計画党は全国に党支部を設置し，文民に関しては主にその土地の出身者を党支部幹部としていた．ビルマは多民族国家であるから，党支部から党内の昇進によって中央委員になったものが増えれば，自然と委員の民族構成が多様化するはずである[23]．したがって，新任の第 2 期中央委員の民族構成が多様であったということは，党としての組織的自律性が高まったことを意味する．とはいえ，中央委員の大多数は依然，軍務組，上位党務組の現役・退役将校たちであったし，前述のように，中央委員から選出される中央執行委員についても大きな変化はなかった．そして，そのまま 1974 年の「民政移管」によって人民議会がはじまり，計画党の支配政党としての地位が法的に確立する．

　このように党の自律化は多少進んだものの，まだ中途半端なまま「民政移管」を迎えることになったネー・ウィン体制は，1974 年を幾にさまざまな危機に直面する．その最も大きな原因は長年の経済停滞であった．ネー・ウィン体制の基本的な経済政策は，米などの農産物とチークの輸出を国家が一元的に担い，

　　　くの国軍幹部が含まれているという意味であれば，総括的な理解としては筆者のそれと一致する．
22　詳細は 5-3（1）を参照されたい．
23　現在のビルマ政府の見解では国内に 135 の民族が存在するという．

表 3-11　第 1 期中央委員候補から第 2 期中央委員に新任された委員の民族名とポスト

階級（軍種）	名前	民族	71 年時点での軍，党のポスト
大佐（陸軍）	ヤン・ナウン・ソー	ビルマ	第 77 歩兵師団副師団長
大佐（陸軍）	ソー・テイン	ビルマ	東部軍管区司令部参謀長
大佐（陸軍）	フラ・ペ	ビルマ	ヤンゴン軍管区第 1 作戦参謀
退役（陸軍）	テイン・ニュン	ビルマ	西北軍管区第 2 訓練部隊隊長
退役（陸軍）	チン・ティン	ビルマ	軍艦艦長
退役（陸軍）	トゥン・ミャ	ビルマ	第 12 地区監察委員会事務長
退役（陸軍）	フラ・マウン	ビルマ	郡党支部支部長
退役（陸軍）	サイ・マイン	シャン	郡党支部支部長
退役（陸軍）	ピーター・ラ・スン・ガウン	カチン	郡党支部支部長
退役（陸軍）	チョー・マウン	ヤカイン	郡党支部支部長
文民	ラ・ズワン・タン	カチン	郡党支部書記長
文民	ソー・エー	カヤー	郡党支部執行委員会委員
文民	サイン・サン・トゥン	シャン	郡党支部支部長
文民	ソー・ニュン・アウン	ダヌ	郡党支部支部長
文民	バ・ピュー	パオ	郡党支部支部長
文民	ソー・シュエ・レイ	ビルマ	郡党支部支部長
文民	マウン・マウン・エ	ビルマ	党細胞書記長
文民	テッ・トゥン	パラウン	郡党支部支部長
文民	ソー・ハン・テイン	ポーカレン	郡党支部書記長
文民	チャ・ジー	モン	郡党支部支部長
文民	キン・マウン	モン	郡党支部支部長
文民	チョー・イン	ヤカイン	群党支部支部長

出所）[bahoukomiti winlâunmyâ î kôuyêi hma'tân acînjou' 1971?] などより筆者作成

それで稼いだ外貨をつかって国内経済の工業化を図るというものであった．しかし，米の生産が人口増加に追いつかず，輸出はむしろ減少した．そのため，外貨収入は伸びず，国営企業は不振に陥って，工業化は進まなかった．国内では物不足が深刻になって，密輸に依存した闇市が広がり，インフレが進行した．さらに 1973 年の石油危機が疲弊していたビルマ経済に追い討ちをかけた

［髙橋 2002：210-220］．経済状況の悪化は社会不安を引き起こし，1974 年 3 月から 4 月には国営企業労働者による賃金引上げと米の増配を求めるストライキが起こり，12 月にはウ・タン元国連事務総長の葬儀をきっかけに学生と僧侶が反政府デモを起こした．さらに，1976 年 3 月にティン・ウ国防相（国軍参謀総長）が解任され，それに不満を覚えた青年将校たちによるクーデタ未遂事件が発覚するなど，国家中枢においても緊張が高まっていることがうかがわれた［*Working People's Daily*, October 6, 1976］[24]．

こうした経済，社会，政治の危機状況に対応するために，ネー・ウィンは 1976 年 10 月 29 日から 30 日にかけて，臨時党大会を開催する．現下の危機状況を打開するために，可能な限り早く第 3 回党大会を開催する必要性が強調され，第 2 期中央委員の任期の短縮が決定された［*Working People's Daily*, October 30, 1976］．そして，1977 年 2 月 21 日，第 3 回党大会がはじまる．

（3）1977 年の政治危機

ネー・ウィン体制を党国家建設のプロセスとしてみた場合，1977 年は重大な転機になった．それは 2 月の第 3 回党大会に端を発する．同大会では中央委員選出に新しい手続きが採用された．「中央委員会および党監察委員会への候補者名簿を作成する際には，全候補者のうち 45％ は両委員会の前委員，残りの 55％ は党大会代表から選ばれた新しい候補者でなければならない」という規定が 1974 年 10 月の臨時党大会の決定によって党綱領に盛り込まれたのである[25]．サン・ユ党総書記の中央委員会での説明によると，改正の理由は，委

24　ティン・ウ国防相の解任の原因については明らかではない．原因を推測したものとしては，ティン・ウ将軍が前線の兵士の給与を上げるよう求めて現政府を批判したからであるとか，ティン・ウの経済開放路線とサン・ユの国家統制強硬路線が対立し，前者が敗れたとするものなどがある［東南アジア要覧 1977 年版：9-23］．

25　同時に，それまでの党綱領 88（h）「中央レベルの委員会の選出に 3 期連続で立候補した場合，投票資格のある党大会代表の 75 パーセントの投票を受けたときにのみ，選出される．」という規定が削除された［*Working People's Daily*, February 19, 1977］．

員の入れ替えがなければ党内の選挙が個人崇拝や個人的な影響力，また腐敗によって機能しなくなってしまい，実質的な無選挙状態に陥る．これは，党の原則である民主集中制に反し，党のリーダーシップに支障をきたす，ということであった [*Working People's Daily*, February 19, 1977]．この新規定によって，第3回党大会での中央委員の大幅入れ替えが制度的には保障された[26]．入れ替えによって，計画党の独立性とリーダーシップを高め，党と政治体制を安定させるというのがネー・ウィンの目論見だった．では，結果はどうだったのか．

まず，中央委員に関しては，委員の刷新に失敗した．候補者360名のうち新任は190名（52.8%）と規定にかなり近かったものの，委員および委員候補における新任の割合を見ると，わずか28%（239人中69人）である．候補者の55%が新任と規定されている以上，委員も55%あるいはそれに近い数字でなければ，制度をつくった意味がない．しかも，中央委員および委員候補の定員がそれまでの200人から239人へ増やされており，新任の割合が高まるには好都合であった．それにもかかわらず，結果は30%未満にとどまった．55%枠が機能しなかったといってもよいだろう．さらに，新任中央委員には，政務組，軍務組の現役・退役将校が多く見られた．党務組の将校および文民も含まれていたが，第2回党大会の新任委員に見られたような民族的な多様性は見られなくなった．これでは，計画党の組織的自律性が以前よりも高まったとはいえず，支配政党の確立というネー・ウィンの構想とはほど遠い結果になった．ネー・ウィン自身もその失敗を党大会閉会時の演説で認めている [*Working People's Daily*, March 2, 1977]．

それとは対照的に，中央執行委員会では1971年以来の独立傾向がさらに進んだ．第2期執行委員会から，ルウィン，タウン・ダン，タウン・ティン，コ・コなど7人が外れた．代わって，8人が新しく就任し，その構成は表3-12の

---

26 55%の新任候補者枠の設定と同時に，候補者数が従来の300から360に，中央委員の定員数も150から180へと増大したが，それでも360人の45%である162人しか候補者にはなれず，候補者になってもさらに選出選挙を潜り抜ける必要があった．第3回党大会では現職の203人の委員（候補も含む）から41人を候補者リストから外す必要があり，党大会の直前にあった第2期中央委員の第18回中央委員会で，サン・ユ総書記がその41人を決定するための基準を発表した [*Working People's Daily*, February 19, 1977]．

表3-12　第3期新任中央執行委員の主要なキャリア・パス

階級（軍種）	名前	年齢	キャリア・パス	分類
退役（陸軍）	タン・セイン	48	陸軍高級参謀→運輸・通信相→国家評議会議員	政務組
准将（陸軍）	エ・コ	56	軍管区司令官→陸軍参謀次長，中央委員	軍務組
准将（空軍）	ソー・ピュー	49	空軍高級参謀→空軍参謀次長，中央委員	軍務組
退役（陸軍）	ティン・ウィン・ニョー	48	軍管区第1作戦参謀→マグエ管区地方党委員会委員長，中央委員	上位党務組
退役（陸軍）	ゾー・ウィン	51	軍管区副司令官→運輸・通信省高官，党細胞リーダー→党規律委員会書記長，中央委員	上位党務組
退役（陸軍）	サン・シェイン	47	大隊長→基政受講※→地区監察委員会副委員長→マンダレー管区地方党委員会委員長，中央委員	上位党務組
退役（陸軍）	トゥン・リン	55	大隊長→党監察委員会副委員長→党本部組織局局長→党中央委員会及び中央執行委員会書記局第一書記，中央委員，国家評議会議員	上位党務組
退役（空軍）	チョー・ゾー	54	空軍基地司令官→党監察委員会副委員長→党本部農民局書記長補佐→党中央委員会及び中央執行委員会書記局局員，中央委員，国評議員	上位党務組

出所）［bahoukomiti winlâunmyâ î kôuyêi hma'tân acînjou' 1971?］，［sàtou'tà acein patinyilahkan bahoukomiti winlâunmyâ î kôuyêi hma'tân acînjou' 1981］より筆者作成
※基政とは中央政治学学校の基礎政治学講座をさす．

ようになっている．現役将校は参謀次長の2人だけで，残り6人は党務だけを務める退役将校であった．また，ティン・ウィン・ニョー，ゾー・ウィン，サン・シェイン，トゥン・リン，チョー・ゾーの5人は国軍から出向して党務を務めてきた上位党務組の退役将校であり，しかも，そのうち，トゥン・リンとチョー・ゾーは，同年3月に行われた閣僚評議会改造でそれぞれ運輸・通信相，鉱山相兼労働相に就任した．こうした人事は，これまでのような，国軍司令部の局長か，軍管区司令官を経験していないと最高意思決定機関に入れないという慣行を打ち破るものであり，抜擢といってもよい．つまり，上位党務組は，かつての軍内での地位では決して幹部でないにもかかわらず，国軍から出向して党内で高い地位につき，中央執行委員に選出されたのである．退役将校という限定はつくものの，政治決定の中心が計画党へ移行しはじめたと考えてよいだろう．

　以上のように，第3回党大会では，党国家建設にとって，一方で中央委員

投票するネー・ウィン
出所）(*Working People's Daily*, July 6, 1971)

　刷新の失敗というマイナスの動きと，もう一方で中央執行委員への上位党務組の抜擢というプラスの動きとがあった．もし，中央委員の55％を新任にするという制度がネー・ウィンのパフォーマンスに過ぎず，心底には自分と国軍の利益しかなかったとすれば，中央執行委員に上位党務組を選ぶ必要はない．現役あるいは退役の国軍幹部を任命した方がよほど都合がよいはずである．したがって，ネー・ウィン自身に党国家の建設を進めようという意図があったことは明らかのように思われる．ならば，なぜこうした対照的な現象が同時に生じたのであろうか．真相を知ることはできないが，推測することは可能である．

　推測の鍵は1977年11月の臨時党大会にある．サン・ユの演説によると，この臨時党大会が開かれた理由は，第3回党大会での中央委員選出にあった．選出に際して，一部のグループが投票を操作しようとしたために，党内に派閥が形成されて，党のリーダーシップに亀裂が生じたという．そのため，今大会では「党内の統一と団結を可能な限り早く取り戻す」ために，中央委員を再選する必要があるということであった［*Working People's Daily*, November 15, 1977］．

では，実際にどういった投票操作があったのだろうか．チョー・イン・フラインによると，ネー・ウィンを中央委員から外す工作があったという．工作の首謀者は後に中央執行委員に選ばれる，チョー・ゾー（上位党務組），タン・セイン（政務組），トゥン・リン（上位党務組）であった．かれらは中央委員候補者のリストづくりに深く関与しており，55％枠の設定で候補者から外される危機感を覚えた第2期中央委員および委員候補の一部を説得して，ネー・ウィンへの不信任票を投じさせ，かわりにサン・ユを担ぎ上げようとした［Hlaing 2001: 139-140］．しかし，工作は失敗し，ネー・ウィンは再び党総裁に選ばれた．さらには，工作が明るみに出て，中央委員を含めた113人の党大会代表が党から追放された［東南アジア要覧1978年版：9-26］．中央執行委員では，ゾー・ウィンを除く，4人の上位党務組が党を追放された．

　チョー・イン・フラインはインタビューをもとにこの落選工作を明らかにしている．筆者が元党幹部にインタビューしたところ，中央委員会委員選出選挙でのネー・ウィンの得票数が下がったことと，最終的に臨時党大会で113人の党大会代表が追放の憂き目にあったことは間違いないようである．ただ，その間の過程については，少し証言が異なる部分があった．現段階で事実を確定することは困難だが，両者の違いはきわめて重要だと思われるので，ここでは，併記というかたちで，元党幹部の証言を記しておきたい．

　元党幹部によると，第3回党大会中央委員選出選挙で，ネー・ウィンの得票数がサン・ユ，チョー・ソーに続く結果となってしまい，それに怒ったネー・ウィンがエーディー通りにある自宅に閉じこもってしまったという[27]．

27　ネー・ウィンの投票数がなぜ下がったのかについては，党幹部の一部が組織化を行ったということを証言しているが，その主導グループのメンバー名については全員同じではない．また，他のインタビューでは，候補者にネー・ウィンが二人おり，また，名簿がビルマ語アルファベット順になっていたため，大統領であるネー・ウィンでなく，そのあとに名前があったカヤー州人民評議会議長のネー・ウィンにあやまって票を入れたのではないか，という証言もあった［匿名関係者へのインタビュー2003年6月27日］．たしかに，180人選ばれる中央委員からネー・ウィンが外れるようにするには，相当大規模な工作が必要とされるため，合理的に考えればリスクが高すぎる．また，1981年の中央委員候補者名簿からはネー・ウィンら少数の党幹部の名前が名簿の先頭に移されており，誤投票説もありえない話ではないだろう．

当時，そうした状況のなかでもネー・ウィンの自宅を出入りできた人物は唯一，ネー・ウィンから絶大な信頼を得ていた国家情報局局長のティン・ウ将軍だけであった．ティン・ウが間に入り，まず，国軍参謀総長チョー・ティン将軍が面会し，その後，党中央執行委員会委員のトゥン・リンがティン・ウとともにネー・ウィンの自宅を訪れた．そのトゥン・リンが元党幹部に語ったところによると，そのとき，ネー・ウィンは党総裁からの辞意をもらしたという．「自分は良心（セーダナー）でやってきた．それに不満があるなら辞めるまでだ」と語ったという．対して，ティン・ウは当然慰留し，かわりに党内の浄化を提案した．問題のある中央委員たちの名をリスト化し，臨時党大会を開催して，再び中央委員選出選挙を行うことで問題のある党幹部を党内から排除しようというのである［匿名関係者へのインタビュー 2004 年 12 月 20 日］．

　数日後，ティン・ウが 100 名程度の名前が記載されたリストをネー・ウィンに提出する．党内でも臨時党大会の開催について検討がはじまった．これはティン・ウ単独の行動であり，また，リストに掲載された人々は第 3 回党大会での「組織化」に関わった人々とは必ずしも関係がなかった．そもそも第 3 回党大会でのネー・ウィンの得票数低下について内部調査すらまともに行われていなかった．そのため，リストには政権内の個人的な対立が反映されていたという．ティン・ウに対立してきた党幹部と退役将校の名が中心に記されていた．当然，党内には抵抗の動きが起こる．この証言をした元幹部もその 1 人であり，かれによれば，トゥン・リンを含めた上位党務組の多くも，党内の結束を破壊しかねない動きとして反対していた．しかし，ネー・ウィンが止めない以上，臨時党大会の開催と大量パージは避けられなかった．そこで，一部の党幹部がリストに手を加えて，ティン・ウ派の人々の名前を入れたものの，ティン・ウが中央委員から外されるはずもなく，前述のように，上位党務組も含めた 113 人が党籍を剥奪された［匿名関係者へのインタビュー 2004 年 12 月 20 日］．

　これらをふまえた時，われわれは第 3 回党大会における 2 つの現象，すなわち，中央執行委員会への上位党務組の進出と，中央委員会選挙における新任委員増加の実現失敗をどのように理解できるだろうか．まず，中央執行委員については，ネー・ウィン自身の力が働いて，上位党務組の退役将校を選出することができたのであろう．しかし，中央委員に関しては，360 人という候補者

数の多さのためか，あるいは，制度を信頼してか，ネー・ウィンはそれほど人事に介入しなかった．そのため，候補者リストづくりを担当する党事務局が政治的な鍵を握ることになった．そこに影響力を持っていたのが上位党務組である．かれらは党自律化のための55％枠を委員選出時に歪めた．その結果，ネー・ウィンの意図に反するような選出結果につながったのである．その上，上位党務組の一部はネー・ウィン降ろしまではかっていた可能性がある．なぜかれらがネー・ウィンに不満を募らせていたのかはわからない．長年の失政や独裁的な政治手法に嫌気がさしていたのか，あるいは，すでに国宣将校の既得権益となっていた党の役職ポストを守るためだったのか．いずれにせよ，ネー・ウィンからしてみれば，支配政党の確立を進めようとしたところ，その担い手であるはずの上位党務組によって寝首をかかれそうになったわけである．

　こうした事態に乗じたのが，諜報系の将校であるティン・ウ将軍であった．しかし，いかにティン・ウがネー・ウィンに信頼されていても，それだけで党幹部を党外に排除できるということはないだろう．かれは諜報機関にしか支持基盤がない．とすれば，この動きの裏に国軍幹部の後押しがあったと予想することもできるのではないか．すなわち，軍人の格としては明らかに下になる上位党務組が党中央執行委員会委員になり，さらに大臣にも就任したことに対する不満が軍務組にあったのではないだろうか．

　あるオーラル・ヒストリーの原テープで，1974年まで西北軍管区司令官を務めていたセイン・ルウィンは，計画党が発表する文書などを見て，その用語法やイデオロギーなどから計画党が次第に共産化しつつあると懸念していたと証言している[28]．他の軍管区司令官の中にもそうした議論があり，特に元共産党員の党幹部（タキン・ティン・ミャ，ソー・ウなど）と，党書記の3名（チョー・ゾー，ティン・ウィン・ニョー，タン・セイン）を非難する声が強かったという．

28　このテープについては，諸事情により，どこでいつ録音され，どこに所蔵されているのかを明かすことができない．本来であれば，こういったものを資料として利用することは適切ではないが，内容の公開については所蔵主から許可を得ているので，出所を示せなくても内容を示すことの意義は，少なくとも現在のビルマ研究では大きいと判断して，筆者の推測の論拠として示した．もちろん，これでは学問的手続きに問題があるうえに，根拠としても弱いことは認識している．

以上を図式的にまとめるなら次のようになる．

　当時，重要な政治勢力としては，ネー・ウィンと政務組を最上層部にして，上位党務組，軍務組，諜報幹部の3つがあった．ネー・ウィンは党国家の建設を進めるために，上位党務組を閣僚に任命するなど次第にかれらを重視し始めた．それに対して軍務組と諜報幹部が不満を持つようになる．ひとつにそれは，既得権をおびやかすものとして，またひとつには国軍の反共主義を刺激するものとして．しかし，ネー・ウィンのリーダーシップに口を出すわけにはいかず，軍務組も諜報幹部も上位党務組の躍進を黙認せざるをえなかった．そうしたとき，第3回党大会でネー・ウィンの得票数が下がり，かれは自宅にとじこもってしまう．得票数の低下が党幹部の工作によるものかどうかは定かではないが，いずれにせよ，ネー・ウィンが上位党務組に対して不信感を持つことになった．それを諜報幹部であるティン・ウと軍管区司令官を中心とする軍務組が利用して，上位党務組をパージしたのではないだろうか．

　根拠が不十分なため，上記の推測はまだまだ検討の余地がある．そうではあっても，この出来事がネー・ウィンとネー・ウィン体制を決定的に変えてしまったことは間違いない．ネー・ウィンは1977年11月の臨時党大会で中央委員会委員を大幅に入れ替えた．中央委員選出における55％枠は廃止され，第3期中央委員の選出からわずか9ヶ月後に選出された第4期中央委員は250人に大幅増員された[29]．選挙があったと報じられてはいるものの[*Working People's Daily*, November 17. 1977]，候補者から委員を選ぶという手続きを踏むことはなく，候補者全員が選出された可能性が高い[30]．また，中央執行委員には，新任として軍務組と政務組の5人が選出された（表3-13参照）．党務組が姿を消したのである．国軍から自律的な支配政党をつくり，その党によって国家を指導するというネー・ウィンの試みは，実質的にここで幕を下ろした．

29　増員に伴って中央委員候補の地位がなくなった．
30　臨時党大会と1981年の第4回党大会に関しては，候補者名簿に載っている中央委員候補者全員が中央委員に選出されている．

表3-13　第4期新任中央執行委員の主要なキャリア・パス

階級（軍種）	名前	年齢	主要なキャリア・パス	分類
准将（海軍）	チッ・フライン	53	イラワジ海軍基地司令官→海軍参謀次長	軍務組
大佐（陸軍）	セイン・トゥン	50	国軍司令部訓練局第1参謀→海外大使→国軍司令部大砲・戦車局長	軍務組
大佐（陸軍）	セイン・ルウィン	53	軍管区司令官→協同組合相→運輸・通信相→内務・宗教相	政務組
退役（陸軍）	トゥン・ティン	54	国軍司令部教育総監→共同組合省副大臣→労働相→協同組合相	政務組
退役（陸軍）	エ・ガウン	56	軍務→農林省次官→農林省副大臣→農林相	政務組

出所）〔bahoukomiti winlâunmyâ î kôuyêi hma'tân acînjou' 1971?〕，〔sàtou'tà acei၁ patinyilahkan bahoukomiti winlâunmyâ î kôuyêi hma'tân acînjou' 1981〕より筆者作成

3-4 　結び

　1978年以降，ネー・ウィンの計画党に対する意識が変わってしまったことは，表3-14と表3-15を見れば明らかだろう．これらはそれぞれ第5期中央執行委員（1981年8月の第4回党大会で選出）のうちの新任委員と，第6期中央執行委員（1985年8月の第5回党大会で選出）のうちの新任委員の主要なキャリア・パスを示したものである．情報畑上がりのティン・ウを除けば，全員が歩兵師団師団長と軍管区司令官を経験している．本章の将校区分に従えば，第5期は軍務組中心で，第6期は政務組中心であった．これはこれで意義深いが，ここで重要なのは，上位党務組が中央執行委員に選出されることはなかったという事実である．もちろん，中央執行委員は中央委員から選出されるので，制度的には党内の組織ではあるものの，党務を務めてきたものが中央委員から中央執行委員へと階梯を上ることはなかった．国軍内で最低でも軍管区司令官まで昇進した将校のうち，ネー・ウィンが選んだものだけが中央執行委員になりえた．

第3章　未完の党国家　｜　135

表 3-14　第 5 期新任中央執行委員の主要なキャリア・パス

階級（軍種）	名前	年齢	主要なキャリア・パス
准将（陸軍）	ティン・ウ	53	国軍司令部情報局長，国家情報局長官→国家評議会議長軍事補佐官
中将（陸軍）	トゥン・イ*	55	第 77 歩兵師団師団長→東部軍管区司令官→第 1 特別作戦部司令官→陸軍参謀次長
中将（陸軍）	ミン・ガウン	55	第 99 歩兵師団師団長→西部軍管区司令官→国軍司令部軍務局長

出所）[sàtou'tà acein patinyilahkan bahoukomiti winlâunmyâ î kôuyêi hma'tân acînjou' 1981] などから筆者作成
※トゥン・イ中将は 1981 年 11 月 13 日の第 5 回中央委員総会で中央執行委員に任命された．

表 3-15　第 6 期新任中央執行委員の主要なキャリア・パス

階級（軍種）	名前	年齢	主要なキャリア・パス
中将（陸軍）	ソー・マウン	57	第 99 歩兵師団師団長→北部軍管区司令官→国軍司令部軍務局長→陸軍参謀次長
退役（陸軍）	ティン・スェ	59	第 77 歩兵師団師団長→東南軍管区司令官→国防省副大臣→副首相→第 1 工業相
退役（陸軍）	フラ・トゥン	56	第 88 歩兵師団師団長→西部軍管区司令官→西北軍管区司令官→国軍司令部兵站局長→建設相
退役（陸軍）	タン・ティン	58	第 88 歩兵師団師団長→東部軍管区司令官→西南軍管区司令官→中央軍管区司令官→鉱山省副大臣→鉱山相

出所）[sàtou'tà acein patinyilahkan bahoukomiti winlâunmyâ î kôuyêi hma'tân acînjou' 1981] などから筆者作成

　人事のルールは，再び独裁と軍政の両立に戻ったのである．
　中央委員についても，第 4 期，第 5 期，第 6 期の全委員に占める新任の割合は，22.4％，23.1％，33.9％にとどまった[31]．その一方で，国軍将校の登用が制度化されていく．国軍司令部からは各局局長，陸軍軍管区からは軍管区副司令官以上の将校と歩兵師団副師団長以上の将校がほぼ全員中央委員になった．その後さらに昇進するものは国軍の役職と党役職の兼務を続け，軍内での出世競争に敗北したものは，軍を退役してそのまま党幹部専任になる．中には大臣，副大臣になるものもいる．要するに，国軍（特に陸軍）幹部が計画党や行政機構の役職に「天下る」仕組みができあがっていたのである．

31　1988 年に一党制が廃止されたため，BSPP の中央執行委員会および中央委員会は第 6 期が最後となった．

こうして，ネー・ウィンの党国家建設は失敗に終わった．ただしそれは，独裁と軍政を偽装するために，計画的に仕組まれた失敗ではない．ネー・ウィンは国軍から自律的な党をつくり，そこへ権力基盤を移そうとしたのである．しかし，計画党を自律化する動きが政治の流動化を促し，ついには党幹部によるネー・ウィン降ろしの動きへといたった．もはやネー・ウィンに残された道はひとつしかなかった．党の政治機能を事実上停止し，政治決定を数人の側近と行うとともに，党を国軍への利益配分装置として利用する．そこには，国家を指導する党など存在しない．独裁者が党を餌にして軍を飼いならす，そんな未完の党国家が存在するだけである．それは，国軍将校の出向により党の屋台骨が形成された時点で，かなりの程度運命づけられていたのかもしれない．

第4章　官僚制を破壊せよ
── 行政機構改革と国軍将校の転出

　　　　　　　　　　4-1　はじめに
　　　　　　　　　　4-2　近代国家の移植と独立後の行政機構
　　　　　　　　　　4-3　新行政体制建設
　　　　　　　　　　4-4　人民評議会幹部と副大臣の経歴
　　　　　　　　　　4-5　結び

4-1 　はじめに

　ネー・ウィンによる「革命」の時代と同時期にあたる1960年代から1970年代にかけて，東・東南アジアには開発体制が多く登場した［末廣 1998］．開発体制は，一方において国民の政治参加を制限し，動員とイデオロギー闘争による社会の不安定化を防ぎながら，他方で国家主導による積極的な経済開発の実績によって自らの権威主義的支配を正統化する体制だった．

　それは，第1に政治指導者の強力なリーダーシップ，第2に社会の非政治化，第3に開発を支える経済政策立案と総合的調整を担う機関の設置および制度の整備，第4にそうした制度を実際に動かすテクノクラートの養成と登用を重視した体制ととらえることができる[1]．たとえば，タイのサリット体制，インドネシアのスハルト体制はともに軍事クーデタを契機に開始された軍事政権であ

---

[1] ビルマが開発体制かどうかを検討したものとして髙橋［2002］がある．

るとともに，テクノクラートを重用し，海外から資本を呼び込むことで国内経済の発展を目指す開発体制としての特徴を持っていた．ネー・ウィン体制の場合，おなじく軍の政治介入を起点としていたが，社会主義国家を国家再編のモデルとしたため，その後の官僚制の変容は，開発体制諸国のそれとは大きく異なるものになった．

　本章では官僚機構に焦点を当て，同時期の東南アジアの開発体制下において文民官僚の政治過程上の役割が増大したのとは対照的に，ビルマではネー・ウィン体制期に文民官僚が急速に影響力を失っていったことを明らかにしたい．断るまでもなく，そうした文民官僚の影響力低下と表裏一体になるのは，国軍将校の影響力拡大である．ビルマで40年以上にわたって軍事政権が持続しているという事実を考えれば，文民官僚の弱体化と国軍将校の影響力拡大という指摘自体はごく当然のことのように思える．しかし，一般的に軍事政権は，その持続の長短にかかわらず，軍人と文民官僚との連合によって成立することが多く [Perlmutter 1980: 97]，官僚機構は政党政治家から自律性を獲得することで，むしろ発展する例も少なくない．ビルマほど国軍が行政機構に介入している事例は稀といってよいのである．

　たとえば，表4-1は1970年代半ばから1980年代末にかけてのビルマとタイにおける閣僚の出身職業別分布を示したものである．タイは元来「官僚政体」(Bureaucratic Polity) と呼ばれるほど官僚集団が政治家を輩出する母体になっており [Riggs 1966]，1970年代後半には50％を越える閣僚を公務員出身者が占めていた．また，1970年代以降の経済発展のなかで次第に実業家の影響力が増していたことがわかるだろう．それに対して，ビルマの軍事政権は一貫して現役・退役将校の閣僚占有率が高く，14年間の閣僚経験者のうち94％が現役・退役将校であった．付言しておけば，現在においてもその傾向は変わらない．

　以下では，筆者が現地調査を通して入手した各種一次資料を利用しつつ，組織構造と人事を指標に，ビルマにおいて官僚が影響力を低下させていった過程を考察したい．イギリスの植民地支配のもとで形成された文民官僚集団の制度的基盤が，1962年以降のネー・ウィンによる国家再編のなかで解体され，代わって政策作成および運用を担うはずであった党官僚機構も未発達なまま，将校の行政機構への転出が制度化していく，というのがその概要である．

表 4-1 タイとビルマにおける閣僚の出身職業別分布

	ビルマ		タイ (1976-1988)			
	1974-1988		1976-79年		1979-88年	
	「民政移管」後		第39代-40代 軍政		第41-48代 軍+政党	
軍・警察出身	47(人)	94.0(%)	13(人)	25.5(%)	72(人)	23.1(%)
陸軍	44	88.0	8	15.7	38	12.2
海軍	2	4.0	3	5.9	13	4.2
空軍	1	2.0	2	3.9	18	5.8
警察	0	0.0	0	0.0	3	1.0
公務員出身	3	6.0	29	56.9	60	19.2
実業家出身	0	0.0	6	11.8	124	39.7
その他一般人	0	0.0	3	5.9	56	17.9
合計	50	100.0	51	100.0	312	100.0

出所）タイについては［末廣 1993：71］，ビルマについては［Burma, anonymous 1974］［1978］［1981a］，［アジア動向年報］．

構成は以下のようになっている．4-2 でビルマにおける官僚制の歴史を概観し，4-3 ではクーデタ直後の暫定的な軍による内務行政への介入と，1960 年代末から議論が本格化した行政機構改革の構想について検討する．そして，4-4 では 1970 年代半ばに実施された行政機構改革の結果として何が生じたのか，中央・地方の行政機構の重要ポストについた人々の経歴を検討する．

4-2 近代国家の移植と独立後の行政機構

19 世紀の 3 度の英緬戦争を経てコンバウン朝が崩壊し，ビルマ全土がインド帝国に統合された．1862 年にはインド総督下にビルマ州弁務長官 (the Chief of Commissioner for British Burma) が置かれ，下ビルマの港町ラングーンに弁務長官府が設置された．その後，近代国家としてのビルマ州政府機構が整備されていく．弁務長官府を中心に，地方行政単位は管区／県／郡／村落区に分類され，それぞれに対応して管区弁務官 (divisional commissioner) ／県知事 (deputy commissioner あるいは district officer) ／郡長 (sub-divisional officer あるいは township officer) ／村長 (village headman) がそれぞれ行政上の責任を負う体制が構築され

た．J. S. ファーニバルが植民地期ビルマ政治経済の古典的研究『植民地政策と実際』(Colonial Policy and Practice) で指摘したように，この植民地化は従来のビルマ社会に異質な秩序原理を持ち込むものであり，急速な変化に対する社会の抵抗と社会不安を生んだが，他方では，新しい統治の制度を生みだし，その運用の担い手として新たな体制エリートを創出することになった [Furnivall 1956]．

インド帝国における体制エリートの中心はインド高等文官 (Indian Civil Services: ICS) であった．インド高等文官はイギリスのインド統治を支える「文官部門」(the civil services) と「武官部門」(the military services) のうち，文官部門のなかで大半を占める少数精鋭のエリート集団である．その特徴は「学術的な公開試験による選抜，入念に準備された訓練，終身在職権，幹部エリートのみに与えられた中央・州・県における責任のあるジェネラリスト型のポスト，定期的で累進的な給与体系と恩給およびその他の収入，主に年功と一部実績にもとづいた昇進および頻繁な異動のシステム」であり [Potter 1966: 142]，ICSを核とする中央集権的なヒエラルキーにもとづく近代的官僚機構は「鋼鉄のフレーム」(steel frame) と呼ばれた．当初は主にオックスフォード大学，ケンブリッジ大学を卒業した上層中産階級出身のイギリス人たちがICSを構成した．

ビルマ統治においても，初期は植民地行政上重要なポストをイギリス人ICSが占めたが，1920年のモンタギュー・チェルムスフォード改革以降，ICSの「原住民化」が進み，1921年にはティン・トゥッがビルマ人初のICSとなって，1940年代初頭までに合計43人のビルマ人高等文官が任命されている（1937年施行のビルマ統治法により，ビルマ高等文官 (Burma Civil Services: BCS) と名称が変更された）[根本 1997：47]．

ICS (BCS) のうち，行政部門の官僚たちは，もっぱらジェネラリストとして訓練され，地方の郡庁，県庁と中央省庁の官房を異動しながら職務経験を重ねた．多くの場合，植民地支配の屋台骨として地方行政に携わり，最終的には県での法と秩序の維持および税の徴収に対して最大の権限を持っていた県知事まで昇進した [本田 2001：75]．その後，担当する県を変えながら県知事を継続して務めるものと，政庁の官房で政策策定作業に従事するものに分かれた．政庁では各省の事務次官を頂点として，官房を横断的に異動する幹部官僚のキャリ

ア・パスが制度化された.

　1942年にはじまる日本軍政下では，イギリス人政庁スタッフとともにビルマからインドへと逃走した幹部官僚は存在したものの，基本的には制度的にも人的にも植民地期の行政機構が存続した [Guyot 1966: 386]．1945年のイギリス復帰後には，戦前のBCS（クラスI）145人のうち93人が続けて職務についた．議会制民主主義体制下で文民政治家の介入が予想されたため，猟官的な公務員の採用を防止すべく，1947年憲法第221条に公正な公務員選抜のための連邦公務委員会（Union Public Services Commission）設置が提唱されるなど，植民地期に形成された官僚制の温存を図る措置がとられた [Furnivall 1960: 67]．1948年の独立後，会計，税関連，土地調査などを担当する省庁では，ジェネラリストではなく，次第にスペシャリストの官僚が事務次官（àtwinwûn）に任命されるケースが増大したものの，全体としては少数にとどまった．結果，重要ポストを担うジェネラリスト型官僚の昇進経路も温存された[2]．

　典型的なジェネラリスト型の昇進経路として2001年に自伝『私の公務員人生（法務と行政）』を出版したセー・マウンのキャリアを示しておきたい．かれは1929年4月20日にビルマ中部のピンマナで生まれた．1947年ヤンゴン大学に入学して法学を専攻する．卒業後，1953年にビルマ高等文官（上級）とビルマ高等司法官（上級）の選抜試験に合格し，ビルマ高等文官の職を選択して，1954年にヤカイン州シットゥエ郡の研修からキャリアを開始する．同州のミンピャー郡長補佐，シットゥエ郡徴税官，シットゥエ郡長補佐と3年間をヤカイン州で勤めた．その後，1958年にはマンダレー管区に異動し，ミンジャン郡出納長，ミンジャン郡長補佐を務め，1959年にヤンゴン市庁で管理官の職に10ヶ月間就いたのち，内務省事務次官補に任命された．1964年にはマグエ管区パコック県庁で県副知事，1965年にはミャイン県知事に任命された．その後，1968年にカヤー州評議会副事務次官を経て，1972年には後述する行政改革により法務省に異動し，その後退職まで法務省で勤めた [U Se Maung 2001]．以上の経歴から，1960年代までは地方行政機構と中央省庁官房との往

2　官房のジェネラリスト型の高官については1930年代から植民地政庁内でも，特に財務，司法などの専門性を要求される部局からは批判が出ていた [Furnivall 1960: 64]．

来を通して幹部官僚に昇進する経路が存在していたことがわかるだろう.

このように,植民地期の行政機構の骨格が独立後のビルマにおいても引き継がれたが,同時期に幹部官僚の閣僚就任がかなり制度化されていたタイとは違い,ビルマでは官僚出身者が政界に進出することは少なかった.それは,当時の政治家が日本軍政期と対日闘争および対英独立交渉のなかで政治力を蓄えたナショナリストだったことが大きい.かれらは日本軍政下の流動的な政治状況のなかで,ナショナリズム運動を基盤に急速にその社会的地位を上昇させた若者たちだった[3].かれらの政治基盤は政党,労働組合,農民組織にあり,新たに導入された議会制民主主義体制下で,国民の投票によって議員の地位を手に入れていた.さらに,ビルマ・ナショナリズムは社会主義思想との親近性が高く,官僚機構に対してはブルジョア社会,帝国主義支配の産物として批判的な見解が大半を占めたため,一般的に官僚は政治家に不人気であった[4].

ただし,特に閣僚を経験した政治家たちについては,職務経験を積むにつれて次第に官僚の重要性を認識していったこともあり [Furnivall 1960: 68],1950年代の官僚機構とそれを支える高級官僚は,議会制民主主義という新たな環境に直面しながらも,組織的な防衛に一定程度成功したといえる.

---

3 おそらく戦前に政治家の経験がある人々との世代的断絶も影響しているものと考えられる.バ・モーをはじめとしたナショナリスト第2世代は,戦後,保守派の少数勢力として限られた政治的影響力しか発揮できなかった.

4 レーニンの国家観および官僚機構に対する共産主義者の一般的理解としては[レーニン 2001] を参照.

4-3 | 新行政体制建設

(1) ビルマ式社会主義と地方行政機構

　本節では，5-2 で整理した背景を受けて，1960 年代から 70 年代初頭にネー・ウィン将軍によるリーダーシップのもと，いかに行政機構が変わったのか，また，将来的な改革の構想が練られていたのかを検討する．

　ビルマ国軍の最初の政治介入である，1958 年 10 月からの選挙管理内閣成立時には，ネー・ウィン将軍は自らの首相在任期間を第 3 回総選挙とその後の内閣成立までの暫定政権であると明言しており，行政機構の再編が実施されることはなかった．各省間の調整のために佐官級将校 56 名を次官級ポストへ出向させるにとどまった[5]．そして，1960 年 2 月の総選挙後，選挙に勝利した連邦党に政権を譲り，国軍は兵舎に戻った．

　しかし，独立直後から勃発した少数民族および共産党の反乱，中国国民党軍のシャン州への侵入，少数民族州の分離運動などによる国家統合の動揺と，アメリカの介入，あるいは政党の分裂などによる議会政治の空転，さらに軍内における穏健派の周辺化などが重なり，ネー・ウィン将軍は 2 度目の政治介入を実行した．1962 年 3 月 2 日クーデタである．このクーデタは，かつてのような暫定的なものではなく，ネー・ウィン自ら大規模な国家再編を試みるものであった．ここでは，行政機構改革に焦点を絞って検討を行う．

　政策声明「ビルマ式社会主義への道」(*myanmà hsousheli' lânzin*) では，行政機構について，以下のように記されている．

　　社会主義という目標への道程において，ビルマ国家の官僚的行政機構が巨大な

---

[5] 出向人事も含めた選挙管理内閣期 (1958-1960) の国軍の実績については [Burma. Ministry of Information 1960] を参照．

第 4 章　官僚制を破壊せよ　｜　145

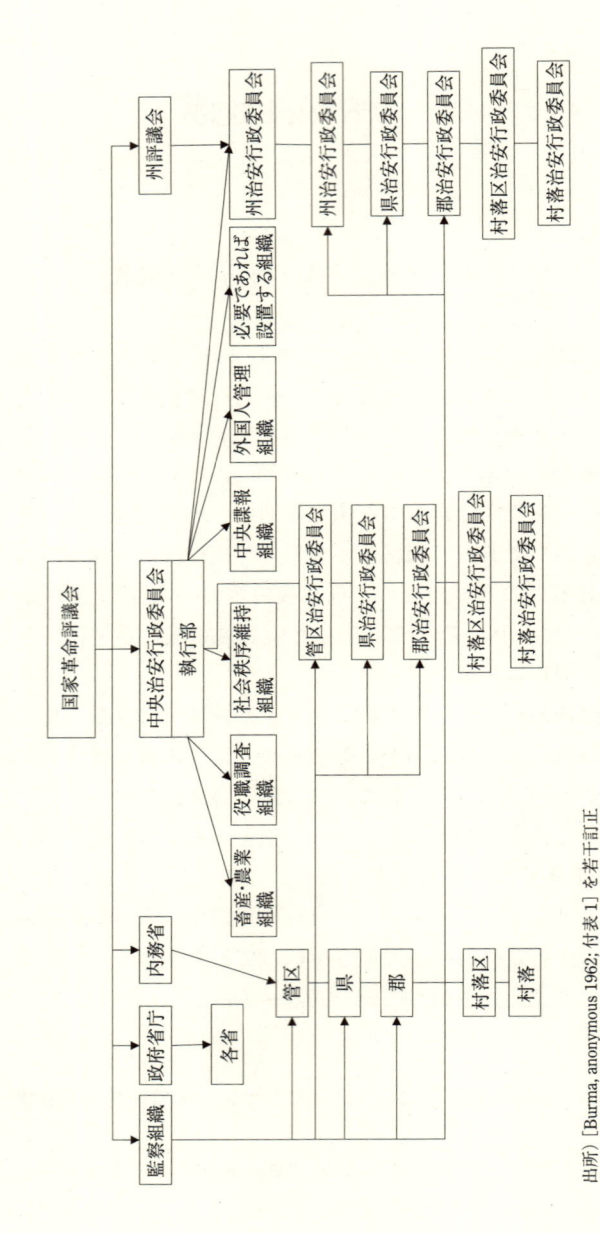

図4-1 国家行政計画指揮系統図

出所）[Burma, anonymous 1962; 付表1] を若干訂正

障碍となっている．こうした古い行政機構では，社会主義という目標に到達することはできない．したがって，官僚機構を破壊し，社会主義的民主主義を実現する行政機構構築のための強固な基礎を建設せねばならない（第15条第2項）．

この「官僚機構を破壊」するという目標は，まず「国家治安行政計画」により具体化された．計画は，革命評議会の指令を各行政機構と国軍が合同で実施する制度の構築と，治安の安定が実現された後に行政機構として引き続き機能する制度の構築，の2点を目的としていた．本計画により，国軍は治安行政委員会の設置を通して地方行政への介入を試みる．その内容は図4-1に示した報告書内の機構図を見れば明らかだろう．各種治安行政委員会は州，管区，県，郡，村落区，村落という行政区分にそって設置され，内務行政にとどまらず，諜報活動や農業，畜産，外国人の管理も管掌する組織と位置づけられていた．

中央治安行政委員会は内務大臣を委員長，国軍参謀本部参謀大佐を副委員長として，官房長官および主要省庁（内務，農・林，国防，財務・国税，法務，国家計画）の事務次官，国境地帯行政長官，副警察長官，ヤンゴン警察本部長，国軍参謀本部第1作戦参謀，内務省副事務次官によって構成された．地方は西北，中央，西南，東北，東部の陸軍5軍管区を基礎に，州・管区ごとに16の州・管区治安行政委員会が設置され，多くの場合，軍管区司令官が委員長に任命された．県レベルでは，当該県に駐屯する大隊の大隊長が委員長に任命され，そのほかの委員には県知事，県警察部長などが就任した．県下の郡および町区，村落区レベルの委員会委員選出については県委員会が任命権限を持つ．実際には大尉クラスの将校が出向して郡治安・行政委員会の委員長を務めていた．治安行政委員会と内務省との並存による地方行政機構が1960年代を通して維持される．ただし，クーデタ当初から革命評議会による統治は暫定的なものと位置づけられており，治安行政委員会もあくまで将来の「民政移管」，すなわち憲法制定とビルマ社会主義計画党一党支配体制の建設，選挙にもとづく人民議会議員選出までの暫定的な体制であった．

1974年に新憲法が発布され，地方行政機構が再編成された．植民地期以来，地方行政における最大の権限を有した県が廃止され，管区・州の下に郡および村落区・町区が置かれる編成となった．そして，それぞれに人民評議会（*pyidù caunsi*)が設置される（1974 年憲法第 29 条）．人民評議会の権限は，(a) 経済社会的事象と行政，(b) 裁判行政，(c) 地域の治安，防衛，法秩序の維持，(d) 諸民族の団結と伝統文化の保護・促進，など 14 項目と極めて広範囲にわたり（第 132 条），議員は各管轄地域内の人民による投票で選出された（第 129 条）．選挙は人民議会と同様に 4 年に 1 度実施される（第 131 条）[6]．さらに，1974 年 1 月 28 日に施行された「ビルマ社会主義連邦人民評議会法」によれば，各人民評議会は議長団，執行委員会，裁判委員会によって構成され（第 12 条第 1 項），さらに独立して行政活動を監視する監察委員会が設置された（第 26 条第 1 項）．この，人民評議会と監察委員会が管区・州および郡の行政にかかわる権限を持ち，それぞれに対してビルマ社会主義計画党地方党委員会および郡レベルの党支部が指導を行うのが地方における「民政移管」後の政治体制であった．

　一連の行政機構改革により，地方行政を管轄する主要機関は選挙によって選出された議員からなる郡人民評議会となり，評議会議員が郡内の行政全般に関する責任を負った．かつての郡長たちは事務長となってその地位を著しく低下させる．イギリスによる植民地支配のもとで形成された，地方と中央をまたぐ高等文官の異動と昇進の経路は，この時点でかなりの程度寸断され，権限も大幅に縮小した．

（2）官房の廃止と副大臣ポストの新設

　中央省庁については，ネー・ウィン将軍が 1969 年 3 月に官房改革を指示し，それに従って各省で改革案の検討が開始された［NAD 3(22)a-72 12455: 4］．改革案全体の調整のために，「ビルマ連邦新行政体制調査会」が設置された．革命評議会議員，計画党組織化中央委員会委員および閣僚を兼務するセイン・ウィン准将（建設大臣）が委員長となり，その他の委員は，フラ・ハン大佐（外務大

6　1985 年の第 4 期人民議会および各級人民評議会選挙では，1,700 万人余の有権者が，475 人の人民議会議員，976 人の州・管区人民評議会議員，2 万 2,850 人の郡区人民評議会議員，16 万 3,742 人の町区・村区人民評議会議員を選出した．ただし，後述するように，選挙とはいっても複数の立候補がいない信任投票であった．

臣，教育大臣，保健大臣など），マウン・ルウィン大佐（協同組合大臣，貿易大臣）および議会制民主主義期の最大野党民族統一戦線の元幹部バ・ニェインの3名であった．1969年6月12日から1971年7月26日まで32回の会合で議論がなされたのち，1972年2月に27冊の報告書が革命評議会に提出された．

　当該報告書によると，ネー・ウィン将軍が中央省庁の再編の方針を示したのは，1969年6月12日の計画党組織化中央委員会・党規律委員会との合同会議の場であった．その骨子は，現在は行政の現場に権限がなく，官房の幹部たち（ネー・ウィンはそれを「事務次官」(*atwinwûn*) という言葉で総称する）が権限を握っている．官房は行政の効率性を低下させるだけでなく，そもそもイギリスの権益を守るために創設された機関である．独立後に改革が試みられたが，効果的な改革は実行されなかった．したがって，今こそ改革を実現しなければならない，というものであった［NAD 3/(22)à-72 12223: 1-4］．

　ネー・ウィンが示した方針は，破壊すべき具体的な行政機構上の部局として官房を取り上げ，本来複雑なはずの行政機構の問題点を「植民地支配の産物」である官房のみに帰すものであった．次ページの図4-2は植民地化以降の行政機構体系を示すために報告書に付された略図である．省内の部局のうち，「ビルマ政府官房」や「ビルマ政府次官」が個別に抽出され，その存在が強調されていることがわかる．

　これは，インド高等文官制から続くジェネラリスト型官僚による行政機構の掌握を批判するものであったが，組織的合理化あるいは時代の要請にもとづく改革案というよりも，植民地時代の遺産を一方的に否定する排他的ナショナリズムを反映したものでしかなかった．しかし，そうした動きに対して文民官僚たちが抵抗するすべはなかった．それは，実質的な決定の場であった32回のビルマ連邦新行政体制調査会会合への出席者31名（会合1回平均の出席者数は5.5名）のうち28名が現役の国軍将校であったことが示していよう．かれらの多くは大臣の任にあったものの，各省の省益の確保あるいはより合理的な省庁体系再編計画の作成よりも，ネー・ウィンの指示に従うことを優先した．「官房の廃止」という結論が先行し，会合は各省に対して官房廃止後の各省の組織編制計画を提出させる場として機能しただけであった［NAD 3/(22)à-71 12223］．

　約1年間の検討の末，行政機構改革の実質的な内容が決定し，革命評議会の

第4章　官僚制を破壊せよ　｜　149

ビルマに対するイギリス帝国主義支配体系の概要

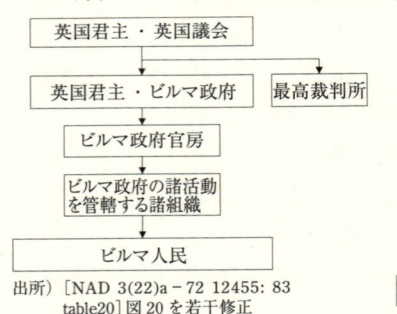

```
英国君主・英国議会
       ↓
英国君主・ビルマ政府 → 最高裁判所
       ↓
ビルマ政府官房
       ↓
ビルマ政府の諸活動
を管轄する諸組織
       ↓
    ビルマ人民
```

出所）[NAD 3(22)a-72 12455: 83 table20] 図20を若干修正

ビルマ連邦行政体系(1948-1962)

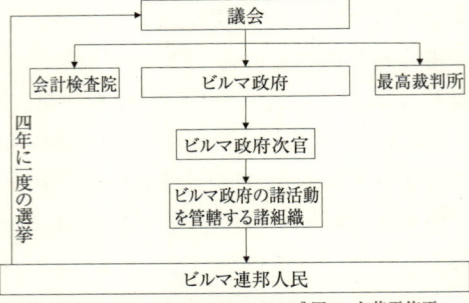

```
         議会
    ↓    ↓    ↓
会計検査院 ビルマ政府 最高裁判所
           ↓
       ビルマ政府次官
           ↓
       ビルマ政府の諸活動
       を管轄する諸組織
           ↓
       ビルマ連邦人民
```

（四年に一度の選挙）

出所）[NAD 3(22)a-72 12455: 84 table21] 図21を若干修正

ビルマ連邦行政体系(1971年2月)

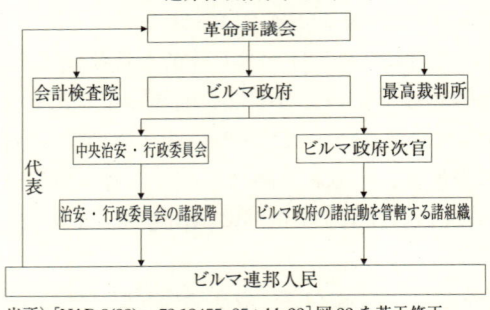

```
          革命評議会
     ↓       ↓      ↓
会計検査院  ビルマ政府  最高裁判所
       ↓         ↓
中央治安・行政委員会  ビルマ政府次官
       ↓         ↓
治安・行政委員会の諸段階  ビルマ政府の諸活動を管轄する諸組織
            ↓
        ビルマ連邦人民
```

（代表）

出所）[NAD 3(22)a-72 12455: 85 table22] 図22を若干修正

図 4-2　『ビルマ連邦新行政体制調査会報告』に示された行政機構図

議決を経て1972年3月に新行政体制への移行がはじまった．まず，25の省が20省に統合される[7]．次に，20すべての省で官房が廃止された．一般的な意味での官房は，大臣を補佐するスタッフ機関であり，その機能は新たに設置された大臣府（*wangyîyôun*）に引き継がれ，官房の長である事務次官の職務を副大臣が務めることになった．ビルマにおける副大臣は1969年まで存在せず，同年に任命された4名の副大臣も，任期を終えた軍管区司令官の配属先として一次的に設けられたポストでしかなかった（第3章を参照）．

7　省庁の統廃合については表4-7を参照．

1972年に副大臣ポストが全省に設けられ，同年末までに13名が任命された．では，任命された副大臣はどういう人々だったのか．それを示したのが表4-2である．副大臣のうち，文民官僚出身者は財務・国税省副大臣のチッ・マウンだけであり，経歴が判明している15名の副大臣のなかで，13名が国軍出身者であった．そのうち7名は陸軍参謀本部あるいは国防省の局長・副局長経験者，陸軍軍管区司令官・副司令官経験者であり，残り6名は陸宣から各省へ出向して次官クラスあるいは人民公社総裁を経験した将校たちである．事務次官ポストが廃止されて，副大臣が任命されたことが，官僚の人員構成にとっていかに大きな変化だったかがわかるだろう．

　以上のように，ネー・ウィンの主導する国家再編がもたらした行政機構上の主要な変化は2点あった．第1に，地方行政機構では，県が廃止され，管区・州，郡および村落区・町区に人民評議会が設置された．第2に，中央省庁においては，1972年3月の新行政体制発足後，官房が廃止され，事務次官に代わって人民議会議員から選出された副大臣が事務方の長となった．これらは，社会主義的民主主義（*hsousheli' dimokàresi*）の実践と説明され，選挙を通じた人民の行政機構への参加を意味するものと位置づけられた．その実態については次節で検討するが，以上の制度改革により，植民地期に構築された文民官僚機構と幹部官僚はその地位を大きく後退させることになった．

表4-7　1972年行政機構改革前後の行政機構編成

改革前	改革後	改革前	改革後
内閣府および議長府	革命評議会議長府	教育省	教育省
	首相府	保健省	保健省
外務省	外務省	労働省	労働省
国防省	国防省	農林省	農林省
法務省	法務省	農地国有化省	
内務省	内務・宗教省	鉱山省	鉱山省
地方行政民主化省		工業省	工業省
人口管理・国民登録省		公共事業・建設省	建設省
宗教省		運輸・通信省	運輸・通信省
社会福祉省	社会福祉省	貿易省	貿易省
救援・再定住省		協同組合省	協同組合省
情報省	情報省	財務・国税省	国家計画財務省
文化省	文化省	国家計画省	

第4章　官僚制を破壊せよ　151

表 4-2 副大臣（1972 年 12 月時点）の主要な経歴

名前	担当省	主要な経歴	現・退将校
アウン・ミー	労働省	不明	不明
アウン・ペ	工業省	陸軍東部軍管区司令官	○
エー・マウン	文化省	中央農民評議会副議長	×
チッ・キン	内務・宗教省	陸軍参謀本部情報局長	○
チッ・マウン	計画・財務省	財務・国税省事務次官	×
フラ・フォン	外務省	陸軍ヤンゴン軍管区司令官	○
フラ・ティン	閣僚評議会	不明	不明
ティン・チョー	建設省	陸軍→公共事業・建設省事務次官	○
マウン・チョー	工業省	国防省軍需産業局副局長・工業省公社総裁	○
ミャ・チョー	革命評議会	不明	○
ニー・ニー	教育省	ヤンゴン大学教授→教育省	×
サン・ウィン	貿易省	陸軍→貿易省第 1 交易公社総裁	○
タ・チョー	運輸・通信省	陸軍→運輸・通信省事務次官	○
テイン・アウン	保健省	陸軍→保健省事務次官	○
ティン・ウ	国防省	陸軍中央軍管区司令官	○
トゥン・ティン	協同組合省	国防省訓練・計画局長	○
バン・クー	社会福祉省	陸軍東南軍管区副司令官	○
イェ・ガウン	農林省	陸軍→農業省副次官，事務次官	○

出所）[Burma, anonymous 1971?] より筆者作成

4-4　人民評議会幹部と副大臣の経歴

　1970 年代半ば以降，ビルマの新しい行政機構の実態はどのようなものになったのか．本節では，1988 年にネー・ウィン体制が崩壊するまでの副大臣と管区・州および郡人民評議会幹部のプロフィールを，国軍からの出向との関係に焦点を当てて検討してみたい．

国軍からの出向者は当然のことながら将校である．1969 年国軍大会に提出された人事局報告によれば，1968 年 3 月 31 日時点で 5,077 人の将校が陸・海・空の三軍から編成される国軍に所属していた．同時期に計画党および行政機構に出向中の将校はその約 1 割にあたる 909 名に及んだ［DSMHRI CD-883(10): 1-2］．具体的にどの機関にどの程度の将校が出向していたかはわからない．手がかりになるのは，1974 年の「民政移管」を控えて 1973 年 4 月に出向中の将校が退役した際の辞令である[8]．国軍歴史博物館・歴史研究所に所蔵された『軍辞令集』によれば，同年 4 月末に他機関へ出向中の将校 195 名に退役辞令が交付されているが，そのうち 162 名 (83%) がビルマ社会主義計画党で勤務する将校であった［DSMHRI DR-8378］．

　1974 年の「民政移管」以降，計画党への将校の出向は中央委員会レベルより下位の組織では減少する．表 4-3 は 1972 年から 1987 年まで (1975, 76 年を除く) の国軍からの出向者数とその出向先を整理したものである．資料で確認できたものだけでも，1,734 人の将校が各省とその関係機関（計画党は含まれない）に出向していた．辞令集で確認できなかった年 (1975, 76 年) も含めれば，15 年間で 2,000 人程度の出向将校がいたと推測できる．

　出向先が明らかな 1,743 人のうち，794 人 (45.6%) と最大の出向先となったのが人民評議会であった．その他の機関で出向先の多数を占める第 1 工業省（主に工業省下の人民公社へ）の 166 人 (9.2%)，内務・宗教省（主に人民警察）の 155 人 (8.9%) と比較すれば，その数の多さは明白だろう．1974 年を境に将校の最大の転出先が計画党から人民評議会に移ったのである．

　選挙による人民評議会議員選出は軍内では出向として処理されていたが，公式制度上は 4 年ごとの選挙を通じて選ばれる[9]．1974 年，1978 年，1981 年，1985 年に人民議会議員選挙と各級人民評議会議員選挙が実施された[10]．選挙は

8　ネー・ウィンをはじめとした革命評議会議員および閣僚も退役した．

9　辞令の書面には，出向者名のリストの前に「以下の士官を州・管区人民評議会の 3 組織の候補者として選出を受けられるように．以下の部隊付きとする」［DSMHRI DR-8389 10/117/81/1981・9・4］とある．

10　本来であれば，第 2 期人民議会議員の任期は 1982 年までであるが，新 4 ヵ年計画が 1982 年 4 月 1 日に開始されるため，第 3 期人民議会を 1981 年 11 月に発足させる必要があるという理由で，第 3 回人民議会選挙は 1 年前倒しされた．

表 4-3　国軍から行政機構への省別出向者数（1972–1988）[※1]

出向先	人数	割合
人民評議会[※2]	794 (人)	45.6 (%)
第1工業省[※3]	166	9.6
内務・宗教省	155	8.9
治安行政委員会	92	5.3
貿易省	79	4.6
運輸・通信省	77	4.4
第2工業省	68	3.9
農林省	57	3.3
鉱山省	44	2.5
畜産・漁業省	32	1.8
計画・財務省	25	1.4
エネルギー省	22	1.3
建設省	20	1.2
国家情報局	19	1.1
外務省	17	1.0
情報省	10	0.6
国家評議会議長府	9	0.5
社会福祉省	8	0.5
首相府	7	0.4
保健省	7	0.4
中央政治学大学	6	0.3
その他	26	1.5
不明	3	0.2
合計	1,743	100.0

※1　1975年，1976年については文書館に史料が所蔵されていなかったため，確認できなかった．また，国家幹部とは具体的には，国家評議会議員，大臣，副大臣，人民裁判評議会議員，人民司法評議会議員など人民議会議員から選出される国家レベルの組織構成員を指す．
※2　ここでの人民評議会は管区・州および郡の人民評議会，監察委員会を含む．
※3　旧工業省への出向者も含む．
出所）［DSMHRI DR-8380］［DSMHRI DR-8381］［DSMHRI DR-8382］［DSMHRI DR-8383］［DSMHRI DR-8384］
　　［DSMHRI DR-8385］［DSMHRI DR-8386］［DSMHRI DR-8387］［DSMHRI DR-8388］［DSMHRI DR-8389］
　　［DSMHRI DR-8390］［DSMHRI DR-8391］［DSMHRI DR-8392］［DSMHRI DR-8502］［DSMHRI DR-8503］
　　［DSMHRI DR-8504］［DSMHRI DR-8506］［DSMHRI DR-8514］［DSMHRI DR-8515］［DSMHRI DR-8566］
　　［DSMHRI DR-8600］［DSMHRI DR-8601］［DSMHRI DR-8602］から筆者作成

表 4-4 人民評議会への出向者 (1977-1987) の軍種・階級別人数

(単位：人)

	軍階級	大佐			中佐			少佐			大尉			少尉			不明	合計
	人民評議会役職	陸	海	空	陸	海	空	陸	海	空	陸	海	空	陸	海	空		
州・管区レベル	人民評議会議長	2			5													8
	人民評議会書記長				10		1	4		2								16
	人民評議会執行部議員				20			1			1							22
	裁判委員会委員長				9													9
	裁判委員会委員				8			1										9
	活動監察委員会委員長	3			4			1										8
	活動監察委員会委員				7			1										8
郡レベル	人民評議会議長				32	3	4	189	3	13	77	1	1				2	325
	裁判委員会委員長						1	54	2	12	27	1	1				1	99
	監察委員会委員長							32		6	22	1	1				1	63
	人民評議会書記長							5			40	1	1					47
	人民評議会議員							2			75	1	1	2				79
	監察委員会委員										48	1	1		1			51
	裁判委員会委員				1						35			1	1			37
	人民評議会役職不明							1			1			11				13
	合計	5	0	0	96	3	6	291	5	33	326	6	5	13	1	0	4	794

出所：表 4-3 に同じ

第 4 章 官僚制を破壊せよ

各選挙区候補者への信任・不信任を選択するだけの投票であり，加えて，集計時に不信任票を信認票に入れ替える操作がしばしば行われていたため，人民の政治参加の手段としてはほとんど機能しなかった．しかし，定期的に軍から行政機構へ出向者を送り込む装置として選挙は機能した．事実，選挙直後である1981年10月から1982年1月，1985年11月，12月に出向の辞令交付が集中している．特に1985年は，その2年前のティン・ウ失脚による粛正人事の余波や国軍内の世代交代のためもあってか，1年間で実に569人の将校が人民評議会も含めた行政機構に転出している．

また，人民評議会への全出向者の階級と役職を見れば（表4-4），一見して表の右下から左上にかけて分布していることがわかるだろう．軍階級は左にあるものほど地位が高く，人民評議会役職は上にあるものほど地位が高いので，国軍での階級が高いほど人民評議会の地位が高い傾向があるということである．州・管区人民評議会，州・管区裁判委員会，州・管区監察委員会幹部には，軍種を問わず階級としては中佐の将校が，郡レベルでは人民評議会議長，裁判委員会委員長，監察委員会委員長といった幹部ポストには少佐が多く，書記長以下の役職について大尉クラスの将校の就任が多い．人民評議会と将校の階級が転出先の地位の高さをかなりの程度決定している．これは出向者と出向先の選定に軍内の階統秩序が相当程度影響していたことを示していよう．それは，ひとつに出向先での階級と役職の逆転現象を避けるためであり，もうひとつには出向先で退役する将校に軍内での地位に見合った役職を提供することでかれらに不満を与えないためであったものと考えられる．なお，表には出向の時期がしめされていないが，時間とともに出向者の階級は上がっていく傾向にある．これは国軍内の人員拡大に伴う階級の上昇を反映してのことであろう．

こうして「選挙」を通じた国軍将校の人民評議会幹部ポストへの出向が非公式なかたちで制度化された．20世紀初頭にICSの県知事を中心に全国に張り巡らされた地方統治のネットワークはいまや，郡という，より小さな単位に細分化されて組織的にも人事的にも「破壊」され，人民評議会と国軍将校の人事体系の一部にとってかわられることになった．

中央省庁においても状況は同様であった．前述したように，1972年に官房が廃止され，副大臣が事務方の長となったことで，それまで行政機構内部に閉

表 4-5 副大臣（1974-1988）就任までの経歴分類

(単位：人)

出身	経歴	人数
将校	参謀本部局長，軍管区（副）司令官	18
	国軍→公社総裁	11
	国軍→省事務次官・局長	9
	国軍→党中央幹部	10
	国軍→党地方幹部	6
	国軍→治安行政委員会委員長	4
	国軍→大使	1
	合計	59
文民	局長または公社総裁	6
	大学教員	7
	党幹部	4
	医師	1
	その他	1
	合計	19
不明		14
総計		92

出所）［Burma, anonymous 1974］［1978］［1981a］より筆者作成

じられていた幹部のリクルートが，「選挙」を通じて外部に開放されることになった．結果，将校が各省の副大臣に大量に流れ込む．そうした変化を示すのが表 4-5 である．1974 年から 1988 年までに就任した副大臣を経歴パターンごとに区分している．以下の 2 点を指摘することができるだろう．

第 1 に，1988 年まで一貫して将校出身者が多いということである．約 14 年の間に任命された 92 名の副大臣のうち，経歴が明らかなのは 78 名で，そのうち将校出身者は 59 名であった．表では将校を前歴にしたがって 7 つに分類しているが，大きくいえば，作戦将校出身者，行政機構出向出身者，計画党出向出身者の 3 種に分類できる．

まず，作戦将校出身者は国防省および陸軍参謀本部の局長あるいは軍管区司令官・副司令官から直接任命されるケースである．次に，行政機構出向出身者は国軍から出向して公社総裁や中央省庁の事務次官・局長などに就任したのちに，出向先の省庁で副大臣に任命されるケースを指す．最後に，計画党出向出

表 4-6　副大臣（1974-1988）の学歴

(単位：人)

学歴	人数	将校数
8 年生	5	5 (100%)
9 年生	4	4 (100%)
高卒	34	32 (94%)
大学教養課程	7	7 (100%)
教員学校卒業	1	1 (100%)
ディプロマ	2	2 (100%)
文系学士	7	3 (43%)
理系学士	7	4 (57%)
文系修士	3	0 (0%)
海外 Ph.D	6	0 (0%)
MBBS	2	1 (50%)
不明	14	0 (0%)
合計	92	59 (64%)

出所）表 4-5 に同じ

身者は軍から計画党に移り，党本部局長あるいは地方の党委員会で委員長など幹部を務めたのちに副大臣に就任するケースである．

　第 2 に，文民の副大臣が 19 名任命されており，同時期の大臣と比較すればその数は多い．そうはいっても，1950 年代，1960 年代から省内でキャリアを重ねて，局長あるいは公社総裁を経て副大臣となった人々はわずか 6 名に過ぎない．大学教員から直接あるいは省の局長クラスに就任した後に副大臣になったものが 7 名いるものの，県知事と官房を往復する ICS 型の昇進パターンは誰一人経験していない．

　さらに，副大臣の学歴を示した表 4-6 を見ると，文民には国内での修士号や海外で Ph.D を取得した，いわゆるテクノクラートと呼びうる人々がわずかながら存在していたことがわかる．しかしながら，群を抜いて多いのはビルマの高等学校卒業年次にあたる 10 年生卒であり，そのほとんどは現役将校と退役将校であった．かれらは近代軍では標準となっている 4 年制の士官学校すら卒業していない．ビルマでは 4 年生の士官学校である国軍士官学校（Defence Services Academy）の設置が 1955 年と遅く，それ以前に将校になった人々の多

くは士官訓練学校（Officers Training School）で9ヶ月程度の訓練を受けたにとどまっていた．軍人を中心としたこうした非高学歴の副大臣が多数を占めていることと照らし合わせるならば，高学歴の文民テクノクラートの影は非常に薄かったといってよいだろう．

以上，人民評議会幹部と副大臣を対象にその経歴を検討してきた．それが示すのは，国軍・計画党・行政機構を貫く将校団のネットワークを通して，国軍による支配の安定を実現する新しい「鋼鉄のフレーム」がネー・ウィン体制時代に形成されたということであろう．それは，1970年代前半に実施された一連の行政機構改革が重要な契機になっていた．

4-5 結び

植民地期以降のビルマの行政機構とそれを支えた文民官僚はネー・ウィン体制期にいかに変容したのか．これが本章の問いだった．これまで見てきたように，インド高等文官以来の人的，制度的な遺産はほとんど失われたといってよい．それは，いわゆる党指導体制を目指した1972年の行政改革と1974年憲法によってとどめを刺された．ただし，その結果生じたのは，憲法上に明示された党指導体制ではなく，行政機構主要ポストへの国軍将校出向の制度化であり，それに伴う国軍の政治介入の深化であった．

この行政機構の再編と，それに伴う将校へのポスト配分が，ネー・ウィン体制とその後のビルマの政治体制に与えた影響は大きい．それは，第1に行政機構への国軍の浸透を貫徹させ，第2に将校の転出先を確保することで軍内人事を円滑にして軍の結束保持を容易にし，第3に文民官僚をはじめとした軍外勢力の影響力伸張を抑制した．その結果，行政機構は制度的にも人的にも停滞状況に陥り，社会経済開発の点で近隣の東南アジア諸国や南アジア諸国よりも大きく立ち遅れる一要因となった．政府が経済開発等のための合理的な政策の作成や実施の能力を欠いてきたからである．

しかし，その一方で，エリート内部での対立激化に起因する体制の不安定化

は抑制され，ネー・ウィン自らの政治的安全保障は実現された．国家の統治能力が低下し，体制が国民にその実績を示すことができないために，ますますネー・ウィンは国軍に利益を提供して支持基盤を強化しようとする．この悪循環がビルマ政治の停滞を特徴づける構造的要因のひとつではないだろうか．

　むろん，体制内の要因にのみ国家の質や体制持続の理由を求めることはできない．しかし，社会から政治体制への重大な挑戦がなされたときでさえ，その帰結に体制エリート内の勢力配置が決定的な影響を与えることには注意を払うべきであろう．それは，1988年に起きたビルマでの民主化要求運動の勃発とその後の国軍によるクーデタ，そこから現在まで続く軍事政権を見れば明らかと思われる．

　次章では，対象を拡大し，ネー・ウィン体制の政治エリートとはどういう人たちだったのか，人民議会議員，計画党中央委員，国軍将校の構成員のプロフィールを詳細に分析したい．

第5章 「勝者総取り」の政治風土
―― 政治エリートのプロフィール分析

5-1 はじめに
5-2 誰が政治エリートか
5-3 社会的プロフィール
5-4 断絶と連続
5-5 文民党幹部の限界
5-6 結び

5-1 はじめに

　これまで，イデオロギー，政党システム，行政機関のそれぞれが1962年を境にネー・ウィンと国軍の影響下でいかに変容したのかを検討してきた．本章では，これまでの分析とはやや異なる視角からネー・ウィン体制の特質と軍政長期化の謎にアプローチしてみたい．

　ビルマ政治の特質として指摘されるものに「勝者総取り」(Winner-Takes-All)というものがある．それはこういうことである．ビルマの実質的な最初の国会議員選挙にあたる1947年の制憲議会選挙において，反ファシスト人民自由連盟（AFPFL）は全255議席中248議席を獲得して圧倒的勝利をおさめた．次いで，1962年3月2日のクーデタでは，ネー・ウィン将軍がウー・ヌやチョー・ニェインなどそれまでの有力政治家を政権から追放し，国軍幹部将校だけからなる革命評議会に国家権力を集中させ，その2年後にはすべての既存政党の活動を禁止した．さらに，ポスト88年の軍政の時代，1990年の総選挙では93の政

党から2,209人と87人の独立候補者が立候補したにもかかわらず，国民民主連盟（NLD）が全485議席中392議席を獲得した．この，選挙時や政権交代時における勝者の圧倒的なポスト独占，そしてその背後にある，ビルマ国民の「移り気」気質や，政治リーダー間のコミュニケーションにおける妥協や協調を嫌う傾向などを指して，ビルマ政治には「勝者総取り」の政治文化があるというわけである[1]．

　この指摘自体は多分に印象論であるから，概念の厳密性を問うことにあまり意義はない．ただ，ビルマ政治の重要な特質を指摘しているように思えるのも事実である．そこでここでは，この言葉に一定の解釈を与えて，ビルマの長期軍政を考えるひとつの出発点にしてみたい．一定の解釈とは，体制エリートという人的資源を流動性の観点からとらえなおすことである．つまり，「勝者総取り」を，体制転換時の大幅な政治エリートの入れ替え，各体制間での政治エリートの人的断絶と解釈し，その詳細を検討していくわけである．人的断絶とは，具体的には，1930年代の立法参事会議員と独立以降の議会制民主主義期の国家議員との人的断絶，また議会主義期の議員たちとネー・ウィン体制期政治エリートとの人的断絶，さらに，ネー・ウィン体制期政治エリートとSLORC政権期以降との人的断絶などである．

　ただ残念なことに，本章で考察できるのはネー・ウィン体制期の政治エリートだけである．それは，本書がネー・ウィン体制をテーマとしているという事情もあるが，それ以上に，他の時期についてはデータそのものが極端に少なく，唯一1970年代から1988年までについては，政治エリートに関する体系的なデータが手に入り，実証的な分析が可能だからである[2]．今のところ，そのデー

1　たとえば，「植民地期，議会制期，社会主義期，ポスト88年の軍政期，いずれにおいても，考え方，ビジョン，政策に関する争いは常に勝者総取りの戦いになってきた」［Callahan1998: 64］というものや「勝者総取りのメンタリティーがまだ規範だったので，数多い政治暴力と権力乱用が民主的な文化の発展を阻んだ」［Fink 2001: 26］といったものがある．この「勝者総取り」については，2008年9月27日の緬甸研究会で本章の原案を報告した際に参加者の方々からいただいたコメントから着想を得た．参加者の方々に記して謝意を表したい．
2　このデータも流出資料を古書店などから収集して，集められたものである．文書館，図書館などに所蔵はされていない．

タから前後の時代を推測するのが最も賢明な方法である．

では，ネー・ウィン体制の時代，ビルマの政治エリートにどういった人々で占められ，かれらは「革命」以前にどういった経歴を持つ人々だったのだろうか．またそれは1980年代末までにどのように変わっていったのか．以下ではこれらの問いを検討する．意義を2点挙げておこう．

第1に，この作業を通じて，ネー・ウィンによる「革命」の特異性を政治エリート全体の状況から明らかにすることができる．そもそも，ネー・ウィン体制が他国との比較の対象になりにくいのは，国軍最高司令官による「革命」だった点である．「将軍たちの革命は現状維持の反乱」［ジャノヴィッツ 1968：110］といわれるように，通常，トップエリートである将官クラスの軍人がわざわざ既存の秩序を不安定化させるようなことはしない．だが，ネー・ウィンはそうではなかった．最低限の革命の定義である「既存の政治秩序の突発的かつ暴力的転覆」［Friedrich 1966: 5］については，かなりの程度達成されたように見える．とはいえ，ベトナムやラオスのような共産主義政党による革命と，ネー・ウィンによる「革命」は明らかに違う．何がどう違うのか．本章では政治エリート分析から検証してこの点について解明したい．

第2の意義は，本書をより広く国家−社会関係論や社会史の文脈に接続するための手がかりを提供することである[3]．ビルマの場合，報道などを通して，国家と社会の関係が「抑圧と抵抗」の関係にストレートに読み替えられてしまうことが多く，両者はまったく分離して動いているようにすら見える．しかし，本来それはありえない．国家は社会のなかにある．では，いかにして両者の関係にアプローチすればよいのか．そのひとつが，政治エリートたちの社会的プロフィールを知ることであろう．本章では，年齢，民族，宗教，学歴，過去の経歴などを通して，その鳥瞰図を描くことを試みる．かれら一人一人の個性を示すような「顔」を描くことまではできないが，提示されたデータを通じてビルマにおける国家−社会関係を再考する一助になればと思う．

構成は以下のようになっている．まず，5-2で誰を指して政治エリートというかを明確にする．公的な地位をもとに政治エリートの範囲を確定するので，

3　国家−社会関係論については Migdal［1988］を参照されたい．

1974年憲法の検討も行う．続いて，5-3では政治エリートの社会的プロフィール（年齢，民族，宗教，学歴）を検討しよう．それにより，権力中枢に近づくほど，年齢が若くなり，ビルマ族と仏教徒が増え，さらに低学歴の傾向にあったことを明らかにする．5-4では，政治エリートの過去の経歴に焦点をあてて分析し，そこに1950年代の政治家はほとんど含まれておらず，「勝者総取り」が実際に起きていたことを示す．最後に5-5では，この時代に登場した新興政治エリートである文民党官僚の実態とその限界について検証する．

5-2　誰が政治エリートか

ネー・ウィン体制における政治エリートとはいったい誰なのか．本書では，以下で考察する1974年憲法などから，政治決定に参加できる程度を公的地位に従って割り出し，そこから政治エリートの範囲を確定する[4]．まず，1974年憲法にもとづくビルマ社会主義共和国連邦の公式な組織構造を確認し，次に政治エリートが誰を指すのかを定義しておく．

---

[4] 政治エリートという概念には論者によって幅があり，ここで行うような公的な地位による分類から，より実態に近い政治的影響力を重視する立場までさまざまある［Zuckerman 1977: 325-331］．特に民主制でない国では，議会が形式的で，実際には最高権力者とそのインナーサークルの影響力が突出していることも珍しくないため，議員全員を政治エリートに含めてしまうことには問題があるかもしれない．しかし，たとえそうではあっても，ここで公式制度から政治エリートの範疇を規定することには意義があるだろう．その理由は，ひとつに，政治決定への影響力は客観性をもって見定めることがかなり困難であり，それを基準にすると観察者の恣意が働きやすくなるためである．もうひとつには，仮に実質的な影響力を持たない人が含まれていたとしても，たとえば議員として選ばれた人々には，選ばれるそれなりの理由があったはずであり，その理由を知ることには国家の有り様を考える上で一定の意味があると考えるからである．

(1) 1974 年憲法の成立

クーデタによる 1947 年憲法の停止後,新たな憲法起草の必要性については,1969 年 11 月の第 4 回党セミナー演説でネー・ウィンが言及していた[5]. 実際に憲法起草作業が本格化したのは,1971 年 6 月の計画党第 1 回党大会からである. 同年 9 月 29 日にサン・ユ准将を委員長として 97 名からなる憲法起草コミッションが設置された [Moscotti 1977: 7-8]. そして,憲法起草コミッションは計画党第 1 回党大会で示された以下の 6 原則 (àcheikhanmu chau'che') にもとづいて新憲法の起草を開始した.

---

5   ネー・ウィンは 1968 年 11 月 29 日にウ・ヌ,バ・スェ,タキン・チッ・マウンなど元政治家 33 名を招集し,国内統合顧問団 (pyidwîn nyinyu'yêi àkyanpêi aphwè) を組織している. 国内統合,政治,経済,社会,民族全般にかかわる問題および新憲法起草に関する助言を受けることが設置の目的だった. 顧問団は議論の結果を 69 年 5 月 31 日に最終報告としてネー・ウィンに提出した. 内容は,憲法に関して,基本的には 1947 年憲法にもとづき,それを修正することで新憲法とすべきという 1947 年憲法改正案に賛成するものがバ・スェなど 18 名. チョー・ニェインら 3 名は 1947 年憲法改正案に基本的に同意しながらも補足意見を付けた. 他方,タキン・ルウィンら 11 名が社会主義的な民主主義を目指して新たな憲法を制定すべきと主張した. 最後の 1 名はウ・ヌであり,ネー・ウィンがクーデタ時の首相であった自分に権力を返還するように求め,その上で議会を召集し,ネー・ウィンを大統領に選出したうえで,大統領が憲法起草のための国民会議を招集するように提案した. 多数派の意見を採用するのであれば,当然 1947 年憲法改正案が採用されるはずだが,結局ネー・ウィンは「労働者と農民の利益を擁護する要素がない」として 1947 年憲法改正案を拒否し,また,ウ・ヌの提案は論外とみなしたため,新憲法制定案を受け入れた [U Myat Han et al. 1993b: 72-75]. この顧問団自体にどこまで意義があったのだろうか. クーデタから 6 年以上たったこの時期にかつての文民政治家 33 名を招集して新憲法の中核的なアイデアを提示させ,それを実際に採用しようとネー・ウィンが考えていたとは到底思えない. はじめから新憲法の制定を支持させるつもりで設置したが,読みが甘く,顧問団内で意見が分かれてしまったのではないだろうか. あわよくばかつての文民政治家を憲法制定後の体制に取り込むことをネー・ウィンは考えていた可能性もある.

(1) 社会主義体制の実現を国家の目標とする．
(2) 社会主義経済体制を国家が建設する経済体制とし，社会主義経済体制を擁護する法律を堅固に定める．
(3) 国家編成は社会主義的民主主義体制を基礎とすることを定める．
(4) 国内諸民族は民族平等で分裂することなく，富める者も貧する者も団結して共存していかなければならないという誓いを定める．
(5) 労働者人民は社会主義体制内において民主的な諸権利と個人の諸権利を享受することができるように，社会主義体制と国家のために忠実に果たさなければならない種々の義務を定める．
(6) 社会主義的民主主義体制の国家建設に寄与するために適切かつ必要な点を定める．

[U Theing Hlaing *et al.* 1993: 80]

　社会主義政治経済体制の建設およびそのもとでの国民の権利と義務，そして民族間の平等原則を憲法条文内で謳うことが方針として示されたことになるだろう．コミッションの第1回会合では，コミッション内に9つの委員会が設置され，さらに，人民の意見を聴取すべく，全国の管区・州ごとに合計15の地区部会を置くことが決定された．コミッション報告によれば，社会主義計画党，農民評議会，労働者評議会，国軍が意見書を提出し，また，各管区・州の部会でも国民からの積極的な意見聴取がはかられた．合計で105,000人を超える国民労働者と会合をもち，その代表3,458人からの意見が地区部会に寄せられて，たとえば，そのうち813人が連邦制でなく，中央集権制への支持を表明したという [U Theing Hlaig *et al.* 1993: 88-89]．こうした憲法起草の過程は逐一国営新聞などを通じて報道され，実際にそうであったかどうかは相当怪しいものの，国民の意見を反映させながら憲法草案が作成されている様子が示された．
　1972年3月には憲法起草コミッションの第4回会合が開催され，計画党中央委員会第4回会合に提出する第1次憲法草案についての議論が行われた．4月30日に第1次憲法草案が刊行されて，さらに国民からの「意見聴取」とそれ

にもとづく国民的憲法起草の演出が続いた[6]．草案はその後，第2次，第3次と修正を重ね，修正と並行するかたちで，新憲法草案に対する国民投票の準備がはじまった．1973年8月16日には国民投票コミッションが任命され，第2回計画党党大会で承認された第3次憲法草案への国民投票が同年12月15日に開始される．そして，全投票の90.19％にあたる1,300万票あまりの「承認」を得て，新憲法が成立したのである．

1974年憲法は全16章209条からなり，同時期に制定された憲法としては，中華人民共和国憲法（1975年）の全4章40条や，朝鮮民主主義人民共和国憲法（1972年）の全11章149条に比べると，条文数はかなり多くなっている[7]．

すでに論じたように，憲法に示された体制像は社会主義モデルにもとづく党国家であった．第3章で扱ったビルマ社会主義計画党による国家への指導（khaunhsaunhmu）も憲法第11条には明記されている．通常，この，党による指導は，行政機構，軍，議会に党組織が設置されたり，あるいは，党員を幹部として送り込んだりすることで徹底される[8]．前章で見た内務行政機構地方行政幹部の「選挙」による選出はその手段の典型であろう．

次に重要な点は，「人民の意思」を立法過程に反映させることが期待された人民議会（pyidù hlu'to）および各級人民評議会（pyidù kaunsi）である．革命評議

6　1972年11月24日にヤンゴン管区で実施された公聴会での，サン・ユの演説が象徴的だろう．「第1に，新憲法を起草することは党の仕事でもなければ，人民のなかの一組織あるいは一集団の仕事でもない．国全体のすべての人々の仕事なのである．独立後に起草された憲法は憲法議会内の一グループによってなされたものだったため，人々が熱望した社会主義システム（という構想）は失われたのである．（中略）その繰り返しを避けるために，新憲法の起草にあたっては人民の広範な参加を可能とする手続きがとられているのである」［Moscotti 1977: 14］．

7　構成は以下のようになっている．前文，第1章国家，第2章基本原則，第3章国家機構，第4章人民議会，第5章国家評議会，第6章閣僚評議会，第7章人民裁判評議会，第8章人民検察評議会，第9章人民監察評議会，第10章人民評議会，第11章国民の基本的権利および義務，第12章選挙制度，第13章解任，辞任および補充，第14章国旗，国章，国歌および首都，第15章憲法改正，第16章一般規定．

8　中国の事例，特に共産党による議会への指導については，加茂［2006：第1章］がわかりやすい．

会の公式見解にしたがえば，1974年憲法の制定は1962年3月2日クーデタでいったん革命評議会に委譲された国家権力を，再び国民に返還する手続きであり，その国家権力返還の宛先が人民議会および各級人民評議会であった．したがって，1974年憲法体制は一院制で任期4年の人民議会を唯一の立法機関とし（第41条および第44条），そのなかに設置された常任委員会が法案の検討にあたる（第54条）など，人民議会が主たる政治決定の場となっている．これ自体は社会主義国の憲法一般にも通じることであろう．

国軍については，第99条の軍法会議にかんする規定，および第171条の軍事教練と徴兵にかんする規定で言及されるのみで，その政治的役割についてはまったく記されていない．理由は今のところ推測するしかないわけだが，社会主義国家建設に対するネー・ウィンの強い意思の反映と，モデルとした社会主義諸国の憲法に軍の積極的な政治的役割を明記したものがなく，かといってそれを組み込んだオリジナルな憲法をつくるほどの立法能力もなかったため，とみなすのが妥当かと思われる．

この他に1974年憲法の特質として以下の3点を挙げておきたい．

第1に，イデオロギー色の弱さである．通常，社会主義国家の憲法はその国家理念を謳い，その思想的正統性を明示する傾向にある．たとえば，1974年憲法と同時期に，文化大革命のなかで制定された中華人民共和国1975年憲法は，前文第4段落で「われわれの偉大な祖国を永遠にマルクス主義・レーニン主義・毛沢東思想の指し示す道に沿って前進させるため，われわれは社会主義の全歴史的段階における中国共産党の基本路線と政策を堅持し，プロレタリア階級独裁のもとでの継続革命を堅持しなければならない」［木田 1975：170］と記し，また，北朝鮮の1972年憲法第4条には「朝鮮民主主義人民共和国は，マルクス・レーニン主義をわが国の現実に創造的に適用した朝鮮労働党のチュチェ（主体思想）をその活動の指導指針とする」［木田 1975：196］とあるように，両憲法ともにマルクス・レーニン主義と指導者の政治思想を組み合わせることで自国の社会主義体制の思想的立場を表明している．

対してビルマの1974年憲法には「マルクス・レーニン主義」という言葉はいっさい登場せず，くわえて，党の公式イデオロギーであるはずの「人と環境の相互作用の原理」についても明記されず，「ビルマ式社会主義」にしたがって

建設されたビルマ社会主義計画党が「諸民族の労働者人民が長年求めてきた平和で繁栄した社会主義社会を建設するため，人民の意思に沿って，また人民との広範かつ徹底した討議をへて，ビルマ社会主義共和国連邦憲法を起草した」（前文第5段落）とあるだけで，憲法の思想的支柱は，思想ではなく，歴史的に抑圧されてきた労働者人民の意思というやや漠然としたものに求められたのであった[9]．その点で，マルクス・レーニン主義や毛沢東思想，主体思想という比較的精緻な思想の正統性が謳われた社会主義諸国の憲法に比べれば，ビルマの1974年憲法はイデオロギー色がずっと弱いものだったといえる．

第2の特徴は，国家と社会への監視機能を担う機関が国家機構内に複数おかれていたことである．司法権・行政権・立法権の三権を国家権力の基本として考えた場合，通常であれば，行政権を行使する機関と，裁判所などを通じて司法権を行使する機関が，人民議会の立法作業によって制定された法を実施，適用する責務を負う．ビルマの場合，中央の機構を見ると，行政権を代表する閣僚評議会（*wangyî aphwè*）と，司法権を代表する人民裁判官評議会（*pyidù tayâdàgyî aphwè*）および人民検察官評議会（*pyidù ùbàdei àkyôe hsaun aphwè*）に加えて，国家機関全体の活動を監視する機関として人民監察評議会（*pyidù lou'ngân si'hsêiyêi aphwè*）が第34条で設置されている[10]．人民監察評議会は公務員の職務

---

9 第2章でその形成過程を論じた「人と環境の相互作用の原理」についても憲法には言及がない．いかにそれが体制を支える思想でなかったかがわかるだろう．また，前文に続く第1章が「国家」であることからもわかるように，社会主義国家憲法では通例となっている社会構造あるいは経済構造から国家の基本的性質が定義されることはなく，本来，社会主義体制を基礎づけるはずの所有制についても，第2章「基本原則」第7条で「国家の経済システムは社会主義経済システムである」と記されるだけで，集団的所有制や全人民的所有制といった生産手段の所有については具体的に言及されない．くわえて，「労働者階級」や「民主集中制」といったマルクス・レーニン主義を想起させる言葉は周到に避けられており，「労働者」や「社会主義的民主主義」といったよりイデオロギー色の薄い言葉にとどめおかれている．社会主義を謳いながら，国内で共産党が武装闘争を展開していることによる政治構造上の限界がここにあらわれているといってよいだろう．

10 いずれも，管区・州および郡の各レベルにも設置され，中央も含めてすべての構成員は選挙を通じて選出される．

状況を主に調査する，いわば国家機構内の諜報機関であり，警察および人民検察官評議会とその権限が一部重複するうえに，同年に国家情報局が憲法とは別個に設立されていることを考えあわせると，1974年憲法体制はかなりの程度，国家，社会両者への監視機能を強化したものになっていることがわかるだろう．

　第3に，国家評議会（*naingando kaunsi*）を通じて大統領が絶大な権限を握っていることである．国家評議会は憲法第64条にもとづいて設置される機関で，その構成員は人民議会議員のうち各管区・州代表の14人と，その他の人民議会議員が務める．手続き的には，国家評議会議員が選出されたのちに，そのなかから互選により議長と書記長が選ばれる（第65条）．そして，国家評議会議長は大統領と同一人物でなければならない（第66条）．もちろん，評議会議員は議会で選出されるので，評議会自体は人民議会に対してその責任を負っているものの（第70条），憲法の解釈権（第73条第2項），法の公布権（第73条第3項），閣僚評議会議員・人民裁判官評議会議員・人民検察官評議会議員・人民監察官評議会議員の候補者名簿提出権（第73条第4項），常務委員会委員候補者名簿提出権（第73条第5項），外交関係樹立に関する決定権（第73条第6項），副大臣の任命・罷免権（第73条第10項），行政機関部局長の任命・罷免権（第73条第12項）など，きわめて多くの重大な権限が国家評議会には付与されている．これは，実質的には大統領の権限と解してよく，それはすなわちネー・ウィンによる独裁を制度的に保証するものであった．

（2）政治エリート

　では，本章での政治エリートとは具体的にどういった地位にある人々を指すのか．図5-1は本章で扱う政治エリートの階層を示している．ここでは原則として中央政治エリートを対象とし，必要がある場合だけ可能な限りで地方政治エリートにも言及する．政治エリートとして具体的に対象にするのは，人民議会議員，計画党中央委員会委員（候補者），国軍高級将校である．

　人民議会議員と計画党中央委員会委員は選挙で選ばれることになっている．図5-2はその選出日と人数を示している．中央委員は当初党大会代表による選

機構	人民議会	計画党	国軍
大 ↑ 権限 ↓ 小	大統領	党総裁	
	国家評議会議員	中央執行委員会委員	国軍参謀総長
	閣僚評議会議員		陸・海・空参謀次長
	常任委員会委員長・書記	常任委員会委員長・書記	特別作戦部司令官 軍管区司令官
	議員	中央委員(候補者)	高級将校

図 5-1　ネー・ウィン体制期政治エリートの階層

中央委員会	選出日	党大会	中央委員	
			委員 (委員候補)	候補者
第 1 期	1971/7/7	第 1 回党大会	150(50)(人)	300(人)
第 2 期	1973/10/17	第 2 回党大会	150(50)	300
第 3 期	1977/2/26	第 3 回党大会	180(59)	360
第 4 期	1977/11/16	臨時党大会	250	
第 5 期	1981/8/6	第 4 回党大会	260	
第 6 期	1985/8/6	第 5 回党大会	280	
人民議会	選出日	選挙	議席数	
第 1 期	1974/1/27	第 1 回人民議会選挙	151	
第 2 期	1978/1/1	第 2 回人民議会選挙	464	
第 3 期	1981/10/4	第 3 回人民議会選挙	475	
第 4 期	1985/10/6	第 4 回人民議会選挙	489	

図 5-2　ビルマ社会主義計画党中央委員および人民議会議員の選出

挙によって選ばれていたが，1977 年 11 月の臨時党大会から実質的な中央委員選挙はなくなってしまう．そこで，選挙のあった第 1 期，第 2 期，第 3 期についても中央委員候補者全体を便宜的に政治エリートとみなす．中央委員選挙で落選した人々も加えるわけである．また，高級将校はここでは国防省の局長以上，陸軍の作戦畑では歩兵師団副師団長（階級は中佐から大佐）以上，海・空軍では参謀大佐（階級は大佐）以上を含むものとする．この分類に従えば，のべ人

数で政治エリートは常時 700 名から 800 名いることになる.

　むろん,実際にはそれほど数は多くならない.兼務が少なくないからである.そこで次に,議会,計画党,国軍,三機構の法的関係について記しておく.3点ある.まず,国軍と党中央委員会であるが,これは第3章でも触れたように,党大会前に国軍党大会が開催され,そこから中央委員候補者として常時 40 名程度の国軍将校が選出されるようになっている.将校が中央委員になっても,多くの場合は軍内のポストを外れることはなく,国軍の役職と兼務するかたちで中央委員を非常勤で務める.

　次に,国軍と人民議会であるが,党中央委員会と違って,人民議会の中に国軍将校の枠は存在せず,両者の間に中央委員会と国軍ほどの密接な関係を認めることはできない.例外は,人民議会関連法第 24 条第 1 項に,国防・治安委員会に国防省からの代表が加わることが明記されている程度である.

　最後に,人民議会と党中央委員会だが,機能的に見れば,中央委員会での決定をはじめとした党の決定を「人民の意思」として承認し,それに正統性を与えるのが人民議会の役割である.重要な役割といえる.そうでありながら,憲法上では第 11 条の「指導」以外に両者の関係を規定する条項はない.議会運営にかかわる人民議会関連法にも党との関係にかんする規定はない.中国全国人民代表大会における「党組」のような,党の意思を人民議会の決定に反映させる組織は設置されていないのである[11].

　議員候補者の資格については,「1974 年第 1 回人民議会および人民評議会の段階的選出関連法」の第 5 章「人民の代表となるための諸資格」に定められており,第 11 条 1 項の 1 でビルマ国籍を持つ両親から生まれていることと,同条 4 項で満 28 歳であること,第 12 条 3 項の 1 で選挙区となる郡に居住していることと,同項の 2 で人民議会議員候補名簿提出に関する調整会議を経た名簿にその名が含まれていること,の 4 点が資格である.この章にも計画党への言及はない.しかし,第 7 章「人民の代表候補名簿提出」の第 19 条には,「人民議会あるいは各段階の人民評議会に人民の代表を候補とすべく,ビルマ社会主義計画党は党の指導により組織された階級組織と選挙区の有権者の調整のため

11　中国の人民代表大会における党組については加茂 [2006：50-56] を参照されたい.

に，人民代表候補者名簿提出に関する調整会議を開催しなければならない」とあり，候補者名簿の作成時点で計画党による介入が可能になっていることがわかる．この規定により，人民議会全議員を計画党の党員で独占することができるわけである．

人民議会議員は一選挙区に一名の候補者がたち，信任選挙が18歳以上の国民による秘密投票で実施される．結局，党の決定に従わなければ党員としての地位を保持できず，党員でなければ人民議会議員にはなれない．法的には，この人民議会議員選出の段階における制限が，党による人民議会への指導を実現するほぼ唯一の手段といってよく，事実，筆者の手元にある資料を読む限り，人民議会は全員が計画党の党員である．

さて，以上を政治エリートの範囲として，本章で分析の俎上にのせる対象は以下の人々である．第1期から第3期までの人民議会議員のべ1,389名[12]，第1期から第6期までの計画党中央委員および党規律委員会委員のべ1,889名，第3回党大会代表のうちイラワジ管区，ザガイン管区，シャン州，マンダレー管区の469名，第5回党大会地方党委員会中央委員候補者319名である．資料としては，人民議会議員については，『人民議会議員の経歴概要』(*ywêichetinhmyau' chîn khanyàthô pyidù hlwu'to kozâhlemyâ î koyêihma'tân akyînjou'*) の1974年版，1978年版，1981年版，中央委員については，『党大会中央委員会委員候補者の経歴概要』(*patinyilahkan bahoukomiti winlâunmyâ î kôuyêi hma'tân acînjou'*) の第1回 (1971年)，第2回 (1973年)，第3回 (1977年2月)，臨時 (1977年11月)，第4回 (1981年)，第5回 (1985年) 党大会分である．高級将校については中央委員の「経歴概要」に含まれているデータを利用する．その上で次の3つの課題を設定する．

第1に，政治エリート全体の社会的プロフィールを分析する．そもそも，かれらはどういった年齢の人々で構成され，民族的，宗教的にはどういった人々で，教育の程度はどういったものだったのか．また，国軍，計画党，人民議会

12　1985年に選出された第4期人民議会議員については資料が入手できなかったため，分析対象外とする．再選された議員と同時期の計画党中央委員のプロフィールを参考に第4期人民議会議員の内実を推測することもある程度は可能であり，また，これまでのビルマ政治研究の停滞を考えれば，たとえ利用するデータが不完全であったとしても分析の意義は大きいと筆者は判断している．

第5章　「勝者総取り」の政治風土　│　173

の三機構間のそれらに違いはあったのか．この点を検討する．

　第2の課題は，政治エリートの過去の経歴を分析することである．具体的には，日本軍政期の経歴，議会制民主主義期の経歴をもとに，ネー・ウィン体制成立以前の政治エリートとの連続と断絶について詳細に検討する．いわゆる「勝者総取り」が実態としてどの程度当てはまり，時とともにどのように変化していったのかを明らかにするためである．

　第3の課題は，上記2つの課題のなかでその存在がはっきりする文民党幹部について，体制内の階層移動上の限界を示すことである．かれらはネー・ウィンの「革命」によって生まれた党幹部集団であり，かれらの限界を示すことがすなわちこの「革命」の限界を示すことになるからである．

5-3　社会的プロフィール

　本節では，1974年憲法体制を構成する政治エリートの全体状況を，社会的プロフィールをつかって把握しておきたい．人民議会議員，中央委員会委員および国軍高級将校の年齢・民族・宗教・学歴について検討していく[13]．1970年代から約10年で3つの組織それぞれがどのように変化したのかが議論のポイントになる．

（1）年齢・民族・宗教

　人民議会議員と党中央委員会委員の社会的プロフィールを比較すると，それぞれの組織の体制内での位置づけを反映した差異を見いだすことができる．

　まず着目したいのは，人民議会の意義についてである．人民議会の本来の役割はいうまでもなく立法であるが，実際には多くの社会主義国同様に，計画党の決定に形式的なお墨付きを与えるだけという，いわゆる「ラバースタンプ論」

---

[13]　性別については，いずれの機関でも女性は全成員の5％もいないため，ここでは問題としない．

がおおむね妥当する．政策過程上，法案は主に省庁から提出され，まず計画党の中央委員会に設置された各種常任委員会が検討し，その上で中央執行委員会が承認すれば，その後，中央委員会，人民議会常任委員会，人民議会に討議・採決の場が移っていく．しかし，実質的には中央執行委員会の承認を受けた法案はすべて成立するのが通常のケースであり，人民議会は，ある元議員の言葉を借りるなら，法案に「判子を押すだけ」の機関だった．人民議会での議論が政府の政策に大きな影響を与えたという話を筆者は寡聞にして知らない．人民議会の立法過程上の影響力は極めて低かったといってよいように思う．

しかし，そうではあっても人民議会およびその議員を選出する選挙は欠かせない．なぜなら，選挙と議会は「人民の意思」(*pyidù hsandɛ*)にもとづく国家の運営を象徴するからである．もちろん，「人民の意思」という想定そのものが多かれ少なかれ擬制ではあるのだが，民主主義国と違って社会主義国家では選挙時の競争が乏しい分，その擬制をより目に見えるかたちで表さなければならない．その際に最も利用されるのが国民統合の演出であろう．国内の諸民族の代表が集まった人民議会の場で，党から提出された報告が読み上げられ，法律が賛成多数によって制定される．この，「人民の意思」という擬制のための儀礼こそが人民議会の持つ大きな意義である．他にも，社会主義国に少なくないものとして，指導者への崇拝というかたちで国民統合のシンボルをつくりあげていくケースもあるが，ビルマの場合，ネー・ウィン自身は個人崇拝を嫌ったといわれ，個人崇拝へ政権の正統性の根拠が求められることはなかった．

このように，人民議会を立法機能から見るのでなく，国民統合の演出空間ととらえるとすれば，人民議会議員の持つ社会的プロフィールの特徴として，おそらく次の3つの予測を立てることができるだろう．

第1に，議員の入れ替えが党中央委員と比べて多い，ということである．繰り返しになるが，人民議会議員は党中央委員よりも権限が小さいので，その議席からはずれることで生じる政治闘争の度合いもまた小さいと予測できる．逆に，指導者側としてはその分大幅に議員を入れ替えることができるわけである．

次に，人民議会議員の年齢が相対的に高いことが予想される．これは国軍の若さから推測できることである．人民議会議員が権威を象徴する名誉職であれば，ビルマ社会で一般的に尊敬を集める年長者が議員として就任するだろう．

表 5-1　中央委員に占める新任委員数

期（選出年）	新任	委員（候補）数	比率
第1期（1971）	200（人）	200（人）	100.0（%）
第2期（1973）	15	200	7.5
第3期（1977）	67	239	28.0
第4期（1977）	56	250	22.4
第5期（1981）	60	260	23.1
第6期（1985）	95	280	33.9
合計	493	1,429	

　その一方で国軍は 1947 年創設の若い軍隊であるから，1970 年代前半では 50 代になっていない将校が多いはずである．となれば，人民議会議員は国軍将校がより多く含まれる党中央委員会委員よりも平均年齢が高いことが予測できる．

　第 3 に，人民議会議員は，民族分布と宗教分布の点で，党中央委員に比べて公式の民族分布，宗教分布の数字に近くなるはずである．議会が国民統合を示す演出の空間だとすれば，構成員が公式の民族分布を反映している必要があるだろう．そうでなければ，民族の調和とそこから生まれる「人民の意思」を議会が表現することはできない．以下でひとつずつ見ていこう．

　まず，人民議会議員の入れ替えについてである．第 2 期人民議会における新任議員の全議員に対する割合を調べてみると，1978 年選出の第 2 期人民議会議員 464 名のうち，新任の議員は 276 名と全体の約 59.5％をしめている．第 1 期から半分以上が入れ替わったことになる．1981 年の第 3 期では新任の数がずいぶん減って，34.5％（464 議席中 276 議席）となっているが，それでも，表 5-1 を見ると，そこに示された中央委員会の新任委員と委員候補の割合に比べて人民議会議員の入れ替えの方が高かったことがわかるだろう．第 1 期の選出から 2 年後に選出された第 2 期中央委員会では，わずか 15 名の中央委員と委員候補しか選ばれなかったことは極端としても，第 6 期の 33.9％を除けば，すべて 20％代である．人民議会の方が議員の入れ替えがより早かった．

　次に，年齢構成である．図 5-3 と図 5-4 は人民議会議員，党中央委員会委員が各期でどういった年齢階層の人々によって構成されていたのかを示してい

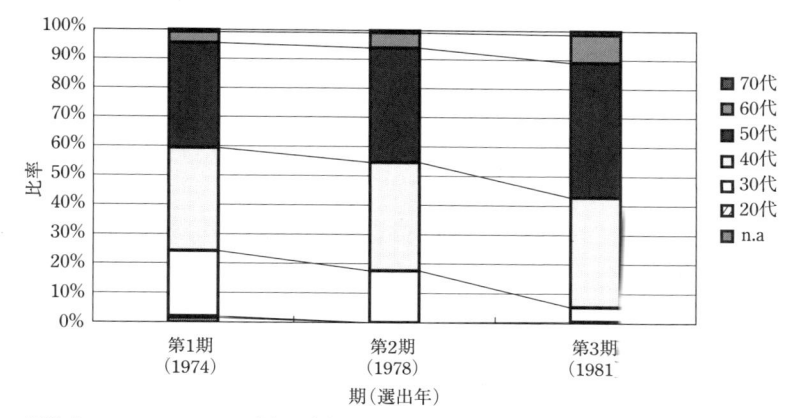

出所）[Burma, anonymous 1974][1978][1981a]

図5-3　人民議会議員の年齢構成

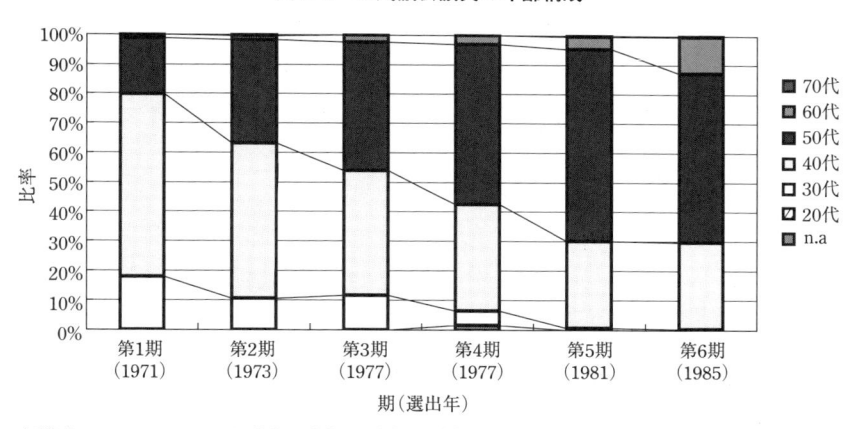

出所）[Burma, anonymous 1971?][1973][1977a][1977b][1981b][1985a]より筆者作成

図5-4　計画党中央委員の年齢構成

る．まず，人民議会議員は第1期が選出された1974年時点から約40％を50代以上の人々が占めていたことがわかる．時がたつにつれて平均年齢は徐々に上がり，第3期人民議会議員が選出された1981年時点では，50歳以上の議員が約47％を占めることになった．それとは対照的に，計画党中央委員は，当初40代が80％を構成する相対的に若い組織だったことがわかる．もちろん，

第5章　「勝考総取り」の政治風土 | 177

中央委員については，第3章で述べたように，第1期中央委員150名のうち国軍将校が119名をしめていたので，必然的に第1期中央委員全員の年齢も若くなるのだが，第2期以降についても人民議会議員より年齢は低い．そして，1980年代の変化として，計画党中央委員会委員に占める50代の委員の割合が1977年選出の第4期以降に大きくなって，1985年には70%に達していたということがわかるだろう．これは，現役高級将校の年齢が上がっていたことに加えて，退役将校の数そのものが増えたことが原因である．同時に，人民議会議員の年齢構成がそれほど急激に高齢化していないのは，構成員の入れ替えが容易だった分，人民議会議員が相対的に高齢化を免れていたためであろう．

最後に，民族構成と宗教についてである．表5-2と表5-3はそれぞれ，人民議会議員と計画党中央委員の民族別分布を示している．まず，人民議会議員におけるビルマ族の割合は，第1期，第2期，第3期をとおして67%前後であり，1973年人口センサスによる全人口に占めるビルマ族の割合67.9%とほぼ一致する[14]．続いて，シャンとカレンがセンサスではそれぞれ8.9%，6.6%を占めているものの，人民議会議員の民族別割合ではともに約5%となっており，議員の民族構成ではやや過小評価されていることがわかるだろう．とはいえ，チンの議員が1974年の11人(2.4%)から1981年の20人(4.2%)に増えていることをのぞけば，人民議会議員の民族別割合に大きな変化はない[15]．

それに対して，計画党中央委員の民族構成を示した表5-3を見ると，ビルマ族の割合が当初の80.9%から70.7%へと逓減しているが，人民議会よりもビルマ族の数が多くなっていたことがわかる．その理由は将校の存在であり，高級将校の民族分布を示した図5-5を見ると，ビルマ族の割合が第3期から第4期にかけて少し下がっているが，結局1985年には90%に戻っており，終始80%を切ることはなかった．計画党が次第に多民族化していったのに対して，国軍将校は一貫してビルマ族が圧倒的多数だったのである．つまり，政治エリート

---

14 以下でのセンサスの民族構成は全人口を対象にしたものである．ソ連のように領土と人口が大きいと民族によって年齢別の人口に大きな差があるが［塩川1999：284-288］，ビルマの場合は全年齢と20歳以上の民族構成の差はすべて1%以下である．

15 チンは1983年センサスでは全人口の2.2%である．

表 5-2 人民議会議員の民族構成

民族	第 1 期 1974 人数(人)	第 1 期 1974 割合(%)	第 2 期 1978 人数(人)	第 2 期 1978 割合(%)	第 3 期 1981 人数(人)	第 3 期 1981 割合(%)
ビルマ	301	66.9	314	67.7	315	66.3
ヤカイン	24	5.3	26	5.6	25	5.3
シャン	21	4.7	23	5.0	19	4.0
カレン	18	4.0	15	3.2	18	3.8
チン	11	2.4	18	3.9	20	4.2
パオ	4	0.9	3	0.6	4	0.8
パラウン	2	0.4	3	0.6	3	0.6
カチン	10	2.2	7	1.5	11	2.3
カヤー	5	1.1	6	1.3	3	0.6
シャン・ビルマ	6	1.3	6	1.3	6	1.3
その他	41	9.1	43	9.3	51	10.7
不明	7	1.6	0	0.0	0	0.0
合計	450	100	464	100	475	100

出所）[Burma, anonymous 1974]［1978］［1981a］より筆者作成

表 5-3 党中央委員の民族別分布

民族	第1期 1971 人数(人)	第1期 1971 割合(%)	第2期 1973 人数(人)	第2期 1973 割合(%)	第3期 1977 人数(人)	第3期 1977 割合(%)	第4期 1977 人数(人)	第4期 1977 割合(%)	第5期 1981 人数(人)	第5期 1981 割合(%)	第6期 1985 人数(人)	第6期 1985 割合(%)
ビルマ	267	80.9	248	75.2	265	73.6	185	74.0	186	71.5	198	70.7
ヤカイン	15	4.5	17	5.2	18	5.0	10	4.0	10	3.8	11	3.9
シャン	6	1.8	7	2.1	9	2.5	6	2.4	7	2.7	9	3.2
カレン	7	2.1	9	2.7	11	3.1	9	3.6	12	4.6	8	2.9
チン	6	1.8	7	2.1	9	2.5	11	4.4	12	4.6	13	4.6
パオ	3	0.9	3	0.9	5	1.4	3	1.2	3	1.2	1	0.4
パラウン	3	0.9	2	0.6	2	0.6	1	0.4	1	0.4	2	0.7
カチン	2	0.6	6	1.8	7	1.9	6	2.4	6	2.3	9	3.2
カヤー	2	0.6	3	0.9	2	0.6	2	0.8	2	0.8	3	1.1
シャン・ビルマ	3	0.9	5	1.5	3	0.8	1	0.4	1	0.4	1	0.4
その他	16	4.8	23	7.0	29	8.1	16	6.4	20	7.7	25	8.9
合計	330	100	330	100	360	100	250	100	260	100	280	100

出所）[Burma, anonymous 1971?][1973][1977a][1977b][1981b][1985a] より筆者作成

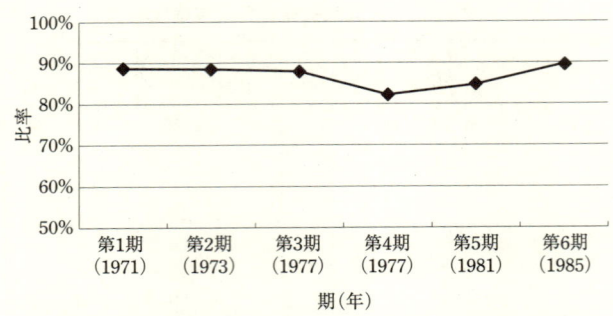

```
100%
 90% ◆――◆――◆     ◆――◆
 80%         ◆
 70%
 60%
 50%
     第1期  第2期  第3期  第4期  第5期  第6期
    (1971)(1973)(1977)(1977)(1981)(1985)
              期(年)
```

出所）[Burma, anonymous 1971?]［1973］［1977a］［1977b］［1981b］［1985a］より筆者作成

図 5-5　国軍高級将校に含まれるビルマ族将校の比率

　全体を見たとき，権力中枢に近づくほど，民族的にはビルマ族が多くなっていた．

　宗教については，第2期と第3期の人民議会議員の名簿にしかその記録がないため，機構間の比較は難しいが，参考にはなるので見ておきたい．第2期人民議会議員には仏教徒が464名中416名と89.7%，第3期では475名中424名と89.3%である（表5-4）．それに続くのがキリスト教徒で，バプティスト，ローマカトリックと個別に表記されているものを合わせれば，第2期，第3期がそれぞれ9.6%（キリスト教7.3% + バプティスト1.9% + ローマカトリック0.4%）と10%（8.8% + 0.6% + 0.6%）になっている．1973年人口センサスによると，全人口2,808万人のうち，仏教徒は2,497万人と全人口の89%を占めていて，それに次いで，キリスト教徒が129万人で4.6%，イスラム教徒が108万人で3.8%，ヒンドゥー教徒が12万人で0.4%である[16]．したがって，10%程度というキリスト教徒の割合は，実際にビルマに在住するキリスト教信者の割合よりも多い可能性があり，そのぶん割を食っているのがイスラム教徒である．ヤンゴンやマンダレーといった都市部の住民に含まれるイスラム教徒は相当数にのぼっており，また，ヤカイン州にはイスラム教徒の数が過半を占める郡も存在する．それにもかかわらず，第2期，第3期人民議会議員のなかに，イスラム

16　この公式統計自体が正しいかどうかは別の問題である．

表 5-4 人民議会議員の宗教別分布

(単位：人)

選出管区・州	カチン州		カヤー州		カレン州		チン州		ザガイン管区		タニンダリー管区		バゴー管区		マグエ管区	
	第2期 (1978)	第3期 (1981)	第2期 (1978)	第3期 (1981)	第2期 (1978)	第3期 (1981)	第2期 (1978)	第3期 (1981)	第2期 (1978)	第3期 (1981)	第2期 (1978)	第3期 (1981)	第2期 (1978)	第3期 (1981)	第2期 (1978)	第3期 (1981)
宗教																
仏教	9	6	3	4	10	10	6	5	45	49	12	12	44	47	38	39
キリスト教	7	11	1		4	4	5	8	4	3	1	1	2	4	1	
バプティスト	3	2	2	1			2		1				1			
ローマカトリック			2	3												
イスラム教																
精霊信仰	1	1								1						
不明																
合計	20	20	8	8	14	14	13	13	50	53	13	13	47	51	39	39

選出管区・州	マンダレー管区		ヤカイン州		ヤンゴン管区		シャン州		イラワジ管区		モン州		合計	
	第2期 (1978)	第3期 (1981)	第2期 (1978)	第3期 (1981)	第2期 (1978)	第3期 (1981)	第2期 (1978)	第3期 (1981)	第2期 (1978)	第3期 (1981)	第2期 (1978)	第3期 (1981)	第2期 (1978)	第3期 (1981)
宗教														
仏教	53	53	23	25	52	55	53	52	49	48	19	19	416 89.7%	424 89.3%
キリスト教					2	1	6	7	1	2		1	34 7.3%	42 8.8%
バプティスト													9 1.9%	3 0.6%
ローマカトリック			1										2 0.4%	3 0.6%
イスラム教													1 0.2%	0 0.0%
精霊信仰													1 0.2%	2 0.4%
不明			1					1					1 0.2%	1 0.2%
合計	53	53	25	25	54	56	59	60	50	50	19	20	464 100.0%	475 100.0%

(出所) [Burma, anonymous 1974] [1978] [1981a]

教徒は第2期のヤカイン州選出議員に1名いるだけである．宗教という点では，そもそも法的に植民地期以降の移民が「準国民」として被選挙権を有さず，また，仏教徒の数が圧倒的に多いためか，国家指導部は人民議会の議員構成で宗教的な調和を示す必要を感じていなかったと結論づけてよさそうである．
　以上，人民議会議員と党中央委員会委員を全体として比較した場合，人民議会議員は議員の新任率がより高く，また議員の年齢も初期においてはより高く，民族分布は人口センサスにより近いものであった．公式の最高意思決定機関である人民議会は，それが実質的な力を持たなかったがために，民族調和を演出するような民族別の議席配分が可能になったものと考えられる．他方で，権力の中枢に近づけば近づくほど，すなわち，党中央委員会になると，委員の入れ替えは難しくなって，その結果，平均年齢が高くなり，さらに民族的にはビルマ族の数が増えていった[17]．

17　出身地について記しておきたい．出身地にもとづくネットワーク，つまり地縁は，ビルマ政治の謎のひとつである．しかしそれは，韓国で政党の支持基盤が地域単位に形成されてきたことや，あるいは，イラクのフセイン政権期におけるティクリート閥の主要閣僚ポスト独占といったような地縁による政治集団の形成ではない［酒井 2003：43-53］．その逆である．つまり，ビルマ政治については，驚くほど政治集団と地縁との関係が語られないのである．それは政治と地縁に関する学術的な研究がないという意味だけではなく，一般の国民が語る政治談議でも地縁と権力者を結びつける言説は乏しい．ネー・ウィン体制期の政治エリートの出身地を知るには，『経歴概要』にそもそも出身地を記す項目がないため，プロフィールから抜き出すしかないのだが，出身地を全ての中央委員候補者，議員が記入しているわけではなく，全中央委員876名のうち，出生地かあるいは高等学校までの所在地が判明しているのは291名と全体の約3分の1である．人民議会議員（第4期を除く）は904名中359名で，割合としては中央委員よりはやや多いが，それでも半数にも満たない．したがって，年齢や民族などと違って体系的なデータを抽出することはできないが，傾向を知る上では十分だろう．表5-15は1973年センサスの管区・州別の人口比率，人民議会議員，中央委員候補者，将校の出身地を示したものである．これにより，民族分布の考察結果を出身地という視点から再確認することができる．すなわち，人民議会はセンサスの州・管区別人口比率にほぼ近い形の出身地の割合になっていることがわかる一方で，中央委員会については，バゴー管区，イラワジ管区出身者が実際の人口比率より多くなっており，その傾向は国軍将校になるとさらに強まる．すでに述べたように，民族的にいって，国軍将校にビルマ

(2) 学歴から見た政治エリート

　学歴について検討しておこう．まず単純なものとして，ビルマの場合は権力中枢に近づけば近づくほど学歴が低くなることが予想できる．なぜなら，将校が多くなるからである．1955年に開校した国軍士官学校（DSA）の第1期生が，1980年代に高級将校になる以前には，国軍幹部の多くは半年程度の訓練で士官養成を行う士官訓練校（OTS）の卒業生であったため，士官学校での学位すら取得することなく，多くの場合，高卒以下の学歴で任官していた．よって，

族が多いのであれば，出身地別の比率がこのようになるのは当然のことであり，政治エリートのビルマ族中心を出身地域のビルマ族居住地域中心が裏打ちしているわけである．残念なことに，都市出身者が多いか，村落出身者が多いのか，あるいは，両親の経済階層はどうなのか，といった問いに答えられるようなデータを得ることはできない．

表 5-15　人民評議会議員，中央委員候補者，国軍将校の出身地

管区／州	人口 (1973)		人民議会議員		中央委員候補者		国軍将校	
	人数(人)	割合(%)	人数(人)	割合(%)	人数(人)	割合(%)	人数(人)	割合(%)
バゴー管区	3,177,464	12.8	48	15.4	56	19.2	32	22.7
イラワジ管区	4,156,673	16.7	51	14.2	52	17.9	27	19.1
マンダレー管区	3,668,493	14.7	44	12.3	32	11.0	20	14.2
ヤンゴン管区	3,188,783	12.8	30	8.4	30	10.3	17	12.1
ザガイン管区	3,119,054	12.5	39	10.9	22	7.6	9	6.4
マグエ管区	2,634,757	10.6	32	8.9	19	6.5	9	6.4
ヤカイン州	1,700,506	6.8	23	6.4	15	5.2	7	5.0
モン州	1,307,680	5.3	16	4.5	14	4.8	6	4.3
カレン州	660,244	2.7	6	1.7	12	4.1	4	2.8
シャン州	2,640,170	10.6	32	8.9	12	4.1	3	2.1
タニンダリー管区	716,441	2.9	14	3.9	12	4.1	3	2.1
カチン州	687,218	2.8	17	4.7	7	2.4	2	1.4
チン州	318,112	1.3	7	1.9	4	1.4	1	0.7
カヤー州	107,342	0.4	0	0.0	4	1.4	1	0.7
合計	24,905,473	100	311	100	235	100	109	100

出所）［Burma, anonymous 1971?］［1973］［1974］［1977a］［1977b］［1978］［1981a］［1981b］［1985a］より筆者作成．

第 5 章　「勝者総取り」の政治風土

権力中枢に近くなればなるほどその構成員の学歴が低くなっていると考えられるのである．そうなると，さらに，党中央委員会委員の方が学歴が低く，人民議会の方が学歴が高くなることが予測できるだろう．

まず，ビルマの近代教育について概説しておくと，植民地期最後のセンサスが作成された1931年には，ビルマの全人口約1,467万人のうち，大学と僧院を除く小，中，高等学校に通っていた生徒数は私立校，公立校合わせて72万人と約5％に過ぎなかった．その後，1955年時点で，小学校，中学校，高等学校に所属する生徒数は全国で127万人，1960年には189万人に達し，30年で3倍近くに生徒数が増加したことになる [Saito *et al*. 1999: 238]．ネー・ウィン体制の末期にあたる1987年には，小学生505万人，中学生109万人，高校生24万人，合わせて生徒数は638万人になり，当時の人口比でいうと約17％にまで増加した [*simankêin hnin bandayêi wangyîhtanà* 1990: 193]．さらに，同年の大学 (*te'kàthoe*) 在学者数は8万5,000人であり，1962年における大学とカレッジの学生数である約2万人から4倍強増えていることになる．独立直後の内戦もあって，教育機会が安定して拡大してきたとは決していえないものの，ビルマでも次第に高い学歴を持つ人々が増えていた．

では，それにともなって政治エリートの学歴も上昇していったのだろうか．以下の分析は体制を越えた比較にはなっておらず，あくまで1970年代後半から1980年代後半までの変化を解明するだけである点を断っておかねばならない．

学歴の区分について説明しておく．本章では学歴を大きく5つに区分する．

第1に，「高卒未満」である．ビルマは小学校から高等学校までを通じて10年制をとっており，一般的に「5年生卒」といったように数字で表現することが多く，中央委員，人民議会議員の履歴書でも高校卒業以下の学歴の持ち主の場合，多くが序数でその最終学歴を示している．ただ，序数のままだとわかりにくいので，ここでは小卒，中卒および中学中途退学と高校中途退学というかたちで内訳を示すことにしたい．ちなみに，小中高校と学年との対応関係は，5年生卒が小卒，7年生卒が中卒である[18]．かれらはまとめて「高卒未満」とい

---

18 軍人のなかには軍内で基礎教育を受けたものもおり，彼らもその修了学年にしたがって分類する．また，教員資格を取得したものも最終学歴のみを記すこと

うことになる．

　第2に，10年生を卒業した「高卒」である．

　第3に，大学入学後，最初の2年，日本でのいわゆる教養課程を最終学歴とするものをビルマ語にならって「ウバザ」(ùbàza) と記す．利用する資料が中央委員や議員本人が書いたものであるために，表記に不統一が見られ，ウバザでも文系 (wei'za)，理系 (tei'pan) の違いを明記しているものもあれば，ただウバザとだけ書かれたものもある．とりあえずは，表記にしたがって，「文系ウバザ」「理系ウバザ」「ウバザ」の3種類の区分を設けることにしよう．ウバザ修了というのは，日本でいえば大学中退ということになるが，ビルマの場合，当時は大学の卒業者数がきわめて少ない時代である．ウバザを修了しただけでも，それがひとつの資格として社会的に認知されていたので，ここでは大卒とは別にひとつの学歴として扱うことにする．

　第4に，学士である．学士についても文系，理系および医学士 (MBBS 等) の違いを示すことにする．商学士 (B. COM) と教育学士 (B. ED) は文系学士に含める．

　第5に，学士より高い学歴である．この中にはビルマ国内外問わず，修士号，博士号取得者を含む．下位分類として学位の種類を示すことにする．ここには，学士を取得後に1年間通って取得するゴウントゥー (goṇ-nhtû) と，同じく学士を取得後に2年間のコースを経て修了する法学士 (B. L) も含まれる．

　さて，表5-5は第4期を除く人民議会議員の学歴を，表5-6は計画党中央委員会委員の学歴を示したものである．

　両者を通じて，その最大の特徴は，「高卒未満」と「高卒」の多さ，すなわち，学歴の相対的な低さにある．計画党中央委員（候補者）は1971年の第1期から1985年の第6期まで，「高卒未満」が29.7％（第1期），27.9％（第2期），23.1％（第3期），25.6％（第4期），24.8％（第5期），21.4％（第6期）と常に20％代を占めていた．「高卒」を学歴が低いととるか高いととるかは一概には規定できないが，仮に低いとみた場合，「高卒未満」と合わせると，それぞれ，70.9％，67.9％，63.1％，59.6％，56.5％，52.5％となっていて，高卒以下の委員が全

にする．

中央委員の半分を割り込むことはなかった．人民議会については，1985 年に選出された第 4 期の議員に関するデータが存在しないために正確にはわからないが，1981 年選出の第 3 期議員の 53.7% が高卒以下だったことから考えて，1985 年の時点で仮に高卒以下議員が 50% を切っていたとしても，その程度はしれているだろう．

この数字がいかに低いものであるかを理解するには，スハルト体制下のゴルカル議員の学歴を示した表 5-7 と比較すればよい．この表によれば，インドネシアでは，1971 年時点で高卒以下の学歴でしかない議員は全体の 30.1% であり，士官学校を卒業した議員を含めても 32.6% と，同時期のビルマの人民議会議員よりも学歴が高いことがわかる．さらに，インドネシアの国会議員は 1970 年代から 1980 年代にかけて急速に高学歴化が進み，1982 年に高校レベル以下の議員が 17.8% と 10 年前の約半分に減少して，大学レベルの議員が 65.4% に増加しているのも，ビルマとの違いを際だたせるものであろう．ビルマでは，1985 年の第 6 期中央委員になってはじめて大卒以上が全委員の 4 分の 1 を越えたのである．

とはいっても，遅々としていたとはいえ，人民議会議員でも中央委員でも次第に構成員の学歴は上昇する傾向にあった．ただ，両者にはわずかながら差があり，1971 年の第 1 期中央委員候補者のうち 70.9% は高卒以下とその学歴はかなり低い．それから 10 年後の 1981 年に選出された第 5 期中央委員会委員では高卒以下が 56.5% と，割合としては 14.4% の減少を示しており，また 1985 年選出の第 6 期では 52.5% とさらに 4% 程度低下している．それでも，その数字は第 3 期人民議会議員の 53.7% とほぼ同じ割合なので，計画党中央委員の方が人民議会議員より学歴が低かったといえるだろう[19]．

これには，退役・現役国軍将校の数が多分に影響しており，党中央委員会には国軍党委員会代表というかたちで常に一定数の委員ポストが国軍将校に割り当てられていたのに対し，人民議会にはそういった国軍将校用の議席がなく，

---

[19] 中央委員における高卒以下の委員の低下については，すでに触れたように，現役将校数が影響しており，たとえば，第 1 期計画党中央委員候補者に含まれる 144 名の現役将校のうち 10 年生卒以下の人数を数えてみると，102 人で将校全体の 71% となっていた．

表 5-5　人民議会議員の学歴（第 4 期を除く）

学歴	第 1 期人民議会 (1974) 人数（人）	第 1 期人民議会 (1974) 割合（％）	第 2 期人民議会 (1978) 人数（人）	第 2 期人民議会 (1978) 割合（％）	第 3 期人民議会 (1981) 人数（人）	第 3 期人民議会 (1981) 割合（％）
高卒未満	124	27.6	106	22.8	100	21.1
小卒	8	1.8	2	0.4	1	0.2
中学中退	45	10.0	26	5.6	31	6.5
中卒	29	6.4	30	6.5	26	5.5
高校中退	42	9.3	48	10.3	42	8.8
高卒	160	35.6	150	32.3	155	32.6
ウバザ	34	7.6	64	13.8	69	14.5
文系ウバザ中退	2	0.4	4	0.9	5	1.1
文系ウバザ	5	1.1	15	3.2	15	3.2
理系ウバザ中退	3	0.7	7	1.5	8	1.7
理系ウバザ	15	3.3	22	4.7	25	5.3
ウバザ中退	5	1.1	6	1.3	10	2.1
ウバザ	4	0.9	10	2.2	6	1.3
学士	89	19.8	106	22.8	106	22.3
文系学士中退	1	0.2	4	0.9	9	1.9
文系学士	57	12.7	68	14.6	66	13.9
理系学士中退	3	0.7	4	0.9	2	0.4
理系学士	14	3.1	13	2.8	18	3.8
医学校中退	3	0.7	2	0.4	2	0.4
医学士	11	2.4	15	3.2	9	1.9
学士	0	0.0	0	0.0	0	0.0
学士より上	26	5.8	32	6.9	39	8.2
文系学士＋BL	9	2.0	8	1.7	12	2.5
理系学士＋BL	1	0.2	0	0.0	3	0.6
修士＋BL	1	0.2	0	0.0	0	0.0
ゴウントゥー	2	0.4	6	1.3	3	0.6
修士	0	0.0	5	1.1	6	1.3
理系修士	5	1.1	1	0.2	1	0.2
海外理系修士	0	0.0	3	0.6	3	0.6
博士	2	0.4	1	0.2	1	0.2
海外修士	0	0.0	0	0.0	0	0.0
海外博士	4	0.9	6	1.3	5	1.1
法律家資格	2	0.4	2	0.4	5	1.1
その他	10	2.2	6	1.3	4	0.8
不明	7	1.6	1	0.2	2	0.4
合計	450	100	465	100	475	100

出所）[Burma, anonymous 1974][1978][1981a] より筆者作成

表 5-6　ビルマ社会主義計画党中央委員会委員（候補者含む）の学歴

学歴	第1期(1971) 人数(人)	割合(%)	第2期(1973) 人数(人)	割合(%)	第3期(1977) 人数(人)	割合(%)	第4期(1977) 人数(人)	割合(%)	第5期(1981) 人数(人)	割合(%)	第6期(1985) 人数(人)	割合(%)
高卒未満	98	29.7	92	27.9	83	23.1	64	25.6	62	23.8	60	21.4
小卒	1	0.3	0	0.0	0	0.0	0	0.0	0	0.0	0	0.0
中学中退	34	10.3	31	9.4	23	6.4	15	6.0	13	5.0	15	5.4
中卒	30	9.1	30	9.1	30	8.3	19	7.6	17	6.5	23	8.2
高校中退	33	10.0	31	9.4	30	8.3	30	12.0	32	12.3	22	7.9
高卒	136	41.2	132	40.0	144	40.0	85	34.0	85	32.7	87	31.1
ウバザ	39	11.8	40	12.1	57	15.8	46	18.4	54	20.8	51	18.2
文系ウバザ中退	6	1.8	5	1.5	6	1.7	3	1.2	4	1.5	7	2.5
文系ウバザ	7	2.1	4	1.2	14	3.9	5	2.0	7	2.7	7	2.5
理系ウバザ中退	1	0.3	4	1.2	3	0.8	5	2.0	5	1.9	9	3.2
理系ウバザ	11	3.3	12	3.6	17	4.7	17	6.8	23	8.8	19	6.8
ウバザ中退	7	2.1	6	1.8	7	1.9	6	2.4	8	3.1	4	1.4
ウバザ	7	2.1	9	2.7	10	2.8	10	4.0	7	2.7	5	1.8
学士	40	12.1	44	13.3	57	15.8	38	15.2	48	18.5	70	25.0
文系学士中退	2	0.6	1	0.3	4	1.1	3	1.2	3	1.2	1	0.4
文系学士	18	5.5	23	7.0	36	10.0	20	8.0	32	12.3	53	18.9
理系学士中退	3	0.9	1	0.3	1	0.3	3	1.2	1	0.4	0	0.0
理系学士	10	3.0	13	3.9	11	3.1	6	2.4	8	3.1	10	3.6
医学士中退	2	0.6	1	0.3	1	0.3	2	0.8	1	0.4	1	0.4
医学士	5	1.5	4	1.2	1	0.3	4	1.6	3	1.2	3	1.1
学士	0	0.0	0	0.0	2	0.6	0	0.0		0.0	2	0.7
学士より上	11	3.3	15	4.5	15	4.2	11	4.4	10	3.8	11	3.9
文系学士+BL	5	1.5	7	2.1	6	1.7	5	2.0	4	1.5	5	1.8
理系学士+BL	1	0.3	1	0.3	1	0.3	0	0.0	1	0.4	1	0.4
ゴウントゥー	1	0.3	1	0.3	2	0.6	1	0.4	1	0.4	0	0.0
修士	0	0.0	2	0.6	1	0.3	1	0.4	1	0.4	1	0.4
博士	2	0.6	2	0.6	2	0.6	2	0.8	1	0.4	1	0.4
海外修士	0	0.0	0	0.0	0	0.0	0	0.0	0	0.0	1	0.4
海外博士	2	0.6	2	0.6	3	0.8	2	0.8	2	0.8	2	0.7
法律家資格	0	0.0		0.0	0	0.0	0	0.0	0	0.0	1	0.4
その他	4	1.2	5	1.5	4	1.1	3	1.2	1	0.4	1	0.4
不明	2	0.6	2	0.6	0	0.0	3	1.2	0	0.0	0	0.0
合計	330	100	330	100	360	100	250	100	260	100	280	100

出所）[Burma, anonymous 1971?][1973][1977a][1977b][1981b][1985a] より筆者作成

表 5-7 インドネシア・ゴルカル議員の学歴別の人数と割合

学歴	1971年 人数(人)	1971年 割合(%)	1977年 人数(人)	1977年 割合(%)	1982年 人数(人)	1982年 割合(%)	1987年 人数(人)	1987年 割合(%)	1992年 人数(人)	1992年 割合(%)	1997年 人数(人)	1997年 割合(%)
小学校レベル	13	5.5	1	0.4	0	0.0	1	0.3	2	0.4	0	0.0
中学校レベル	21	8.9	9	3.9	5	2.1	5	1.7	3	1.1	0	0.0
高校レベル	37	15.7	35	15.1	38	15.7	40	13.4	31	11.0	21	6.5
大学レベル	138	58.5	161	69.4	158	65.3	200	66.9	201	71.3	278	85.5
宗教系学校	11	4.7	6	2.6	9	3.7	4	1.3	2	0.7	1	0.3
軍系学校	6	2.5	20	8.6	22	9.1	49	16.4	44	15.6	23	7.1
不明	10	4.2	0	0.0	10	4.1	0	0.0	0	0.0	2	0.6

出所）〔増原 2004: 46 表 11〕

また，議席数も 450 を越えており，文民の議員が多く含まれていたことがある．人民議会議員に，ただでさえ多忙な国軍将校を大量に任命する意義を指導部は認めていなかったのである．

次に，全体で見た場合，決して大きくはないが，1970 年代から 1980 年代にかけて議員および中央委員の学歴の上昇が見られる．その原動力は主に国内の学士号取得者によって担われていた．わずかな中途退学者を含む学士号取得者と大学のウバザが最終学歴であるものを合わせれば，人民議会では第 1 期と第 3 期の間で 24.9％から 38.5％，中央委員会では第 1 期から第 5 期の間に 27.4％から 36.6％に増加している．かれらは主に若年層の文民党幹部であり，その増加の背景には 1962 年の計画党発足以来の党幹部リクルートの方針があったものと思われる．というのも，イデオロギーに対して信奉があつく，政治活動に熱心になりやすいという理由から，各党支部で比較的学歴が高くて若い青年層のリクルートと幹部養成が積極的に図られていた．

たとえば，マグエ管区の管区都マグエ出身の TS は，1960 年にヤンゴン大学を卒業したのち，マグエに戻って副視学官（*pinnyaou'*）を務めていたところ，上司として赴任してきた現役将校である SY 大尉の指示で，1965 年に中央政治学大学基礎政治学講座に通った．TS 自身は政治にそれほど関心がなかったが，搾取のない社会という計画党の理想には深く共感を覚えたという．1966 年に

はマグエのある郡の党支部書記長に任命され，若者を中心に党員のリクルート活動を開始した[20]．TSによれば，幹部候補者を探す際，対象者の年齢と学歴には注意を払ったという．なるべく20代で最低でも10年生を卒業していることが望ましいというのが，党幹部リクルート時の一般的な認識だった．かれ自身も1930年代末生まれで，当時は30歳前だった［元党支部幹部へのインタビュー2004年11月1日］．

このTSのような人々をここでは文民党幹部第1世代と呼んでおきたい．この文民党幹部たちについては，5-5であらためて論じようと思う．

5-4　断絶と連続

本題である「勝者総取り」について具体的な検証に入ることにしよう．現実的にいって，勝者，すなわち政権を奪取した国軍が政治エリートとみなしうるポストをすべて独占することはありえない．厳密な意味での「勝者総取り」は元来不可能である．では，閣僚をはじめとした国家の主要ポストをめぐる争いの結果を「勝者総取り」の意味と解釈するとすれば，すでに第3章で検証したように，確かに現役・退役将校の「勝者総取り」がほぼ果たされている．ここで検証して意義があることは，より考察対象の範囲を広げて，全政治エリートのなかに「かつての勝者」がどの程度残っていたのかという点であろう．つまり，「総者総取り」の程度を測定するのである．

ここで「かつての勝者」を見定める基準を経歴という点から設定すれば，第1に，日本軍政期における動員を経験しているか否かということがある．この時代に民族解放運動に参加していることが，独立後の政治エリートの共通体験となっており，この体験の有無を調べることで，日本軍政期から見た「勝者」の分布を知ることができる．第2に，民主主義期の政党政治の経験である．日本軍政期の動員が独立後政治エリートのひとつの共通体験になったことは確か

20　支部長は現役の陸軍大尉であった［元党支部幹部へのインタビュー2005年1月20日］．

だが，そうした体験を持っている人々は，ドロシー・ギーヨウの推計に従えば，政治組織，軍事組織，社会福祉組織を足しただけでも13万人程度いる［Guyot 1966: 275］．これだけ多いと，経験としては重要ではあるものの，それだけで政治エリートの断絶や連続を論じるわけにはいかない．それに比べれば，戦後の民主主義期における政党政治への参加者はずっと少ない．したがって，独立から1962年までの経歴について，おもに政党政治への参加経験の有無を通して検証してみる．この2つの作業を通じて，ネー・ウィン体制期政治エリートの断絶と連続を考察するのが本節の目的である．

第1期の計画党中央委員が選出されたのは1971年7月7日のことである．日本軍が侵攻し，英領植民地であったビルマに壊滅的な打撃を与えてから30年．当時20歳だった青年も50歳である．第1期中央委員全体の平均年齢は47.9歳だったから，多くの委員が日本軍政期を10代半ばで迎えている．したがって，かれらのなかに当時の議会である立法参事会に議員として参加していた人物はほとんどいない．政治経験としては，政党に党員として所属していたか，学生運動に参加していたくらいである．

学生運動の経験については，資料上に比較的言及がある．第1期中央委員候補者および第1期中央監察委員会候補者合わせて330名のうち，1942年1月1日時点で15歳以上だったものは216名いる．そのうち，高等学校あるいは大学で学生運動に参加していたのは49名と約5分の1である．注意を要するのは，そのうち5名を除いた44名が現役将校だったことである．第1期中央委員に含まれる文民の平均年齢が45.9歳，軍人の平均年齢が43.1歳だったことを考えると，軍人とは違って，文民政治エリートには植民地期の学生活動経験者がそれほど多くなかったと考えた方がよいのかもしれない．文民政治エリートについては，政治経験の断絶が予想できるのである．それを確認したうえで，日本軍政期の経験について見てみよう．

日本軍政期の歴史についてここでは繰り返さないが，この時代に起きた最大の政治的変化は日本軍によって社会的動員が図られたことである．それまで，いわば，反体制の過激派勢力だったタキン党員が，ビルマ独立軍として日本軍とともにビルマに上陸し，積極的に勢力拡大を図った．それだけでなく，日本軍も高揚するナショナリズムを自身の正統化に利用する目的もあって，大衆動

員組織をつくり，青年層の動員を積極的におこなった．この時代に軍や政党，大衆組織に動員された人々がその後の政治の主役を担うことになる．

第1期から第3期までの人民議会議員は904人，第1期から第6期までの中央委員は，委員候補および候補者も含めて814人である．これにはさまざまな年代を含むので，日本軍政期の経歴に関する考察の対象を1942年1月1日時点で15歳以上だった人たちに限定すると，対象は人民議会議員400人，党中央委員会委員401人になる．

表5-8，表5-9はそれぞれ人民議会議員，党中央委員の日本軍政期の動員について示したものである．まず，主たる動員機関は，ビルマ独立軍（BIA），ビルマ防衛軍（BDA），ビルマ防衛軍の士官養成学校（OTSJ），愛国ビルマ軍（PBF），東亜青年連盟（East Asia Youth League: EAYL），反ファシスト人民自由連盟（AFPFL）である．それ以外の組織の数は非常に少ない．

まず，人民議会議員，党中央委員会委員ともに，半数以上が日本軍政期の動員を経験していることがわかるだろう．現役・退役将校が多い党中央委員ではその傾向がより強くなっており，13％ほど割合が高い．どのように動員を経験しているかについては，大きく「軍将校経験者」（OTSJへの入学を将校としての日本軍政期経験とみなしている）と「軍兵士経験者」，EAYLとAFPFLからなる「大衆組織経験者」の3つに大別でき，議員，中央委員ともに最も多いのは「軍兵士経験者」である[21]．

また，将校であれ，兵士であれ，軍人として反日闘争に参加しているものが多く，議員で38.5％（将校18％，兵士20.5％），中央委員で51.6％（将校16.7％，兵士34.9％）になっている[22]．このうちの多くが戦後も軍人になっており[23]，その一方でEAYLやAFPFLといった大衆組織経験者が議員に17.8％，中央委員

---

21 「その他」には他の組織に属していたものも，組織に所属していなかったものも含まれている．

22 植民地期の正規軍で兵士だった人物が人民議会議員のなかには，第1期に4名，第2期には2名，第3期には5名いる．そのなかで，戦後のビルマ国軍に所属したことが確認できる人物は3名である．ただし，3名ともに1960年までには軍を出ている．

23 第1期中央委員候補者でBIA，BDA，PBFに所属経験のある112名のうち，その後軍人にならなかったのは17名だけである．

表 5-8　1942 年 1 月 1 日で 15 歳以上の人民議会議員（第 4 期を除く）の日本軍政期

	第 1 期	第 2 期	第 3 期	合計	
軍将校経験者	57 (人)	10 (人)	5 (人)	72 (人)	18.0 (%)
BIA → OTSJ	28	4	1	33	8.3
BDA + OTSJ	24	5	2	31	7.8
EAYL → OTSJ	5	1	2	8	2.0
軍兵士経験者	58	17	7	82	20.5
BIA	33	7	4	44	11.0
BDA	21	4	3	28	7.0
EAYL → BDA	1	3	0	4	1.0
PBF	1	2	0	3	0.8
EAYL → PBF	2	1	0	3	0.8
大衆組織経験者	48	16	7	71	17.8
EAYL	35	13	7	55	13.8
BIA → EAYL	7	3	0	10	2.5
AFPFL	6	0	0	6	1.5
その他	95	44	31	170	36.0
不明	5	0	0	5	1.3
合計	263	87	50	400	100.0

出所）[Burma, anonymous 1974][1978][1981a] より筆者作成

に 18.7％ いるが，かれらについても，そのうちの半数近くは戦後，軍人になっている[24]．

　以上から，この時代の政治エリートには共通経験として日本軍政期の動員および反日抗争の経験があるといってよい．ただ，日本軍政期の動員経験を持つものの多くは議員，中央委員選出時点で現役・退役将校たちだったといえそうである．とすれば，独立期を青年以上の年齢で迎えた政治エリートは，民主主義期の文民政治家とともに日本軍政期に動員されて，その後，軍人としての道を選んだものが，1962 年以降になって政治エリートなったということになる．この，「遅れてきたナショナリスト」たちが，1974 年憲法体制の初期，政治エ

---

[24] 第 1 期中央委員候補者で大衆組織経験者 35 名中，選出時に将校だったのは 17 名と約半数を占める．

表 5-9 1942 年 1 月 1 日で 15 歳以上の中央委員（候補者）の日本軍政期

	第1期	第2期	第3期	第4期	第5期	第6期	合計	
軍将校経験者	48(人)	5(人)	8(人)	0(人)	6(人)	0(人)	67(人)	16.9(%)
BIA → OTSJ	17	2	2	0	2	0	23	5.8
BDA + OTSJ	28	2	4	0	3	0	37	9.3
EAYL → OTSJ	3	1	2	0	1	0	7	1.8
軍兵士経験者	75	26	21	13	3	2	140	35.3
BIA	41	11	9	2	2	1	66	16.6
BDA	30	14	12	8	1	0	65	16.4
EAYL → BDA	2	0	0	2	0	1	5	1.2
PBF	1	1	0	0	0	0	2	0.5
EAYL → PBF	1	0	0	1	0	0	2	0.5
大衆組織経験者	34	13	16	6	2	1	72	18.1
EAYL	25	12	14	6	2	1	60	15.1
BIA → EAYL	5	0	2	0	0	0	7	1.8
AFPFL	4	1	0	0	0	0	5	1.3
その他	62	19	18	9	5	5	118	29.7
合計	219	63	63	28	16	8	397	100.0

出所）[Burma, anonymous 1971?] [1973] [1977a] [1977b] [1981b] [1985a] より筆者作成

リートの重要な部分を構成したのである．

では，次いで民主主義期の経歴について検討しておきたい．ただし，「遅れてきたナショナリスト」たちはこの時代にはすでに軍内にいたわけで，かれらの経歴について検討することは，国軍を扱う次章での課題となるため，ここでの課題は，主に文民政治エリートたちの民主主義期の経歴を考察することにある．「勝者総取り」になぞらえるなら，ネー・ウィン体制期の「勝者」のなかにどれほど「かつての勝者」（＝与党政治家など）がいたのか，また，どれほど「かつての敗者」（＝野党政治家など）が含まれていたのかを知ることである．

表 5-10 が人民議会議員の経歴を，表 5-11 が中央委員会委員（候補者）の経歴を示している．3 点指摘したい．

第 1 に，一見して明らかなのは，中央委員会，人民議会ともに，教員，公務員，学生がそれぞれ約 25％をしめ，全体の 4 分の 3 ほどを構成していることであろう．教員（小・中・高・大含む）も多くは公務員であったから，この時代の文

表 5-10　第 1 期から第 3 期新任・文民人民議会議員の主な経歴（1948-1962）

職業等	第 1 期 (1974)	第 2 期 (1978)	第 3 期 (1981)	合計	
学生	51（人）	52（人）	29（人）	132（人）	24.7（%）
教員	55	48	38	141	26.4
公務員	65	49	32	146	27.3
政党	15	3	4	22	4.1
反政府運動	4	1	2	7	1.3
実業家，弁護士，医師，会社員	10	5	4	19	3.6
農業	18	7	2	27	5.0
記述薄	5	5	3	13	2.4
その他	13	7	2	22	4.1
不明	6	0	0	6	1.1
合計	242	177	116	535	100.0

出所）表 5-8 に同じ．

民政治エリートの半数以上が議会制民主主義期には公務員だったということになる．ただし，そのうち高級官僚は数えるほどしかおらず，多くが中央政府でも下級か，あるいは地方の公務員であった．経年の変化を見ると，中央委員（候補者）については第 1 期についてのみ，政党経験者が学生や公務員を上回っているのに対して，人民議会では，第 1 期の時点ですでに教員，公務員，学生で全体の 75% 近くを構成している．学生は別として，教員，公務員はこの時代では比較的高い階層に位置する．経済的にもそうであるし，それだけでなく職業的な威信も特に地方の教員はきわめて高い[25]．おそらく，多くの議員は，そうした威信と，当然ながら人事権を握られているという理由で，公務員や教員から選出（あるいは任命）されたものと推測される．筆者が行ったインタビューでも高等学校の教員として勤めていたところ，突然，校長から人民議会の議員になるよう指示を受けたという事例があった．

　第 2 に，政党経験者はともに第 1 期に集中していて，それ以降はきわめて少ない．政党経験者の内訳であるが，第 1 期中央委員候補者に含まれる 115 人のうち，与党，すなわち AFPFL に所属した経験のあるものは 7 人いた．しかし，

25　ここでの威信は，教師としての威信と，高学歴の威信との両方であろう．

表 5-11 新任・文民中央委員 (候補者) の主な経歴 (1948-1962)

職業等	第1期 (1971)	第2期 (1973)	第3期 (1977.2)	第4期 (1977.11)	第5期 (1981)	第6期 (1985)	合計	
教員	30(人)	13(人)	30(人)	2(人)	4(人)	12(人)	91(人)	26.2(%)
公務員	19	13	30	1	7	13	83	23.9
学生	13	8	29	1	9	26	86	24.8
政党	22	3	2	0	0	0	27	7.8
反政府運動	9	2	1	0	0	0	12	3.5
実業家, 弁護士, 医師, 会社員	5	3	4	0	1	1	14	4.0
農業	1	1	0	0	0	0	2	0.6
その他	11	1	5	0	0	1	18	5.2
記述薄	5	1	4	3	0	0	13	3.7
不明	0	0	0	1	0	0	1	0.3
合計	115	45	105	8	21	53	347	100.0

出所) 表 5-9 に同じ

すべてが郡, 県, 管区レベルのリーダー経験者であり, 中央の議員経験者はまったく含まれていない. 対して国民統一戦線 (NUF) を中心とする野党に所属経験のある者は 14 人とやや多く, 所属時の地位も高い. たとえば, 元国家計画省の官僚でその後政界に転じ, 1950 年から 1962 年までビルマ労働者党 (BWP) の政治局員で, 1956 年から国会議員だったバ・ニェインや, BWP を含めた野党連合である国民統一戦線 (NUF) の中央執行部員だったニョー・フミン, 同じく NUF の有力組織であった人民義勇軍党の政治局員だったフォン・アウンなどが含まれている.

第 1 期人民議会については与党に所属経験があるものの方が野党所属経験者よりも多い. しかしやはり, 与党経験者には郡レベルの書記長のような地方党幹部であったりする者が多く (1 名のみ AFPFL 議員), 野党議員経験者には 3 人の議員が含まれている. 民族院議員経験者もカチン州代表として 1 人 (スムラット・ガウン・ガム) 選出されている[26]. いずれにしても, 政党政治に関わっていた人物は, 文民の中央委員 (候補者) 全体で 7.8%, 文民の人民議会議員全体で 4.1% ときわめて低かった. ネー・ウィン体制期の文民政治エリートはそれ以

---

26 政党政治経験者は個人で所属政党を離脱して計画党に入党申請を行っている.

前の政治エリートからかなりの断絶を経験していたと結論づけてよいように思う．

　第3に，反政府運動経験者と実業家や専門職経験者がいる．前者については，具体的には，中央委員会委員ではビルマ共産党出身者が多く，人民議会の場合はカレン民族同盟（KNU），カレン民族防衛機構（KNDO）出身者である．ビルマ共産党出身者については，第3章でも言及したが，計画党建設時に党組織化のため元共産党員を任用したこともあって，初期には幹部に含まれていた．反政府運動経験者のなかには，逮捕後10年近く刑務所で刑期を過ごしたものもいる．次に，実業家や弁護士，医師などの専門職経験者もいるが，その数は非常に少ない．表では大学教員は教員の項目に含めてあるものの，それとてわずかである．ただ，中央委員候補者や議員たちの両親の職業が明らかでないので，階級と政治エリートの関係を実証するにはまだまだ情報が必要である．

　本節最初の問いにもどろう．「かつての勝者」がどの程度ネー・ウィン体制期の政治エリートに残っていたのか．

　「かつての勝者」を日本軍政期の動員組織経験者とした場合，少なくとも70年代初頭には，中央委員の年長世代においてその半数以上を占めるなどかなり多かった．しかし，かれらのほとんどは軍人であり，「かつての勝者」の条件に議会制民主主義期の政党関係者を加えた場合は，かれらは当てはまらない．さらに条件をきつくして，与党議員としてしまえば，当てはまる人物はほとんどいなくなってしまう．よって，「勝者」の連続性は絶たれていたと結論づけられる．

　その一方で，政治エリート内には時とともに，こうした条件とは無関係な二種の人々が増えてくる．そのひとつは，独立後に軍人になった新しい世代の将校たちである．これについては次章で論じる．もうひとつは，前節で抽出した，文民党幹部第1世代である．かれらの多くは，全般的にいって高卒以上の高い学歴を持ち，1950年代にはまだ学生か，あるいは教員や公務員を務めていた．この，新しい世代の将校たちと文民党幹部第1世代は，いわば，ネー・ウィンによる「革命」の二種類の落とし子だといえるだろう．次節では，このうち，文民党幹部第1世代に焦点をあてる．

5-5 　文民党幹部の限界

　本節では文民党幹部について検討する．すでに5-3（2）で党幹部第1世代に言及した．そこで筆者は，かれらが，少なくとも高卒以上の学歴で，主に地方で募集され，その後，中央政治学大学での幹部養成の訓練を受けて，ふたたび地方にもどって党幹部としてのキャリアをスタートさせた人たちであるとした．そこでまず，党のリクルート方針通り，入党時点で20代，学歴は高卒以上の若者が本当に多かったのかどうかを検討しておく必要があるだろう．若い党幹部は地方の党支部をその職務の出発点とするので，この点は地方幹部のデータを見た方がわかりやすい．中央の党幹部に比べて，地方幹部の社会的プロフィールにかんするデータは少ないが，筆者が入手できた1977年2月開催の第3回党大会代表と1985年開催の第5回党大会代表の経歴を対象にする．
　まず，表5-12に，第3回党大会代表になった地方党幹部の入党時平均年齢と，それぞれの地方党委員会代表に含まれる入党時30歳未満の代表の割合を示した．入党時の平均年齢は最大のヤンゴン管区党委員会代表で32.5歳，最小のチン州党委員会代表で27.1歳となっており，ヤンゴンから遠方になるほど低くなっていたことがわかる．そうであれば当然のことながら，入党時に30歳未満だった代表の割合もヤンゴンから離れれば離れるほど高くなり，最も遠いチン州では全代表の72%が，その次に遠いザガイン管区では66.3%が30歳未満で入党した党員だった．
　こうした地域間の差は，ひとつに，地方に行けば行くほど人材が不足していたため，党が幹部候補を自前で発掘せねばならず，その際に，すでに述べたように，20代の男女（ただし男が中心）を幹部候補募集の主たる対象にしたことが理由であろう．そして同時に，この数字は，そうした党のねらいが，ある程度成功していたことを示している．もうひとつの理由は，党大会代表が，必ずしも出身の管区・州から選出される必要がなく，ヤンゴン管区やイラワジ管区では，すでに国家幹部であった人々が落下傘候補的に地方党大会の代表になっ

表 5-12　地方党幹部の入党時平均年齢と 30 歳未満の割合

地方党委員会	入党時平均年齢	入党時 30 歳未満の割合	
ヤンゴン管区	32.5 (歳)	37.8 (%)	(54/134)
イラワジ管区	31.5	41.1	(46/112)
マンダレー管区	30.0	53.7	(73/136)
ザガイン管区	28.7	66.3	(53/80)
チン州	27.1	72.0	(18/24)

出所）[Burma, anonymous 1977c][1977d][1977e][1977f][1977g] より作成

ていたことがあげられる．たとえば，ヤンゴン地方党委員会には，陸運公社総裁や電力公社総裁，人民警察長官や中央人民公務員学校校長といった，党外ですでに高い地位にあった人たちが党支部の書記長や支部長とならんで党委員会代表になっていた．

　次に検討するのはかれらの学歴である．リクルートされた党幹部の学歴は高いものだったのだろうか．表 5-13 は，第 3 回党大会（1977 年開催）の地方党委員会代表を 45 歳未満と 45 歳以上に分け，それぞれの大学入学以上の学歴の持ち主の数と割合を示したものである．45 歳未満と 45 歳以上で分けるのは，1962 年 1 月 1 日で 31 歳以上かそれより若いかの区別である．44 歳以下と 45 歳以上の数が同数ではないため，厳密な意味での比較にはならないが，若手党幹部の学歴が相対的にかなり高いことがわかるだろう．たとえば，マンダレーやザガインの地方党委員会幹部の方が，同時期の人民議会議員よりも大学入学以上の学歴を持つ者が 10％以上多いという現象さえ生じている．唯一の例外はヤンゴン管区地方党委員会で，これは，前述したように，学歴が高く地位の高い人物が党大会代表になっていることと，高学歴者の就業機会がヤンゴンに集中していたために，年長世代についてもヤンゴン管区地方党委員会には学歴が高い人々が多かったことが考えられるだろう．

　こうした，若くて学歴が相対的に高い党幹部は，前節の経歴もふまえると，多くが高校卒業，ウバザ修了あるいは大学卒業後すぐに入党申請を行っているか，あるいは，教員，公務員に就職後，自分の意思か当局の「薦め」で入党申請をして幹部養成学校に通っているケースが多い．そして，幹部養成学校を修了し，多くの場合，郡レベルの党支部の執行委員や書記長，支部長といった職

表 5-13　1977 年第 3 回党大会地方党委員会代表のうち大学以上の学歴を持つ代表の人数と割合

	チン州党委員会		イラワジ管区党委員会		マンダレー管区党委員会		ザガイン管区党委員会		ヤンゴン管区党委員会	
44 歳以下	6 (人)	31.6 (%)	20 (人)	32.8 (%)	37 (人)	40.2 (%)	29 (人)	50.0 (%)	24 (人)	40.7 (%)
45 歳以上	2	31.3	5	9.8	7	15.9	3	22.7	38	45.2

出所）［Burma, anonymous 1977c］［1977d］［1977e］［1977f］［1977g］より作成

を経験し，そこから昇進を目指す者は党中央委員をねらう．1970 年代後半にもなると，かれらも 40 代になって，次第に上層部へと進出することになる．学歴が高くなる傾向にあったビルマ社会のなかで，計画党は 1962 年代以来，新しいエリート青年の取り込みに一定程度成功してきたと結論づけてよいように思われる．

　実際に 1985 年の党大会代表に選出された地方党支部幹部でその経歴等が判明する 245 人のうち[27]，現役・退役将校は 19 人（現役：9，退役：10）と少なく，ほとんどが文民の党幹部であった[28]．かれらの平均党員歴は 21 年 2 ヶ月（最大 22 年 6 ヶ月，最小 12 年 10 ヶ月）と 60 年代前半には党員になって党内経験の豊富な人々で，年齢は 40 代が 156 人と最も多く，次いで 50 代が 60 人であった．党大会で選出された中央委員は 50 代以上が 7 割を占めていたので，地方党幹部はずっと若い．党内の文民党幹部の地位と年齢の相関をうかがわせる．ここでわかるのは，1962 年の結党から 23 年がたち，かつて存在した大尉，少佐クラスの地方党幹部がほぼ姿を消したということである．計画党は自前で党幹部の養成ができるようになっていたのである[29]．教育も 40 代の幹部では，156 人中 75 人が高卒より高い学歴を有し（学士以上は 56 名），高校を卒業していないものはわずか 13 人であった．当時のビルマの地方の状況を考えれば，かなり

27　地位としては党支部支部長，書記，事務長および党組織化委員会委員長が含まれる．事務長のうち，管区，州の人民評議会議長の役職を持つものははずした．
28　これ以下の地方文民党幹部に関するデータはすべて Burma, anonymous ［1985b］から算出したものである．
29　党への転出が減った分，人民評議会に中堅将校が流れるようになったのは第 4 章で指摘したとおりである．

高い数字といってよいであろう.

　さて,こうして地方を中心に着実に増えていった文民党幹部は次第に中央にも進出するようになっていく.その様子を示したのが,図5-6から5-8である.各期の新任中央委員(候補者)を1927年以前生まれと1928年以後生まれに分けて,全体と,1927年以前生まれ,1928年以後生まれにおける文民,現役将校,退役将校の割合を示したものである.

　まず,全体を示した図5-6を見ると,第3章で検討した1977年の政治危機までは比較的文民が多く含まれていたが,1977年11月選出の第4期中央委員で文民党幹部と現役将校の割合が逆転する.そして,1980年代に第5期,第6期で再び文民が増えている.これを世代で分ければ,年長世代を示した図5-7では,文民が第2期をのぞいて終始20%以下と低く推移し,現役将校,退役将校が8割から9割を占めていたのに対し,若年世代の傾向を示した図5-8では,政治危機で1977年に落ち込んでから,1985年にはふたたび50%を越えるところまで回復していることがわかる.第3章で上位党務組と分類した退役将校の党幹部は減少の一途をたどっており,文民がかれらにとってかわったわけである.現役将校も政治危機後に中央委員会の再建のために大量に国軍から送り込まれてのち,割合としては減少している.

　もちろんこれだけでは中央委員に増えている文民が党幹部かどうかはわからない.1988年に大統領になるマウン・マウン博士のようにネー・ウィンの側近と呼べるような文民や,かつての高級官僚などが含まれている可能性もあるので,中央委員に含まれている文民のうち,どの程度が計画党にリクルートされ,党内で経歴を積んだ人々かどうかを知る必要があるだろう.また,その経歴が具体的にどういったものであったのかも重要である.さらに,上昇といっても限界があるわけで,ネー・ウィン体制において「革命」に参加し,党幹部になった若者たちの最終的な役職の上限はどこだったのか.文民党幹部のキャリアの限界を見定めておかなければならない.

　まず,文民党幹部の数だが,1981年に選出された第5期中央委員260名を見ておくと,そこに含まれる文民75人のうち党支部のリーダーを経験していないものは8人であった.その8人の選出時の役職は,首相府総局長,財務・国家計画省副大臣,農林省副大臣,中央委員会常任委員会書記,国家評議会議

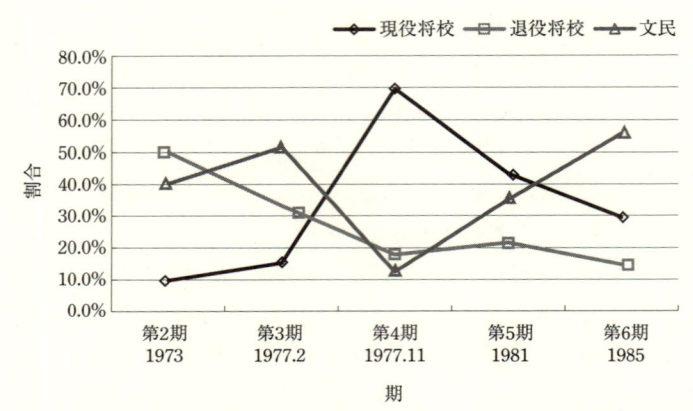

出所）［Burma, anonymous 1971?］［1973］［1977a］［1977b］［1981b］［1985a］より筆者作成

図 5-6　新規中央委員（候補者）に含まれる現役将校・退役将校・文民の割合の推移

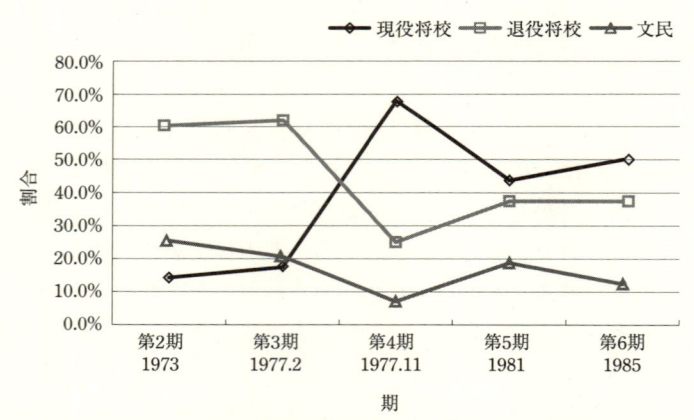

出所）［Burma, anonymous 1971?］［1973］［1977a］［1977b］［1981b］［1985a］より筆者作成

図 5-7　1942 年 1 月 1 日に 15 歳以上の新規中央委員（候補者）に含まれる現役将校・退役将校・文民の割合の推移

202

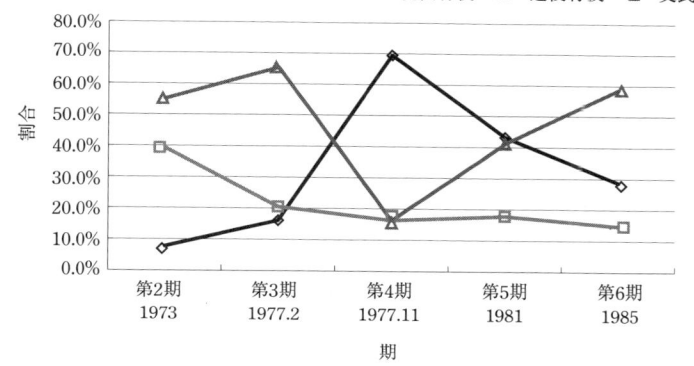

出所）［Burma, anonymous 1971?］［1973］［1977a］［1977b］［1981b］［1985a］より筆者作成

図 5-8　1942 年 1 月 1 日に 15 歳未満の新規中央委員（候補者）に含まれる現役将校・退役将校・文民の割合の推移

員，ヤンゴン経済大学教授，党本部調査部長である．いずれも要職といえる．かれらのうち，中央政治学大学での受講歴を持つのは協同組合・農業・畜産・林業常任委員会書記のチッ博士だけで，残りの人々は官僚，大学教授，編集者出身のいずれかである．一人を除いて全員が 1920 年代生まれで，ネー・ウィン体制がはじまったときにはすでに 40 歳を越えていた．

　残り 67 名は全員が郡レベルの党支部からそのキャリアをスタートさせている．資料上には記されていないケースがあるものの，おそらく全員が幹部養成学校である中央政治学大学で基礎政治学講座を受講し，またその後に組織化のための研修を受けている[30]．特定の党支部だけで支部長まで長年勤めるものもいるが，複数の党支部を渡り歩くものも少なくない．ただ，管区あるいは州の境界を跨いで異動することは少なく，越境したものはわずか 6 人だった．同一管区内，同一州内でのキャリア蓄積が一般的だったようである．

　興味深いのは，かれらが党支部長を務めていた地域が中央ばかりではなかったということである．最も多いのがシャン州で党支部長を務めていたもので 9 人，次いでマグエ管区 8 人，ザガイン管区 8 人，カレン州 7 人となっていて，

---

[30] 以下の第 5 期中央委員に関する分析内容はすべて Burma, anonymous ［1985a］から筆者が算出したものである．

第 5 章　「勝者総取り」の政治風土　｜　203

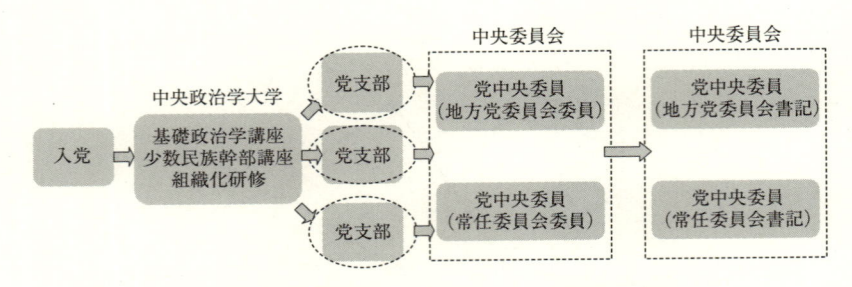

```
入党 → 中央政治学大学        → 党支部 ⤏ 中央委員会                     中央委員会
        基礎政治学講座          党支部    党中央委員              党中央委員
        少数民族幹部講座        党支部    (地方党委員会委員)      (地方党委員会書記)
        組織化研修                        党中央委員              党中央委員
                                          (常任委員会委員)        (常任委員会書記)
```

図 5-9　文民党幹部のキャリア・パターンとその限界

　ヤンゴン管区の支部長出身者は 5 人である．ヤンゴン管区やマンダレー管区ではすでに高い役職についているものが新任中央委員として任命される傾向があったため，人事的にはやや停滞気味であり，地方で党支部の責任者を務めたものの方が中央委員入りのチャンスが高かったものと思われる．

　さて，肝心の文民の限界であるが，図 5-9 に最も典型的な文民党幹部の昇進コースとその限界を示した．結果的に最後の中央委員になる，第 5 回党大会で選出された第 6 期中央委員を対象にして検証を行いたい．

　第 6 期中央委員は全員で 280 人いるが，うち文民は 110 人である．文民のうち，党支部幹部を経験していないものは 10 人とやはり少なく，かれらは第 5 期同様に党以外の組織ですでに高い地位についているなど，党で養成されたエリートではない．残された 100 人の党幹部はいわば生粋の党官僚である．すでに述べたように，若くして入党し，学歴も相対的に高い．かれらの第 6 期中央委員における中央委員内のポストを表 5-14 に示した．最も地位が高いのは，常任委員会の財務・国家計画委員書記に就任した 1 名の人物である．常任委員会書記は委員会の最高位であるから，ひとりだけが高いことになる．

　この人物の名はハン・シュエといい，1941 年で生まれで民族はビルマ族，バゴーで育ち，1962 年にはヤンゴン大学から文系の学士号を取得している．直後に計画党に入党して当時の中央政治学学校に通った．第 3 回の基礎政治学講座を受講しており，最初期に養成された党幹部である．バゴーの党支部書記から本格的に党幹部としての道をあゆみだしたかれが，1985 年までにこの地位まで昇進できたのは，党内の役職歴でいうと，後述する地方党委員会をスキッ

プして，1977年第3回党大会時に党支部長から財務・国家計画常任委員会委員に就任したからである．中央委員以外の組織を含めれば，それとほぼ同等な地位としては，情報省副大臣のタイ・ソーがいるが，中央委員内での地位はイラワジ管区地方党委員会の非常勤委員である．かれらが文民党幹部の最高到達点に達した人々といってよい．

　その下には，常任委員会委員，党規律委員会委員，党監察委員会委員がおり，次いで地方党委員会書記，地方党委員会委員の順になる[31]．地方党委員会を経験して常任委員会委員や監察，規律委員会に移るものがいても，その逆がないことから，両者の上下関係ははっきりしており，党支部から中央委員に就任する場合は多くが最初は地方党委員会委員になる．中央委員になる時期が早かったものの方が地位が高くなる傾向があるのだが，党幹部歴との相関関係についてははっきりしない．たとえば，ハン・シュエと同じく第3回の中央政治学講座を受講したものは他に6人いるが，そのうち4人がいまだ地方党委員会委員であり，両者の間に相関関係はないように思われる．地方にいた時点では幹部歴が重要なのは確かなのだが，中央委員会内での地位については年齢や幹部歴はそれほど地位には影響していなかった．

　では，何が昇進に影響していたのか，興味深いところだが，情報がないためにほとんどわからない．筆者が党幹部に行ったいくつかのインタビューでも，あるものは党支部時代の組織化の実績といい，あるものに政策に関する知識だといい，あるものは上層部とのコネクションといい，あるものは運だといっている．さらなる検討が必要だろう．

　文民党幹部の昇進上の限界がこれで一定程度明らかになったように思う．中央委員会常任委員会書記と副大臣がそれであった．これ以上のポストに就任している文民は多くが党での職務経験がほとんどなく，党以外の政府機関で高い地位にあって，さらに特定有力者の肝いりで抜擢されている人物であり，党国家の大義上，名目的に党員としての資格を保持している人々である．党幹部としての経歴とかれらに地位に関係はほとんどない．文民党幹部の限界は，この時代のビルマが党国家であり，計画党がその政治指導の中核にいたとすれば，

31　地方党委員会には委員長がいるので，書記は委員会の責任者ではない．

表 5-14　第 5 期中央委員に含まれる文民党幹部の就任役職

(単位：人)

委員会名		役職	人数
常任委員会	財務・国家計画委員会	書記	1
		委員	3
	国際関係・外交委員会	委員	6
	協同組合・農業・畜産・林野委員会	委員	5
	教育・保健・社会福祉委員会	委員	3
	階級・人民組織委員会	委員	4
	政治・教育・文化委員会	委員	2
	商業・建設・通信委員会	委員	2
	法務・行政管理委員会	委員	1
監察委員会	党監察委員会	委員	1
規律委員会	党規律委員会	委員	4
地方党委員会	ヤンゴン管区党委員会	委員	4
	ヤカイン州党委員会	書記	1
		委員	4
	モン州党委員会	書記	1
		委員	3
	マンダレー管区党委員会	書記	1
		委員	7
	マグエ管区党委員会	書記	1
		委員	6
	バゴー管区党委員会	委員	5
	チン州党委員会	書記	1
		委員	2
	タニンダリー管区党委員会	書記	1
		委員	1
	シャン州党委員会	委員	10
	ザガイン管区党委員会	書記	1
		委員	2
	カレン州党委員会	書記	1
		委員	5
	カヤー州党委員会	委員	3
	カチン州党委員会	委員	3
	イラワジ管区党委員会	委員	4
		委員(非)	1

出所）[Burma, anonymous 1981b] より筆者作成

決して高いものでないだろう．ただ，前述のハン・シュエが1941年生まれととても若かったことを考慮すれば，その後にさらなる昇進の可能性があったのかもしれない．もちろん，党の上層部は現役・退役将校がおさえ，いわば首根っこをつかまえられた状態の革命政党であったから，それでも限界はある．しかし，中層から下層にかけては党幹部の増大が見られたわけであり，仮に1989年に党大会が実施されていれば，さらに党幹部の躍進が見られた可能性も否定できない．

5-6 結び

本章では，「勝者総取り」というキーワードをてがかりに，ネー・ウィン体制期政治エリートの全体像を検討してきた．結論を示しておこう．

5-1で，ネー・ウィンによる「革命」の特異性を，共産主義国の革命との違いから解明することが本章のひとつの意義だと記した．共産主義国にも革命の内容やその後の体制構築には多様性があるので一概にその特徴をまとめることは難しいが，ロバート・パットナムの政治エリートにかんする古典的な研究によれば，ポスト革命期には活動家やイデオローグが減って，その役割を官僚機構の管理役に変化させ，その後，産業化に伴って次第に経済的な専門知識と実務能力を備えた党官僚が有力になっていく，というのが共産主義国における一般的な政治エリート構成の変容である［Putnam 1976: 190-211］．

ビルマの場合，ネー・ウィンの「革命」は大規模な民衆動員を伴わない「上からの革命」だったので，そもそも活動家やイデオローグたちはそこに含まれていない[32]．本章で見てきたように，権力中枢に近づけは近づくほど国軍将校の割合が増えていく構造になっていた．抗日闘争（ファシスト革命，*fasi' tohlânyêi*）に立ち上がった若者が，将校，すなわち軍事部門の官僚になって「革命」を遂行したのだった．その一方で，「革命」前に政治家だったものは驚くほ

---

32 「上からの革命」（Revolution from above）についてはTrimberger［1978］を参照されたい．

ど少なかった.

　1980年代になると，ビルマでも党官僚と呼べる人々が次第に増えていったことも本論で見たとおりである．かれらがソ連や中国の党官僚と比べて専門家として素養の点で劣っていたことは容易に想像できるが，それは国家の構造よりも近代化の程度や経済発展の状況によるところが大きいだろう．そうした質の点を考慮の外に置くなら，政治エリートにとって党官僚としての経歴が重要になっていったことは間違いない．ところが，ビルマの「革命」の場合それだけではない．党官僚の成長と同時に，ファシスト革命後に国軍に入った内戦世代の将校たちが次第に有力になっていった．

　この，党幹部と内戦世代将校の成長の背景に，1974年憲法と現実の権力構造とのズレを読み取ることができるだろう．さらにそのズレは，ネー・ウィンが持つ，夢想家としての側面と，独裁者としての側面とのズレと二重写しになりはしないだろうか．つまり，急進的な夢想家としてのネー・ウィンが党幹部を生み出し，保身を優先する独裁者としてのネー・ウィンが政治エリートとしての内戦世代将校を生み出したように思われるのである．ネー・ウィンのなかでの理想と保身のせめぎあいは，そのまま政治エリート内での文民党幹部と内戦世代将校のせめぎあいに通じる．そして，結局のところ，ネー・ウィンは自身の保身に執着する凡庸な独裁者となり，文民党幹部は内戦世代将校に対して終始劣位に置かれた．

　文民党幹部たちのその後に触れれば，1988年のネー・ウィンの党総裁辞任から間もなくして起きたクーデタにより党幹部は権力中枢から切り離されてしまう．その後，複数政党制のもとで民族統一党（*tâinyindâ sîlôun nyinyu'yêi pati*, National Union Party）に改組して1990年の選挙に臨んだものの，わずか10議席しか獲得できずに惨敗し，その後の民主化の停滞のなかで組織力をますます失った．ヤンゴン市街からやや北，大学通りとガバエーパゴダ通りの交差点近くにある民族統一党本部は，現在ではネー・ウィン体制期の「栄光」を思い起こさせる人間博物館の様相を呈している．世代交代はいまだに起きておらず，年老いた文民党幹部第1世代が現在も党の役職をつとめているからである．

　したがって今後，2010年に予定されている選挙を前に民族統一党がふたたび組織力や政治力を回復することはまず考えられない．ネー・ウィン体制期の

人民議会（2009年）

　26年間，計画党の幹部を養成するためにかけてきた膨大な時間と国家予算は，はたしてそれがビルマにとって本当に有益であったかどうかはおくとしても，相当部分が水泡に帰してしまったのである．

　立法過程上形式的でしかなかった人民議会についてはいうまでもない．ネー・ウィンが執務室からシュエダゴン・パゴダを眺められるようにと，人民公園をはさんでパゴダの西側に建設させた人民議会議事堂は，今では施設管理のためにわずかな職員が勤めるのみで，奇妙なほど整備された庭に囲まれてひっそりとたたずんでいる．かつてそこで影響力を発揮した政治家のうち，現役軍人を除けば，1990年代以降もその力を保持しえた人物はまったくといっていいほどいない．「勝者総取り」は1988年にも再び繰り返されたのである．

　最後に，本章の含意について言及しておきたい．本章には，ビルマにおける政治エリートの断絶傾向と軍政の長期化との間には深い関係があるのではないか，という含意がある．一般的にいって，政治には討議，取引，調整，妥協といった意思決定の技術が必要であり，それは公式制度によって促進されるものでもあるが，同時に世代を越えてエリート内およびエリート間で継承されるものでもある．ビルマでは，体制が変わるたびに政治エリートに人的な断絶が生じたため，公共空間での政治技術の蓄積や継承が阻害されてきたのではないだ

ろうか[33]．もちろん，言論の自由や結社の自由といった市民の政治的権利の制限が政治社会や市民社会成熟の阻害要因ではあるものの，そうした抑圧的な施策がいっこうに変わらない背景に，この，政治エリートの断絶による政治経験の蓄積の乏しさを見ることができるように思う[34]．そのなかで唯一連続しているのは国軍将校の系譜である．軍内のコミュニケーション，すなわち指揮命令と服従という階統秩序に基づいた権威的なコミュニケーションが，政治空間内において支配的になっているのかもしれない．むろん，そこまでは現在手に入れられる情報では実証しようがない．しかし，この政治経験の蓄積を阻害する構造が軍政の長期化と，国軍による非妥協的な政権運営に影響を及ぼしているように見え，それは今後のビルマ政治のあり方をも相当程度規定してしまうように思えるのである．

---

33 逆に「競争を欠いたまま世代を超えて続く政治エリートの連続」といわれると，ある種の寡頭制支配をわれわれに想起させる．これは政治社会の形容としては決して好ましいものではない．しかし，議会および選挙での与野党の攻防であれ，党内での派閥闘争であれ，あるいは，政府に対する社会運動の抵抗であれ，一定の制度の枠内でいかに競争性を確保するかが，国家，政治，民主主義の安定と発展を担保するひとつの鍵であり，そのためには正統な討議の場を支える共通認識が必要とされる．その共通認識が政治エリート内の経験と制度記憶の蓄積およびその伝達によって生み出される，というのがこの含意の前提である．

34 これをビルマにおける社会関係資本の形成過程と見ることも可能かもしれない．社会関係資本についてはパットナム［2001］を参照されたい．

第6章　兵営国家の政軍関係
―― ネー・ウィンによる国軍の掌握とその限界

6-1　はじめに
6-2　クーデタと国軍
6-3　匡軍から党軍へ
6-4　匡軍人事の安定化
6-5　側近の配置と分断人事
6-6　結び

6-1　はじめに

　これまで論じてきたように，ネー・ウィンによる国家再編は，「ビルマ式社会主義」という自称とは裏腹に，ビルマの現状に即したものとは到底いえないものだった．ネー・ウィンら最高幹部が政府の実効力を過信していた傾向が見られ，党国家の建設，行政機構改革，いずれも当初の目標を達成できぬまま，既存の制度を否定しただけで改革は頓挫してしまう．しかし，今さらこうした失敗を列挙してネー・ウィンを批判してもそれほど意味はないだろう．諸改革の失敗の結果，ビルマ国家がいったいどのように変容したのか，その内実を問わなければならない．

　筆者はすでに第3章で「未完の党国家」という性格付けをネー・ウィン体制に与えた．いわゆる党国家における党が「革命」を指導する政治集団であるのに対し，ビルマでは党が国家権力を掌握しきれず，国軍の影響力が終始大きかったと主張することがそのねらいであった．しかし，軍隊はそもそも国防機

能を担う国家の一機構でしかない．たしかに，ビルマ国軍は，その出自においてタキン党の党軍としての性格を持ち，ボリシェヴィキにおける赤軍，中国共産党における紅軍に近いものだったが，1950年代には党軍から国家の軍隊へと転換しつつあった．そのさなか，政党政治の空転を受けて1962年3月2日にクーデタを実行し，その後，国軍は政党政治家や官僚，実業家などを押しのけてほぼ唯一圧倒的な影響力を誇る政治勢力となったのである．本書では，その結果生まれた国家のあり方を「兵営国家」(Garrison State) と呼ぶ．

兵営国家は，ハロルド・ラスウェルが1937年に発表した論文「中日危機：兵営国家と文民国家」の中ではじめて使用した概念である [Lasswell 1937]．ラスウェルは，満州国の事例から着想を得て，将来的に多くの国家が交渉の専門家よりも暴力管理の専門家によって主導される可能性について検討した [Lasswell 1941]．ラスウェルの予測の成否はここでは問題ではない．重要なのは，暴力管理の専門家がその専門性あるいは技術力ゆえに国家権力を握るという軍の組織的特徴と国家運営との積極的な関係性への着目である．

事件となる暴力的な権力奪取と，ルーティンワークの蓄積である権力維持とは，本来必要とされる能力が異なる．暴力だけで軍が政権を維持し，社会を統制することはできない．暴力よりもむしろ軍の厳格な組織管理が，「効率的な」政府の意思決定を可能にし，日常的な権力維持には有効なのである．

ところが，注意を要するのは，軍の政治介入がそうした厳格な組織管理をむしろ乱すことがあるというジレンマだろう．たとえば，1972年の戒厳令布告後のフィリピンでは，マルコス大統領が軍を司法および行政分野に進出させたが，ベール国軍参謀総長のもと予備役将校訓練部出身者たちが士官学校卒業生を押しのけて重要ポストに就任していった．これが，士官学校卒業生の不満を高め，71期生を中心に「国軍改革運動」が起こって，その後，改革運動の目的とは必ずしも関係のないかたちで，大規模な反マルコス運動につながったことはよく知られるとおりである．つまり，軍の政治的役割が拡大すると，政治家や，あるいは政治家になった現役・退役軍人からの軍人事への干渉が増えることで，逆に軍内政治の不安定化を誘発したり，軍の組織管理能力を低下させたりするという事態がしばしば見受けられるのである [武田 2001：165-168; McCoy 1999: Ch. 7]．

ビルマ国軍はフィリピン軍に比べて歴史も浅く，クーデタ時でも軍事機構としてはずいぶんと劣ったものだった．それにもかかわらず，ビルマの軍政は政権の長期化に成功している．なぜそれは可能になったのだろうか．ここでわれわれが問うべきは，ビルマ国軍が軍政下においてどのような組織的変容をとげたのか，そして，それは政治的にどういう意義を持っていたのか，という点であろう．換言すれば，1962年以降の国軍の組織変容と軍政の長期化との関係の解明が重要な課題なのである[1]．

　この課題を解くすべく，本章では，ネー・ウィンによる国軍掌握の制度化とその限界に着目したい．特に，1972年にネー・ウィンが参謀総長の職を側近のサン・ユ将軍に譲って国軍を退役してからが議論のポイントとなる．この年以降，国軍はネー・ウィンの直接指揮下を離れたため，将校団をコントロールすることが，かれの権力維持にとって不可欠の問題になったからである．この問題に対してネー・ウィンはどのように対処し，それにどの程度成功し，またいかなる限界があったのだろうか[2]．

　構成は以下のようになる．6-2ではクーデタが軍事機構としての国軍に何をもたらしたのかを検討する．これは，クーデタ後に国軍が組織として極端に優遇された形跡は見られないということを示すためである．では，それにもかかわらず，ネー・ウィンはいかにして国軍を自らの権力基盤として維持し，かつコントロールできたのだろうか．6-3以降ではこの問いを検討する．具体的には，党軍化および人事の制度化と分断を考察したい．そして，両者によりネー・ウィンによる国軍統制が機能していたと結論づける．それと同時に，計画党による制度的な統制の脆弱さと国軍内の世代交代が，ネー・ウィンによる軍統制の限界だったことを明らかにする．

1　1962年以降のビルマの政軍関係を扱った実証研究はまったくといっていいほどない．政軍関係ではなく，軍隊だけを扱ったものとしてWiant [1986]，Wiant and Steinberg [1988]，Taylor [1984]，Myoe [1998] [2000]，Selth [2002]がある．
2　独裁者の権力維持が決して容易でないことは，最近の政治経済学的研究でも指摘されるところである [Stephen 2006]．軍隊によるクーデタは，民主制に対してよりも独裁制に対して実行されるケースが倍あり，独裁者はしばしば国民の蜂起よりも内部勢力によってその地位を追われる [Tullock 1987]．

第6章　兵営国家の政軍関係

6-2 　クーデタと国軍

　クーデタは軍幹部による政権の乗っ取りであるが，その結果を即，国軍全体の利益とみなすことは早計であろう．国軍幹部が政権幹部になれば軍事機構がそれによって利益を得るとは限らない上に，部局によってその影響は質・量ともに異なる．では，3月2日クーデタが国軍の組織と活動にどのような影響を与えたのだろうか．クーデタとその後の体制構築は軍事機構としての国軍にどのような利益をもたらしたのだろうか．以下では，機構，人員，予算などを通じて，1960年代から1980年代における国軍の機構的発展について検討したい．

　1962年3月2日クーデタ時，ビルマ国軍は陸軍・海軍・空軍の三軍により編制され，兵士・将校合わせて約10万人が所属していた．公文書で確認できる正確な兵員数は，1965年時点のもので，総兵力が14万814人，そのうち，陸軍が12万6,183人，海軍7,155人，空軍7,476人であった［DSHMRI CD-882(9): 12］．総兵力の89.6%が陸軍兵力で占められていた．そのため，三軍における陸軍の優位が確立され，三軍を統合する幕僚機構である国防省も実質的には陸軍の影響下にあった．戦略もまた陸軍歩兵部隊の運用を中心にたてられていた．これは，国軍創設の経緯や国内での対ゲリラ戦を主任務とする国防上の理由により構築された編制である．

　陸軍はクーデタ前年の1961年に大規模な機構改革を行い，それまで2つの軍管区と13旅団から成っていた編制体系は，旅団が解体・再編されるかたちで，東南，西南，中央，西北，東部の5つの軍管区に整理された．1972年には，この5軍管区制がさらに分割されて，ヤンゴン，北部，東北，西部の4軍管区が新設され，9軍管区体制がとられるようになった（地図6-1）．さらに，陸軍参謀本部の指揮下に歩兵師団が7個創設されている[3]．戦闘の基本単位となる

---

[3] 1966年に1個師団（第77歩兵師団），1967年に2個師団（第88，第99歩兵師団），1979年に1個師団（第44歩兵師団），1980年に1個師団（第55歩兵師団），1984年に1個師団（第33歩兵師団）が設置された．

地図 6-1　陸軍軍管区（1988 年）

歩兵大隊および軽歩兵大隊は，1962年に52個，1972年に105個，1982年に146個，1988年には168個大隊に増大した．陸軍の人員も122,228人（1964），138,480人（1974），163,700人（1981），173,655人（1984），184,029人（1988）と26年間で約6万人増えている．

　こうした軍事機構の漸次的拡大は，どの程度クーデタによる国軍の政権掌握と関係していたのだろうか．一般的な通念は，軍事政権下で国軍が優先的に予算配分を受けて機構として拡大することを予想するだろう．しかし，ネー・ウィン体制期の国防予算の推移を見れば，そうした理解が成り立たないことがわかる．政府予算と国防省予算を示した図6-1を見ると，ネー・ウィンによる政権奪取が成功した1962年以降も，1970年代半ばまでは予算規模が10億チャットを越えることはなく，微増にとどまっている．海外援助の受け入れを主な理由として政府予算が増加する80年代以降でも，政府支出全体の増加幅と比べれば国防省予算のそれは小さく，政府全省の予算に占める国防省予算の割合はむしろ低下している（図6-2）．

　将校の給与についても，1972年10月1日に独立以来はじめて改定が行われたが（国防省軍務局令1/544/軍務2 (8)），就任時の月給（単位チャット）を階級ごとで比較すると，少尉：250チャット→320チャット，中尉：350→410，大尉：525→540，少佐：800→800，中佐：1100→1100，大佐：1300→1300，准将：1400→1400，少将：1800→1600，中将：2500→1800となっており，尉官の給与は多少上がっているが，佐官級と准将は据え置き，少将と中将は減額されていた．将官クラスは党および行政機構の高級幹部を兼務していることが多く，また党中央委員などをつとめた将校は政治恩給も受けられるため，将校個人を見ると，実際の収入が給与のみということはない．とはいえ，ネー・ウィン体制下で国軍が組織として予算的に特別優遇されていたという事実を少なくとも公式の記録から見つけることはできない．

　ただし，クーデタ以前にすでに政府予算の20％を超える額が国防省に配分されていたことは確かであり，それは国内に武装反政府勢力を抱えるなか，他省庁に比べて国防省がすでに優先的な予算配分を受けていたことを意味する．しかし，そうはいっても，兵員数，訓練，武器・装備，施設，福利厚生いずれにおいても国軍の需要に対して十分な供給はなかった．1969年まで続いた年1

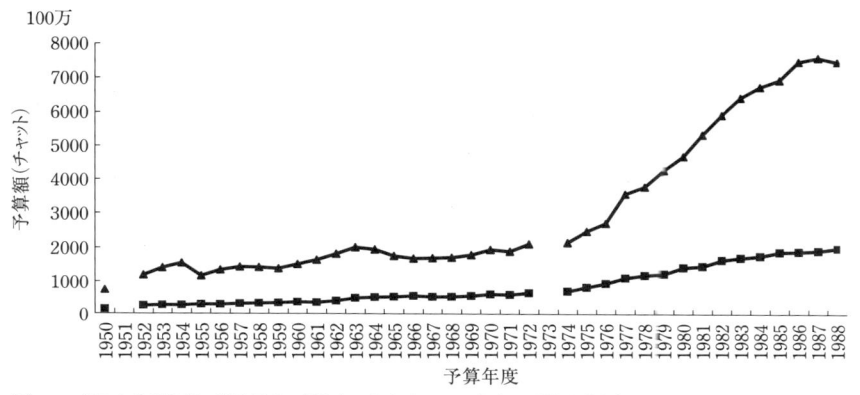

注）1974 年から会計年度の開始月が 4 月となったため，1973 年度の予算は示さない．
出所）官報 [myanmà naingan pyandân] より筆者作成

図 6-1　政府全省予算および国防省予算の推移

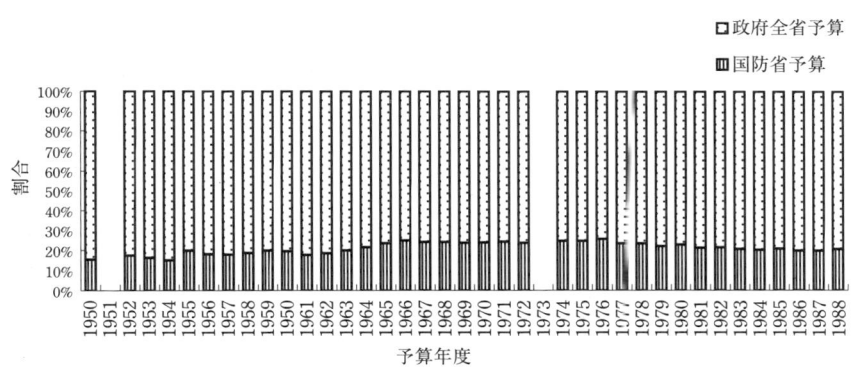

出所）図 6-1 に同じ

図 6-2　政府全省予算に対する国防省予算の割合

第 6 章　兵営国家の政軍関係 | 217

度の国軍大会（司令官会議）では，各軍管区司令部から武器・弾薬の不足はもちろん，通信機器，輸送用車両の不足，恩給制度の不備，給料の遅配など，さまざまな検討課題が提起されていた［DSMHRI CD879］[4]．しかも，長年の内戦はいまだ終結の気配を見せておらず，1967 年時点の国軍による推計で，国内には 17,250 人の反乱勢力が存在し，両者の間で年間大小 2,032 の戦闘が生じていた ［DSMHRI CD-882(7): 35, 43］[5]．

不十分な装備で，しかも密林のなかでの戦闘は，しばしば困難を伴い，さらに給料の遅配も少なくなかったため，わかっているだけでも，1950 年代半ばから 1960 年代半ばまでに毎年 2,000 人から多い年では 5,000 人近くの脱走兵

4 地方軍管区司令部を中心とした予算拡大要求に対して，国防省はビルマ式社会主義の実現を優先し，予算の増額には慎重な姿勢を崩さなかった．1969 年国軍大会で参謀大佐（当時）チー・マウン大佐が以下のように発言している．「我々の国家は社会主義経済体制建設の最中にあり，発展途上の国家である．そのため，国の予算を国防費のみに優先的に充当することはできない」［DHMHRI CD-884(2): 11］．
5 各軍管区の反乱勢力数は以下の表を参照．ただし，ムジャヒダスの構成員が 5 人となっているなど厳密さに欠ける点が見られる．

表 6-9　各軍管区における反乱勢力の種類とその人員（1966/10/1-1967/9/30）

(単位：人)

反乱勢力／軍管区	西北	東部	東南	中央	西南	合計
白旗共産党	789	73	303	898	792	2,855
赤旗共産党	322			181	48	551
カレン民族防衛軍			3,140	676	1,549	5,365
シャン		3,518				3,518
カチン	1,750	520				2,270
国民党軍		1,014				1,014
中国国民党勢力		357				357
タヨウソー				183		183
ムジャヒダス				5		5
チン	30					30
ナガ	51					51
カヤー		48				48
ヤカイン				16		16
コーカン		546				546
パオ		246				246
破壊分子			45			45
テーラグー			150			150
合計	2,942	6,322	3,821	1,776	2,389	17,250

出所）［DSMHRI CD883(7): 35］．

表 6-1　新兵採用数と除隊者数の推移

(単位：人)

会計年度	新兵採用数	除隊者数					
		除隊者数合計	脱走	通常	懲戒	戦死	通常死
1960-61	4,183	9,352	3,563	4,150	1,094	296	249
1961-62	7,352	8,171	2,233	4,150	1,267	269	252
1962-63	11,977	11,899	2,034	8,468	815	258	324
1963-64	12,233	8,813	1,900	5,596	658	340	319
1964-65	11,951	9,852	3,872	4,290	907	431	352
1965-66	10,509	9,842	3,415	4,495	1,143	396	393
合計	58,205	57,929	17,017	31,149	5,884	1,990	1,889
1965/4/1-1966/9/30	17,384	15,761	6,233	6,693	1,665	611	559
1966/10/1-1968/3/31	18,420	16,501	4,768	8,424	2,139	627	543
合計	35,804	32,262	11,001	15,117	3,804	1,238	1,102

出所) 上段は [DHMHRI CD-882(9): 32]．下段は [DHMHRI CD-883(9): 1]

が出ていた[6]．表 6-1 は 1960 年から 1965 年までの 1 年ごとの新兵採用者数と除隊者数の推移および，1965 年 4 月 1 日から 1966 年 9 月 30 日までの 18 ヶ月間と 1966 年 10 月 1 日から 1968 年 3 月 31 日の 18 ヶ月間における新兵採用者数と除隊者数を示したものである．両期間ともに 2 万人前後の新兵が入隊しているが，同時に 1 万 5,000 人程度の兵が脱走，退職，除隊，戦死などを理由に軍を離れている．そもそも陸軍は兵卒，将校ともに量的，質的に不足していたにもかかわらず，少なくとも 1960 年代末の時点で毎年成員の 10% 以上が入れ替わり，上層部が思うようには拡大しない組織だったのである．

前線は常に人員不足の状態にあり[7]，新兵への十分な訓練もままならず，1966 年には 6 ヶ月間の入隊前訓練が 3 ヶ月に短縮されている [DSMHRI CD882(3): 52]．不十分な訓練は作戦遂行能力を低下させ，その結果，ますます戦闘での危険性や困難が高まって除隊者が相次ぐ．このような状態では，反乱

6　1960 年までの各年の脱走兵数は 2,196 人 (1955 年)，2,320 人 (1956 年)，4,927 人 (1957 年)，4,377 人 (1958 年)，4,132 人 (1959 年) である [DSMHRI CD-874: 83-84]．

7　本来 5 個中隊 750 名からなる大隊が，部隊によっては 100 人から 150 人不足していたという [DHMHRI CD882(4): 25]．

勢力がたとえ国軍の10分の1規模であったとしても，効率的に鎮圧作戦が遂行されることはないだろう．

筆者が確認できたのは1960年代までの資料であるため，1970年代以降の兵員および軍備がどういった状況にあったのかを正確に知ることは今のところできない．しかし，予算の著しい増加がない以上，状況の改善を予想することは難しい．それは，1975年から1987年までの国軍および反乱軍の戦死者数，負傷者数を示した表6-2を見るとある程度はっきりする．

一部にデータの欠損があるものの，単純に反乱軍の戦死者数だけを見ると，1982年からその数は2,000人弱に達し，かつてに比べて作戦の成果が上がっているように思える．しかし他方で国軍の戦死者数も1984年には1,000人を越えるなど，1970年代後半の死者数を大きく上回ってしまっている．特に，北部，北東，東部，南東の4つの軍管区では戦闘が相次ぎ，戦果を上げながらも，国軍側にも多くの犠牲者が出る消耗戦だったことがうかがえるだろう．上記4つの軍管区で1982年から1986年までの5年間，国軍側の戦死者数は平均で毎年888.6人であり，これは1960年代後半における戦死者数平均の約2.5倍にあたる．

以上のことから，クーデタの結果，国軍が軍事機構として持つ利益（「団体の利益（corporate interest）」）を必ずしも実現したわけではなかったと結論づけてよいように思われる[8]．仮に文民政権下にあっても達成可能な程度の発展しか

---

[8] 1970年代以降の軍内の状況を示すひとつの例として国防省訓練局が1991年にまとめた『国防省訓練局史』[DSMHRI DR-8452]の記述を引用しておこう．「国軍の訓練状況に関しても，1973年あたりまでは訓練に関する指令のなかに訓練の質の低下を指摘するものが時に見られ，（訓練の）質を再び向上させるための努力の跡を見ることができる．」[DSMHRI DR-8452: 486]「国内反乱勢力を鎮圧している時代には，訓練学校，訓練部隊が本来の任務を遂行できるということはなかった．それは，作戦任務，生産任務，人民のための活動に多くを費やしたという理由だけではない．訓練の向上のための資質を備えた士官，下士官などの優れた教官が訓練部隊に十分に配属されなかったこと，訓練用の弾薬および武器をはじめとした訓練用の物資についても必要最低限のものすら充当されなかったこと，軍務・兵站に必要なものも作戦が優先されたために訓練部隊には十分に行きわたらなかった」[DSMHRI DR-8452: 486]．「こうした状況は，1980年以降の訓練調整会議の記録ではより顕著なものとなる」[DSMHRI

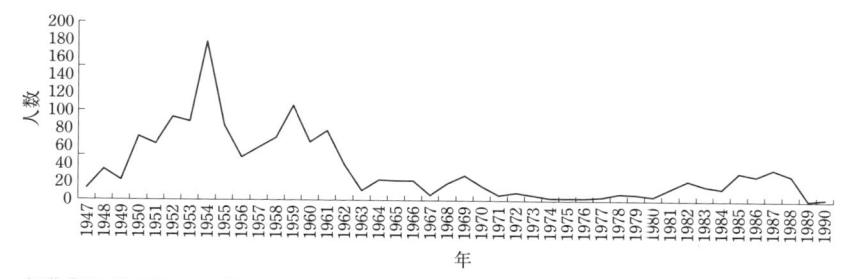

出所）[DSMHRI DR-8452: 付表 à1]

図 6-3　海外留学した将校数の推移

国軍機構は見せていなかったといっても過言ではないだろう[9]．では，こうした事態はいったい何を意味するのか．

　第 1 に，軍事力が停滞した背景には政府の経済政策および外交政策の影響がある．それは経済開発戦略の失敗による財政不足についてはもちろんのこと，軍事技術および人材育成の面でも同様で，国内に十分な技術力，教育・訓練インフラがないまま閉鎖的な外交政策により海外との関係を遮断したため，兵器および機構を近代化する契機を失い，停滞を余儀なくされた．

　たとえば，独立から 1990 年までの将校の海外留学者数の推移を示したのが図 6-3 である．一見して，1962 年以降の落ち込みが明らかだろう．1970 年代になると極端な停滞を示して一桁代が続く．1980 年代に二桁代に回復したものの，それでも 1987 年には 36 人の将校が留学するだけであった．この数は，1959 年の 106 人に比べると 3 分の 1 程度に過ぎない．国軍がネー・ウィン体

　　DR-8452: 486].
9　クーデタと軍事予算には正の相関がないということをした実証研究として Zuk [et al. 1982] がある．1967 年から 1976 年までに軍事政権を経験した 19 ヶ国と，軍事政権と文民政権の混合政体 27 ヶ国，文民政権 23 ヶ国における軍事予算の推移を比較したところ，クーデタが 1 人あたり軍事予算の変化に与えた影響は有意なものではなかったという．いくつかの変数のうち唯一有意だったのは，一人あたり GNP の成長だったという [Zuk et al. 1982: 69]．9 年間の幅でしか見ていないことと，イランやイラクと，ビルマ，インドネシアを同じ軍事政権に分類していいのかといった疑問はあるものの，機構の利益を動機として軍が政治介入することがまれなことを示していよう．軍の動機によりミクロな視点でせまったものとしては Horowitz [1980] がある．

表6-2 陸軍各軍管区における国軍，反乱軍の死者数，負傷者数等 (1975-1987)

(単位：人)

軍管区	軍	区分	1975年	1976年	1977年	1978年	1979年	1980年	1981年	1982年	1983年	1984年	1985年	1986年	1987年
北部軍管区	国軍	戦死者		155	133	202	257	157	86	201	169	183	109	97	
		負傷者		281	252	435	431	333	181	510	415	390	302	25	
	反乱軍	戦死者		162	168	51	110	301	99	323	304	217	309	307	376
		拘束		332	56	55	77	60	45	142	129	136	140	102	97
		投降		58	44	89	55	70	78	310	436	400	161	91	157
北東軍管区	国軍	戦死者	109	156	192	53	45	17	21	51	124	137	63	95	
		負傷者	189	460	392	79	144	38	45	96	337	266	165	689	
	反乱軍	戦死者	57	163	124	59	283	93	109	316	317	405	308	617	204[*1]
		拘束	54	71	4	59	191	70	58	98	95	135	97	172	56
		投降	47	70	56	126	75	5	22	38	46	105	128	159	59
東部軍管区	国軍	戦死者	19	17			74	117	57	387	316	284	200	315	
		負傷者	27	65			139	273	78	958	915	736	428	736	
	反乱軍	戦死者	35	57			175	221	75	858	1,121	918	692	768	513
		拘束	65				70	33	48	243	297	154	88	102	89
		投降	56				74	123	167	522	696	396	308	282	177
南東軍管区	国軍	戦死者	134	170			167	136	60	206	235	661	304	306	
		負傷者	163	624			467	399	342	698	515	2,286	1,018	1,045	
	反乱軍	戦死者	174	255			201	162	141	292	374	369	519	554	313[*2]
		拘束	271	158			46	64	25	148	119	69	108	93	84
		投降	273	132			90	112	22	64	76	108	122	112	77
ヤンゴン，西南中央軍管区 (1977-79) ヤンゴン，西南，西部，西北・中央軍管区 (1980-1987)	国軍	戦死者			52	10	36	2	34	31	40	67	168	99	73
		負傷者			266	15	136	8	141	131	145	328	585	303	201
	反乱軍	戦死者			50	52	118	21	171	79	100	118	348	122	64
		拘束			13	73	12	1	53	34	42	16	47	6	8
		投降			21	358	6	37	106	22	15	15	56	10	8

西部軍管区	国軍	戦死者	11	25	20		4								
		負傷者	27	32	26		9								
	反乱軍	戦死者	83	54	33		67								
		拘束	27	57	34		56								
		投降	80	27	42		153								
西北軍管区	国軍	戦死者	4		6	9	2								
		負傷者	61		34	18	4								
	反乱軍	戦死者	17		59	9	32								
		拘束	21		39	99	53								
		投降	29		116	28	58								
中央軍管区	国軍	戦死者	52	97											
		負傷者	321	359											
	反乱軍	戦死者	107	147											
		拘束	152	75											
		投降	179	29											
合計	国軍	死者	436	767	403	274	585	429	258	876	884	1,332	844	912	73
		負傷者	788	1,821	970	547	1,330	1,051	787	2,393	2,327	4,006	2,498	2,798	201
	反乱軍	死者	473	838	434	171	986	798	595	1,868	2,216	2,027	2,176	2,368	953
		拘束	590	693	146	286	505	228	229	665	682	510	480	475	334
		投降	664	316	279	601	511	347	395	956	1,269	1,024	775	654	478

出所）［si'thâmáin pyàdai' hnin ta'mado mogùndai'hmûyòun 1998: 74–286］から筆者作成

注）網掛け部は全体の数字ではなく、一部の数字である。
※1　1987年3月20日から1988年3月20日までの数字。
※2　1987年3月21日から1988年3月20日までの数字。

第6章　兵営国家の政軍関係

制期にいかに対外的に閉じた軍隊になっていったかがわかるだろう．ちなみに，留学先はイギリスが最も多く，1970年代の停滞期にも毎年イギリスには将校が留学している．1960年代にはそれにイスラエル，インド，シンガポール，日本，アメリカ，東ドイツなどが加わり，1980年代には東ドイツ，アメリカが増えていく [DSMHRI DR-8452: 付表 à1]．

兵器・装備は次第に老朽化していき，将校たちも国際的な比較のなかで自国をとらえるのに十分な目を養わぬまま，重要なポストは国内の内戦で成果をあげた叩き上げの軍人ばかりによって占められることになった．

第2に，クーデタ後の軍事的停滞はネー・ウィンによるクーデタが純軍事的な目的のもとになされたわけではないことを示唆する．少なくともネー・ウィンにとってクーデタは「革命」の第一歩であり，社会主義国家建設を目的としたものだった．したがって，ステパンのいう新しい専門職業主義（軍が専門とする国家安全保障に国内の経済問題が包含されるようになると，専門職業主義自体が主に経済開発のための政治介入に結びつく場合があるという主張）はビルマの事例にはあてはまらないようである [Stepan 1973]．ネー・ウィンは軍事の専門家として社会主義国家建設を目指したというよりも，一人のナショナリストとしてそれを目指したと考えた方がよいだろう．むろん，そうした革命への意識はすべての将校で共有されていたわけではなく，多くの将校たちは組織への忠誠にもとづいて行動している．

第3に，しかし，それはネー・ウィンの政権維持にとって国軍が重要でなかったということを意味するわけではない．国軍はネー・ウィンの最大の権力基盤であったから，かれらの支持なしに政権を維持することはできず，将校たちがネー・ウィンを見限ってしまえば，かれの「革命」はたちどころに頓挫してしまっていただろう．その点で，国軍はネー・ウィンにとって最大の脅威でもあった．そのなかでネー・ウィンが軍事を比較的軽視できたという事実は，かれがいかに軍の掌握に成功していたのかを物語っている．次節以降では，このネー・ウィンによる国軍の掌握とその限界について論じたい．

6-3　国軍から党軍へ

（1）人民の軍，党の軍

　前節では，ネー・ウィン体制下で国軍が機構として必ずしも優遇されていたわけではないことを指摘した．本来こうした事態は政治に従事する軍人からなる「政府としての軍」に対する，軍務に主に従事する軍人からなる「制度としての軍」の反発を引き起こし，体制内政治を不安定化させかねない［ステパン 1989：43-69］．しかし，1988年に社会からの異議申し立てを受けるまで，ビルマでは体制内エリート間において政治経済体制の根幹を揺るがすような対立が生じることはなかった．それは，ネー・ウィンが確実に国軍を掌握していたことを傍証する．

　第3章，第4章で論じた計画党および行政機構への転出が，国軍将校たちに現状維持のインセンティブを与えたとするなら，本章が論じるのは，それと対になる国軍の統制の問題である．第1の要因として本節では党軍化を挙げ，国軍から党軍への移行過程について論じたい．ここでいう党軍化とは共産主義国家における軍統制制度の模倣により，国軍が計画党に対して従属的な位置づけを与えられるようになったことを指す．

　「ビルマ式社会主義」における国軍の位置づけはクーデタ直後は不明確なものだった．革命評議会政策声明「ビルマ式社会主義への道」には，第15条第3項に「国家における現在の国軍 (*ta'màdo*) を，社会主義経済体制を防衛する国民軍 (*amyôdâ ta'màdo*) に発展させなければならない」と記されている．それに対してクーデタ直後の国軍大会で，この国民軍規定について，経済体制を防衛するという規定だけでは狭い（東部軍管区代表発言），あるいは，より具体的な文書を発表すべき（東南軍管区代表発言）という異議が示されるなど［DSMHRI CD878: 134-198］，「国民軍」の具体的な内容について宣内で合意は形成されて

いなかった．

　その後，「国民軍」という用語は使用されることなく，かわって人民軍（*pyidù ta'màdo*）概念が浮上する．人民軍概念は 1964 年に決定された「人民戦ドクトリン」と対になっており，人民軍と人民戦の関係を明快に示したのが 1968 年の国軍大会 2 日目における東部軍管区司令部代表フラ・ティン少佐の以下の発言であろう．

　　どこから，どのような敵が侵入しようとも撃退できるような人・物・金が十分にはまだない我々のような発展途上の国は，人民軍を基礎として人民全体が参加する人民戦を準備しておかねければならない．人民戦は人民全体が長期間にわたって参加する戦争である．同時に，正しい信念のために勝利するまで政治・経済・社会・人民管理・戦争という五大戦線を基礎になしとげるべき戦いである　[DSMHRI 883(1): 145][10]

　人民軍を柱にして，人民全体を動員することにより五大戦線と呼ばれる各分野で敵と戦う．これが 1964 年の国軍大会で決定された新軍事ドクトリン「人民戦」の骨子であった．もちろん，人民戦そのものはビルマ国軍独自の発想ではなく，毛沢東が 1930 年代に提唱した戦略構想である．国境前線で敵を防衛するのではなく，国内に敵を引き込み，「人民の大海の中で敵を埋没させる」[川島 1990: 129] ことで戦う，いわば全人民を巻き込んだゲリラ戦略を説くものであった．ビルマの国防戦略は外ではなく，常に国内の反乱勢力を対象に作成されているため，仮想敵は共産党及び少数民族反乱勢力である．以下では，その具体的な意味内容について，人民軍組織，人民戦ドクトリン，人民軍のイメージについて論じていきたい．

10　その他にも，1966 年の軍大会における演説で陸軍参謀次長サン・ユ准将は人民軍を以下のように定義した．

　　人民軍は人民の生活とともにあり，人民と艱難辛苦をともにし，幸福・厄災を分かち合わなければならない．水上に線を引こうとしても線がはっきりしないように，人民と軍人を分離することが不可能な状況を実現する必要がある　[DSMHRI CD882(3): 3-4]．

（2）人民軍 ≠ 党軍

　人民と国軍との一体性は，理念的にはいかようにでも提唱可能である．問題は，実際の国軍の組織運営のなかで人民軍概念がどのように具体化されたかにある．ソ連，中国，ベトナムといった共産党国家では，共産党が全人民を代表するため，人民軍への転換とは軍が共産党の絶対的指導下に入ることを意味した．より具体的には，党の軍に対する制度的な統制と教育を確保する体制であり，ひとつには，各部隊レベルに党委員会を設置して，党から派遣された政治将校が部隊レベルの意思決定に関与する，いわゆるコミッサール制である．もうひとつは，将兵に党のイデオロギーを浸透させる政治教育であった．
　ビルマ社会主義計画党による国軍への統制については，1971年の第1回党大会で採択された「ビルマ社会主義計画党機構編制規則」のなかにそれは明記されている．さらに，第89回党組織化中央委員会会議で決定された「軍内党組織の編制と活動」によって軍内に党委員会が設置された．国防省に党中央委員からなる国軍党委員会が設置され，参謀本部，軍管区司令部，師団司令部，軍地区，駐屯基地，基地司令部，大隊，部隊で党組織化委員会が設置された．その義務とは「軍党委員会はビルマ社会主義計画党の指導を受け入れることで，国軍将兵に対して党の指導性をより絶対的に受容させるため」である．「党のイデオロギーおよび方針に従って，それらを実現させる」こと，「国軍の軍事力と国家防衛の精神をより高める」こと，「国軍の団結をより強固なものとする」こと，「国軍内の指揮命令系統に沿って国軍機構に組織化委員会を設置することで，その活動に対して指導と組織化を実現する」ことなどを義務とした［myanmà hsousheli' lânzinpati patisîyôunyêi bàhokomiti htanàjou' 1971: 18］．
　軍内党委員会の組織化について，実務レベルでは党本部労働局常任委員タキン・ティン・ミャと党本部広報局常任委員ボー・イェ・トゥッが計画作成の中心を担った[11]．タキン・ティン・ミャによれば，軍内党委員会の設置は，1966

11　かれらはともに反日闘争をAFPFLの一員として戦い，タキン・ティン・ミャは共産党員でタキン・ソーらと40年代末に地下活動に参加したあと，1960年にヤンゴンで逮捕されて共産党を離れた人物である．他方，ボー・イェ・

年の党組織化中央委員会会議において党組織化中央委員会副総書記で運輸・通信大臣のタン・セイン大佐が，反日闘争に際して当時の反ファシスト組織（AFO）内で管区司令官と並んで政治顧問が任命されたことを参考に，軍内における党組織化のために政治将校を任命すべきだと提案したことが発端だったという［タキン・ティン・ミャへのインタビュー2005年7月28日］．

それに対して，同会議にアドバイザーとして出席していたタキン・ティン・ミャとボー・イェ・トゥッは反対した．計画党はいまだ建設途中にあり，国軍が党の屋台骨（kyoyôu）である以上，軍内の指揮系統を乱しかねない党の介入はすべきではないと判断したからだった．党による国軍への介入はイデオロギーをはじめとした政治教育を実施する党教育委員会の設置にとどめるべきと進言したという［タキン・ティン・ミャ2005年7月28日］．結局，ネー・ウィンはかれらの意見を採用した．党教育委員会が国防省，軍管区，各部隊に設置される．党中央政治学大学から教官が派遣され，かれらは軍内の将兵に対して政治教育を実施した．1971年には教育委員会に代わって党組織化委員会が設置されたが，党から国軍への過剰な介入は回避されて，国軍党委員会および党組織化委員会は全員各部隊の将校だけから構成された．いわばコミッサール（政治将校）なき軍内党委員会である．

国軍における党委員会が日本軍政期の遺産だけでなく，共産主義国の制度を模範としていたことは明らかだろう．しかし，自律性のない党組織が国軍への統制を行うことは不可能だったため，委員会は組織されたが，「党委員会を通じた国軍の自己統制」ともいうべき制度設計がなされたことになる．1988年までこの制度が変更されることはなく，したがって，党から国軍への統制は非常に限定されていたといってよい．

ただし，2点について留保が必要である．第1に，党による国軍の指導を制度的に担保するという点で，党委員会制度が脆弱だったことは確かだが，政治指導という点では，1974年憲法の制定により党指導体制が公式に確立され，

トゥッは「三十人の志士」の一人で，独立後第3ビルマ・ライフル大隊長となるが，クーデタ失敗により地下へもぐり，共産党とともに反政府活動を行っていたが，1963年5月に投降した．両者ともに，ネー・ウィンから計画党入党の依頼を受けて党設立当初から党本部でつとめていた．

立法機関も革命評議会から人民議会に移行したため，予算権，人事権，軍の統帥権は国家評議会に属した（1974 年憲法第 5 章）．人民議会も国家評議会も党中央委員会での決定事項を追認する機関に過ぎず，さらに党中央委員会は党中央執行委員会の強い影響下にあったため，実質的にはネー・ウィン計画党総裁に最大の権限を与える仕組みになっていた．よって，党総裁ネー・ウィンによる軍への政治指導は党指導体制の確立によってかなりの程度担保されたとみなすべきだろう．くわえて，国防政策の作成・採択についても，人民議会内の国防・治安委員会，党中央委員会内の国防・治安委員会に権限が付与されており，これらの委員会は，現役国軍幹部と党幹部をつとめる退役将校から構成された．ネー・ウィンと退役将校による統制が国軍から人民軍への機構改革のひとつの意義だったといえる．

　第 2 に，軍内における組織化の論理が「ビルマ式社会主義」に限定されたことは，軍内における派閥形成を抑制した．それは，憲法と同じく 1974 年に国家情報局（National Intelligence Bureau: NIB）が設置されたことを考えれば，より明らかになるだろう．NIB は国軍諜報局を中心に首相直轄の機関として設立された諜報機関である．機構は首相直属だが，NIB を監督する大統領・国家評議会軍事顧問は大統領直属であったため，実質的にはネー・ウィンの直接指揮下にあった [Selth 2002: 104]．社会はもちろんのこと，軍内においても単一のイデオロギーと組織化の論理が設定されることで，その他の組織化および派閥形成の動きはすべて違法となる．軍人は軍規だけでなく党綱領にも縛られることになり，NIB による諜報活動が活発化すると，軍人の行動も常に監視対象となった[12]．事実，党中央委員の経歴を確認すると，党綱領第 47 条「全党員が遵守しなければならない規則」に含まれる全 18 項のいずれかを理由に党規律委員会から注意処分を受けたことのある将校も少なくない．

　以上をまとめよう．国軍の「人民軍」への改革は，党の指導下にある党軍への改革としては中途半端なものだった．党から国軍への直接的かつ全面的な統制は確保できず，党総裁による党中央委員会，人民議会，国家情報局を通じた

12　1966 年時点の国軍将校および非将校の党員候補（当時，正式党員は存在せず，党員候補が実質的には党員を意味した），党員候補申請中の部局別人数は表 6-10，6-11 のとおりである．

間接的統制にとどまったからである．これは，一方で国軍統制の制度をネー・ウィンが計画党を通して国軍の統制を実現していたことを示すものの，多分にその個人独裁に依存した制度でもあった．

表 6-10　1966 年時点の国軍（陸・海・空）における党員候補数

（単位：人）

部局	将校	非将校	合計
国防省・陸軍参謀本部	938	5,504	6,442
海軍参謀本部	240	2,759	2,999
空軍参謀本部	304	3,085	3,389
北西軍管区	714	7,359	8,073
東部軍管区	538	6,032	6,570
中央軍管区	813	13,807	14,620
南西軍管区	282	5,465	5,747
南東軍管区	324	5,266	5,590
第 7 連隊	42	556	598
合計	4,195	49,833	54,028

出所）［DSMHRI CD-882: 34］

表 6-11　1966 年時点の国軍（陸・海・空）における党員候補申請者数

（単位：人）

部局	将校	非将校	合計
国防省・陸軍参謀本部	460	1,836	2,296
海軍参謀本部	247	4,364	4,611
空軍参謀本部	302	3,677	3,979
北西軍管区	850	9,229	10,079
東部軍管区	574	7,567	8,141
中央軍管区	1,118	22,857	23,975
南西軍管区	328	7,875	8,203
南東軍管区	388	6,754	7,142
ラングーン軍管区	2	181	183
第 7 連隊	109	1,018	1,127
ヤカイン連合部隊	80	1,838	1,918
合計	4,458	67,196	71,654

出所）［DSMHRI CD-882: 34］

（3）戦略としての人民戦

次に，人民軍と対になる人民戦ドクトリンについて論じておきたい．ビルマ軍は中国，ラオス，タイ，バングラデシュ，インドの5ヶ国と国境を接しているが，基本的には外国からの侵入および交戦を想定した国防体制にはなっておらず，軍事活動の主たる目的は国内反乱勢力の鎮圧であった．しかし，国内での軍事活動においても明確な軍事ドクトリンが定式化されていたわけではなかった．1953年に実施された中国国民党軍への作戦「ナガー・ナイン」（勝龍）が失敗したことをきっかけに国軍は軍の近代化を本格化させ，そのなかで軍事ドクトリンの検討も開始される．1956年のメッティーラでの国軍大会ではじめて軍事ドクトリンの作成が主要課題にあがり，1958年にはチー・ウィン大佐がレポートを提出している．そのなかでかれが強調したのは，反政府勢力との戦闘では通常戦からゲリラ戦へと戦略を変化させなければならず，新たな軍事的・政治的戦略の採用が必要になるということだった［Myoe 1999: 3］．

その後しばらく議論は停滞し，国軍指導部は明確な方針を打ち出せないままだったが，1964年の国軍大会で陸軍参謀次長サン・ユ准将が既存のドクトリンの見直しと新しい軍事ドクトリンの必要性を再び示した．その結果採用されたのが人民戦ドクトリンである[13]．

人民戦ドクトリンは，国軍主導による民兵組織の結成というかたちで具体化された．1965年から1966年にかけて西北軍管区の白旗共産党根拠地周辺（カヤー県ピンレブー地方，バンマウ地方およびモーライ県パウンピン地方）で実験的に民兵の組織化が行われた．その後，参謀本部が組織化の方法を標準化

13　マウン・アウン・ミョーによれば，1965年にはトゥラ・トゥン・ティン中佐を団長とする視察団がスイス，ユーゴスラビア，チェコスロバキア，東ドイツを訪れ，翌年1月には視察団による「人民戦に関する研究」というレポートが提出された．その他，市民軍（militia）組織化の調査も行われた．また，参謀本部のレポートには仮想的として「内部の反政府勢力」「およそ同等の力をもつ歴史的な敵」「より強大な力をもつ敵」を挙げている［Myoe 1999: 6-7］．「およそ同等の力をもつ歴史的な敵」とはタイであり，「より強大な力をもつ敵」とは中国である．

し，1968年の国軍大会では人民戦の実現を主要な検討課題のひとつに設定した [DSMHRI 2000: 139-159]．大会では，全人口のうち，15歳から54歳の男性780万人と20歳から49歳の女性500万人が人民戦の潜在的戦力とされ，村落レベルでの民兵組織の結成が検討された [DSMHRI CD-883(1): 210]．結果からいえば，国軍は全軍管区で人民戦組織を結成し，1974年までに212郡1,831村落，参加者数は67,736人に及んだ．武器に関していえば，ライフル，自動小銃など合計15,227丁が配布されたという [pyihtaunzù myanmanain gan tohlanyêi kaunsi 1974: 330].

これを成功と見るか失敗と見るかは判断が分かれるところだが，参加者数7万人弱はよいとしても，1万5千丁の銃というのは実戦のための装備としてはあまりに脆弱であり，新しい軍事ドクトリンとして人民戦が強調された割には，民兵組織が軍事活動に直接寄与した程度は低いと考えたほうがいい．その重要性の低さは，陸軍参謀本部の機構上でも，人民戦・広報局という部局名で人民戦が広報と同一部局の管轄下にあったことにも示されている．

それ以上に重要なのは，なぜこの時期に人民戦が提唱されなければならなかったのか，という点であろう．ヒントとなるのは，フォー・カッツ (*phya'lêi phya', four cuts*) の名で知られる対反乱戦略との関係である [Myoe 1999: 10]．フォー・カッツは反乱勢力が持つ食料・資金・情報・募兵の4つの資源を絶った上で，その根拠地を攻撃する戦略であり，1960年代半ばあたりから実施されるようになったといわれている [Smith 1999: 259]．フォー・カッツにもとづく軍事作戦がどれほど上記民兵組織との連携のもとで実施されていたかは正確にはわからないが，反乱勢力根拠地周辺の村落ではしばしば住民の強制移住や暴行・殺害が報告されており [Smith 1999: 260]，また元軍管区司令官によって詳細に描かれたバゴーヨーマでのフォー・カッツ戦略に民兵組織が含まれていないことから考えても [Than Tin 2004: 492-525]，軍事作戦と民兵組織とに直接的関係は薄かったものと思われる．関係はより大きな文脈の中にある．

対ゲリラ戦にとって作戦地域周辺地域住民の組織化は不可欠である．そうした意識は1950年代の時点ですでに軍内に存在した．前述したチー・ウィン大佐のレポートもそれを示すものであり，また1958年から1960年にかけての選挙管理内閣の時代に国家団結協会 (National Solidarity Association) による国民の

組織化や，一部の村落において石弓や竹槍による民兵組織の結成を国軍が主導していたことからもうかがえる［DSMHRI CD-883(1): 245］.

　しかし，周辺住民に対する何らかの強制手段の行使は行政上の権限が障碍となって，クーデタ前に国軍が単独で実施することは難しかった．しかし，クーデタによって，国軍による内務行政および司法への介入が可能となり，軍事作戦の大義のもとで「疑わしき」住民を独断で空間的，物理的に排除することもできるようになった．さらに，計画党，労働組合，農民組合，計画青年などを通して，上からの社会の組織化が進み，その実効性は置くとしても，国軍は反乱勢力の人材供給源を統制する手段を得た．こうした動きがフォー・カッツという軍事作戦の背景にはある．

　フォー・カッツ同様に「人民戦」も，ネー・ウィンによる国権掌握とその後の社会再編という環境変化に対応するかたちで提唱された国軍の新戦略ととらえれば，その意味するところは明らかだろう．毛沢東の人民戦が国家を外部の敵から防衛するために「人民の海」を不断に培養することを目的していたとすれば，ビルマ国軍の人民戦は内部の敵を背後で支える「人民の海」をいかにコントロールするかにあった．ところが，これには重大な矛盾がある．動員し，組織化し，武器を与えようとする人々が，いつなんどき「敵」になるかわからないからである．国軍が持つ人民に対する不信のなかで民兵組織を拡大することはできない．人民戦が国軍の編成に実質的に大きな変化を及ぼさなかったのも当然のことだったのかもしれない．

（4）人民軍のイメージ

　以上のように，人民軍は第1に軍事イデオロギーであり，それは機構編成と作戦の両面に多かれ少なかれ影響を与えていた．しかし，それだけにとどまらない．表象レベルにも影響を与えていた．それを示すために，最後に人民軍のイメージを考察する．具体的に分析対象となるのは『人民軍雑誌』(pyidù ta'màdo sazin) の表紙である[14]．

　14　以下の分析は，視角は異なるものの，土佐［2000：15-24］を参考にしている．

『人民軍雑誌』は1964年に創刊された軍内の雑誌であり，人民軍イデオロギー採用直後から発行がはじまった．タイトルから両者の密接な関係を推測できよう．この雑誌は一般の書店では販売されず，国軍関係者に無料で配布されたものであったため，国軍が将校および一般兵卒に共有させたい人民軍のイメージが直接表現されている．以下では，表紙をいくつかの類型にわけながら，その視覚的表象のなかでステレオタイプ化された人民軍イメージを探る．

人民軍のイメージは第1に農民とともに働く軍人である．たとえば，図6-4は第1巻第3号（1964年8月7日発行）の表紙である．この表紙では，一方で農民が肩に銃をかけ，もう一方で軍人が水牛をなでるという，農民と軍人の象徴（水牛と銃）が転倒させられている．このことで両者の融合が試みられているわけである．その他，農民と軍人の一体性を示すような，「農作業をする軍人」という構図は少なくない．たとえば，種籾をまく軍人（図6-5），トラクターを操る軍人（図6-6），脱穀をする農民と軍人（図6-7），畑でともに食事をする農民と軍人（図6-8）などがある．農民は軍人であり，軍人は農民．国民の7割が農民であるビルマにおいて，両者の共同作業を演出することは人民軍の典型的なイメージをつくりだすとともに，国民からの支持獲得をねらうものであったのだろう[15]．

次に，国民国家の防衛を担う軍人としてのイメージである．国家は独立記念塔と国旗によって象徴され，国民は男性農民と男性労働者で示されることが多い．図6-9では，国旗を背後に背負い，ライフルを持つ陸軍軍人の下に工場地帯と田で稲を刈る農民たちが示されている．さらに工場地帯の上空には反日抗争に立ち上がる人々が描かれており，国軍が演出したい歴史像と理想社会が1つの図像上で接続されている．図6-10は，市街のマハーバンドゥーラ公園にある独立記念塔を背景に農民と労働者が握手している姿を描いたものである．記念塔の前には銃を持った軍人が見える．

以上のような，農民と労働者に人民を還元し，それを守る軍人という構図とともに，少数民族を守る軍人の姿もしばしば描かれる．図6-11，図6-12は国旗を背景にして，軍人と少数民族の姿を描いたものである．これらが「少数民

---

15 他方で，農民に軍事教練を施している図柄，労働者を中心に配置した構図もあったが，数としては少ない．

図 6-4　軍人と農民　　図 6-5　農作業をする軍人①　　図 6-6　農作業をする軍人②

図 6-7　農作業をする軍人③　　図 6-8　農作業をする軍人④

図 6-9　国家像

図 6-10　労働者と農民

図 6-11　少数民族①

図 6-12　少数民族②

族と共存する軍人」という国民統合のイメージをつくり出そうとしていることは明らかだが，くわえて，少数民族を民族衣装や楽器で象徴させるステレオタイプ化も反映している．さらに，民族衣装を着た人々がしばしば女性であることは，「男らしさ」を象徴する軍人とは対照的な，平和的・非政治的な「女らしさ」のイメージを少数民族に付与しようしているものととらえることもできるだろう．

　この「女らしさ」は，「男らしい」軍人の対照物とされるだけでなく，男（軍人）をたたえるものとしても表現される．図6-13と図6-14はそれぞれ兵士に花をささげる子供と女性である．実際に毎年3月27日の国軍記念日にはヤンゴンで国軍のパレードが行われており，隊列に近づいて兵隊に花束を首にかけることは慣例になっていた[16]．花を隊列にささげる行為は，当然のことながら，日々戦闘に汗を流す兵士たちをたたえる行動である．この軍人をたたえる女性像は，母としての女性像と重なりながら（図6-15），父としての軍人の「男らしさ」を後方から支える．

　第4に，アウン・サンの偶像化である．驚くべきことに，ネー・ウィン体制期の26年間に発行された『人民軍雑誌』のうち，筆者が確認した約150冊のなかで，ネー・ウィンが表紙になったものは1冊もなかった．第2章で明らかにしたように，国家イデオロギーもネー・ウィンへの個人崇拝という性質は持たず，ネー・ウィンが偶像化されることはなかった．かわって偶像化されたのがアウン・サンである．『人民軍雑誌』でも，さまざまなモチーフのアウン・サンが表紙となっており，そのいくつかの例をしめしたのが図6-16である．も

16　戦う女の姿を描いたものもある．たとえば以下のもの．

図6-26　戦う女

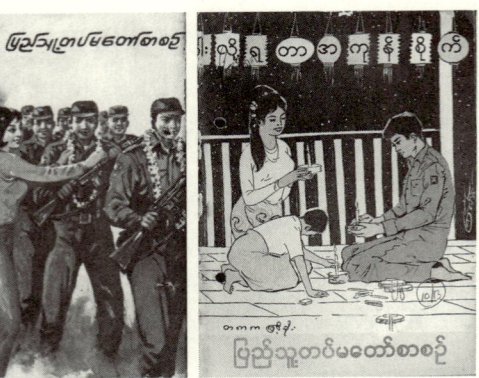

図 6-13　軍人と花輪①　　　図 6-14　軍人と花輪②　　　図 6-15　父としての軍人

図 6-16　アウン・サンのイメージ

ちろん，アウン・サンは独立の父であり，かつてから英雄とみなされていたが，1950年代に軍内向けに発行された雑誌である『時事』(hki'yêi) にはアウン・サンを表紙としたものは管見の限り存在せず[17]，国軍がアウン・サンの図像を軍の象徴として本格的に利用し始めたのは1962年以降のことであった．軍服姿のアウン・サンが選択的に採用され，記事となる演説からの引用も社会主義への支持と諸民族の協調を唱えたものが中心だった[18]．

　以上のように，人民軍のイメージは，農民と軍人の親密さ，少数民族と軍人および女性と軍人との間の非暴力的な表象，さらに「女らしさ」の強調，アウン・サン将軍の偶像化といった特徴を持っていた．これらの背景に，軍による政権維持の正統性，すなわち独立闘争を担った民族解放軍としての歴史観と，農民，労働者の利益を実現するビルマ式社会主義の表明を見出すことはたやすい．特に，独立闘争の経験は，後述するように軍人が世代交代をむかえるなか，旧世代から新世代へとその意義を伝達する必要があった．もちろん，雑誌の表紙程度で経験の伝達は不可能であるが，「伝統」のイメージがどのように形成されていったのかを知る上では意義があるだろう．

17　『時事』には反共主義的な記事が多く，この時代，軍内の共産党シンパへの警戒感がきわめて強かったことがうかがえる．
18　表紙を掲載した『人民軍雑誌』の発行年月日および巻号は以下のとおりである．1964年8月7日発行第1巻3号（図6-4），1964年11月7日発行第1巻9号（図6-5），1964年10月7日発行第1巻7号（図6-6），1983年8月15日発行第20巻8号，1965年10月15日発行第2巻12号（図6-8），1968年3月15日発行第5巻3号（図6-9），1968年1月15日発行第5巻1号（図6-10），1968年2月15日発行第5巻2号（図6-11），1976年2月15日発行第13巻2号（図6-12），1976年8月15日発行第13巻8号（図6-13），1973年7月15日発行第10巻7号（図6-14），1976年8月15日発行第13巻10号（図6-15），1971年12月15日発行第8巻12号（図6-16上段左），1971年7月15日発行第8巻7号（上段中央），1966年7月15日発行第3巻9号（図6-16上段右），1968年7月15日第5巻7号（図6-16下段左），1974年6月15日発行第11巻6号（図6-16下段右），1966年3月15日第3巻5号（図6-25）．

6-4 　国軍人事の安定化

　6-3(2)で指摘したように，ビルマ国軍の党軍化は党による軍の統制という意味では限界があった．統帥権などの重要な権限は国家評議会に移されたため，党総裁であるネー・ウィンの権限は依然として絶大なものだったが，日常的な軍事活動に党の影響力はほとんど及ばなかったといってよい．こうした状況はネー・ウィンが退役したあとの国軍がかれの側近によって率いられているうちは大きな問題にはならない．しかし，時とともに軍内でも世代交代が生じる．新しい世代の将校たちは反日抗争を経験しておらず，ネー・ウィンらと共通の経験を持たないため，社会主義やナショナリズムに対する意識も異なる．6-3(4)で指摘した人民とともにある軍人イメージの提示やアウン・サンの偶像化がはかられたことのひとつの背景には，「革命」の経験を後の世代に伝えることにもあったのだろう．しかし，独立闘争を直接経験していない将校たちに反日抗争の経験を伝えることは難しく，新世代の台頭はネー・ウィンの権威や社会主義という体制の正統性の基盤を掘り崩すものとなる．そうしたなかで，ネー・ウィンは自らの権力維持をいかにして達成したのか．計画党からの統制ではなく，軍隊そのものの構造，特に人事に着目してこの問いを検討することにしたい．

（１） ビルマ国軍の内部構造

　まず，ビルマ国軍はどのような組織的特徴を持つのか．当時のビルマ国軍の機構について，中央機構，陸軍地方司令部，将校養成制度，将校団の規模の順にその特徴を指摘しておく[19]．

19　ポスト88年に国軍は大きく変容しているが，本論とは直接関係ないのでここでは触れない．Myoe [2009: Ch. 3] を参照されたい．

1　中央機構

　ビルマ国軍は国軍参謀総長の下に陸・海・空軍それぞれの参謀次長が置かれ，各軍を統括している．独立から1962年までの国防大臣はウ・ヌ（在任期間：1948年9月14日〜1945年4月5日，1960年4月4日〜1962年3月2日），バ・スェ（在任期間：1952年3月16日〜1958年7月16日），ボー・フムー・アウン（在任期間：1958年7月16日〜1958年10月28日）と文民政治家の在任期間が過半を占めたが，1962年以降は国防大臣を国軍参謀総長が兼任したため，実質的な軍の最高責任者は国軍参謀総長で，それに続くのが陸軍参謀次長である．国軍参謀総長が三軍を，陸軍参謀次長が陸軍を統括することになっているが，陸・海・空のうち陸軍が圧倒的に大きいビルマ国軍では，国軍参謀総長が実質的には陸軍のトップであり，陸軍参謀次長はナンバー2になる．

　ビルマに国防省が発足したのは1956年と遅く，陸軍参謀本部から分離するかたちで発足したため，国防省と陸軍参謀本部との境界線は曖昧である．1963年，1969年，1971年，1973年，1974年，1979年，1981年に機構改革が実施されているが，ネー・ウィン体制期の国防省には基本的に，大臣府，参謀総長府とともに各軍の参謀本部が置かれ，大臣府などを除いた内部部局としては軍務局，兵站局，人事局，法務局，監察局が置かれた．軍務局内には医務部，再定住部，規則部が，また兵站局は技術部，補給・輸送部，兵器部，電気・機械部によって構成された．

　国防省の発足により，一部の部局を移管した陸軍参謀本部だが，1985年にまとめられた『陸軍参謀本部史 1948-1984』によれば，国防省発足により，陸軍参謀本部は陸軍参謀次長を長とし，内局は任務総局，作戦総局，教育・心理戦局（のちに計画局などに統合），訓練局，砲兵・機構局，通信局，憲兵局，諜報局からなる体制へと再編された［DSMHRI DR8482: 39-41］[20]．1969年には計画局と調査局が新たに設置されている（図6-17参照）．

　このうち，国軍参謀総長，陸軍参謀次長が重要なのは当然のことだが，くわえて，国防省の軍務局長および兵站局長は国防省と陸軍参謀本部の内局全般を

20　各局に配属される将校数は任務局24名，作戦局14名，教育・心理作戦局（不明），訓練局15名，砲兵・甲機局14名，通信局17名，憲兵局50名，諜報局23名である［DSMHRI DR8482: 39-41］．

統括する権限を持ち，極めて重要である．また，軍政の長期化にともなって次第に陸軍参謀本部では諜報局長が影響力を持つようになっていく．陸軍参謀次長の補佐を担当する参謀大佐も比較的若い将来有望な将校がつくポストで重要である[21]．これら，国軍参謀総長，陸軍参謀次長，軍務局長，兵站局長，諜報局長，参謀大佐の6ポストを見れば，当時のおおまかな軍内の勢力図を見極めることができる．

2 陸軍地方司令部

ビルマ国軍は独立以来，国内反乱勢力の鎮圧を主要な任務としてきたため，軍事活動のほとんどを担ってきたのは陸軍の実戦部隊である．基礎となる戦闘部隊の単位は歩兵大隊であり，歩兵大隊は4個中隊からなる将校と兵卒合わせて約800名の部隊だった．1961年までは北部，南部の2軍管区のもとで，数個大隊ごとに第1旅団から第13旅団まで旅団制（ta'màha）の編制体系がとられていた．1961年には旅団制を廃止して軍管区制が敷かれる．当初の東南，西南，中央，西北，東部の5軍管区から1972年には東南，西南，中央，西北，東部，ラングーン，北部，東北，西部の9軍管区制に拡大した．さらに，陸軍参謀本部直轄の歩兵師団が1966年から開設され，1個師団は約10個大隊で構成された．この大隊司令部—歩兵師団司令部—軍管区司令部が地方司令部の中心であり，軍内の最重要エリートである野戦将校の「任務の旅」(tour of duty)はこの3種の組織間を横断しながら進む．軍管区司令官になると，軍管区内の行政にも影響を及ぼすことでき，すでに言及した国軍中央機構の主要ポストもほとんどが軍管区司令官出身者によって占められた．以上の軍機構を陸軍と国防省について図示したのが図6-17である．

---

21 これら，国軍参謀総長，陸軍参謀次長，軍務局長，兵站局長，諜報局長，参謀大佐の6ポストについていない軍内有力者には，たとえば1950年代に軍改革をてがけたマウン・マウン大佐（教育・心理戦局長），1960年代にネー・ウィンの側近として内務大臣をつとめたチョー・ソー大佐（人事局長）がいるが，かれらはそれぞれ当時のアウン・ジー陸軍参謀次長とネー・ウィン国軍参謀総長と親しく，かれらの側近として影響力があったとみなせるだろう．

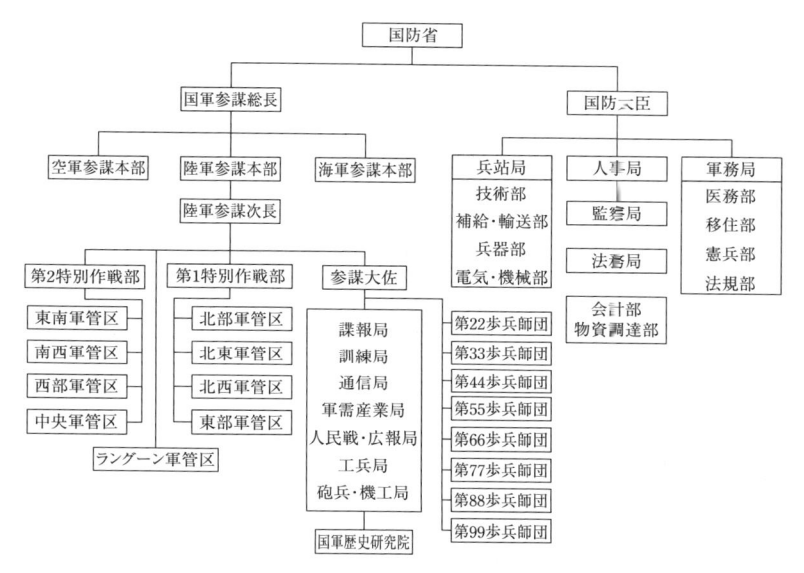

図 6-17　ビルマ国軍機構図（1988）

3　将校養成制度

　国軍の幹部を構成するエリート，すなわち将校はどのように養成されたのか．ビルマ国軍の特徴のひとつは幹部の養成機関設置が非常に遅れたことである．標準的な 4 年制の士官学校である国軍士官学校（si' te'kàthoe, Defence Services Academy: DSA）は 1955 年になってはじめてバトゥーに開設された．入学資格は 16 歳から 19 歳までの高校卒業者で，第 1 期士官候補生として 1955 年 7 月 4 日に 45 人が入学している．その後，入学者数は漸増し，1980 年代末には毎年 200 人前後の士官を送り出していたようである．入学時には所属する軍種は決まらず，卒業時に三軍のいずれかへの配属が決定される［Myoe 2000: 7］．

　では，独立から DSA が開設されるまで，士官養成はいかにして行われていたのか．主に 2 通りの方法があった．ひとつは，日本軍政期に日本軍による訓練を受けて任官した人々の任務継続である．「三十人の志士」は日本軍による士官養成の最初期にあたるが，より安定した士官供給を目指して，日本軍は 1942 年 10 月 20 日にラングーンの北にあるミンガラドンに幹部候補生学校を

第 6 章　兵営国家の政軍関係　│　243

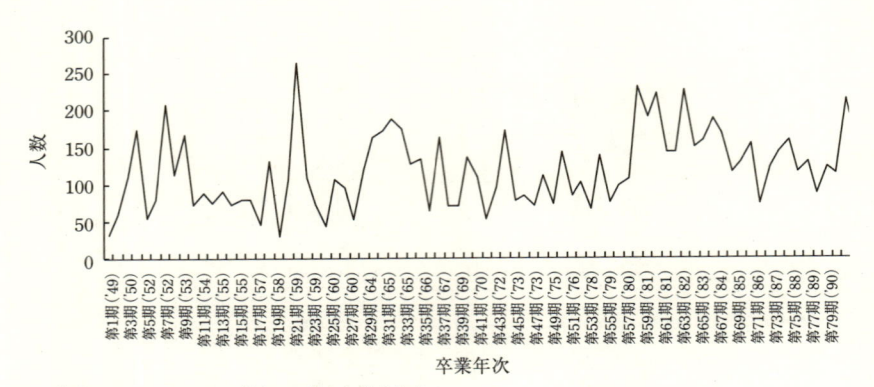

図 6-18　OTS 卒業生数（第 1 期–第 80 期）

設置した[22]．ビルマ防衛軍の構成員を中心に 1945 年 3 月まで合計 5 期 1,116 人が入学し，そのうち第 4 期までの 937 名が卒業を果たしている［DSMHRI DR-8452: 9］．かれらのうち多くは任官後まもなく対日蜂起に参加し，1945 年のイギリスの復帰とともに軍を退職したが，一部は独立後の国軍に残った．

第 2 に士官訓練校（boe thindân kyâun, Officers Training School: OTS）を通じた士官養成である．1949 年 5 月に第 1 期 120 名が任官した．入学者のほとんどは下士官であり，3 ヶ月から 9 ヶ月という極めて短期間の訓練を受けて士官となった[23]．図 6-18 は第 1 期から 1990 年 8 月 23 日任官の第 80 期までの OTS 卒業生の推移を示したものである．いわゆる士官学校のように若い士官候補生を教育するだけでなく，下士官から士官に昇進する際にも OTS を修了する必要があり，定員は年次ごとにばらつきがある．また，1 年間に複数期の卒業というケースもあり，時代によってもずいぶんと差がある．さらに，図ではわか

22　幹部候補生学校をビルマ語では「ボーティンダン・チャウン」（boe thindân kyâun）と呼び，後述の OTS はこの日本軍政期の幹部候補生学校をモデルとしている．

23　1949 年 1 月に開設された OTS は当初メイミョーにあったが，1957 年からバトゥーに移転している．その後，1964 年にフモービーに移設された．1964 年卒の第 29 期以降からは大学卒業者にも門戸が開かれた［Myoe 1998: 16］．

表 6-3　1965 年時点での陸海軍人員構成

(単位：人)

	士官	下士官	兵士	新兵	文民	合計
陸軍	4,919	34,076	76,473	6,858	3,857	126,183
海軍	357	2,033	4,696		69	7,155
空軍	383	2,370	3,939		784	7,476
合計	5,659	38,479	85,108	6,858	4,710	140,814

出所）[DSMHRI CDE-882(9): 12]

らないが，1962 年と 1963 年には卒業生がおらず，それは本来の計画であれば 1961 年に OTS による士官養成が停止されることになっていたからであった．再開された理由は，後述するように，1962 年から国軍からの出向者が増えて，DSA だけでは士官養成がまかなえなくなったからである[24]．

以上のように，日本軍政期における士官養成学校や下士官および一般兵卒むけの教育機関をのぞけば，ネー・ウィン体制期における士官養成システムは OTS と DSA の二本立てになっていた．

4　将校団の規模と世代交代

ビルマにおける将校団の規模について正確な数字が公表されたことはない．国軍の内部資料でも，1966 年の国軍大会に提出された資料で確認することができるだけである．表 6-3 がその際に公表された将校団の規模を示したものである．

まず第 1 に，陸・海・空軍の将兵数の比が，17：1：1 となっており，陸軍将兵の数が圧倒的に多かったことがわかる．軍事作戦は陸軍の歩兵大隊を中心にして作成され，国防省の内局局長職も多くは陸軍将校によって占められた．機構的にも政治的にも陸軍が海軍，空軍に対して優位の状況にあり，軍種間で派閥対立が生じることはありえなかった．

第 2 に，陸軍における士官・下士官・兵士の比が 1：7：17 と，士官の数が

---

[24] 1971 年に見習い士官制度（*alou' thin boe*）が導入され，16 歳から 19 歳の高校卒業者を対象に 3 年の訓練を行うようになったが，これは主に比較的下位の階級を占める士官養成を目的としたものであるため，本書の分析対象からははずす [Myoe 2000: 6]

表 6-4　1965 年における国軍士官の年齢構成

(単位：人)

軍種／年齢	20 歳以下	21歳から30歳	31歳から40歳	41歳から45歳	46 歳以上	合計
陸軍	5	1,393	2,220	857	440	4,915
海軍	0	202	112	37	17	368
空軍	0	192	147	37	6	382
合計	5	1,787	2,479	931	463	5,665

出所）[DSMHRI CD-882(9): 12]

極めて少ない軍隊だった．士官不足は作戦遂行にも支障をきたすほどで，1963年の国軍大会では，たとえば西北軍管区司令部からは軍務関係の士官18名のうち，法務担当5名，記録部に3名，残り10名で司令部の軍務関連事務を担当せねばならず，人員が不足していると報告された [DSMHRI CD879: 1]．当然，1962年3月2日クーデタは軍内の人員不足に拍車をかけることになった．国軍の国権掌握に伴う計画党および行政機構への出向が増加したことにともなって，軍務につく士官が減少したためである [DSMHRI CD 882(3): 65-66]．

1968年3月31日時点で全士官数5,077人中，常勤で出向していた士官は883人と全士官数の約17％にも及んだ [DSMHRI 883(10): 2]．1966年の東部軍管区の報告によれば，ある歩兵大隊の機構上の将兵の定員は776人だが，実際はその87％程度にあたる675人しか配属されていなかったという [DSMHRI CD882(3): 75]．それを受けて1961年に一旦閉鎖したOTSの再開が議論され [DSMHRI CD879: 1-3]，1964年には実際にOTSが再開されて第29期生162人が卒業している．

第3に，軍内で世代交代が生じつつあった．表6-4は1965年における国軍士官の年齢構成を示したものである．31歳から40歳までの士官が他の世代に増して多いことがわかるだろう．この世代は日本軍政期を将校として経験したものが少なく，反政府勢力との戦闘を前線で指揮してきた将校たちである．そして，1960年代半ばにはかれらは30歳を越え，前線で指揮をとるには体力的な限界に達してきていた．1969年国軍大会の第3日に「国軍の若返り」が議題

になったのはそのためである[25].

　会議の冒頭で陸軍参謀本部参謀大佐チー・マウン大佐は次のように述べている．

> 　ビルマ国軍の現状を客観的に検討する必要が出てまいりました．今日のビルマ国軍を見ますと，概して［戦闘］経験の向上が見られる一方　疲労と高齢化を抱えた軍隊になりつつあることがわかります．
> 　軍人であるとともに，世帯主として責任が重くなられた方々，年をとって体力的に衰えた方々，健康を害し，薬を必要とする方々も増えてきていることはご存知のことと思います．そのため，前線から離れる［士官の］数と，前線における戦闘力［との均衡］という国軍にとって不可欠なものが十分には達成できなくなっております［DSMHRI CD884(1): 1-2］．

　大会では，前線から離れる将校の年齢，階級ごとの退役年齢，勤続年数と階級との対応関係などが議論された．議題は「若返り」だったが，主に議論されたのは，いかに前線の将校を後方に配置し，その後，昇進するものと退役するものとにどのように腑分けしていくかであった．そして，議論の主たる対象になったのは主に30代半ばの将校たちであり，将校団のなかで最も人的に厚みのある世代だった．

　将校数の少なさが軍事活動における非効率を生じさせる原因として指摘されていたことはすでに述べたが，将校の年齢層が概して若かったために，官僚機構の持つピラミッド型の階統秩序をいかに維持するのかという問題はそれまで深刻に受け止められてはこなかった．しかし，1960年代末から，次第に中堅将校の処遇という課題に国軍指導部は直面することになる．これはつまり，民族解放軍から近代的な官僚機構へと変化を遂げる重大な転機にさしかかっていたことを意味する．ではいかに対処すればよいのか．その方針について本格的に検討されたのが，この1969年の国軍大会だった．以降，将校団内における

25　将校の不足について議論された1966年国軍大会初日にも，東部軍管区代表が人員不足に関する議論のなかで前線にいる将校の「高齢化」についての言及がある［DSMHRI CD882(4): 62, 95］．

階等秩序の安定した再生産をいかに達成するかが，国軍の安定ひいてはネー・ウィンの国軍掌握にとっても重要な課題になっていく．

（2）キャリア・パターンの制度化

では，ネー・ウィンは国軍の機構的な安定をどのようにしてつくりだし，その掌握に成功したのか．本研究が着目するのは2つの点である．1つ目は幹部将校数の制限．2つ目はキャリア・パターンの制度化である．両者によって高級将校の飽和状態は抑制され，また，将校団内での秩序だった利益配分が可能になったのではないか，というのが本章の仮説である．検証していく．

まず，最初に指摘したいのは，昇進数の限定である．そもそもビルマ国軍では中佐より上位の階級に属する将校の数は意図的に低く抑えられており［DSMHRI CD884(1): 249］，1969年には大佐約70名，准将以上は15名程度であった［DSMHRI CD884(1): 177］．この高級将校数の限定が，軍内の秩序維持にとって不可欠であるという認識が軍内にはあった．上述した年齢構成上最も厚みのある世代が佐官クラスに昇進し始める1970年代半ば以降も，高級将校数が急激に増えることはなかった．

指揮幕僚学校（*si'ûsi te'kàthoe*, Command and General Staff College）修了者数の推移を示した図6-19を見てもらいたい．指揮幕僚学校は陸・海・空・警察の少佐および中佐の将校に対して約9ヶ月間のプログラムを実施し，修了したものの多くは中佐あるいは大佐まで昇進する［Myoe 2000: 13］[26]．図を見ると，1974年以降，修了者数が30名から35名の間で安定して推移していることがわかるだろう．くわえて，表6-5は1960年代末の18ヶ月間と，1980年代半ばの18ヶ月間の階級別昇進者数を比較したものである．資料上の問題で正確な比較にはなっていないが，1960年代末における中佐への昇進者数と1980年代半ばにおける大佐への昇進者数が同時期の指揮幕僚学校の修了者数とほぼ等しい

---

[26] 1948年8月1日にビルマ陸軍幕僚学校（The Burma Army Staff College）としてメイミョーに開校され，52年4月にはミンガラドンに，54年4月にはカローに，1965年に指揮幕僚学校に名前を変更し，翌年バトゥーに移転，1990年にはカローに再び戻っている［Myoe 2000: 12-13］．

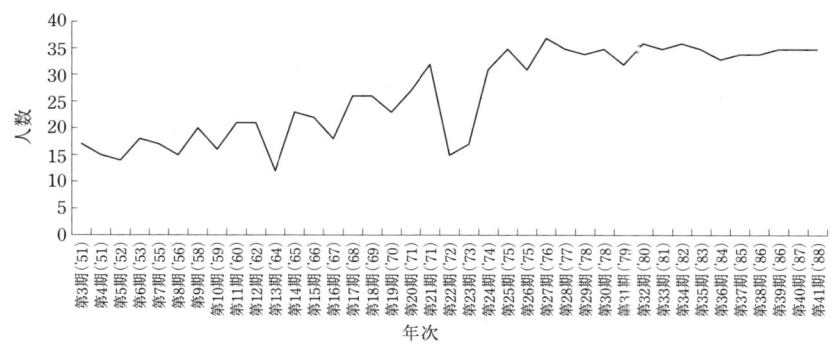

出所）[DSMHRI DR-8452：付表 htà-1] より筆者作成

図 6-19　陸軍将校の指揮幕僚学校修了者数（1951-1988）

表 6-5　階級別昇進者数の比較

1966年10月1日から 1968年3月31日まで		1985年10月1日から 1987年3月31日まで	
階級	人数	階級	人数
少尉→中尉	1,011（人）	中佐→大佐	37（人）
中尉→大尉	633	大佐→准将	12
大尉→少佐	83	准将→少将	7
少佐→中佐	17	少将→中将	1
中佐→大佐	6		

出所）1966年10月1日から1968年3月31日までについては [DSMHRI CD-883(10): 6]．1985年10月1日から1987年3月31日までについては [DSMHRI CD-882(9): 12] より筆者作成．

第 6 章　兵営国家の政軍関係

ことがわかる．したがって，1970年代半ば以降に大佐以上に昇進する将校の数は，指揮幕僚学校修了などの条件を課すことによって，毎年一定数で推移していたものと考えられる．

日本軍政期世代が次第に高齢になるにしたがって，年功序列の人事体系を維持するために階級の数は増える傾向にあったが，それを除けば，ビルマの将校団は自律的な人事体系を維持し，高級幹部の過剰供給や外部からの登用は慎重に避けられていたのである．

むやみに昇進人事を行なわないことは組織運営にとって重要である．その一方で，昇進を制限してばかりでは人事の停滞につながる．軍内人事の停滞は，場合によっては中堅将校の不満となり，軍内政治の不安定化を引き起こすひとつの要因になるだろう[27]．それを避けるには，少なくともふたつの条件が必要である．ひとつに将校の円滑な退役，もうひとつには，キャリア・パターンの制度化である．

将校の円滑な退役については，計画党および人民評議会をはじめとした行政機構が将校の転出先として重要な役割を果たした．それはすでに見たとおりである．ここで検討しておきたいのは，国軍内でのキャリア・パターン，すなわち昇進経路の制度化である．昇進経路がある程度確立すると，将校自身は自分の将来を見通せるようになる．将来への見通しが立つということは，悪い見通しも良い見通しも立つということだ．悪い見通しというのは，要するに昇進の終わりなのだが，軍外への転出などを通じて将校の不満が解消されるような仕組みが用意されている．その一方で，よい見通しとは昇進であり，いわゆる出世コース上にいる将校の行動様式を保守化させるだろう．政治的変化，組織上の変化が直接かれらの将来的な利益を害する可能性が高くなるからである．したがって，キャリア・パターンを安定させ，将来の見通しが立つようにするということは，軍隊の機構的な安定と体制の安定にとって不可欠なのである．

以上をふまえたうえで，国軍博物館・歴史研究所に所蔵された1977年から1987年までの11年分の『軍辞令集』を利用しながら，陸軍将校のキャリア・パターン形成を検討したい．この資料は，すでに第4章でその一部を利用した

27　ひとつの典型的なケースは1961年に韓国で起きた5・16軍事クーデタである．

が，国軍内で実際に交付された辞令書をまとめたものである．資料の内容に欠落がないと仮定すれば，該当する11年間のすべての将校の人事異動が把握できる．ビルマ政府の内部情報流出に対する異常ともいえる警戒感を考えると，この手のデータはきわめて貴重だろう[28]．

　検討をはじめるまえに3点確認しておく．まず，陸軍における昇進競争の出発点を歩兵大隊大隊長への昇進におく．士官としてキャリアをスタートさせるのはDSAあるいはOTSを卒業して，多くの場合はいずれかの歩兵大隊に少尉として配属された時点である．それから10年から15年ほど前線での戦闘などを経験し，少佐あるいは中佐として歩兵大隊大隊長に任命されると，本格的に昇進競争がはじまる．

　第2に，軍管区司令部の司令官を昇進競争の終着点とみなす．むろん，機構的には陸軍参謀次長および国軍参謀総長が国軍の頂点であるが，両ポストは，後で見るように，全員が軍管区司令官経験者であり，軍管区司令官を経験したものにしか望みようのない地位である．したがって，どのような昇進経路をたどった人々が軍管区司令官になったのかを知ることが国軍トップエリートのキャリア・パターンを考える上で決定的に重要といえるだろう．

　最後に，将校は国防省／陸軍参謀本部，軍管区司令部，歩兵師団司令部，歩兵大隊司令部の4つの領域を横断しながらキャリアを形成していく．例外として，在外公館の武官に転出して再び昇進コースに戻るケースと，計画党に転出したあとに再び国軍の要職に就任するケースが存在するが，数としては少なく，ここで問題になるほどではないため，以下の分析では主に上記4つの組織領域の間での動きだけに分析の対象を限定する．

　さて，図6-20から図6-24は，それぞれ，①歩兵大隊大隊長の昇進先および昇進数，第1作戦参謀の昇進先および昇進数，②軍管区戦略部長，歩兵師団戦術部長の昇進先および昇進数，③軍管区副司令官，歩兵師団副師団長の昇進先および昇進数，④歩兵師団長等の昇進先および昇進数，を示したものである．数字は矢印で示した方向への昇進人事が1977年から1987年までにいくつあっ

28　ただし，そうはいっても11年分である．軍人の任務の旅は，退役まで勤めたとして任官から約40年ちかくあるので，これだけでは決して十分なものといえないかもしれない．より長期にわたる人事異動の分析が今後望まれる．

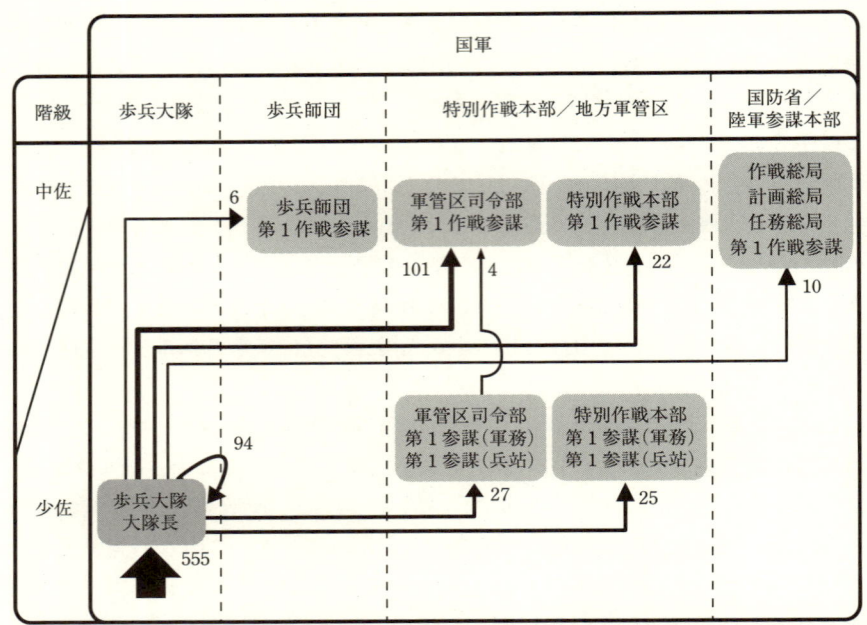

出所）[DSMHRI DR-8380] [DSMHRI DR-8381] [DSMHRI DR-8382] [DSMHRI DR-8383] [DSMHRI DR-8384] [DSMHRI DR-8385] [DSMHRI DR-8386] [DSMHRI DR-8387] [DSMHRI DR-8388] [DSMHRI DR-8389] [DSMHRI DR-8390] [DSMHRI DR-8391] [DSMHRI DR-8392] [DSMHRI DR-8502] [DSMHRI DR-8503] [DSMHRI DR-8504] [DSMHRI DR-8506] [DSMHRI DR-8514] [DSMHRI DR-8515] [DSMHRI DR-8566] [DSMHRI DR-8600] [DSMHRI DR-8601] [DSMHRI DR-8602] から筆者作成

図6-20　歩兵大隊大隊長の昇進先および昇進数（1977-1987）

たのかを示している．したがって，注意が必要なのは，たとえば，大隊長への昇進数は555となっているが，その後の数字はこの555人の大隊長の行く末を示しているわけではないということである．あくまで，11年間の間にあった昇進人事の件数を示しているだけである．

　まず，図6-20は歩兵大隊大隊長からの昇進パターンを図示している．大隊長からまた別の歩兵大隊大隊長に就任したものについても示した．最も多い異動先は，軍管区司令部の第1作戦参謀で101と突出している．軍管区司令部と特別作戦本部第1参謀（軍務）および第1参謀（兵站）もそれぞれ27と25であるが，軍管区司令部の第1参謀からわずか4件しか軍管区司令部第1作戦参謀への昇進事例はない．ここでわかるのは，歩兵師団，軍管区司令部，特別作戦

階級	歩兵大隊	歩兵師団	特別作戦本部／地方軍管区	国防省／陸軍参謀本部
			国軍	
大佐		歩兵師団 副師団長 ←3	軍管区司令部 副司令官 ←6	
		歩兵師団 戦術部長	軍管区司令部 戦略部長	人民局・広報局長 再定住局長
	→3	↑45 ↑13	↑35 ↑3	↑3
中佐	歩兵師団 第1作戦参謀	軍管区司令部 第1作戦参謀	特別作戦本部 第1作戦参謀 →4	作戦総局，計画総局・任務総局 第1作戦参謀 ↺4

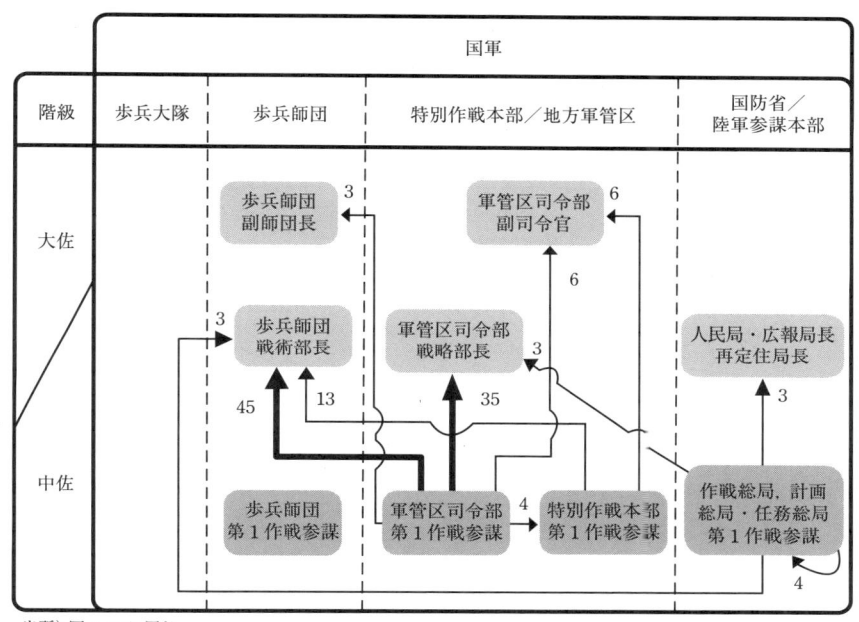

出所）図6-20に同じ

図6-21　第1作戦参謀の昇進先および昇進数（1977-1987）

本部，国防省の3つの総局（作戦，計画，任務）の第1作戦参謀になれるかどうかが最初の関門だということである．ここから外れてしまうと，これ以上の地位は望めなくなってしまう．

次に図6-21である．まず確認しておきたいのは，歩兵師団第1作戦参謀からの昇進がないことである．また，特別作戦本部第1作戦参謀から歩兵師団戦術部長への昇進を除けば，軍管区司令部第1作戦参謀からの昇進以外，すべてその件数は一桁代であり，歩兵大隊大隊長から軍管区司令部第1作戦参謀に昇進することが昇進競争上，圧倒的に優位だったことがわかる．そして，この軍管区司令部第1作戦参謀からの昇進先は主に2つの方向に分かれる．ひとつが歩兵師団の戦術部長，もうひとつが軍管区司令部の戦略部長である．ポストの数としては後者の方が多かったにもかかわらず，昇進数としては前者の方が10件多い．これは，戦術部長の平均任期が短かったことが理由のひとつと考

第6章　兵営国家の政軍関係

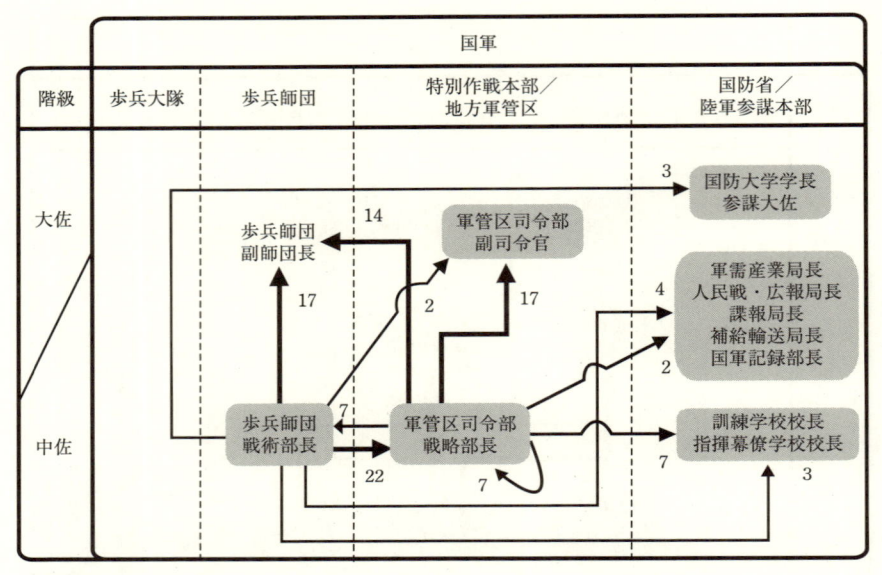

図6-22 軍管区戦略部長, 歩兵師団戦術部長の昇進先および昇進数（1977-1987）

出所）図6-20に同じ

えられる.

　図6-22は歩兵師団戦術部長, 軍管区司令部戦略部長の昇進先である. 一見して, さまざまな昇進経路があったことがわかるが, 重要なのは, やはり複数の事例があった場合であろう. 戦術部長の戦略部長への就任と, 歩兵師団の副師団長と軍管区司令部の副司令官への就任がそれにあたる. 両者を比較すれば, ここでも, 歩兵師団副師団長への就任数の方が多くなっている. 参謀本部の局長や各種訓練学校の校長に異動した将校たちは, ここから軍管区司令官への昇進経路に戻ってくることはなかった. ただ, 国防省および陸軍参謀本部に異動したもののなかでも, 国防大学の学長と参謀大佐については, まだ作戦畑での昇進の可能性が残されていた. とはいえ, 両者は定員1名と枠が狭く, 歩兵師団副師団長, 軍管区副司令官への昇進がその後の昇進を考えるうえでかなり有利であったとはいえそうである.

　図6-23は, 歩兵師団副師団長, 軍管区司令部副司令官の昇進先である. まず,

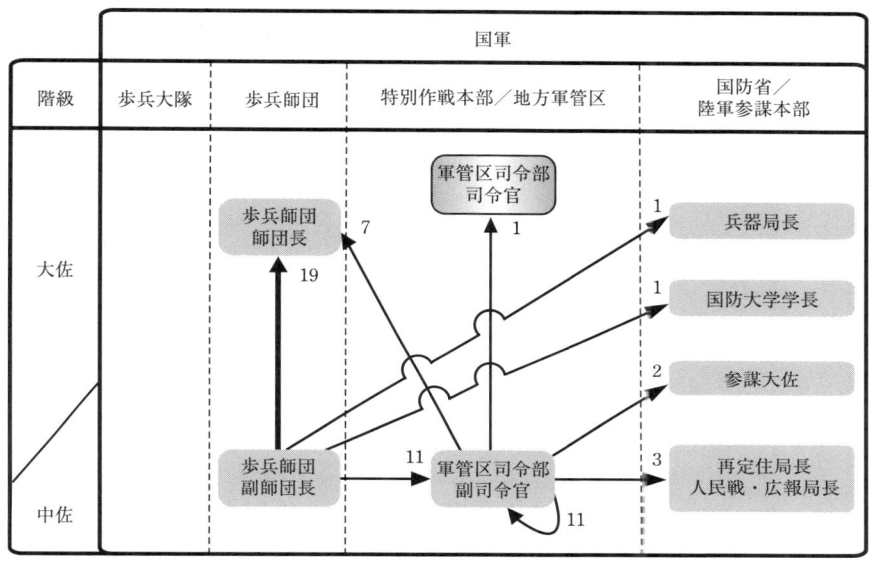

```
                          国軍
┌─────┬────────┬────────┬──────────────┬──────────────┐
│ 階級 │ 歩兵大隊│ 歩兵師団│特別作戦本部／│  国防省／     │
│     │        │        │ 地方軍管区   │ 陸軍参謀本部  │
```

                              ┌──────────┐
                              │軍管区司令部│
                              │ 司令官   │
                              └──────────┘
           ┌──────┐   ↗ 7   ↑ 1   ↗ 1 ┌──────┐
           │歩兵師団│   │兵器局長│
   大佐   │ 師団長 │   └──────┘
           └──────┘   ↗ 1 ┌────────┐
              ↑ 19   │国防大学学長│
                                                └────────┘
                                           ↗ 2 ┌──────┐
                                                │参謀大佐│
           ┌──────┐   ┌──────────┐   └──────┘
           │歩兵師団│ 11   │軍管区司令部│   ↗ 3 ┌──────────┐
           │副師団長│ ────→│ 副司令官 │ ───────→│再定住局長 │
   中佐   └──────┘   └──────────┘   │人民戦・広報局長│
                              ↻ 11   └──────────┘

出所）図 6-20 に同じ

図 6-23　軍管区副司令官，歩兵師団副師団長の昇進先および昇進数（1997-1987）

　軍管区副司令官から軍管区司令官になるものがほとんどおらず，わずか 1 名だったことがわかる．この 1 件の事例は 1985 年 11 月 4 日に交付されたもので，ヤンゴン軍管区の副司令官だったミョー・ニュンが同軍管区司令官に就任したものである．その理由は明らかではないが，かなり例外的な事例だった．通常，軍管区司令官になるには，それまでの経歴がどうであっても，歩兵師団師団長をつとめる必要がある．しかも，軍管区副司令官から歩兵師団長になったケースより，副師団長から師団長になったケースの方が 12 件も多く，副師団長より軍管区副司令官の方が昇進が止まる可能性が高かったことがわかる．

　最後に，図 6-24 は軍管区司令部司令官への昇進と，さらに軍管区司令官からの昇進も示した．軍管区司令官は師団長から就任しているものが 11 と最も多い．国防省の局長から 3 名いるが，これは 1978 年が 2 件，1978 年は 1 件で 1980 年代には一度もないケースである．1980 年代になって，歩兵師団師団長から軍管区司令官への昇進が定着したことがうかがえる．国防大学学長から軍

第 6 章　兵営国家の政軍関係 | 255

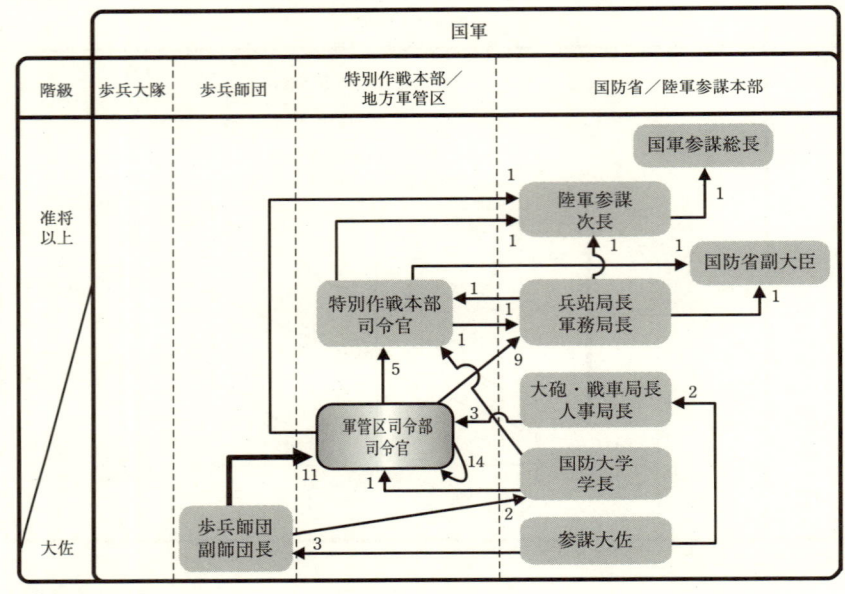

図 6-24　歩兵師団師団長等の昇進先および昇進数（1997-1987）

出所）図 6-20 に同じ

　管区司令官への1件の就任も，すでに歩兵師団師団長を経験した将校である．前述したことの確認になるが，軍管区司令官を経由せずに，それ以上の地位，すなわち，特別作戦本部司令官，国防省兵站局長，軍務局長，国防省副大臣，陸軍参謀次長，国軍参謀総長への就任はなかった．国軍のトップ将校になるには，地方司令官の経験が必須条件だったわけである．唯一の例外である国防大学学長から特別作戦本部司令官への就任は，1978年5月8日の特別作戦本部設置時の人事であり，それ以降に同様のケースはない．これもまた70年代末に昇進経路が安定していったことを傍証するものである．
　以上の分析を補完するために，1980年代に軍管区司令官に就任した将校が経験したポストを示した表 6-6 を見ておきたい．表に示された17人軍管区司令官のうち，14人は歩兵師団師団長を経験している．また，軍管区司令官あるいは歩兵師団師団長になる前に，軍管区司令部副司令官あるいは歩兵師団副

表 6-6　1980 年から 1987 年に軍管区司令官に就任した将校のキャリア

名前	軍管区司令官	歩兵師団師団長	軍管区副司令官	歩兵師団副師団長	国防省／参謀本部
タン・シュエ	西南軍管区	第 88（マグエ）		第 88	国防省作戦局長補佐
ミン・アウン	西南軍管区	第 44（タトン）	北西軍管区	第 88／第 55	国防省作戦局長補佐
ミャ・ティン	西部軍管区	第 44（タトン）	東南軍管区		
ソー・ミン	西部軍管区		北東軍管区		人民戦・広報局長
トゥン・チー	西北軍管区	第 88（マグエ）		第 88	
フォン・ミン	中央軍管区	第 55（ザガイン）		第 66	
エー・タウン	中央軍管区	第 66（ピー）	北東軍管区		
ペ・ミャイン	東南軍管区			第 77	国防大学学長
ニャン・リン	東南軍管区	第 99（メッティーラ）		第 99	
フラ・モー	東部軍管区	第 77（バゴー）			参謀大佐
チッ・スウェ	東北軍管区	第 77（バゴー）	東部軍管区		国防省作戦局長補佐
セイン・アウン	東北軍管区	第 77（バゴー）	北西軍管区		参謀大佐
トゥン・シュエ	東北軍管区	第 55（ザガイン）		第 55	
マウン・エー	東北軍管区	第 77（バゴー）		第 77	兵器局長
Lクン・パン	北部軍管区	第 99（メッティーラ）		第 88	
チョー・バ	北部軍管区	第 33（ザガイン）		第 99	
ミョー・ニュン	ヤンゴン軍管区		中央軍管区ヤンゴン軍管区		

出所　1)［Mya Win 1991］
　　　2) 図 6-20 に同じ，などにもとづき筆者作成

師団長いずれかを経験した将校が多く，どちらかといえば歩兵師団副師団長を経験したものの方が将来軍管区司令官に就任する可能性が高かったことがわかる．国防省・参謀本部での役職経験者は約半数にのぼるが，国防大学学長から東南軍管区司令官に就任したペ・ミャインを除けば，全員が軍管区副司令官か歩兵師団副師団長を経験していたものばかりであるため，地方司令官の役職が昇進にとっては圧倒的に重要だったことがわかるだろう．

　1970 年代以降に，以上に見てきたようなキャリア・パターンが制度化していったものと思われる．くわえて，後述するように，各ポストは平均 2 年から

3年の任期で異動したため，軍官僚機構は非人格化し，ウェーバー的な意味での近代的な官僚機構に変容していく．これに国軍の政治化をある程度防ぐ効果があったことはいうまでもない．ポストの異動には空間的な移動も伴い，たとえば，表6-6に示した16人の軍管区司令官のうち，師団長を務めた歩兵師団司令部がある軍管区に司令官として就任したものは3名（フォン・ミン，エー・タウン，L. クン・パン）だけである．さらに，前述の指揮幕僚学校を除けば，将官に昇進するために通う国防大学（*naingando kagweiyêi te'kathoe*, National Defence University）があるが，それ以外には軍内に特に長期にわたる研修制度は設けられていなかった．

定期的な異動と昇進パターンが確立していくと，ひとつに，出世を争う将校たちは自らの将来予測が可能になる．結果，出世コースに乗っている将校たちは現状維持を望み，そこから外れることを恐れる．また，将校団の中にさらなるエリート集団を生み出す効果もあって，特に軍管区司令官はエリート中のエリートとして他の将校に対して相当な優越感を持っているといわれる．第3章で検討した，国軍から転出して党幹部となった人々に対しても，かれらがそれまで軍管区司令官の転出先となっていた大臣ポストに就任するやいなや，軍幹部たちが党幹部に対して敵対的な姿勢をとり始めたという［関係者インタビュー2005年1月12日］．管区司令官を中心にした軍内エリートの結束がかなり強固であったことをうかがわせる．

6-5 側近の配置と分断人事

キャリア・パターンの安定化の一方でネー・ウィンは，国軍の最重要ポストに自らの側近を配していった．日本軍政期時代からのネー・ウィンの部下で側近中の側近であるサン・ユ少将は，陸軍参謀次長を1963年から1972年まで約10年間にわたって務め，その後，国軍参謀総長を2年間務めて1974年には退役した．そのあとを弱冠47歳のティン・ウ少将が引き継ぐことになる．

ティン・ウ自身は日本軍政期の士官学校第3期生であり，戦後のビルマ国軍

発足時から少尉に任官された人物である．その点で新世代ではなく旧世代に属する．その後1951年には歩兵大隊大隊長になり，シャン州東北部に侵入していた国民党軍との戦闘で功績をあげて，みるみるうちに昇進していった．1963年にはわずか36歳で軍管区司令官に就任し，1964年からはビルマ共産党の根拠地があるバゴーヨーマの中央軍管区司令官を7年半近く務めた．内戦のなかで大きな戦果を上げてきたティン・ウの国軍参謀総長への任命を，ネー・ウィンが国軍の世代交代を明確に意識した結果ととらえることもできるだろう．

　しかし，就任からわずか2年後の1976年3月にティン・ウは突然，解任・逮捕される．理由はいまだに明らかではないが，ネー・ウィンにとってかれの存在が脅威にうつっていたことは間違いないだろう．ティン・ウの後任には，ネー・ウィンが1947年のビルマ国軍設立直後に大隊長を務めていた第4ビルマ・ライフル大隊での部下であった陸軍参謀次長チョー・ティン少将があてられ，チョー・ティン少将はそれから1985年10月3日まで約3,500日の長期にわたって国軍参謀総長を務めた．陸軍参謀次長にもネー・ウィンは第4ビルマ・ライフル出身のエー・コー少将を任命し，1981年まで2,000日間近く在任させることになる[29]．そのため，元第4ビルマ・ライフル出身者による国軍支配論が唱えられるようになった．同時期の海軍参謀次長チッ・フライン少将も2,413日，空軍参謀次長ソー・プル少将も2,202日間と長期間在任した．

　このように，国軍参謀総長，陸軍参謀次長に側近を長期間在任させる人事に，ネー・ウィンは定期的な人事異動を組み合わせた．各軍管区司令官および歩兵師団の在任日数を示したのが表6-7である．ヤンゴン軍管区司令官の1,303.3日が最長であり，多くが平均2年から3年で入れ替わっていたことがわかるだろう．特に，カチン州を管轄する北部軍管区，シャン州北部を管轄する東北軍管区，イラワジ・デルタを主に管轄する西南軍管区，バゴーヨーマを管轄する中央軍管区は，2年あるいはそれ以下と他の軍管区よりも在任期間が短くなっている．師団長より下位の役職では，さらに任期は短くなり，将校は

29　第4ビルマ・ライフル出身であることに加えて，両者の共通点はヤンゴン軍管区司令官を務めていたことである．ヤンゴン軍管区司令部は反政府勢力鎮圧作戦ではなく，首都防衛を主任務とする．ヤンゴン軍管区司令官がネー・ウィンの信頼できる人物によって務められていたことがわかる．

表 6-7 軍管区司令官・歩兵師団師団長の平均在任日数 (1970-1988)

軍管区司令部／歩兵師団	就任数 （任期判明者数）	平均在任日数
北部軍管区司令官	6(6)（人）	807.5（日）
東北軍管区司令官	10(9)	599.1
東部軍管区司令官	5(5)	1,129.8
南東軍管区司令官	6(4)	1,259.8
ヤンゴン軍管区司令官	6(4)	1,303.3
西南軍管区司令官	7(6)	737.7
西部軍管区司令官	5(4)	1,007.0
北西軍管区司令官	5(5)	1,193.4
中央軍管区司令官	7(6)	810.7
第33歩兵師団師団長	1(1)	372.0
第44歩兵師団師団長	2(2)	1,211.0
第55歩兵師団師団長	3(2)	1,211.0
第66歩兵師団師団長	4(3)	1,122.7
第77歩兵師団師団長	10(7)	776.3
第88歩兵師団師団長	10(7)	609.9
第99歩兵師団師団長	10(5)	858.2

注）1988年までに任期を終えていない司令官は含まない．
出所）[Mya Win 1991] および『軍辞令集』各年版より筆者作成

あわただしく全国を異動してまわった．

　こうした最重要幹部の長期在任と定期的異動の組み合わせが可能になったのは，ひとつには幹部将校たちにかれらが満足する転出先を提供していたからである．それは，計画党の役職，大臣・副大臣，国家評議会議員，人民裁判官評議会議員，人民法律評議会議員，人民監察評議会議員といった国家幹部ポストである．

　図6-25に年月別国軍主要ポスト約30（参謀総長，三軍の参謀次長，国防省局長，特別参戦部司令官，軍管区司令官，歩兵師団師団長）の就任数を示した．1983年のティン・ウ軍事顧問解任事件をのぞくと，国軍幹部の人事異動の波が実にはっきりと計画党党大会，人民議会選挙に重なっていたことがわかるだろう．

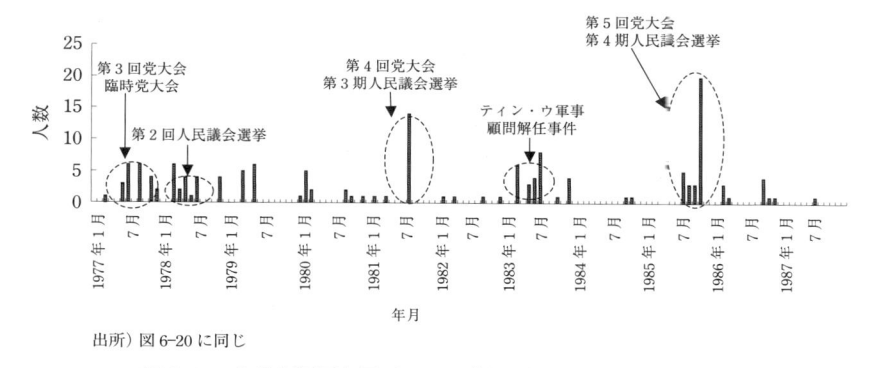

図 6-25　年月別国軍主要ポストの（約 30）就任数（1977-1987）

党大会選挙と人民議会選挙（同時に行われる地方の人民評議会議員選挙）で多くの幹部将校が党幹部や行政幹部に転出していく．そして，かれらの抜けた穴を埋めるかたちで，軍内人事が動くのである．むろん，このために選挙が実施されたと筆者は主張したいわけではない．選挙にはさまざまな意義と機能がある．ネー・ウィンが意図したかどうかは別として，選挙のひとつの機能として軍内の人事異動の円滑化を促す機能があったといいたいわけである．心臓の拍動が血液を全身に送り出すように，選挙が国軍将校を国家機構の各所に送り出すリズムをつくりだしていたのである．

　こうしたこともあって，1970 年代の後半のが̇た̇つ̇き̇から比べると，ネー・ウィン体制は 1980 年代前半にはかなりの安定を達成した．しかし，チョー・ティンは 1924 年生まれ，エー・コーは 1921 年生まれと，いずれ 1980 年代前半には 60 歳の退役年齢を迎える．かれら以外の日本軍政期世代の将校たちはすでに軍内から姿を消して国家幹部へと転出しており，新世代の台頭とリーダーシップの交代は間近にせまっていた．では，どうするか．分断人事がその答えだった．

　軍内における派閥形成の論理にはさまざまなものがある［大串 1993：4-11］．そのうち，最も重要なもののひとつが士官学校同期生の結束である．日本軍政期に軍人になった人々が，独立闘争を共通の記憶として持つように，士官学校の同期生たちは長く厳しい士官学校時代の訓練をともに体験することで結束を

第 6 章　兵営国家の政軍関係　｜　261

強め，互いの信頼関係を醸成する．すでに述べたように，ビルマの場合，士官養成制度はOTS, DSAの二本立てになっていた．OTSは訓練期間が短く，同期生のつながりがそれほど強くないといわれる．そうした同期生結束を促す制度的基盤がそもそも脆弱なことに加えて，同期生の集中を阻む人事が1970年末から実施されていたことも重要だろう．それを示したのが表6-8である．

一見して，1977年から時間がたつにつれて同期生の分布が分散していったことがわかる．1977年4月1日時点では国防省と陸軍参謀本部（以下では両者を合わせて参謀本部とする）は日本軍政期世代がおさえており，地方司令官はOTS第6期生5人，第7期生5人といったように特定の年次に集中していた．1978年，1979年には次第に参謀本部から日本軍政期世代が減り，OTS第8, 第9, 第10, 第11期生が地方司令官ポストを占めるようになった．その後，1981年4月までは大きな変化が見られないが，同年に行われた第4回党大会，第3期人民議会選挙にともなう人事異動により，DSA第1期生が地方司令官と参謀本部で要職に就き始めた．OTSについては，第15, 16, 17期生の司令官就任を飛ばされ，第19期生以下の将校が地方司令官に就任するようになる．そして，1986年4月1日にはついに初期OTSを含めた日本軍政期世代が軍内から姿を消す．1988年1月1日時点で，地方司令官全18名の士官学校出身年次が12期に分散され，参謀本部の6つの重要ポストも5期にまたがる人的配置がなされたのである．

こうした同期生の分断人事のなかで，日本軍政期世代から新しい世代への世代交代が起きていた．それは1983年7月にソー・マウンが陸軍参謀次長に就任したときからはじまり，1985年11月4日に大規模な人事異動が実施されて，ソー・マウンが国軍参謀総長に就任し，かれ以外のOTS第6期生とそれより年次の古い世代がすべて軍外に転出したことで完遂した．以下にソー・マウン国軍参謀総長の経歴と，タン・シュエ陸軍参謀次長の経歴を示しておきたい．

ソー・マウン将軍の経歴

1928年12月5日生まれ．民族はビルマ族．最終学歴は8年生．
1949年国軍に入り，1950年に曹長になる．
1952年OTS第6期を修了して少尉に任官．

1965 年から 1967 年まで第 5 歩兵大隊副大隊長
1967 年から 1970 年まで第 29 歩兵大隊および第 47 歩兵大隊で大隊長
1970 年から 1972 年まで北西軍管区で第 1 作戦参謀
1972 年から 1975 年まで北東軍管区副司令官
1975 年から 1976 年まで第 99 歩兵師団師団長
1976 年から 1979 年まで北部軍管区司令官
1979 年から 1981 年まで南西軍管区司令官
1981 年から 1983 年まで国防省軍務局長
1983 年から 1985 年まで陸軍参謀次長
1985 年から国軍参謀総長

エー・コー

チョー・ティン

ソー・マウン

タン・シュエ

表 6-8 国防省・陸軍主要役職

年月日	1977年4月1日		1978年4月1日		1979年4月1日		1980年4月1日		1981年4月1日		1982年4月1日	
士官学校年次	地司	参本	地司	参本	地司	参本	地司	参本	地司	参本	地司	参本
日本軍政期	1	3	1	2		1	1	1	1	1	1	1
OTS3 (50卒)	2		1		2		2		2		1	
OTS4 (51卒)			1		2		1	1	1	1	1	1
OTS5 (52卒)												
OTS6 (52卒)	5	1	3	3	4	2	4	1	4	1	1	2
OTS7 (52卒)	5	1	4		3	1	3	1	3	1	4	
OTS8 (52卒)			1		1		1		1		1	
OTS9 (53卒)			1		2		4		4		4	
OTS10 (53卒)					1		1		1		1	
OTS11 (54卒)		1	1	1	1	1	1	1	1	1	1	1
OTS12 (54卒)												
OTS13 (55卒)											1	
OTS14 (56卒)												
OTS15 (55卒)												
OTS16 (57卒)												
OTS17 (57卒)												
OTS18 (58卒)												
OTS19 (58卒)												
OTS20 (58卒)												
DSA1 (59卒)											1	1
OTS21 (59卒)												
OTS22 (59卒)												
OTS23 (59卒)												
OTS24 (60卒)												
DSA2 (60卒)												
OTS25 (60卒)												
OTS26 (60卒)												
OTS27 (60卒)												
合計	13	6	13	6	15	6	17	6	17	6	17	6

注) 地司とは地方司令部,参本とは陸軍参謀本部と国防省を指す.地方司令部の主要役職は具体的には軍管区司令官と歩兵師団
出所 1) 図 6-20 に同じ
　　 2) 『官報』(pyandân) 掲載の任官記録,にもとづき筆者作成

在任者の士官学校年次別分布

1983年4月1日		1984年4月1日		1985年4月1日		1986年4月1日		1987年4月1日		1988年1月1日		士官学校年次
地司	参本	地司	参本	地司	参本	地司	参本	地司	参本	地司	参本	
1	1		1		1							日本軍政期
1		1		1								OTS3 (50卒)
1		1		1								OTS4 (51卒)
												OTS5 (52卒)
1	2	1		1			1		1		1	OTS6 (52卒)
4		3	1	3	1		1		1		1	OTS7 (52卒)
1	1	1		1		1		1		1		OTS8 (52卒)
4		4		4		1	2	1	2	1	2	OTS9 (53卒)
1	1	1		1		1		1		1		OTS10 (53卒)
	2											OTS11 (54卒)
			1		1		2		2		2	OTS12 (54卒)
1		1		1		1		1		1		OTS13 (55卒)
							1		1		1	OTS14 (56卒)
												OTS15 (55卒)
												OTS16 (57卒)
												OTS17 (57卒)
							2		2		2	OTS18 (58卒)
			1		1		1		1		1	OTS19 (58卒)
					1							OTS20 (58卒)
2		3		3		4		3		3		DSA1 (59卒)
							2		2		2	OTS21 (59卒)
	1		1		1	1	1	1	1	1	1	OTS22 (59卒)
												OTS23 (59卒)
												OTS24 (60卒)
												DSA2 (60卒)
			1		1		1		1		1	OTS25 (60卒)
									1		1	OTS26 (60卒)
							1		1		1	OTS27 (60卒)
17	6	17	6	18	6	18	6	18	6	18	6	合計

師団長である。陸軍参謀本部と国防省の主要役職は国軍参謀総長、陸軍参謀次長、兵站局長、軍務局長、参謀大佐、諜報局長である。

　　　　　　　タン・シュエ将軍の経歴
　1933年2月2日生まれ．出身地はマンダレー管区チャウセー郡．民族
　　はビルマ族．最終学歴は10年生．
　1951年高等学校卒業
　1952年から1953年までメッティーラの郵便局で郵便局職員．
　1953年にOTS第9期を修了し，少尉として第1歩兵大隊に配属．
　1958年から1962年まで地方心理戦部隊所属中隊長に就任
　1962年から1966年まで中央政治学大学教員，部長
　1966年から1970年まで第101軽歩兵大隊司令部第2作戦参謀
　1970年から1975年まで第1歩兵大隊大隊長
　1975年から1977年まで陸軍参謀本部作戦局第1作戦参謀
　1977年から1980年まで第88歩兵師団副師団長
　1980年から83年まで第88歩兵師団師団長
　1983年から1985年まで南西軍管区司令官
　1985年から国軍参謀次長（陸軍）

　ソー・マウン，タン・シュエともに，図6-23で示したキャリア・パターンとは軍管区司令部戦略部長および歩兵師団戦術部長を経験していない点で異なるが，ソー・マウンでいうと，大隊長，第1作戦参謀から軍管区副司令官，歩兵師団師団長，そして軍管区司令官へと，作戦将校の昇進経路を歩んできたことがわかるだろう．タン・シュエもほぼ同様である．かれらは独立直後の内戦のなかで国軍に入隊し，次第に制度化していく国軍機構のなかを，反乱勢力の鎮圧作戦で功績をあげることによって着実に昇進してきた将校である．
　他には，国防省軍務局長にラングーン軍管区司令官ペ・ミャイン准将（OTS第7期），兵站局長には中央軍管区司令官フォン・ミン准将（OTS第9期）が就任した．さらに，地方司令官全18ポスト中16のポストが異動の対象となり，OTS第4期，第6期，第7期出身の司令官は行政機構等に転出した．かわって，OTS第18期，第21期といった若い司令官が誕生している．これほど大規模な人事異動は，1961年の地方司令官解任のような粛清人事を別にすれば，国軍史上初のことであり，新しい世代の台頭とかれらによる国軍の運営を印象づ

けるものであった．

6-6 結び

　本章の目的はネー・ウィンによる国軍の掌握とその限界を探ることであった．議論をまとめれば，以下のようになるだろう．
　ネー・ウィンにとって国軍は権力基盤であるとともに脅威であった．したがって，自身の権力を維持するためには，国軍を統制しつつ，将校たちに不満を蓄積させない組織構造をつくりだすことが必要だった．そのためにネー・ウィンの採った戦略は基本的に2つである．第1に制度的な党軍化，第2に人事システムの整備と分断人事である．
　党軍化とは，人民軍概念のもとで国軍を党軍へと制度的に再編することであった．それは1974年憲法の制定により，国軍の統帥権，予算権，人事権を計画党に移すことで一定の成功をおさめ，1972年に退役したネー・ウィンが国軍に対しても絶大な影響力を発揮できる法制度的基盤が用意されることになった．また，軍内に，まずは教育委員会，その後に党委員会が設置され，軍の組織化がはかられた．さらに，人民と一体化した国軍というイメージが宣伝されるようになり，そこでは農民と軍人による共同での農作業といったステレオタイプ化した軍人の表象が繰り返し示された．
　人事システムの整備は，軍内の世代交代に合わせて進んだ．作戦将校中心の極めて狭い昇進パターンが形成され，そこから外れた人々はすみやかに計画党，議会，行政機構に転出していった．昇進コースにのり，歩兵師団師団長や軍管区司令官に就任した将校たちも，党大会および選挙をきっかけに転出したそのため，人事の停滞による若手将校への不満の蓄積はかなりの程度回避された．この円滑な人事政策の一方で，国軍参謀総長や陸軍参謀次長といった最重要ポストにはネー・ウィンの日本軍政期時代からの部下が任命され，他の幹部将校とは対照的にかれらは長期間にわたって在任した．国軍内の派閥形成は1980年代以降に進んだ士官学校同期生の分断人事や，諜報機関による監視に

よって抑制されていたものと考えられる．

　こうした統制と，前章までに論じてきた党および行政機構へのポスト配分によって，概ねネー・ウィンは国軍の掌握に成功してきたといってよいだろう．同時にそれは，国軍から行政機構や党に将校が出向する非公式の慣行を生み出し，それまでのビルマにおける国家と国軍の関係を大きく変えた．

　ただし，ネー・ウィンの国軍掌握がおおむね成功していたといっても，それは決して万全というわけではなく，党軍化，人事政策それぞれが限界を抱えていた．党軍化は共産党国家をモデルとしていたが，計画党は共産党のような自律性のある組織ではなかった．一方で退役国軍将校が主導権を握る「軍の党」であり，他方でネー・ウィンの影響力に依存した個人政党でもあった．そのため，軍党委員会はいわゆるコミッサール，すなわち党から派遣された党幹部を含まず，メンバーは専ら各部隊の構成員によって占められた．それでは軍の日常的な活動への党による統制は不可能であり，よって，ネー・ウィンのリーダーシップが動揺して計画党の基盤が揺らげば，党による統制はたちまち機能しなくなりかねないものだった．

　人事政策における限界は世代交代である．1985年11月には日本軍政期を軍人として経験していないソー・マウン中将が国軍参謀総長に就任した．それに合わせて国軍幹部全体の若返りがはかられた．この世代交代は統制と分断のなかで極めて慎重に行われたものだったが，日本軍政期世代と内戦第一世代の政治および軍事に関する認識には溝があり，何かのきっかけで世代間の溝が対立に発展する可能性を十分に秘めていた．以上がネー・ウィンによる国軍掌握の手法とその限界である．

　最後にひとつ補足しておきたい．本章ではネー・ウィンによる国軍掌握の構造について考察してきたが，ネー・ウィンの政治手法の個性についてあまり論じなかったので，2点言及しておく．

　第1に，ネー・ウィンは国軍人事において血縁者，地縁者の優遇をほとんど行わなかった．軍内にいたネー・ウィンの親族のうち，最も高い地位に就いたのは，甥にあたるテイン・ングェで，かれは軍内で軍管区副司令官，階級としては大佐まで昇進したのちに，計画党に転出し，1972年に退役して党本部組織局長と党中央委員を務めた［匿名関係者へのインタビュー 2005年1月12日］．

テイン・ングェがネー・ウィンの力によって大佐まで昇進できたのかどうかはわからないが，国家の最高幹部といえるような役職には就いていない．地縁や血縁にもとづく人間関係を政治や国軍といったフォーマルな場にあまり反映させなかったことは，かれのリーダーシップの特徴といえるだろう．

　第2に，ネー・ウィン体制は時とともに大きく2つの機関を拡大させた．ひとつは第3章で扱ったビルマ社会主義計画党であり，もうひとつは諜報機関である．計画党幹部が1977年にネー・ウィンと「衝突」し，結果，党の有力幹部は解任されて，かれらは国軍幹部の出向によってとって代わられたことはすでに述べた．あまり詳述できなかった諜報機関についても同じようなことが起きている．1974年以降，ティン・ウ准将（1976年に解任されたティン・ウ国軍参謀総長とは別人）が大統領軍事顧問として国家情報局をはじめとした諜報機関を掌握して，ネー・ウィンに次ぐような力を持ち始めると，ネー・ウィンは1983年にかれをパージする．そして，他諜報機関幹部も解任または閑職へ異動させ，国軍諜報局を中心に諜報部門の建て直しをはかった．このとき，第44歩兵師団戦略部長から陸軍参謀本部情報局局長に就任したのが後の国家法秩序回復評議会（SLORC）政権で第一書記となるキン・ニュン大佐（当時）であった．

　これらの事例から，ネー・ウィンのリーダーシップの特徴として，自ら主導する国家再編のなかで新たに組織された機構が影響力を持ち始めると，その幹部を排除し，再び純粋な軍政へとスイングバックすることで自身の権力維持をはかっていたことがわかる．変化を自ら起こしながら，かれらがコントロールの範囲を超えると解体にかかる．この自作自演的な政治姿勢もネー・ウィンのリーダーシップの特徴であり，同時に，かれが最後まで国軍の外に有力な支持基盤をつくりあげることができなかったということを示唆していよう．

　独裁政権は，多かれ少なかれ個人独裁と制度独裁のふたつの側面を持つ．ネー・ウィン体制を計画党から見ると，それは個人独裁としての様相を呈するが，国軍から見ると制度独裁に見える．どちらかに分類してしまうことにおそらく意味はないだろう．より重要なのは，1970年代後半の危機を，個人独裁の産物である計画党幹部の力を抑え込むことでネー・ウィンが乗り切ったあと，80年代前半に体制がある種の安定期を迎える中で，制度独裁の権力基盤

である国軍内部が変化の時期を迎えていたという事実である.

　本章で明らかにした変化が1988年のネー・ウィン体制崩壊とその後に重大な影響を与える. それについては次章の後半で論じようと思う. その前に, 本書の結論を示しておこう.

終章　結　論
―― ネー・ウィン体制の崩壊と新しい軍事政権の誕生

終章-1　はじめに
終章-2　ネー・ウィンの「革命」とは何だったのか
終章-3　体制崩壊
終章-4　1988年の「父殺し」
終章-5　片隅の死亡記事

終章-1 ｜ はじめに

　本書で主に考察してきたのは，1962年3月2日クーデタから1988年9月17日まで続いたネー・ウィン体制下における国家と軍隊との関係についてであった．国家イデオロギー，政党システム，行政官僚機構，政治エリート，政軍関係を対象として，ネー・ウィンによる「革命」がそれをいかに変えたのか検討してきた．

　終章では，まず終章-2で序章で設定した2つの問いに筆者なりの答えを与える．その上で，終章-3ではネー・ウィン体制の崩壊を論じよう．ただ，よく知られているような1988年の民主化運動と体制崩壊のプロセスを記述するだけではあまり意義がないので，ここでは，1988年危機を1962年から続く長期軍政の体制内変革として再解釈してみたい．そして，終章-4では，これまで主に研究されてきた民主化運動側からの視点に加え，体制内部の視点から1988年危機をとらえ直すとそれがどのような変化を意味したのかについてよ

り深く検討する．さらに，1988年を境にして接するネー・ウィン体制と国家法秩序回復評議会（State Law and Order Restoration Council: SLORC）政権との共通性と相違点も指摘しておきたい．ポスト88年のビルマ政治にかんする論考は日本においても欧米においてもかつてに比べて増えつつあるが，政軍関係については，評論的なものを除けば依然として少ないままである．そのなかで，本研究の持つ，現代政治を考えるうえでの含意とは何か．可能な限りで筆者の見解を示しておく．

終章-2　ネー・ウィンの「革命」とは何だったのか

　序章の2つの問いに返ろう．問いは以下のようなものだった．第1に，ネー・ウィン体制下において国家はどのように変わったのか．なかでも，国家と国軍の関係はどのように変容したのか．第2に，1962年3月2日クーデタで政権を奪取したネー・ウィンは，その後1988年までどのようにして独裁者の地位を築き，維持することができたのか．
　これらの問いに対する本研究の回答は以下のようなものになるだろう．
　まず，ネー・ウィン体制は，「ビルマ式社会主義」という大義のもとで行われた，独裁者ネー・ウィンによる大規模な国家再編の過程であり，この国家再編は3つの変容過程を内包していた．
　第1に，国防国家（Defense State）の建設である．国防国家は，国際冷戦，国内冷戦下における国家安全保障的観点からの危機管理体制を指す．国民統合にとって脅威となる敵の設定と，その統制および排除を作動原理とする．具体的には，中立的・閉鎖的外交政策，連邦制の廃止，軍による内務行政機構へのてこ入れと官製社会組織による国民の動員解除，言論統制を通じた社会の脱政治化などが実行された．
　第2に，党国家（Party State）の建設である．党国家は，唯一の支配政党による国家の指導体制を指す．単一の正統な政治思想を党および国家の思想的支柱とし，それにむけて絶えず人民を組織化，動員するとともに，党幹部が国家の

各局面に対して指導を行うことがその基本的な原理である．具体的には，ビルマ社会主義計画党による一党支配体制を指し，1974年憲法によって公式に制度化された．しかしながら，最終的には党国家の建設は未完に終わった．

第3に，兵営国家（Garrison State）の建設である．兵営国家は，交渉の専門家つまり政治家でなく，暴力管理の専門家が主導する国家を意味する．特に本研究では官僚機構としての国軍将校団が人的，組織的に他の国家機構および党に浸透していく過程を明らかにすることを試みた．国軍最高幹部だけがほぼ独占的に国家の意思決定過程に関与し，通常は軍内にのみ限定された階統秩序が，出向などのネットワークを通じて文民官僚機構や計画党に拡大していったことがわかった．

これら，国防国家，党国家，兵営国家の3つの国家建設過程は決してそれぞれが単独で進行したものではない．また，国家イデオロギーである「人と環境の相互作用の原理」が反共思想，社会主義，ナショナリズムの混成物であったように，それぞれの境界線は曖昧である．国防上の危機意識がなければネー・ウィンはクーデタを実行しなかっただろうし，社会主義の理想にもとづく党国家の建設をかれが望まなければ，既存の政治政党の徹底した弾圧や行政機構改革は行われなかっただろう．党国家建設の試みがなければ，国軍が他の政治勢力および国家機構に対して圧倒的に優位にたち，その状況を構造的に再生産するような人事システムは生まれなかった．三者は時に協同関係に，時に緊張関係にたちながら，ネー・ウィン体制の成立から崩壊までを特徴づけていたのである．

次に，ネー・ウィンはいかにして独裁者の地位を築き，その後26年間にわたって自身の権力を維持できたのだろうか．本書の答えは以下のようになる．ネー・ウィンの権力維持は相対的に小さな国軍将校団に対して，極めて多くの役職配分を行うことで達成された．それは，人員不足のなかで反政府勢力鎮圧作戦に明け暮れる当時の国軍の状況から考えて，軍事的には決して合理的な行動ではなかった．それにもかかわらず，将校に対する党および行政機構の役職配分が実現した背景には，社会主義国家の建設という1930年代のビルマ・ナショナリズムに直接の起源を持つネー・ウィンの理想があった．しかしながら，その理想は，具体性を欠いた幻想であるとともに，反共主義などの国防意

識とがない混ぜになったものだった．両者が結びつき，さらに国民の国軍への支持と，国軍の持つ武力および近代的官僚組織を背景にして現実は動き始めた．

議会制民主主義は否定されて，ビルマ社会主義計画党による一党支配体制が構築された．文民官僚制機構は「ビルマ式社会主義」の発展を妨害するものと規定され，「破壊」の対象となって，大規模な行政機構改革が断行された．しかし，両者ともに既存の制度を否定するだけで改革は頓挫してしまう．その結果，計画党も行政機構も国軍将校の転出先に転化していく．この過程は，国軍そのものの変化，たとえば将校団のキャリア・パターンの制度化などと結びつくことで，ますます国家を将校団に従属的な機構に変えていった．政府は政策作成能力および実施能力を低下させていったものの，国家機構が将校団に対して体制維持インセンティブを提供することになり，将校団に権力基盤を置くネー・ウィンの地位は安定することになったのである．

終章-3　体制崩壊

以上，本書のねらいはネー・ウィン体制の「安定」を説明することであった．では，そうした「安定」にもかかわらず，1988年にネー・ウィン体制はなぜどのように崩壊したのだろうか．本節と次節では，体制の崩壊過程を概観しつつ，1988年の意義を体制内変革の観点から再考する．

崩壊過程は3つの局面に分けることができる．第1の局面は，ネー・ウィンが長年の失政を認め，ビルマ式社会主義政策の変更に踏み切るという，体制側からの改革の動きである．1987年8月10日，計画党中央執行委員会委員，国家評議会幹部を緊急に招集した会議で，ネー・ウィンはこれまで自らの周辺にいる幹部たちが国の実態を正確に報告しなかったことを問題視し，憲法の改正も含めた今後の改革路線を示した．

その背景には1980年代の経済状況の悪化があった．経済の根幹を支える米の生産が1980年代初頭に頭打ちとなる一方で，経済体制を支えていた米の供

出制度の維持が次第に難しくなっていった．そのなかで，さらに政府が統制を強化したために農民のインセンティブはよりいっそう低下し，生産高は伸び悩んで，輸出量は1983年度の87万トンから1986年度には60万トンに減少していた［髙橋1999：305］．他方，国有企業の業績も80年代以降に悪化し，その融資元となっていた国営銀行に不良債権が蓄積していった．銀行の投資原資は，1976年の第1回ビルマ援助国会議から拡大した国際的な援助にあったため，ビルマ政府の対外債務が膨張して財政を圧迫した．政府は1987年9月1日に通達（No. 6/87）を出し，ついに米の供出制度を廃止して，さらに，籾米を含めた9つの主要農産物の取引自由化に踏み切った．

　こうした経済統制の緩和は，経済体制の根幹にかかわるものであった．ただし，ネー・ウィンは過去の失政の原因を側近の報告の不正確さに帰しており，これは依然としてかれの政権内における権力基盤が磐石であったことを示していよう．責任はあくまで側近をはじめとした周囲の人々にあり，最高責任者であったはずのネー・ウィンの責任は雲散霧消していった．9月5日には「不当に」利益を上げている商人たちに打撃を与えるべく，また，ブラックマーケットに流通している資金を絶つために，政府は75チャット，35チャット，25チャット紙幣の廃止を突然発表する．こうした廃貨は1964年5月および1985年11月にも実施されていたが，今回は該当紙幣の銀行への提出期間や小額紙幣への交換期間を設けず，紙幣の廃止を突然宣言するものだった．

　筆者が行ったインタビューで，当時の党中央執行委員会委員と党財務・国家計画委員会委員は，ともに廃貨措置がネー・ウィンの鶴の一声で決定されたと語っている［2004年11月29日匿名関係者インタビュー］［2005年1月20日匿名関係者インタビュー］．高額紙幣の廃止が国民の所得格差の是正や，反乱勢力の資金源の減少につながるという認識は，多くの金融，経済政策関係者にはなかったように思われるが，党総裁の指示に抵抗できるものはどこにもいなかった．独裁政権の末期的症状だったといってもよいだろう．この廃貨騒動が国民の政府に対する不信を一挙に高めた．

　第2の局面は，社会経済危機の拡大である．供出制度の廃止と農産物取引の自由化によって，基礎消費物資の低位安定を支えていた配給制度も廃止され，仲買人などの投機もあいまって，都市部で急速なインフレが進行した．国民の

1988年の反政府デモ (© AFLO)

　不満が高まっていたところに，1988年に入ってラングーン工科大学での学生同士の喧嘩を発端に一部学生と治安警察との衝突が起きた．その後，学生デモがラングーン大学に拡大した．対して政府は強硬にデモを抑え込もうとしたため，ダダーピュー事件などで多数の死傷者を出すことになり[1]，連鎖的に抵抗は広がっていった．おりからアウン・ジー元陸軍参謀次長によるネー・ウィン批判の手紙が出回り，さらに運動の一部は地方にも広がって，バゴー管区のプロームでは7月22日に戒厳令が敷かれた．

　こうした事態に対してネー・ウィンは7月23日に臨時党大会を召集する．開会演説で自らの計画党総裁辞任を発表し，複数政党制の是非を巡る国民投票実施を提案した．ほとんどの計画党関係者にとってこの発表は突然だった．党大会で国民投票の実施については否決されたが，25日にはセイン・ルウィン副総裁が新総裁に任命され，27日から開かれた人民議会緊急会議では新大統

1　ダダーピュー事件とは，1988年3月16日，学生のデモ隊が治安部隊によってヤンゴン文理大学の近くにあるインヤー湖に追い詰められ，学生側に溺死などによる多数の犠牲者が出た事件である．

領にセイン・ルウィン党総裁が，国家評議会書記長にチョー・ティン副首相・国防相，新首相にトゥン・ティン副首相が選出された．かれらはネー・ウィンの側近であり，ネー・ウィンの総裁辞任自体は大きな変化といえたが，国民に対して政権が変わったことを示すにはインパクトが弱かった．特に新しく大統領に就任したセイン・ルウィンは，1964年のラングーン大学での学生集会に対する発砲を現場で指揮し，学生組合事務所を破壊した経歴を持つ．また，民主化運動に対しても一貫して強硬姿勢で臨み，運動の弾圧を支持していると国民に認識されていた．さらに，ネー・ウィンを辞任に追い込んだ余勢もあって，反政府運動はおさまるどころか激化の一途をたどった．

そして，第3の局面，社会経済危機の深化と政治危機を迎える．セイン・ルウィンは拡大する騒乱に対して8月3日，ヤンゴンにも戒厳令を発令したが，運動が沈静化する気配は見えず，連日1万人規模を超えるデモが繰り返し行われた．デモはバゴーやマンダレーといった地方都市にも波及し，もはや学生だけでなく，僧侶や市民を巻き込んだ大運動となった．1988年8月8日には全国的なデモとゼネストが実施され，これには10万人以上が参加したといわれる．対して，配備された国軍は当初，その対応を威嚇発砲にとどめていたが，運動が過激化するのに伴って次第にデモ隊を直接ねらって発砲するようになり，多くの死傷者と逮捕者が出た[2]．9日には全教育機関の無期限閉鎖が宣言されるも，事態収拾には至らず，12日にはセイン・ルウィンがわずか2週間で大統領を辞任し，文民のマウン・マウン博士が19日の人民議会および党大会で新大統領，新総裁に選出された．

マウン・マウンの大統領就任から，デモ隊への軍の発砲は減り，政治犯の釈放が相次いだ．複数政党制導入に向けて国民投票の実施を討議することが発表されるなど，社会的要求への配慮がなされたが，実のところ，現政権内での指導者の交代でおさまるような社会状況ではなかった．ヤンゴンでは連日大規模なデモが続き，政府機関，鉄道，銀行，空港は閉鎖された．物資の配給元であった各地の人民商店には暴徒が押し寄せ，物品の盗難が相次いだ．インセイン，シットゥエ，マグェの刑務所でも暴動が起こり，囚人が脱走をはかる．運動内

---

2 政府発表だけでも9日から11日までに死者53人，負傷者196人，逮捕者1,564人だった．

アウン・サン・スー・チー（1989年7月）（©AFLO）

でも裏切り者をめぐって人民裁判が行われ，多くの人々が命を失った．学生活動家たちとは異なる，アウン・サン・スー・チーやティン・ウ（元国軍参謀総長），ウ・ヌといった指導者が登場したことで，運動の組織化が徐々に進みつつあったものの，かれらだけでは騒乱にたがをはめることができなかった．

ラングーンでは公務員の出勤すらままならず，政府は一時的に機能不全に陥った．この時点で，計画党による一党支配体制はほとんど沈没寸前の船であったといってよい．沈みつつある船に乗り続けることは自殺行為である．各地で計画党党員の離党が相次いだ．ついに国軍も計画党からの離脱を試みる．マウン・マウン大統領は後に以下のように記している．

> 地方司令官たちの大多数は自らの管轄領域内にある地方党委員会の委員長も務めてきた．それまでは，いくつかの地域において党と国軍との間で望ましくない衝突が起きていた．現在，一党制は崩壊しつつあり，ソー・マウン将軍は党大会前夜の中央執行委員会で，地方司令官を党務から離任させるべきだと提案した．中央執行委員会はかれにしばらく待つように指示した．結局，党大会の最後に，私はソー・マウン将軍に対してかれとタン・シュエ将軍は中央執行委員会の任務を離れるよう指示した．かれらもさぞかし解放された気分で地方司令官やその他の将校たちに党のポストを離れるよう指令を出したことだろう．それを私が告げたときの二人の顔をいつまでも忘れることはできない．かれらは本当にうれしそうに笑っていた．そして，子供たちが学校の終業ベルを聞いて教室から駆け出して行くように，私の前から去って行ったのだった [Maung Maung 1999: 191]．

マウン・マウンは後のクーデタで大統領の座を追われた人物であり，ソー・マウン，タン・シュエはクーデタの首謀者であるから，この記述にはバイアスがかかっている可能性もあるが，ネー・ウィンが計画党総裁を辞任し，また，社会がある種の混乱状態にあったことを加味すれば，国軍幹部であるかれらが党を離れたがっていたことは容易に推測できよう[3]．

---

3 これまでに一部軍人によるデモへの参加が見られ，3月21日には国営放送を通じてDSAの教官陣が全軍の将校に対して国軍への忠誠を訴えかけていた．9月7日には，国軍関係者に対して反体制運動支持を訴えかける大規模集会が実

9月10日の臨時党大会と11日の人民議会臨時会議によって国軍関係者が党籍を離脱し，計画党による一党指導体制を明記した憲法11条が廃止された．国軍の後ろ盾を失い，国家への指導力も失った党にもはや政治的影響力はなかった．ましてや国民の激しい批判のなか国家は機能せず，9月17日には貿易省の庁舎が過激派の学生たちによって一時占拠されてしまう．おりしも，その直前の15日から国軍幹部，計画党幹部らによって会合が開かれていた．

　会合の詳しい内容は明らかになってはいないが，当時の計画党執行委員会委員は，筆者のインタビューに対して，この会合で国軍参謀総長，陸軍参謀次長，各軍管区司令官らにクーデタを指示したと語った［匿名関係者へのインタビュー2005年1月20日；匿名関係者へのインタビュー2005年2月4日］．当時17名いた党中央執行委員のうち筆者がインタビューできたのは2名で，その2名とも同じように一部の党中央執行委員によるクーデタ指示を認めた．むろん，2名の証言だけでは確実な情報とはいえないが，以下の3点を考えれば，一定の信憑性があるように思われる．

　第1に，国軍の離脱により計画党が弱体化していたとはいえ，当時の公式の最高意思決定機関はまだ党中央執行委員会であったこと．つまり，国軍指導部に指示を与える権限はまだ党中央執行委員会に残っていた．第2に，中央執行委員の多くは国軍幹部の元上官であり，党の影響力がかなり落ちていたにしても，国軍の現役幹部が元上官に対して調整なしで掌を返すことは考えにくいこと．第3に，第6章で論じたように，国軍指導部は人事的にかなり分断されており，ソー・マウン国軍参謀総長とタン・シュエ陸軍参謀次長にこの短期間でクーデタへの意思統一を単独でなしうるほどのリーダーシップがあったようには思えないことである．

　ネー・ウィンがこの会合に参加していたかどうか，あるいは，クーデタにかれの意向がどの程度反映されていたのかはよくわかっていない．ロバート・テイラーは，ヤンゴンのエーディー通りにあるネー・ウィンの私邸で，ネー・ウィンと国軍幹部らとの会合があり，その場でネー・ウィンによって国軍にクーデタの指示が出されたと記している［Taylor 2009: 387］．ただ，典拠が示されず，

施されている．9月9日はミンガラドンで空軍兵士200名が制服でデモに参加していた［アジア動向年報1989：492-493］．

根拠が明白ではない．かといって，本書も決定的な証拠を提示することができるわけではない．したがって，ネー・ウィンと9月18日クーデタとの関係を解明する作業は今後の研究に委ねるしかないだろう．

他方，マウン・マウン大統領についても，クーデタの計画を知っていたかどうかは不明である．後に，「国軍はクーデタを強いられた．つまり，状況が国軍にクーデタを義務だと認識させたのだ」[Maung Maung 1999: 243] と書いているように，かれは国軍によるクーデタを非難するというよりも，暴徒と化した一部の市民を非難しており，当時，クーデタやむなしと同意した可能性はある．あるいは，文民大統領に退役将校ばかりの党中央執行委員や国軍幹部の意向に抵抗する力はなかったと推測することもできるだろう．

仮に，ネー・ウィンとマウン・マウン大統領の両者がクーデタ計画に深く関与していなかったとすれば，9月18日のクーデタは党中央執行委員会委員を務める退役将校の調整によって現役国軍幹部たちの意思統一がなされた結果生じた可能性がある．両者が知っていたとしても，クーデタの計画段階で党中央執行委員を務める退役将校による調整があったことは間違いないだろう．

9月18日午後4時，ソー・マウン国軍参謀総長は国軍が国家の全権を掌握したことを発表した．国軍幹部19名からなるSLORCが設置され，ネー・ウィン体制は騒乱のなかでその終焉を迎えた．

終章-4 　1988年の「父殺し」

以上の体制崩壊過程について，その内容を詳述した事件史的な考察は比較的多く，本書における事実関係の記述も全面的にそれらの研究に負っている[4]．また，民主化理論をもちいて，ビルマの民主化「失敗」を，民主化に「成功」した国々との比較から説明しようとした研究も散見される[5]．

4 　代表的なものとしては田辺 [1989]，Lintner [1990]，伊野 [1993] がある．
5 　たとえば，Casper [*et al.* 1996]，五十嵐 [2002]，武田 [2003]，Boudreau [2004]，を参照されたい．

事件史の考察は，ネー・ウィン体制打倒と民主主義政権樹立のために戦う市民の姿に重点を置く．そして，かれらが立ち上がる背景やその内在的な論理に迫ろうとする．たとえば，1988年の民主化運動にかんする最も優れた記録のひとつ，バーティル・リントナーの『憤怒』(*Outrage*) では，些細な学生同士の喧嘩がいかに国民的運動に発展し，それを国軍がどのように弾圧したのか，詳細な事実がひとつひとつつまびらかにされている [Lintner 1989]．リントナーはさらに，国軍の弾圧を恐れて国境地帯に逃亡した人々にもインタビューを行っており，国境地帯に拠点をおく少数民族反乱グループとかれらの関係にまでその記述の範囲は及ぶ．こうした研究は1988年にビルマが民主化しなかった要因を明示的に指摘することはないものの，民主化運動の分裂傾向や国軍の非情な弾圧との組み合わせで民主化の「失敗」を説明することが多い．

　他方，民主化理論にもとづく考察は，多国間比較を通じて世界の民主化事例のなかにビルマの事例を位置づける．ビルマは比較の俎上に上りにくい国なので，こうした視点は貴重である．ただ，民主化の説明を強化する対照実験としてビルマの事例がとりあげられるので，結局，「民主化要因がなかったから軍政が持続した」という消極的な説明に終始することが多い．たとえば，グレッチェン・キャスパーらの研究は，ミャンマーのように大規模な民主化運動が起きながらも権威主義的支配が続いた国の経験を，権威主義への「対立精鋭化の経路」(Extreme Conflict Path) と名付けている．そしてこう結論づける．「事実，防御側 [SLORC] も挑戦者側 [民主化勢力] もともに妥協しようとしなかった．その結果，ミャンマーの体制選択過程は，要求を繰り返すだけのアクターたちによって特徴づけられる．ただ，防御側は政府の暴力機構をコントロールできる点で有利だった」[Casper *et al*. 1996: 70]．この説明は，要するに，体制と民主化勢力との間に妥協が成立しなかったこと，筆者たちの言葉を借りるなら，民主主義定着のために必要な「激しい交渉」(Intense Negotiation) がミャンマーでは欠落していたことが，民主化「失敗」の最大の原因だということである．他の研究も，表現は変わるが，結局はこの運動と政府との協調関係が生まれなかったことに原因を求めることが多い．

　対して本書はどうか．本書がビルマの民主化を焦点とする一連の研究に貢献できるとすれば，これらの研究より長期にわたる構造的な要因，特に政党勢力

の弱さと軍隊の一体性の強さについて明らかにした点であろう．あらためて確認すれば，ビルマにおいて政党勢力が弱体化したのは，ひとつに1962年以降の計画党による一党制構築にともない，社会の脱政治化が進んだためであり，もうひとつには計画党が構造的に「軍の党」であることから脱却できず，また政治的にはネー・ウィンの独裁なしには存続しえないものだったためである．次に，国軍の一体性が強固なのは，何よりもネー・ウィンによる国家再編が相対的に小さい将校団への大量の役職配分を可能にしたためであり，加えてネー・ウィンによる軍の統制が機能していたからであった

　筆者の主たる関心は民主化問題そのものにあるわけではなく，なぜビルマで軍事政権が長期化するのかにある．そうした視点からすれば，1988年から1990年までは第1期の軍政から第2期の軍政への移行期にあたる．では，長期軍政の体制内変革として1988年をとらえた時，それはどのような意味を持つのだろうか．以下3点についていえるだろう．

　第1に，ネー・ウィンが最高権力者の地位を去った．これはビルマ政治史において相当に大きな出来事である．クーデタ後にはじまったSLORCによる新体制のもとで，ネー・ウィンの影響力がどの程度残っていたのかについては議論があるところであり，現時点で結論を出すことは難しい．ただ，党中央執行委員たちが1988年9月18日から政治的には「ただの人」になってしまったという事実を考えれば［匿名関係者へのインタビュー2005年2月4日］，権限ある公的地位から離れた人間に大きな影響力があったと推測することは難しい．

　たしかにネー・ウィンは国軍創設者のひとりであり，軍人たちから尊敬を受けていたことは間違いない．ましてや，SLORCのメンバーはネー・ウィン体制のもとで昇進した人々で，ネー・ウィンはやはり「恩人」(*kyêizûshin*)である．クーデタについても，事前あるいは事後に知らせていたのかもしれない．しかし，計画党を柱とする独裁の制度的基盤がなければ，両者に接触はあっても，ネー・ウィンが政治決定に対して恒常的に影響力を発揮することはできなかっただろう．『アジアウィーク』のインタビューで「ネー・ウィンがまだ背後で権力を握っているのではないか」という質問に対して，ソー・マウン将軍は以下のように答えている．

そうした噂と主張に対して説明をすることは我々にとって最も難しいことだ．（中略）私がネー・ウィン氏のもとを訪れると，みな私があの方に指示か助言を求めていると考えるだろう．しかし，あの方は私にとっては親のようなものなのだ［*Asiaweek*, January 27, 1989］．

その後，ネー・ウィンが公の場に現れたのは，1989年3月27日の国軍記念日晩餐会や，1994年1月4日のシンガポールへの病気療養，1997年9月23日からのインドネシア訪問など，数えるほどしかない．すでに1981年に大統領を退任したあとは，党中央執行委員会の会議にすら出席せず，私邸にこもりがちだった高齢のネー・ウィンである．1988年6月に党総裁という公的地位を失ったことで，かれの政権に対する直接的な影響力は相当衰えていたと考えた方が合理的ではないだろうか．

第2に，政治指導者の退役将校から現役将校への世代交代である．第6章で論じたように，1985年に国軍は大規模な世代交代を経験している．ソー・マウンは独立以降に将校になった最初の国軍参謀総長であった．これはネー・ウィンをはじめとした指導者が60歳という退役年齢をかなり厳格に守った結果であった．この退役年齢の遵守が，国軍における人事の停滞を回避させた側面があることはすでに述べた．しかし，退役後の国軍幹部の「再就職先」である計画党には退職の年齢規定はない．

第4章で示したように，すでに1970年代半ばの時点で党中央委員会人事の停滞が問題になっており，それを円滑にすべく55％新任候補者規定を設けたことで党内政治が不安定化した過去があった．党中央執行委員会委員たちは次第に高齢化しており，1985年の第4回党大会で選出された第6期中央執行委員には当初ソー・マウン国軍参謀総長1名しか現役幹部将校は含まれなかった（後にタン・シュエ陸軍参謀次長も委員になる）．委員の平均年齢も第5期（1981年選出）の58.1歳から第6期（1985年選出）では61.9歳に増加している．これは，建前からすれば，党と国家が別組織である以上問題にはならないことだが，実際は党幹部組織における人事の行き詰まりにほかならなかった．これに軍内での世代交代を考え合わせれば，1985年に党/軍の境界線が退役国軍幹部/現役国軍幹部の境界線と重複することになったことがわかるだろう．

日本軍政期世代は独立闘争という共通の経験を有し，その政治志向（たとえば社会主義への親近感）にも共通性があった．しかし，新しい世代には反政府勢力との戦闘経験は抱負にあっても，その政治的な感受性（特に国際的な「規範」への感受性）を磨く機会は乏しかったといわざるをえない．それは，将校の海外留学の少なさと，国内における言論統制状況を考えれば明らかだろう．国家イデオロギーであった「人と環境の相互作用の原理」を信奉するか否かといった問題は重要ではない．問題はそれ以外の思想に触れる機会が極端に少なかったことにある．インドネシアでは士官学校が国際的な政治的，思想的な流れと軍内政治との結節点として機能したが [Honna 2003: Ch. 4]．ビルマの士官学校はその他の国家機構同様，海外との接触を制限されており，年々，将校教育の水準は低下傾向にあったようである［匿名関係者へのインタビュー 2005 年 2 月 4 日；DSMHRI DR-8452: 486］．ネー・ウィン体制期における閉鎖的な外交政策と海外資本の閉め出しの影響は，軍内においては将校たちの世界認識や国家観そのものにかかわっていた．

　さらに，新しいリーダーたちは，1950 年代以降の内戦のなかで野戦将校として戦果を残して昇進してきた「内戦第一世代」でもあり，ビルマ国軍が軍事機構としていかに困難な状況にあるのかを十分に認識していた．26 年間かけても国内反乱勢力の完全鎮圧には成功せず，最高意思決定機関からも閉め出されつつあったことを考えれば，ソー・マウンら新世代の将校たちにネー・ウィンを含めた国家指導者たちへの不満があったことは容易に推測できよう．こうして，計画党と国軍の間で世代的境界線，組織的境界線，認識的境界線が 1980 年代後半に入って実にはっきりと重なったのである

　そこに 1988 年，社会からネー・ウィンに対する激しい異議申し立ての動きが起きた．ネー・ウィンが去り，計画党は急速に弱体化していく．ラングーンに戒厳令がしかれ，党から自律性を獲得していった国軍現役将校たちがクーデタによって政権を掌握した．かつての党中央執行委員は自らのクーデタ指示を認めたあと，「失敗したのは，かれら [SLORC] がいつ政権を離れるのかを前もって決めなかったことだ」と語った［匿名関係者へのインタビュー 2005 年 2 月 4 日］．クーデタ後，少なくとも筆者がインタビューした党中央執行委員および元大臣たちと，SLORC のメンバーが政権の意思決定と深くかかわるかたちで関係を

持った形跡はない．クーデタで公式制度が変わり，党中央執行委員会に権限がなくなると，委員は「ただの人」になり，SLORCはかれらなしで自律的な政権運営をはかっていったものと推測される．

この推測が正しいと仮定すれば，1988年9月18日のクーデタが現役将校による退役将校の追い落としという側面を持っていたことを示唆するだろう．結果，1985年に軍内で起こった世代交代が，今度は国家全体で生じることになった．計画党は複数政党のひとつとなり，人民議会は停止され，人民評議会は廃止された．当然，そこに所属していた人々も多くが職を失った．省庁からの出向者は出身官庁に戻った．これは大規模な人員整理を意味し，旧体制の清算と，新たな軍事政権の構築を準備することになったわけだが，こうした事態が，軍政を打倒しようとした民主化運動をきっかけに起きたということは皮肉としかいいようがない．

第3に，1988年は現役国軍幹部が前政権の失政を清算する起点となった．ひとつにそれは経済の自由化である．クーデタの翌月にSLORCがまず行ったのが輸出入業務の自由化であった．また，農産物取引の統制も綿やジュート，米を除けば撤廃されており，強制栽培制度は存続したものの，かつてより遥かに自由な市場が広がった．国有企業も1989年の国有企業法改正で独占的な活動分野が12に限定された．こうした一連の政策が，従来の統制経済の失敗に対する反省の上に立っていたことは明らかだろう．

経済政策転換の陰で見落とされがちなもうひとつの変化が，国軍機構の拡大である．SLORCはクーデタ直後から国軍機構の拡大をはかり，人員は1988年時点で約20万人だったのが，1992年半ばの時点で27万人に増加，その目標は50万人に設定されていた［Selth 1996: 19］．2007年時点での，軍の構成員は約40万人といわれる．武器の輸入も1988年時点で2,000万ドル程度だったものが，約10年後の1997年には2億8,000万ドルに急上昇した（表終-1）．また，1948年から10年ごとの陸軍歩兵大隊数の推移を示したのが表終-2である．1988年の168個大隊から1998年の422個大隊へと10年間で約2.5倍の伸びを示している．現在は，わかっているだけでも，605個の大隊の存在が確認できており，確実にその数は増えている［DRD-NDD 2007］．第6章で論じたように，こうした国軍の拡大は軍事クーデタ後に必ず起きることではなく，経済政

表終-1　ビルマの武器輸入額（1988-1997）

（単位：100万米ドル）

	1988	1989	1990	1991	1992
輸入額	20	20	110	400	150
	1993	1994	1995	1996	1997
輸入額	130	100	140	80	280

出所）[Selth 2002: 138]

表終-2　歩兵大隊数の推移（1948-1998）

	1948	1958	1968	1978	1988	1998
歩兵大隊数	15	57	99	124	168	422

出所）[Myoe 1998: 52]

策同様，前政権に対する現役将校の反動と解することもできるだろう．

　陸軍歩兵大隊の拡大等による積極的な軍事作戦と並行して進んだのが，キン・ニュンSLORC第1書記（当時）が主導した停戦交渉である．ゾー・ウらの研究によれば，1988年の反政府運動による新たな国内脅威の出現，反乱勢力の分裂・弱体化，市場経済化に伴う国境地帯管理の必要性などが，停戦交渉活発化の背景にあったという[Zaw Oo et al. 2007: 13-14]．これまでとは明確に戦略を変え，停戦交渉は反乱勢力による武器の保持と支配地帯での統治の持続を保証するものであった．1989年に共産党ビルマから分派したワ州連邦軍，ミャンマー国民民主同盟軍（コーカン）との停戦をかわきりに，1990年代前半にかなりの成果を上げ，1996年には麻薬王と呼ばれたクン・サー将軍率いるモンタイ軍（KMT）も投降した．最大反政府勢力のひとつカレン民族同盟（KNU）も，内部分裂をきっかけにSLORCの切り崩しに合い，さらに大規模な軍事作戦によって1995年1月には本拠地マナプローが陥落して，2002年にはいったん停戦協定を結んでいる．この20年で主要反政府勢力約20と停戦を合意した実績は国軍にとって大きな自信となっているだろう[6]．いま，ビルマは史上最も平和な時代を迎えている．

6　停戦に合意した反政府勢力の名前についてはZaw Oo [et al. 2007: 83]を参照．

首都での軍事パレード（2007年3月27日）（ⓒ AFLO）

　こうして，革命評議会同様，SLORC も前政権の失敗を否定することから政権運営を開始した．そして，その後の動きもまた前政権と同じだった．大規模な制度改革を実行したものの，体制内エリート間の政治を不安定化させる要因（将校の転出先である国営企業の整理等）に対しては極めて保守的に対処した．経済と軍事の変化に比して，政治制度の整備が遅々として進まないことはそれを明確に示している．民主化勢力への弾圧はやむことがなく，その一方で，1990年の選挙結果を受け入れずに SLORC がかかげた制憲会議（国民会議）による憲法起草も，2007年8月にようやく作業を終え，2008年5月には国民投票が実施された．92.5％の「信任」を得て新憲法は成立した．しかし，その内容は，大統領になるには軍事の経験が必要であり，二院制をなす人民院，民族院ともにその4分の1が国軍司令官の指名議員が占めるという，民主的な憲法からはほど遠い内容であった．憲法成立後の先行きそのものも依然不透明である．

　経済開発も，政治問題が障碍となって海外からの経済援助や直接投資の流入が伸び悩み，市場経済の導入も軍事政権の安定を損なわない範囲で実行されているに過ぎない．しかし，運がよいことに，2000年代になってタイへの天然

ガス輸出がかなりの外貨収入を政府にもたらしており，ビルマ国家は資源依存の財政構造を持つレンティア国家への歩みを見せ始めている．そうしたなかでの先進国による経済制裁は，一般国民の生活ばかりを困窮に追い込むため，欧米の制裁の効果を疑問視する声も少なくない[7]．

　ネー・ウィン体制を考察して，最も深刻な問題と思われるのは，国軍官僚機構が国家機構の各所に人事異動を通じてそのネットワークを伸ばしている状況であった．それは，行政官僚の質の低下と政府のガバナンス低下とを引き換えに，政治エリート間の権力関係を安定させる機能を持っていた．国軍人事は年功序列を基礎とした，閉鎖的かつ厳格なヒエラルキー構造を持つため，国軍内での地位を基準に利益配分を行えば，少なくとも国軍将校団内では安定した利益配分が可能になるからである．

　この国軍将校団への優先的な利益配分システムはネー・ウィンによって構築され，時代に応じて変化しながら45年以上維持されている．それは，2007年末時点で，最高意思決定機関である国家平和発展評議会（State Peace and Development Council: SPDC）（SLORCが1997年11月に改組され，最高意思決定機関になる）のメンバー全員が現役将校で，32の閣僚ポストのうち，25を現役将校がおさえ，4名が退役将校，文民はわずか3名という状況を考えれば明らかだろう．かつてと比べ，退役将校の存在感が低下して，現役将校の権力中枢での割合が高まり，また，独裁政党がなくなった一方で国営企業の存在感が大きくなるなど，マイナーチェンジを繰り返しながら今も同じような利益配分のシステムが存続しているのである．

　今後，高級将校になる人々はすでに任官の時点で軍事政権であり，当然，自らの上官が手にした利権を欲するはずである．かれらの期待を裏切ることは政権にとって短期的には相当のリスクになるため，今後も国軍内での昇進に応じて将校の権限と転出先が決定されていくだろう．2010年に予定されている総選挙も，複数政党制のかたちをとりながら，結局は退役将校と現役将校が多くの議席を占め，主要ポストはすべてかれらが握る可能性が高い．そうなれば，結局1974年の「民政移管」の繰り返しである．

　7　たとえば，Badgley [2004]，Pedersen [2008]，工藤 [2008：序章] を参照されたい．

こうした，国軍官僚機構の論理が国家機構全体の論理に直接反映される国家の運転原理が変わらないうちは，軍事政権が自ら改革に動く可能性は低い．いかにしてより多元的な政治勢力の存在と，現在とは異なる国家の運転原理を軍政に認めさせていくか，ビルマの政治経済発展のためにはそれが鍵となる．恐ろしく困難なことではあるが．

終章-5　片隅の死亡記事

　1962年のクーデタ以来，ビルマの地でわれわれが目の当たりにしているのは，世界的にまれな軍事政権の長期持続と，静かに進む国家破綻の過程であるのかもしれない．ただそれは，太平洋戦争による植民地国家の瓦解と社会動員の政治の中で独立したビルマが，1948年から50年代初頭にかけて直面した危機とはベクトルの向きが異なる．独立直後の危機を，社会紛争による国家破綻の危機とするなら，1962年以降のビルマに起きているのは，国家による過剰な社会統制と，体制内において国軍官僚機構だけが肥大化し，行政の効率性が著しく損なわれる，いわば官僚制の逆機能による国家破綻の危機だろう．
　軍隊という近代的な構造を持つ組織が，独立とともに不安定化したビルマ政治にひとつの安定を与える役割を果たしたことは間違いない．しかし，同時にそれは，ネー・ウィンたちの持つ排他的な社会主義やナショナリズムと結びつくことで，社会の利益とはかけ離れた歪な将校団中心の国家を生み出すことになった．筆者が本書で試みたのは，この，幻想と将校による国家再編を，ネー・ウィンという独裁者と国軍による支配のための合理的戦略の帰結としてではなく，かれらの狙いとその意図せざる結果の集積として描写することであった．
　総括すれば，ネー・ウィンによる「革命」の最大の目的は，国軍によって国家を乗っ取り，独立以来の目標であった社会主義社会を実現することだった．そこには，精緻な思想と呼べるようなものは見あたらないものの，「革命への意思」はあったように思う．そして，「革命」の実現のために，「革命政党」を建設し，国軍の機構上の境界線を越えて，将校たちを多くの党役職や行政機構

役職に送り込んでいった．しかし，はやばやと革命は挫折する．もちろん，この挫折は，国家指導部の失敗であり，同時に，社会主義というプロジェクトが必然的に内包する限界によるところでもあった．それはここでは問題ではない．重要なのは，政権が革命の「失敗」をみとめ，政治経済体制の転換へと動き出すころには，ビルマ国家がすでに大きく変容を遂げた後だったということである．「革命」という目的は死に，国軍中心の国家という手段が生き残った．そして，手段の維持そのものが今度は目的になる．なし崩し的に軍政が継続することで，次第に非公式の制度が自明のものとなり，本書の冒頭で引用した，大臣就任に落胆する国軍幹部が現れるようになったのである．

ネー・ウィンはその「カリスマ」(paràmi) と「影響力」(ôza) だけで26年間の長きに渡り，自身の権力を維持できるほど強い政治指導者ではなかった．その社会主義国家樹立への強い思い入れの割に，結局，国軍の作戦将校以外に自らの権力基盤をつくりだすことはできなかった．その点では弱い独裁者だったように思う．党幹部も文民官僚も諜報系将校も，その存在が脅威にうつると即，ネー・ウィンはかれらを政権から追放した．肝心の国軍による支持も，決してかれの「カリスマ」ではなく，官僚機構上の制度的な「権威」(ana) 関係に支えられていた面が大きい．だからこそ，9月18日クーデタ後，SLORCは実にあっさりとビルマ式社会主義を，その理念も党組織も含めて見限ったのである．

本書の締め括りに，ネー・ウィンの最期に触れておこう．2002年12月5日にネー・ウィンは死去した．翌日の国営紙『ミャンマー・アリーン』の一面は，タン・シュエSPDC議長がザガイン管区の道路建設プロジェクトを視察した，といういつもどおりの退屈な内容だった．国民の多くは，かつての独裁者の死を最終面の死亡記事欄の片隅に見つけて知ることになる．記事はいたって形式的だった．ネー・ウィンが12月5日の午前7時30分に亡くなり，本人の希望で当日の午後1時には茶毘にふされた，というものである．結局，SPDCメンバーの誰一人としてネー・ウィンの死に対する声明を発表しなかった[8]．かつての独裁者は驚くほど静かにこの世を去ったのである．今後，ネー・ウィンの

---

8 2002年3月にネー・ウィンの娘婿であるエー・ゾー・ウィンとその息子3人がクーデタ未遂の容疑で逮捕された．SPDCの沈黙の原因はこの事件にも関係しているものと思われる．

名は次第に人々の記憶から消えていくことだろう．しかし，ネー・ウィンが試みた「革命」はさまざまなかたちで制度的な遺産となり，現在の軍事政権にも受け継がれている．国家全体を通じた，将校団への利益配分メカニズム，それがネー・ウィンの残した最大の遺産であり，ビルマ政治経済の発展を阻む最大の障碍である．

ネー・ウィンの死去を伝える記事
(*myanmà àlin* 2002 年 12 月 6 日)

あとがき

　本書は2007年3月に京都大学大学院アジア・アフリカ地域研究研究科に提出した博士論文がもとになっている．そのうち，第2章は『東南アジア―歴史と文化―』(35)，第3章は『東南アジア研究』41 (3)，第4章は『アジア・アフリカ地域研究』(6-2) 掲載の拙稿を大幅に書き改めたものである．また，第5章は科学研究費補助金基盤研究（B）「グローバル化時代の民主化と政軍関係に関する地域間比較研究」（研究代表者：玉田芳史）の成果である．
　ビルマでの調査と日本での執筆時には，日本学術振興会と松下国際財団から研究助成をたまわった．さらに，博士論文が第6回井植記念アジア・太平洋研究賞を受賞する光栄にあずかった．こうした研究助成や受賞が，経済的にも精神的にも筆者の支えになったことはいうまでもない．記して謝意を表します．
　刊行にあたっては，日本学術振興会拠点大学交流事業「東アジア地域システムの社会科学的研究」（代表：水野広祐）から支援をたまわり，編集段階では京都大学学術出版会の鈴木哲也さんと斎藤至さんにお世話になった．地域研究叢書の匿名レフェリーの先生方，職場の同僚である山田紀彦さんは，草稿全体に目を通してくださり，有益なコメントと建設的な助言を数多くくださった．現在奉職している日本貿易振興機構・アジア経済研究所では，理解ある上司や同僚に囲まれ，本書をまとめる時間を十分に確保することができた．すべての方々に対して厚く御礼申し上げます．

　筆者は，20代の大半をそれまで縁もゆかりもなかったビルマと東南アジアについてひたすら考えることに費やした．ときに自身の研究テーマを伝えると，怪訝な顔をする人もいなかったわけではない．しかし，筆者自身はビルマ政治を研究テーマにしたことをまったく後悔していない．もちろんそれは，結果として本書を上梓できたことが理由のひとつではあるが，それ以上に，本書の出

版までに実に多くの人に出会い，その出会いが自分自身を変え，人間として成長できたと思えるからである．いや，成長できたという表現はおこがましいだろうか．筆者が一方的にお世話になることが多かった．

　ビルマでのフィールドワークに際して，客員研究員として筆者を受け入れてくださった東南アジア教育大臣連携機構・歴史伝統センター（SEAMEO-CHAT）所長（当時）のトン・アウン・チェイン先生，アドバイザーのニー・ニー・ミン先生，副所長（当時）のソー・キン・ジー先生に心より感謝申し上げたい．SEAMEO-CHATの紹介状のおかげで，ヤンゴンではほとんど不自由なく調査ができた．また，国軍博物館・歴史研究所の館長代理（当時）であったチョー・チョー・ミン少佐には貴重な所蔵資料の閲覧を許可していただいた．博物館の客間に一組の机と椅子を置いてもらい，近くの司令部にある資料室から運ばれた文書の束を必死に読んでいた日々を思い出す．客間の窓から見える雨季の激しい雨は，いまや筆者のフィールドワークの原風景になっている．パンソーダン通りの古本屋のみなさんには筆者の予想を越えて多くの貴重な本や資料を探し出してもらった．そのいくつかは本書執筆にとって不可欠なものになっている．ありがとうございました．

　何も知らない大学院生だった筆者をSEAMEO-CHATに紹介してくださったのは京都大学東南アジア研究所の安藤和雄先生である．感謝申し上げたい．安藤先生は京都やビルマで何度も筆者の軟弱な研究姿勢をご叱正くださった．当時，同じくSEAMEO-CHATに在籍していた大西信弘さんはヤンゴンで筆者と居を共にし，海外生活に不慣れな筆者をいつも助けてくださった．本書が多少でもお二人への恩返しになっていれば幸いである．

　こうして振り返ると，京都大学で学問に没頭した7年間はなにごとにもかえがたい経験だったとあらためて思う．大学院の友人，先輩方，後輩たちとの議論や何気ない会話が，本書執筆のモチベーションを支え，筆者が幾度となくぶつかった壁を乗り越えるきっかけになった．ありがとうございました．

　博士論文の審査委員をつとめてくださった，速水洋子先生，岡本正明先生，根本敬先生からは，鋭くかつ厳しいコメントをいくつもいただいた．御礼申し

上げます．先生方の質問や批判に本書がどれだけこたえられているか，正直こころもとないのだが，残された課題については，今後も検討を重ねてこたえられるよう努力していきたい．

　白石隆先生には4年間副指導教官としてお世話になった．東南アジアに関するその博識とオリジナルな視点とには幾度となく驚かされ，筆者の研究姿勢にも深く影響を与えている．なかでも，借り物の言葉ではなく，自分の言葉で考えることがいかに大切なのか身をもって示してくださり，それはいつまでも筆者の模範であり続けるだろう．賜った学恩にあらためて謝意を表したい．また，白石ゼミでの報告と議論によって，論文の構成や論旨が変わったことは数知れず，東南アジアから考えることの面白さを本当の意味で実感したのは，このゼミに参加したからである．ゼミ後の飲み会で必ずといっていいほど行っていた，河原町荒神橋近くの居酒屋「ささじ」は，今はもうなくなってしまったけれど，あの店での，うまい日本酒と，塩辛い料理と，東南アジア政治の話はいつもワンセットだった．このゼミや飲み会で交わされた議論や出会った仲間，すべてが筆者にとって大きな知的財産であり，よい思い出になっている．

　大学院入学以来6年間にわたって指導教官をつとめてくださったのが玉田芳史先生である．入学当初，まだ理論に未練があった筆者に，地域研究なのだから，理論的な問題意識よりも関心のある地域と現象をどうしたら一番理解できるのかを考えなさい，とご指導くださった．データも不足し，あてになる先行研究が少ないなかで，筆者がビルマ政治の研究を継続してこられたのは，ひとえにこの言葉のおかげである．ビルマ研究を少しでも発展させるにはどうすればよいか，ずっとそればかり考えてきた．そのせいで，筆者の地域研究は，地域の理解に役立つならどんなデータでも方法でも使うという，いたって功利的なものである．むろん，そういうやり方を続けていると体系的な理論や方法論については弱くなってしまう．本書にもその嫌いがあることは否定できない．ただ，あのまま理論的な関心をひきずっていたら，あらゆる面でリスクの高いビルマ政治の研究を続けることはなかっただろう．本書がいくばくかでもビルマ研究や東南アジア研究の発展に貢献できているとしたら，それは玉田先生か

ら学んだ地域研究の流儀に負うところが大きい．深謝申し上げたい．

　ここで心底から残念なのは，ビルマと日本で筆者のインタビューを受けてくださったビルマ人の方々の名前を記すことができないことである．その理由は今さら説明するまでもないだろう．チッ・フライン氏とタキン・ティン・ミャ氏は名前の公表を望んでおられたので，本文中でもその名に言及した．その他の方々は名前を公表しないことを条件に筆者のインタビューを受けてくださっている．こうした方々へのインタビューがなければ，本書の完成はまずありえなかった．皆様のご協力に感謝し，衷心より御礼申し上げる次第です．

　両親にはいくら感謝してもし尽くせない．大学院入学当初，母は息子の将来がよほど心配だったのか，毎日放送夕方のテレビ番組「ちちんぷいぷい」のエピソード募集のテーマが「うれしいような，悲しいような」だったのを見て，「うちの息子が大学院に合格して，それは簡単なことではないから素直に喜びたいのだけれど，就職せずに大学院に行ってしまい，息子の将来がどうなるのかよくわからず，うれしいような悲しいような」と，さっそく毎日放送に電話していた．番組終盤で母のエピソードが採用され，パネラー陣による一連の会話のあと，コメンテーターの芸人さんから「むすこー，バイトせぇ」というアドバイスをいただいた．放送を録画したビデオを繰り返し見て「そや，そや」と笑っている母を眺めながら，「悩みをすぐに忘れてしまう鈍感さはこの人から遺伝しているのか」としみじみ感じたものである．この鈍感さが何かと悩みやすいフィールドワーク中や博士論文執筆中に存分にいきた．また，いまだに「アウン・サン・スー・チー」という名前を覚えられず，「ウー・サン・チー」とか「サン・サン・チー」と毎回自己流で呼びながらビルマにかんする質問をしてくれる父も，ビルマ政府なみに説明責任を果たさない筆者をあたたかく見守り，ときに励ましてくれた．ありがとうございました．

　最後に，「根詰め過ぎんときや」といつも筆者を気遣ってくれた故・村上咲さんに，心からの感謝の気持ちを込めて本書をささげます．

中西嘉宏

参考文献

(1) 邦語文献

秋田　茂．2000．「帝国と軍隊：イギリスの植民地支配とインド軍」濱下武志・川北稔編『地域の世界史11　支配の地域史』山川出版社，176-212 頁．

アンダーソン，ベネディクト．1997．『想像の共同体：ナショナリズムの起源と流行』白石さや・白石隆訳，NTT 出版．

―――．2005．『比較の亡霊：ナショナリズム・東南アジア・世界』糟谷啓介他訳，作品社．

五十嵐誠一．2002．「フィリピンとビルマの民主化比較考察：統合的アプローチを手がかりとして」『アジア研究』48(4)：52-72．

五十嵐誠．2001．「ビルマにおける国民統合と民主主義：国軍の民主主義観の変遷過程から」一橋大学大学院社会学研究科修士論文．

池田一人．2005．「日本占領期ビルマにおけるミャウンミャ事件とカレン：シュウェトゥンチャをめぐる民族的経験について」『東南アジア：歴史と文化』(34)：40-79．

出岡直也．1988．「政軍関係をめぐるふたつの議論の批判的検討：ファイナーとムーゼリス」『法学』51(6)：1025-1057．

―――．1991．「官僚的権威主義・ファシズム・国家安全保障国家：南米南部の軍政の性格付けをめぐって (1)」『法学』55(4)：559-610．

―――．1992．「官僚的権威主義・ファシズム・国家安全保障国家：南米南部の軍政の性格付けをめぐって (2)」『法学』56(4)：316-368．

石井米雄，桜井由躬雄（編）．1999．『東南アジア・大陸部』山川出版社

伊東利勝．1994．「ビルマ農民の意識変化」池端雪浦『変わる東南アジア史像』山川出版社，285-306 頁．

伊野憲治．1993．「ミャンマー「民主化」運動における民衆行動の諸特徴」『北九州大学法政論集』21(1)：111-147．

―――．2000．「ミャンマー国軍の政治介入の論理：「国民政治」概念を中心として」『東南アジア：歴史と文化』29：3-26．

イレート，レイナルド・C．2005．『キリスト受難詩と革命：1840-1910 年のフィリピン民衆運動』川田牧人・宮脇聡史・高野邦夫訳，法政大学出版局．

岩田昌征．1974．『労働者自主管理：ある社会主義論の試み』紀伊国屋書店．

ウ・タウン．1996．『将軍と新聞：ビルマ長期軍事政権に抗して』水藤眞樹太訳，新評論．

大串和雄．1991．「南米軍部の国家安全保障ドクトリンと「新専門職業主義」」『国際政治』98：8-22．

―――．1993．『軍と革命』東京大学出版会．

大野　徹．1970a．「ビルマ国軍史（その1）」『東南アジア研究』8(2)：218-346．

―――．1970b．「ビルマ国軍史（その2）」『東南アジア研究』8(3)：347-377．

―――．1971．「ビルマ国軍史（その3）」『東南アジア研究』8(4)：534-565．

奥平龍二．1990．「国民統合の政治思想：「ビルマ的社会主義」論」土井健治編『講座東南アジア学　第6巻　東南アジアの思想』弘文堂，173-205 頁．

外務省経済協力局編．2005．『政府開発援助（ODA）国別データブック』国際協力推進協会．
加茂具樹．2006．『現代中国政治と人民代表大会：人大の機能改革と「領導・被領導」関係の変化』慶應義塾大学出版会．
ギアツ，クリフォード．1990．『ヌガラ：19世紀バリの劇場国家』小泉潤二訳，みすず書房．
木田純一（編）．1975．『社会主義国憲法集』中央大学生活協同組合出版局
桐生　稔．1975．「ビルマ社会主義とその変容過程」大野徹・桐生稔・斎藤照子編『ビルマーその社会と価値観』現代アジア出版会，161-253頁．
─．1979．『ビルマ式社会主義：自立発展へのひとつの実験』教育社．
木村　幹．2003．『韓国における「権威主義的」体制の成立：李承晩政権の崩壊まで』ミネルヴァ書房．
─．2008．『民主化の韓国政治：朴正熙と野党政治家たち1961-1979』名古屋大学出版会．
工藤年博．2000．「ビルマ（ミャンマー）／「ビルマ式社会主義」：国民統合と経済開発の狭間で」『アジ研ワールド・トレンド』6(1・2)：26-30．
工藤年博編．2008．『ミャンマー経済の実像：なぜ軍政は生き残れたのか』アジア経済研究所．
熊田　徹．2001．「ミャンマーの民主化と国民統合問題における外生要因：米国公式記録に見る史実を中心として」『アジア研究』47(3)：1-27．
─．2003．「1962年ミャンマー軍事クーデターの背景要因としての外部介入：米国国務省外交記録を中心として見たその経緯」『外務省調査月報』2003年第3号：23-56．
斎藤照子．1979．「ビルマの籾米供出制度と農家経済：チュンガレー村の事例」『アジア経済』20(6)：2-26．
─．2004．「ナショナリズムと経済思想：ビルマの国民経済構想をめぐって」根本敬編『東南アジアにとって20世紀とは何か：ナショナリズムをめぐる思想状況』東京外国語大学アジア・アフリカ言語文化研究所，39-59頁．
酒井啓子．2003．『フセイン・イラク政権の支配構造』岩波書店
佐久間平喜．1993．『ビルマ（ミャンマー）現代政治史　増補版』勁草書房．
塩川伸明．1999．『現存した社会主義：リヴァイアサンの素顔』勁草書房．
白石　隆．1996．『新版　インドネシア』NTT出版．
─．2000．『海の帝国』中公新書．
ジラス，ミロバン．1957．『新しい階級：共産主義制度の分析』原子林二郎訳，時事通信社．
末廣　昭．1993．「タイの軍部と民主化運動：73年『10月政変』から92年『5月流血事件』へ」『社會科學研究』44(5)：48-95．
─．1998．「発展途上国の開発主義」『20世紀システム4　開発主義』東京大学出版会，13-46頁．
─．2000．『キャッチアップ型工業化論：アジア経済の軌跡と展望』名古屋大学出版会．
スコット，ジェームス．1999．『モーラル・エコノミー：東南アジアの農民叛乱と生存維持』高橋彰訳，勁草書房．
ステパン，アルフレッド・C．1989．『ポスト権威主義：ラテンアメリカ・スペインの民主化と軍部』堀坂浩太郎訳，同文舘．
髙橋昭雄．1992．『ビルマ・デルタの米作村：「社会主義」体制下の農村経済』アジア経済研究所．
─．1998．「ビルマにおける農地法制の展開と農民の「所有権」」『東南アジア農村発展の主体と組織：近代日本との比較から』加納啓良編，アジア経済研究所，29-60頁．
─．1999．「ミャンマー　困難な市場経済への移行」原洋之介編『アジア経済論』NTT出版，

295-323 頁.
———. 2002.「ビルマ：軍による「開発」の停滞」『岩波講座 東南アジア史 9 「開発」の時代と「模索」の時代』末廣昭編，岩波書店，205-230 頁.
武島良成. 2003.『日本占領とビルマの民族運動：タキン勢力の政治的上昇』龍溪書舎.
武田康裕. 2002.『民主化の比較政治：東アジア諸国の体制変動過程』ミネルヴァ書房.
田辺寿夫. 1989.『ビルマ民主化運動 1988：ドキュメント』梨の木舎.
田辺寿夫・根本 敬. 2003.『ビルマ軍事政権とアウンサンスーチー』角川書店.
田村克己. 1987.「「伝統」の継承と断絶：ビルマ政治のリーダーシップをめぐって」伊藤亜人・関本照夫・船曳建夫編『現代の社会人類学 3 国家と文明への過程』東京大学出版会，83-106 頁.
玉田芳史. 1992.「タイのクーデタ，1980〜1991 年：軍の同期生，内部抗争，対政府関係」『東南アジア研究』29(4)：389-421.
———. 2003.『民主化の虚像と実像：タイ現代政治変動のメカニズム』京都大学学術出版会.
チャンドラー，デビット・P. 1994.『ポル・ポト伝』山田寛訳，めこん
土屋健治. 1991.『カルティニの風景』めこん.
土佐弘之. 2000.『グローバル／ジェンダー・ポリティクス』世界思想社.
———. 2003.『安全保障という逆説』青土社.
中西嘉宏. 2003.「未完の党＝国家：ネー・ウィンとビルマ社会主義計画党」『東南アジア研究』41(3)：330-360.
———. 2006.「ビルマ式社会主義と軍内政治：ネー・ウィン体制の国家イデオロギー形成をめぐる一試論」『東南アジア —— 歴史と文化 —— 』35：22-52.
西澤信善. 2000.『ミャンマーの経済改革と開放政策：軍政 10 年の総括』勁草書房.
根本 敬. 1990.「1930 年代ビルマ・ナショナリズムにおける社会主義受容の特質：タキン党の思想形成を中心に」『東南アジア研究』27(4)：427-447.
———. 1996.『アウン・サン：封印された独立ビルマの夢』岩波書店.
———. 1997.「ビルマの都市エリートと日本占領期：GCBA，タキン党，植民地高等文官を中心に」倉沢愛子編『東南アジア史のなかの日本占領』早稲田大学出版部，31-56 頁.
———. 2002「ビルマの独立：日本占領期からウー・ヌー時代まで」後藤乾一編『岩波講座 東南アジア史 第 8 巻：国民国家形成の時代』岩波書店，173-202 頁.
バー・モウ. 1995.『ビルマの夜明け：バー・モウ（元国家元首）独立運動回想録』横堀洋一訳，太陽出版.
萩原宜之. 1989.「東南アジアの政軍関係（近代化過程における政軍関係）」『年報政治学』岩波書店，117-139 頁.
畠山弘文. 2006.『近代・戦争・国家：動員史観序説』文眞堂.
ハンチントン，サミュエル. 1978.『軍人と国家（上）』市川良一訳，原書房.
———. 1979.『軍人と国家（下）』市川良一訳，原書房.
———. 1995.『第三の波：20 世紀後半の民主化』坪郷實・中道寿一・藪野祐三訳，三嶺書房.
本田毅彦. 2001.『インド植民地官僚：大英帝国の超エリートたち』講談社選書メチエ.
藤田幸一編. 2005.『ミャンマー移行経済の変容：市場と統制のはざまで』日本貿易振興機構アジア経済研究所.
藤原帰一. 1994.「政府党と在野党：東南アジアにおける政府党体制」萩原宜之編『講座現代ア

ア(3)民主化と経済発展』東京大学出版会,229-269頁.
―――. 1989.「民主化過程における軍部:A・ステパンの枠組とフィリピン国軍」日本政治学会編『年報政治学』岩波書店,141-158頁.
ベンディクス,ラインハルト.1988.『マックス・ウェーバー:その学問の包括的一肖像(下)』三一書房.
マァウン,ティン.1992.『農民ガバ:ビルマ人の戦争体験』河東田静雄訳,大同生命国際文化基金.
増原綾子.2004.「インドネシア・スハルト体制期におけるゴルカル国会議員:議員データの分析に基づいて」『アジア地域文化研究』(1):38-67.
マン,マイケル.2005.『ソーシャル・パワー:社会的な力の世界歴史Ⅱ 階級と国民国家の「長い19世紀」(下)』森本醇・君塚直隆訳,NTT出版.
ミッチェル,ブライアン編2002.『アジア・アフリカ・大洋州歴史統計:1750~1993』北村甫監訳,東洋書林.
村田克巳.1984a.「ネ・ウィン・ビルマ国軍創設とその政治的性格」『東洋研究』(70):59-90.
―――. 1984b.「ネ・ウィンの行動の哲学」『共産主義と国際政治』8(4):39-58.
矢野 暢.1968.『タイ・ビルマ現代政治史研究』京都大学東南アジア研究センター.
山室信一.1993.『キメラ』中公新書.
レーニン,ヴラジーミル・イリイッチ.2001.『国家と革命』筑摩文庫.

(2) 英語文献
Adelman, Jonathan R. 1982. "Conclusion," in Jonathan R. Adelman (ed.), *Communist Armies in Politics.* Boulder, CO: Westview Press. pp. 207-215.
Alagappa, Muthiah (ed.), 2001a. *Coercion and Governance: the Declining Political Role of the Military in Asia.* Stanford, CA: Stanford University Press.
―――. (ed.), 2001b. *Military Professionalism in Asia: Conceptual and Empirical Perspectives.* Honolulu, HI: East-West Center.
Anderson, Benedict, R. O'. G. 1972. *Java in a Time of Revolution: Occupation and Resistance, 1944-1946.* Ithaca, NY: Cornell University Press.
Aung-Thwin, Maitrii. 2003. "Genealogy of a Rebellion Narrative: Law, Ethnology and Culture in Colonial Burma," *Journal of Southeast Asian Studies*, 34(3): 393-419.
Badgley, John H. (ed.), 2004. *Reconciling Burma/Myanmar: Essays on U. S. Relations with Burma (NBR Analysis 15(1)).* Seattle: The National Bureau of Asian Research.
Badgley, John and Jon Wiant. 1974. "The Ne Win BSPP Style of Bama Lo," in Josef Silverstein (ed.), *The Future of Burma in Perspective: A Symposium.* Athens: Ohio University Center for International Studies.
Boudreau, Vince. 2004. *Resisting Dictatorship: Repression and Protest in Southeast Asia.* New York: Cambridge University Press.
Burma, Ministry of Information. 1960. *Is Trust Vindicated?: A Chronicle of the Various Accomplishments of the Government Headed by General Ne Win During the Period of Tenure from November, 1958 to February 6, 1960.* Rangoon: Director of Information, Government of the Union of Burma; Bailey & Swinfen.
The Burma Socialist Programme Party. 1963a. *The System of Correlation of Man and His Environment.*

Rangoon.
——. 1963b. "The Burmese Way to Socialism," in The Burma Socialist Programme Party, *The System of Correlation of Man and his Environment*. Rangoon.
——. 1963c. "The Constitution of The Burma Socialist Programme Party," in The Burma Socialist Programme Party, *The System of Correlation of Man and his Environment*. Rangoon.
Butwell, Richard. 1969. *U Nu of Burma*. Stanford, CA: Stanford University Press.
Cady, John. F. 1958. *A History of Modern Burma*. Ithaca, NY: Cornell University Press.
Callahan, Mary P. 1998. "On Time Warps and Warped Time: Lessons from Burma's "Democratic Era," in Robert I. Rotberg (ed.), *Burma: Prospects for a Democratic Future*. Washington, D.C: Brookings Institution Press.
——. 2000. "Cracks in the Edifice?: Military-Society Relations in Burma since 1988." in Morten B. Pedersen, Emily Rudland and Ronald J. May (eds.), *Burma-Myanmar: Strong Regime, Weak State?* Belair SA, Australia: Crawford House Publishing. pp. 22–51
——. 2003. *Making Enemies: War and State Building in Burma*. Cornell University Press.
Casper, Gretchen and Michelle M. Taylor. 1996. *Negotiating Democracy: Transitions from Authoritarian Rule*. Pittsburgh, PA: University of Pittsburgh Press.
Collier, David (ed.), 1979. *The New Authoritarianism in Latin America*. Princeton, NJ: Princeton University Press.
Colonel Chit Myaing. 1997. "In His Own Words," *Burma Debate* 4(3) [http://www.soros.org/burma/burmadebate/Bdjulaug97.html].
Crouch, Harold. 1978. *The Army and Politics in Indonesia*. Ithaca, NY: Cornell University Press.
Woo-Cumings, Meredith. (ed.), 1999. *The Developmental State*. Ithaca, NY: Cornell University Press.
Documentation and Research Department (DRD)-Network for Democracy and Development (NDD) (ed.), 2007. *Civil & Military Administrative Echelon of State Peace and Development Council in Burma*. Mae Sot: DRD-NDD.
Dun, Smith. 1980. *Memoirs of the Four-Foot Colonel*. Ithaca, NY: Southeast Asia Program, Dept. of Asian Studies, Cornell University.
Feaver, Peter D. 2003. *Armed Servants: Agency, Oversight, and Civil-Military Relations*. Cambridge, MA: Harvard University Press.
Finer, Samuel E. 1988. *The Man on Horseback: The Role of the Military in Politics*, 2nd ed. enl., Boulder, CO: Westview Press.
Fink, Christina. 2001. *Living Silence: Burma under Military Rule*. Dhaka University Press.
Friedrich, Carl J. 1937. "An Introductory Note on Revolution," in Carl J. Friedrich (ed.), *Revolution*. New York: Atherton. pp. 3–9.
Furnivall, John Sydenham. 1956. *Colonial Policy and Practice: a Comparative Study of Burma and Netherlands India*. New York: New York University Press.
——. 1957a. *A Study of the Social and Economic History of Burma (British Burma) Part III British Burma before the Opening of the Suez Canal 1861–62 to 1867–68*. Rangoon: The Economic and Social Board, Office of the Prime Minister.
——. 1957b. *A Study of the Social and Economic History of Burma (British Burma) Part IV British Burma from the Opening of the Suez Canal to the Annexation to Upper Burma, Before the Opening of*

———. 1957c. *A Study of the Social and Economic History of Burma (British Burma) Part V Burma under the Chief Commissioners, 1886–87 to 1896–97*. Rangoon: The Economic and Social Board, Office of the Prime Minister.

———. 1958. *A Study of the Social and Economic History of Burma (British Burma) Part VIa Burma under the Lieutenant-Governors, 1897–1898 to 1913–1914 The Pursuit of Efficiency*. Rangoon: The Economic and Social Board, Office of the Prime Minister.

———. 1959. *A Study of the Social and Economic History of Burma (British Burma) Part VIb Burma under the Lieutenant-Governors, 1913–1914 to 1923–1924 The Pursuit of Efficiency*. Rangoon: The Economic and Social Board, Office of the Prime Minister.

———. 1960a. *A Study of the Social and Economic History of Burma (British Burma) Part VII Dyarchy, 1923–1931 Boom, Depression and Recovery*. Rangoon: The Economic and Social Board, Office of the Prime Minister.

———. 1960b. *A Study of the Social and Economic History of Burma (British Burma) Part VIII British Burma From the Rebellion of 1931 to the Japanese Invasion of 1941*. Rangoon: The Economic and Social Board, Office of the Prime Minister.

※上掲7冊の報告書および統計集はビルマ連邦国家計画省の依頼をうけてファーニバルが提出した報告書である。全文で887ページに及ぶため、単行本としては出版されていない。当該資料の閲覧、複写を許可してくださった斎藤照子先生に感謝いたします。

———. 1960c. *The Governance of Modern Burma*, 2nd ed. enl. New York: Institute of Pacific Relations.

Gandhi, Jennifer. 2008. *Political Institutions under Dictatorship*. Cambridge: Cambridge University Press.

Guyot, Dorothy. 1966. "The Political Impact of Japanese Occupation of Burma." Ph. D. dissertation. Yale University.

Guyot, James, F. 1966. "Bureaucratic Transformation in Burma," in Ralph Braibanti (ed.), *Asian Beaucratic Systems Emergent from the British Imperial Tradition*. Durham NC: Duke University Press. pp. 354–443

Gyi, Maung, Maung. 1983. *Burmese Political Values: the Socio-Political Roots of Authoritarianism*. New York: Praeger.

Hlaing, Kyaw, Yin. 2001. "The Politics of State-Business Relations in Post-Colonial Burma," Ph. D. dissertation. Cornell University.

———. 2003. "Reconsidering the Failure of the Burma Socialist Programme Party Government to Eradicate Internal Economic Impediments," *South East Asia Research*. 11(1): 5–58.

Honna, Jun. 2003. *Military Politics and Democratization in Indonesia*. New York: Routledge Curzon.

Horowitz, Donald, L. 1980. *Coup Theories and Officers' Motives: Sri Lanka in Comparative Perspective*. Princeton. NJ: Princeton University Press.

Huntington, Samuel. 1968. *Political Order in Changing Societies*. New Heaven, CT: Yale University Press.

Janowitz, Morris. 1964. *The Military in the Political Development of New Nations: an Essay in Comparative Analysis*. Chicago, IL: University of Chicago Press.

Jenkins, David. 1984. *Suharto and His Generals: Indonesian Military Politics, 1975–1983*. Ithaca, NY: Cornell Modern Indonesia Project, Southeast Asia Program, Cornell University.

Kammen, Douglas and Siddharth Chandra. 1999. A Tour of Duty: Changing Patterns of Military Politics in Indonesia in the 1990s. Ithaca, NY: Cornell Modern Indonesia Project, Southeast Asia Program, Cornell University.

Kaufmann, Daniel, Kraay Aart and Mastruzzi Massimo. 2005. *Governance Matters IV: Governance Indicators for 1996–2004*, World Bank Policy Research Working Paper 3630. Washington, D. C.

Lasswell, Harold. 1941. "The Garrison State," *American Journal of Sociology*. vol. XLVI: 455–468.

——. 1962. "The Garrison State Hypothesis Today," in Huntington, S. P. (ed.), *Changing Patterns of Military Politics*. New York: The Free Press of Glencoe.

Lintner, Bertil. 1989. *Outrage: Burma's Struggle for Democracy*. Hong Kong: Review Publishing Co..

——. 1990. *The Rise and Fall of the Communist Party of Burma (CPB)*. Ithaca, NY: Southeast Asia Program, Cornell University.

Lissak, Moshe. 1976. *Military Roles in Modernization: Civil-Military Relations in Thailand and Burma*. Beverly Hills, LA: Sage Publications.

Maniruzzaman, Talukder. 1988. *Military Withdrawal from Politics: a Comparative Study*. Bangladesh: Dhaka University Press.

Maung, Maung. 1959. *Burma's Constitution*. Hague: Martinus Nijhoff.

——. 1969. *Burma and General Ne Win*. New York: Asia Publishing House.

——. 1999. *The 1988 Uprising in Burma*, New Haven, CT: Yale University Southeast Asia Studies.

McCoy, Alfred, W.. 1999. *Closer than Brothers: Manhood at the Philippine Military Academy*. New Haven, CT: Yale University Press.

Mietzner, Marcus. 2006. *The Politics of Military Reform in Post-Suharto Indonesia: Elite Conflict, Nationalism and Institutional Resistance*. Washington, D. C.: East-West Center.

Migdal, Joel, S. 1988. *Strong Societies and Weak States: State-Society Relations and State Capabilities in the Third World*. Princeton, NJ: Princeton University Press.

Moscotti, Albert D. 1977. *Burma's Constitution and Elections of 1974: a Source Book*, Singapore: Institute of Southeast Asian Studies

Mya Maung. 1991. *The Burma Road to Poverty*, New York: Preager Publishers.

Mya Than and N. Nishizawa. 1990. "Agricultural Policy Reform and Agricultural Development in Myanmar," in Mya Than and J. H. Than. (eds.), *Myanmar Dilemma and Options: The Challenge of Economic Transition in the 1990s*. Singapore: Institute of Southeast Asian Studies. pp. 89–116

Myint-U, Thant. 2001. *The Making of Modern Burma*. Cambridge: Cambridge University Press.

Myoe, Maung Aung. 2009. Building the Tatmadaw, Singapore: Institute of Southeast Asian Studies

——. 1998. *Building the Tatmadaw: The Organizational Development of the Armed Forces in Myanmar, 1948–98*, Working Paper. 327. Canberra: Strategic and Defence Studies Centre, Australian National University.

——. 1999. *Military Doctrine and Strategy in Myanmar: A Historical Perspective*, SDSC Working Paper. 339. Canberra: Strategic and Defence Studies Centre, Australian National University.

——. 2000. *Officer Education and Leadership Training in the Tatmadaw: A Survey*. Canberra: Strategic and Defence Studies Centre, Research School of Pacific and Asian Studies, Australian National

University.

U, Nu. 1975. *Saturday's Sun.* New Haven, CT: Yale University Press.

O'Donnell, Guillermo, A. 1979. *Modernization and Bureaucratic – Authoritarianism: Studies in South American Politics.* Berkeley CA: Institute of International Studies, University of California.

Pedersen, Morten, B. 2008. *Promoting Human Rights in Burma: A Critique of Western Sanctions Policy.* Lanham: Rowman & Littlefield Publishers.

Perlmutter, Amos. 1977. *The Military and Politics in Modern Times: On Professionals, Praetorians, and Revolutionary Soldiers.* New Haven, CT: Yale University Press.

——. 1980. "The Comparative Analysis of Military Regimes," *World Politics* 33(1): 96–120.

Pierson, Christopher. 1996. *The Modern State.* London, New York: Routledge.

Potter, David, C. 1966. "Bureaucratic Change in India," in Braibanti, Ralph. (ed.), *Asian Bureaucratic Systems Emergent from the British Imperial Tradition.* 1966. Durham, NC: Duke University Press. pp. 141–208.

Przeworsky, Adam, Michael, E. Alvarez, Jose, Antonio, Cheibub and Fernando, Limongi. 2000. *Democracy and Development: political institutions and well-being in the world, 1950–1990.* New York: Cambridge University Press.

Putnam, Robert, R. 1976. *The Comparative Study of Political Elites.* Englewood Cliffs, NJ: Prentice-Hall.

Pye, Lucian, W. 1962a. "The Army in Burmese Politics," in John J. Johnson (ed.), *The Role of The Military in Underdeveloped Countries.* Princeton, NJ: Princeton University Press. pp. 231–251

——. 1962b. "Armies in the Process of Political Modernization." in N. J. John, J. Johnson (ed.), *The Role of the Military in Underdeveloped Countries,* Princeton, NJ: Princeton University Press. pp. 68–89.

Riggs, Fred, W. 1966. *Thailand: the Modernization of a Bureaucratic Polity.* Honolulu HI: East-West Center Press.

Rotberg, Robert, I. 2004. *When States Fail: Causes and Consequences.* Princeton, NJ: Princeton University Press.

Rustow, D. A. 1963. "The Military in Middle Eastern Society and Politics," in *The Military in the Middle East.* Fisher, S. N. (ed.), Columbus OH: Ohio State University Press. pp. 3–20

The Revolutionary Council of the Union of Burma. 1964. *The Specific Characteristics of The Burma Socialist Programme Party.* the Central Committee of the BSPP.

Saito, Teruko and Lee King Kinong. 1999. *Statistics on the Burmese Economy: The 19th and 20th Centuries.* Singapore: Institute of Southeast Asian Studies.

Scott, James C. 1998. *Seeing Like a State: How Certain Schemes to Improve the Human Condition Have Failed.* New Haven, CT: Yale University Press.

Sein, Win. 1959. *The Split Story; An Account Of Recent Political Upheaval In Burma, With Emphasis On AFPFL.* Rangoon: The Guardian.

Selth, Andrew. 1996. *Transforming the Tatmadaw: the Burmese Armed Forces since 1988.* Cambera: Strategic and Defence Studies Centre, Research School of Pacific and Asian Studies, The Australian National University.

——. 2002. *Burma's Armed Forces: Power Without Glory.* Norwalk, CT: East Bridge.

Shiraishi, Takashi. 1986. "The Military in Thailand, Burma and Indonesia" in Robert A. Scalapino, Seizaburo Sato and Jusuf Wandandi (eds.), *Asian Political Institutionalization*. Singapore: Institute for East Asian Studies. pp. 157–180.

Silverstein, Josef. 1977. *Burma: Military Rule and the Politics of Stagnation*. Ithaca, NY: Cornell University Press.

——. 1980. *Burmese Politics: The Dilemma of National Unity*. New Brunswick, NJ: Rutgers University Press.

Skidmore, Monique. 2004. *Karaoke Fascism: Burma and the Politics of Fear*. Philadelphia, PA: University of Pennsylvania Press.

Smith, Donald Eugene. 1965. *Religion and Politics in Burma*. Princeton NJ: Princeton University Press.

Smith, Martin. 1999. *Burma: Insurgency and the Politics of Ethnicity*. 2nd ed. Dhaka: The University Press.

Surachart Bamrungsuk. 1998. "Changing Patterns of Civil-Military Relations and Thailand's Regional Outlook," in David R. Mares (ed.), *Civil-Military Relations: Building Democracy and Regional Security in Latin America, Southern Asia, and Central Europe*. Boulder, CO: Westview Press. pp. 187–205.

Steinberg, David I. 1981. *Burma's Road Toward Development: Growth and Ideology Under Military Rule*. Boulder, CO: Westview Press.

——. 1982. *Burma, A Socialist Nation of Southeast Asia*. Boulder, CO: Westview Press.

Stepan, Alfred. 1973. "The New Professionalism of Internal Warfare and Military Role Expansion," in Alfred Stepan (ed.), *Authoritarian Brazil: Origins, Policies and Future*. New Haven, CT: Yale University Press. pp. 47–65.

Stephen, Harber,. 2006. "Authoritarian Government," in Barry R. Weingast and Donald A. Wittman (ed.), *The Oxford Handobook of Political Science*, Oxford: Oxford University Press.

Taylor, Robert. 1973. *Foreign and Domestic Consequences of the KMT Intervention in Burma*. Ithaka. NY: Southeast Asia Program, Dept. of Asian Studies, Cornell University.

——. 1985. "Burma," in Zakaria Haji Ahmad and Harold Crouch (eds.), *Military-Civilian Relations in South-East Asia*. Oxford: Oxford University Press. pp. 13–49.

——. 1987a. *The State in Burma*. Honolulu, HI: University of Hawaii Press.

——. 1987b. "Burma: Defence Expenditure and Threat Perception," in Chin Kin Wah (ed.), *Defence Spending in Southeast Asia*. Singapore: Regional Strategic Studies Programme, Institute of Southeast Asian Studies. pp. 252–280.

——. 2009. *The State in Myanmar*, London: Hurst & Company.

Than, Tin Maung Maung. 2002. "Burma: The 'New Professionalism' of the Tatmadaw," in Multiah Alagappa. Military Professionalism in Asia; Conceptual and Emprical Perspectives, Honolulu: East-West Center. pp.163-178.

The World Bank. 2007. *A Decade of Measuring the Quality of Governance: Governance Matters 2007 – Worldwide Governance Indicators, 1996–2006*. Washington DC: the World Bank.

Tinker, Hugh. 1959. *The Union of Burma: a Study of the First Years of Independence*. 2nd ed. London: Oxford University Press.

Tilly, Charles. 1985. "War Making and State Making as Organized Crime," in Peter B. Evans, Dietrich Rueschemeyer, Theda Skocpol (eds.), *Bringing the State Back In*. Cambridge: Cambridge University Press. pp. 169–191.

―――. 1990. *Coercion, Capital, and European States, AD 990–1990*. Cambridge: Basil Blackwell.

―――. 2005. "Dreams and Nightmares: State Building and Ethnic Conflict in Myanmar (Burma)." In *Ethnic Conflicts in Southeast Asia*. Kusuma Snitwongse and W. Scott Thompson (eds.), Singapore: Institute of Southeast Asian Studies. pp. 65–108.

Top, Saw Rock. 1989. "The Development and Role of Army in Burma (1941–1962)," 東京大学博士論文.

Trimberger, Ellen Kay. 1978. *Revolution from Above: Military Bureaucrats and Development in Japan, Turkey, Egypt, and Peru*. N.J.: Transaction Books.

Van Doorn, J.. 1965. "The Officer Corps: A Fusion of Profession and Organization." *European Journal of Sociology*. (6): 262–282.

Walinsky, Louis J.. 1962. *Economic Development in Burma, 1951–1960*. New York: Twentieth Century Fund.

Wiant, John W.. 1981. "Tradition in the Service of Revolution: The Political Symbolism of Taw-hlan-ye-khit," in F. K. Lehman (ed.), *Military Rule in Burma since 1962*. Tokyo: Maruzen Asia. pp. 59–72.

―――. 1982. "Ideology and Organization in Revolutionary Burma (final draft)," unpublished Ph. D dissertation manuscript, Cornell University.

Wiant, John W. and David I. Steinberg. 1988. "Burma: Military and National Development," in Soedjati Djiwandono and Yong Mun Cheong (eds.), *Soldiers and Stability in Southeast Asia*. Singapore: Institute of Southeast Asian Studies,. pp. 293–321.

Wolters, O. W. 1999. *History, Culture, and Region in Southeast Asian Perspectives*. Ithaca, NY: Southeast Asia Program Publications.

Yawnghwe, Chao-Tzang. 1997. "The Politics of Authoritarianism: The State and Political Soldiers in Burma, Indonesia, and Thailand," Ph. D dissertation, The University of British Columbia.

Yergin, Daniel. 1977. *Shattered Peace: The Origins of the Cold War and the National Security State*. Boston, MA: Houghton Mifflin.

Zaw, Oo and Win, Min. 2007. *Assessing Burma's Ceasefire Accords*. Washington, DC: East-West Center.

Zuckerman, Alan. 1977. ""Political Elite": Lessons from Mosca and Pareto," *The Journal of Politics*. 39(2): 324–344.

Zuk, Gary and William. R. Thompson. 1982. "The Post-Coup Military Spending Question: A Pooled Cross-Sectional Time Series Analysis," *The American Political Science Review*. 76(1): 60–74.

(3) ビルマ語文献

Aung Gyi. 1976. *(màsàlà) bàhoe kawmiti thòe pê sa*. [(計画党) 中央委員会への手紙].

Burma, anonymous. 1962. *naingando lounjounyêi hìn ou'chou'hmù simankêin saou' "kà"* [国家治安・行政計画　第1冊].

―――. 1971? *bahoukomiti winlâunmyâ î kôuyêi hma'tân acînjou'* [中央委員会委員候補者の経歴概要].

―――. 1973. *dù t ì y àacein patinyilahkan bahoukomiti winlâunmyâ î kôuyêi hma'tân acînjou* [第2回党大会中央委員会委員候補者の経歴概要].

―――. 1974. *pyihtaunzù hsousheli'thammàdà myanmanainngando pc t àmàacein pyidù thòu ywêichetinhmyau'hchîn hkanyàthô pyidù hlwu'to kozâhlemyâ î koyêihma tân akyînjou'. 1974* [ビルマ社会主義連邦第1回人民議会に選出された人民議会議員の経歴概要 1974].

―――. 1977a. *tàtìyàacein patinyilahkan bahoukomiti winlâunmyâ î kôuyêi hna'tân acînjou'* [第3回党大会中央委員会委員候補者の経歴概要].

―――. 1977b. *ayêipoacein patinyilahkan bahoukomiti winlâunmyâ î kôuyêi hna'tân acînjou'* [臨時党大会中央委員会委員候補者の経歴概要].

―――. 1977c. *chînpyine dethápatikomiti tàtìyàacein patinyilahkan kouzâhlemyâ î kôuyêi hma'tân acînjou.* [チン州地方党委員会第3回党大会代表の経歴概要].

―――. 1977d. *ìrawàditâin dethápatikomiti tàtìyàacein patinyilahkan kouzâhlemyâ î kôuyêi hma'tân acînjou* [イラワジ管区地方党委員会第3回党大会代表の経歴概要].

―――. 1977e. *mandàlêitâin dethápatikomiti tàtìyàacein patinyilahkan kouzâhlemyâ î kôuyêi hma'tân acînjou'* [マンダレー管区地方党委員会第3回党大会代表の経歴概要].

―――. 1977f. *yangountâin dethápatikomiti tàtìyàacein patinyilahkan kouzâhlemyâ î kôuyêi hma'tân acînjou'* [ヤンゴン管区地方党委員会第3回党大会代表の経歴概要].

―――. 1977g. *zagâintâin dethápatikomiti tàtìyàacein patinyilahkan kouzâhlemyâ î kôuyêi hma'tân acînjou'* [ザガイン管区地方党委員会第3回党大会代表の経歴概要].

―――. 1978. *pyihtaunzù hsousheli'thammàdà myanmanainngando dùtìyàacein pyidù thòu ywêichetinhmyau'hchîn hkanyàthô pyidù hlwu'to kozâhlemyâ î koyêihma tân akyînjou' 1978* [ビルマ社会主義連邦第2回人民議会に選出された人民議会議員の経歴概要 1978].

―――. 1981a. *pyihtaunzù hsousheli'thammàdà myanmanainngando tàtìyàacein pyidù thòu ywêichetinhmyau'hchîn hkanyàthô pyidù hlwu'to kozâhlemyâ î koyêihma'tân akyînjou' 1981* [ビルマ社会主義連邦第3回人民議会に選出された人民議会議員の経歴概要 1981].

―――. 1981b. *sàdou'tà acein patinyilahkan bahoukomiti winlâunmyâ î kôuyêi hma'tân acînjou'* [第4回党大会中央委員会委員候補者の経歴概要].

―――. 1985a. *pinsàmà acein patinyilahkan bahoukomiti winlâunmyâ î kôuyêi hma'tân acînjou'* [第5回党大会中央委員会委員候補者の経歴概要].

―――. 1985b. *pinsàmà acein patinyilahkan bahoukomiti winlâunmyâ î kôuyêi hma'tân acînjou'* [第5回党大会中央委員会委員候補者の経歴概要]（同タイトルだか、1985aは中央委員選出者、1985bは地方党委員会および国軍党委員会からの候補者の経歴が掲載されている。重複はあるが、少数である）．

Chit Hlaing. 1992. *myanmà hsousheli' lânzin hnin' lânzin pati ì twêkho myomyinpoun dabôtayâ pyi' polapoun akyîn khyou' hma' tân* [ビルマ式社会主義への道および計画党のイデオロギー形成過程の記録概要]（ヤンゴン大学歴史研究センター所蔵 HRC: X/15 AP/1992）．

―――. 1959. *lù thàbawà tayâ hnin' dimokàresi ì wehpan ta'thô tôte'yè dabôtayâ* [人間の本質と民主主義の批判可能な進歩的思想]（チッ・フライン氏個人所蔵）．

Ko Ko Maung. 1955a. "pari twin thauntin hkè singà" [パリ滞在記] *myàwàdi*, 3(10).

―――. 1955b. "pari twin thauntin hkè singà" [パリ滞在記] *myàwàdi*, 4(2)

―――. 1956a. "pari twin thauntin hkè singà" [パリ滞在記] *myàwàdi*, 4(3)

―――. 1956a. "pari twin thauntin hkè singà" [パリ滞在記] *myàwàdi*, 4(10)

Shwe Moe. 1955. "shènau' ma ni thô" [前と後で食いちがう] *myàwàdi*, 3(6).

———. 1956. "kywunno thì thô u naun cho" [私が知っているウ・ナウン・チョー] *myàwàdi*, 4(9).

———. 1957a. "o thakhin sô sô" [おー，タキン・ソー，タキン・ソー] *myàwàdi*, 5(3).

———. 1957b. "myanmanainngan hnin' dimokàresi hsousheli' wada" [ビルマと民主社会主義思想] *myàwàdi*, 5(12).

———. 1957c. "dimokàresi sousheli' sàni' hnin' namàrupa wada" [民主社会主義制度とナーマルーパ主義] *myàwàdi*, 6(1).

———. 1957d. "namàrupà wada hnin' lu' lôkà hpyi'sin" [ナーマルーパ主義と人間社会の成り立ち] *myàwàdi*, 6(2).

———. 1958a. "namàrupà wada hnin' lu' lôkà hpyi'sin" [ナーマルーパ主義と人間社会の成り立ち] *myàwàdi*, 6(3).

———. 1958b. "namàrupà wada ì lù thàmâin" [ナーマルーパ主義と人間の歴史] *myàwàdi*, 6(4).

kagwyêi wangyî htanà. [国防省] 1959. *naingando wadà hnìn ta'màdo lou'ngânzin* [国家イデオロギーと国軍の行動指針].

Dr. Kyi, Daw Myint and Dr. Lin Naw In Gya. 1991. *1958–1962 myanmà nainganyê dùtiyàtwê*. Yangon: te'kàtomyâpounhnei'tai' [1958–1962 ビルマ政治 第2巻].

Maung Maung, Bohmûgyî. 1959. *si'àcheikhandabomyâ* [軍事ドクトリンの基礎] si'pinnya àthîn.

Maung Soe. 1939. *hsousheli' wadà* [社会主義]. Yangon: htûnêi saou' phyànchiyêi htanà.

U Mya Han, Dr. Daw Khin Hla Han, U Kyaw Gyeing, U Than Lwin, U Sein Myint. 1993. *myanmà nàinnganyêi sàni' pyâun kalà 1962–1974, pàtàma* [ビルマ政治体制の変革期 1962–1974 第1巻]. Yangon: te'kàtomyâpounhnei'tai'.

Mya Win. 1991. *ta'madaw gâunzâun myâ thàmâin akyînkyou'* [国軍指導者の歴史概要]. *1941 khùhni' hmà 1990 pyìhni' ahtì*. pyankyàyê wankyîhtanà.

myanmà hsousheli' lânzin pati [ビルマ社会主義計画党]. 1963. *lu hnìn pa'wûnjin dòu ì innyàminnyà dabotayâ* [人間と環境の相互作用の原理].

myanmà hsousheli' lânzinpati patisîyôunyêi bàhokomiti htanàjou' [ビルマ社会主義計画党党組織化中央委員会本部]. 1971. *ta'màdo àtwîn sì patiàphwèasîmyâ ì phwèsîpoun hnìn lou'ngântawunmyâ* [国軍内における党組織の編制と活動・義務].

myanmà hsousheli' lânzinpati bàhokomiti htanàjou' [ビルマ社会主義計画党中央委員会本部]. 1985a. *myanmà hsousheli' lânzinpati o'kàhtàgyî ì hki' pyâun tohlanyêi thàmâinwin mèingûn pâunjou' àhma' thi* [社会主義計画党総裁の革命史に残る演説集 第1巻]

———. 1985b. *myanmà hsousheli' lânzinpati o'kàhtàgyî ì hki' pyâun tohlanyêi thàmâinwin mèingûn pâunjou' àhma' hni* [社会主義計画党総裁の革命史に残る演説集 第2巻].

myanmà hsousheli' lânzinpati patisîyôunyêi bàhokomiti htanàjou' [ビルマ社会主義計画党組織化中央委員会本部]. 1975. *myanmà hsousheli' lânzinpati phwèsîpoun àchekhansîmyîn* [ビルマ社会主義計画党組織規則].

myanmà hsousheli' lânzin pati bahoukomiti. [ビルマ社会主義計画党中央委員会]. 1977. *tàtiyà acein patinyilahkan thò tinthwînthì bahoukomiti î nàinnganyêi àsiyinhkansa* [第3回党大会に提出した中央委員会政治報告書].

myanmà hsousheli' lânzinpati bahoukomiti htanàjou' [ビルマ社会主義計画党中央委員会本部]. 1985. *pinsàmà acein patinyilahkan thò tinthwînthì bahoukomiti î nàinnganyêi àsiyinhkansa* [第5回党大会に提出した中央委員会政治報告書].

myanmà hsousheli' lânzin pati ayêipo patinyilahkan. 1988. thàtînhlwa［ビルマ社会主義計画党臨時党大会（1988）情報］.

myanmanainnganàsôeyà［ビルマ政府］. 1942. thôunlàpa'zin àyasìsayîn［政府高官リスト］. Yangounmyò: myanmanainngando àsôeyà pounhnei'yêi kìrìya htanàwan.

myanmanainngan pyidêyêiwangyîhtanà àdwînwanjou'yôun［ビルマ政府内務省事務次官事務所］. 1950. myanmanaingan àyasìmyâ sayîn (tàhni' lêikyeinhtou') àhma'-thi' 1948 khùhtì［ビルマ政府高官リスト（年4回発行）第1巻 1948年まで］. myanmanainngando àsôeyà pounhnei'yêi kìrìya htanàwan.

———. 1953. myanmanaingan àyasìmyâ sayîn, àhma'-lêi, 1951 khùhtì (tàhni' hna'kyeinhtou')［ビルマ政府高官リスト 第4巻 1951年まで（年2回発行）］. myanmanainngando àsôeyà pounhnei'yêi kìrìya htanàwan.

———. 1954. myanmanaingan àyasìmyâ sayîn, àhma'-ngâ (tàhni' hna'kyeinhtou'), 1953 khùhtì［ビルマ政府高官リスト 第5巻（年2回発行）1953年まで］. myanmanainngando àsôeyà pounhnei'yêi kìrìya htanàwan.

———. 1958. myanmanaingan àyasìmyâ sayîn, àhma'-shi' (tàhni' thàkyeinhtou'), 1957 khùhtì［ビルマ政府高官リスト 第8巻（年1回発行）1957年まで］. myanmanainngando àsôeyà pounhnei'yêi kìrìya htanàwan.

———. 1959. myanmanaingan àyasìmyâ sayîn, àhma'-hkôe (tàhni'thàkyeinhtou'), 1958 khùhtì［ビルマ政府高官リスト 第9巻（年1回発行）1958年まで］. myanmanainngando àsôeyà pounhnei'yêi kìrìya htanàwan.

———. 1960. myanmanaingan àyasìmyâ sayîn, àhma'-ta'se (tàhni'thàkyeinhtou'), 1959 khùhtì［ビルマ政府高官リスト 第10巻（年1回発行）1959年まで］. myanmanainngando àsôeyà pounhnei'yêi kìrìya htanàwan.

———. 1961. myanmanaingan àyasìmyâ sayîn, àhma'-sethi (tàhni'thàkyeinhtou'), 1960 khùhtì［ビルマ政府高官リスト 第11巻（年1回発行）1960年まで］. myanmanainngando àsôeyà pounhnei'yêi kìrìya htanàwan.

myanmanainngan pyidù kaunsi àhsìnhsin hnin àlou'àhmù hsaunàhpwè àhsìnhsin dò ì tawan hnin lou' paingwin ùbàdei［ビルマ政府人民評議会各級および執行部各級の任務および権限を定めた法律］. yangoun: pyidùhlu'to.

myanmanainngan tohlanyêi àsôeyà, pyidêyêiwangyîhtanà［ビルマ革命政府内務省］. 1962. myanmanaingan tohlanyêi àsôeyà àyasìmyâ sayîn［ビルマ革命政府高官リスト］1962. àsôeyà pounhnei'yêi kìrìya htanà.

nainngando tohlanyêi kaunsi［国家革命評議会］. 1962. myanmà hsousheli' lânzin［ビルマ式社会主義への道］.

nainngando kaunsi yôun［国家評議会府］1982. myònepyidùkaunsi àlou'àhmùhsaunàhpwè ì tawan hnin lou'painkhwìn hsainya hsaunywe' pounnîsàni' sazaun, 1982.9.22.［郡人民評議会執行部の任務および権限に関する実施方法集］.

Dr. Nyi Nyi. 1978. myanmà nàinngan amyôuthâ môkwûn (1975) : m:e'hmau'kalà myanmà nàinngan hma'tân［ビルマ国家における民族の記録（1975）：現代ビルマ政府の記録］. Yangon: pàgansaou'.

pati sîyôunyê bahoukomiti［党組織化中央委員会］. 1971. pàhtàmà acein patinyilahkan pati bahoukomiti

参考文献　309

ou'katàgyî ì mèingônmyâ hhnìn pati sîyôunyê bahoukomiti î nàinnganyêi àsiyinhkansa [第 1 回党大会党中央委員会委員長演説および党組織化中央委員会政治報告書].

pyidaunsù myanmanainngando asôya kagweyê wangyîhtanà [ビルマ連邦政府国防省]. 1959. *nainngando wadà hnìn ta'mado lou'ngânzin* [国家イデオロギーと国軍の行動指針].

pyihtaunzù myanmanaingan tawhlanyêi kaunsi [ビルマ政府革命評議会]. 1964. *myanmà hsousheli' lânzin pati ì wìthethàle'hkànamyâ* [ビルマ社会主義計画党の諸特徴]. myanmà hsousheli' lânzin pati bàhoekawmàti htanàjou' 1964.

——. 1982. *tohlanyêi kaunsi ì lou'hsaunche' thàmâin àkyînjou'* [革命評議会による功績の歴史概要].

pyihtaunzù myanmanaingan tohlanyêi kaunsi ùbàdè myâ (tàtìyàtwê) (1973 khùhni' hmà 1974 khùhni' ahtì) [ビルマ連邦革命評議会法律集 (第 3 巻) (1973 年から 1974 年まで)].

pyidêyêiwangyîhtanà [内務省]. 1982. *àhtweihtwei ou'chou'yêi ûsîhtanà lou'ngânmyâ hsainyathindânhma'sù* [一般行政局の活動に関する講義記録]. àhtweihtwei ou'chou'yêi ûsîhtanà.

U Se Maung. 2001. *kyàno ì pyidùwandânbàwà : tàyâyêkandà hnìn ou'chou'yê kandà* [私の公務員人生：法務と行政]. Yangon: anonymous.

simankêin hnìn bandayêi wangyîhtanà [計画・財務省]. 1990. *pyihtaunzù myanma naingando ì bandayêi, sîpwâyêi, luhmuyêi àcheiàneimyâ tinpyàche'*, 1990-91 [ビルマ連邦の財政・経済・社会状況. 1990-91]

si'thàmâin pyàdai' hnìn ta'màdo mogûndai'hmûyôun [国軍博物館・文書館]. 1996. *ta'madothamâin sàtou'htàtwè* 1948-1962 [国軍史・第 4 巻・1948-1962].

——. 1997. *ta'madothamâin pinsàmàtwè* 1962-1974 [国軍史・第 5 巻・1962-1974].

——. 1998. *ta'madothamâin hsàhtàmàtwè* 1974-1988 [国軍史・第 6 巻・1974-1988].

U Thein Hlaing and Dr. Daw Khin Hla Han (eds.), 1993. *myanmà nàinnganyêi sàni' pyâun kalà 1962-1974*, tàtìyàtwê [ビルマ政治体制の変革期 1962-1974 第 3 巻] Yangon: te'kàtomyâpounhnei'tai'

Tin, Than. 2004. *kothwè phyi'pa'myâ si'hsinyêipyê si'hsinyêi hmà* [作戦から作戦へ：私が経験した出来事]. auntankhun ponhnei'tai'.

Tullock, Gordon. 1987. *Autocracy*. Boston: Kuuwer Academic Pub

(4) 国立文書館 (ヤンゴン) 所蔵資料

NAD 4/1(28) sà-1970 24447 hkàyain lounjounyêi hìn ou'chou'hmùkomiti hpyapounhkàyain : hpyapounmyòe hkàyain atwìn hpwèsîhtâthô sîpwâyêi luhmùyêi hsainyaathîn ahpwèmyâ sayîn hnìn myònealai' hpwèsîhtâthô sîpwâyêi luhmùyêi hsainya athîn ahpwèmyâ sayîn, 1972, 1, 6 [県治安・行政委員会　ピャーポン県—ピャーポン県内で設置された経済・社会に関する組織のリストと各郡に設置された経済・社会に関する組織リスト](National Archives Department/Yangon).

NAD 3/(22) à-72 12213 pyihtaunzù myanmanaingan ou'chou'yêi sani'thi' hpohtou'yêi saou'1 : pyihtaunzù myanmanaingan ou'chou'yê sani'thi' hpohtou' sìsi'yê ahpwè ì asîyinkhanza 1972.2.14 [ビルマ連邦新行政制度施行に関する報告書 第 1 巻—ビルマ連邦新行政制度施行に関する検討組織報告書　1972.2.14].

NAD 3/(22) sà-1971 19814 pyihtaunzù myanmanaingan ou'chou'yêi sani'thi' hpohtou'yêi saou'3 : tohlanyêikaunsi o'kàhtà ì hnyunkyâche' hnìn pyihtaunzù myanmanaingan ou'chou'yê sani'thi' hpohtou' sìsi'yê ahpwè ì asîawêi hma'tânmyâ 1971 jannawarilà [ビルマ連邦新行政制度施行に関する報告書 第 3 巻—革命評議会議長の指示とビルマ連邦新行政体制施行検討組織の会議録

NAD 3/(22) à-72 (1971) pyihtaunzù myanmanaingan ou'chou'yêi sani'thi' hpoɹtou'yêi saou'2 : ou'chou' yêisàni' thâmâin akyînjou' satânmyâ [ビルマ連邦新行政体制施行に関する報告書 第2巻―行政機構史概説集].

pyihtaunzù myanmanaingando pyandân [ビルマ連邦官報].

(5) 国軍博物館・歴史研究所（ヤンゴン）(DSMHRI) 所蔵資料

CD-173(6). 1961. khùhni' ta'màdaw nilahkan si'yêijou'yôun àsiyinkhanza (9-2-61) [1961年国軍大会軍務局報告書（1961年2月9日）].

CD-173(7). 1961. khùhni' ta'màdaw nilahkan si'htau'jou'yôun àsiyinhkanza [1961年国軍大会軍務局報告書].

CD-173(10). 1961. ta'màdaw nilahkan ta'màdaw luinâ (àyasi màhou'dumyâ) [国軍大会（1961）国軍の人的資源（非士官）].

CD-173(12). 1959. khùhni' àhma' (1) lèkyìnyêita' mingàladoun dwin kyîrpàtho ta'màdaw nilahkan, kagweyêi ûsîjou' ì nilahkanphwìn mèingûn (14.9.59) [1959年第1訓練部隊ミンガラドンで開催された国軍大会における国軍参謀総長による開会演説].

CD-173(17). 1959. khùhni' àhma' (1) lèkyìnyêita' mingàladoun dwin kyîmpàtho ta'màdaw nilahkan, ta'màdaw hnìn pa'the'ywè pyidulùdù ì htinmyinche'myâ ko sânsi'wɜiphanchîn hswêinwêibwê [1959年第1訓練部隊ミンガラドンで開催された国軍大会 国軍に対する人民の意見の検討および討論].

CD-173(19). 1959. khùhni' àhma' (1) lèkyìnyêita' mingàladoun dwin kyîɔpàtho ta'màdaw nilahkan, kyànkhainyêikei'sà hnìn pa'the'tho hswêinwêibwê [1959年第1訓練部隊ミンガラドンで開催された国軍大会 団結協会に関する討論].

CD-218. nangando kagweyêi polàsi 1959 [国家防衛政策].

CD-341(2). 1962. khùhni' ta'màdaw nilahkan kagweyê wangîhtanà kagweyɛ ûsîgyou' (kyî) àsiyinhkanza [1962年国軍大会 国防省参謀本部（陸）報告書].

CD-620(15). pyihtaunzù myanmanaingan tohlanyêi àsôeyà kagweyêhtaɹà kagweyê ûsîgyou' (kyî), saàhma'-8(kà)/yà/û3(kà), 1963/4/19 [ビルマ連邦革命政府 国防省参謀本部（陸）文書-8(kà)/yà/û3(kà)].

CD-874. 1965. khùhni' ta'màdaw nilahkan si'ûsî, si'yêi hnìn si'htau' hsainɣa tinpyà hswêinwêiche' myâ [1965年国軍大会-作戦・軍務・兵站に関する討論].

CD-878(1). 1962. khùhni' ta'màdaw nilahkan kagweyê ûsîgyou' ì mèingûn myâ hnìn tâin si' htanàgyou' athîdî hmà hsêinwêiche' myâ [1962年国軍大会-国軍参謀総長演説および各軍管区司令部からの討論].

CD-879. 1963. khùhni' ta'màdaw nilahkan kagweyê ûsîgyou' ì mèingûn myâ hnìn tâin si' htanàgyou' athîdî hmà si'ûsî, si'yêi hnìn si'htau' hsainya tinpyà hswêi nwêi che' mya [1963年国軍大会-国軍参謀総長演説と各軍管区司令部からの作戦・軍務・兵站に関する討論].

CD-879(2). 1962. khùhni' ta'màdaw nilahkan kagweyê ûsîgyou' (kyî) àsiyinkhanza [1962年国軍大会-参謀本部（陸）報告書].

CD-880. 1964. khùhni' ta'màdaw nilahkan kagweyê ûsîgyou' (kyî) àsiyinkhanza [1964年国軍大会-参謀本部（陸）報告書].

CD-880(4). 1964. khùhni' ta'màdaw nilahkan si'htau'jou'yôun àsiyinkhanza［1964 年国軍大会兵站局報告書］.

CD-880(6). 1964. khùhni' ta'màdaw nilahkan si'yadûkhàn àtwînwan ì àsiyinkhanza［1964 年国軍大会-人事局長報告書］.

CD-880(8). 1964. khùhni' ta'màdaw nilahkan si'yêijou'yôun àsiyinkhanza［1964 年国軍大会-軍務局報告書］.

CD-881. 1965. khùhni' ta'màdaw nilahkan tohlanyêi kaunsi o'kàhtà bojou'gyî ne wîn ì nilahkan hpwìn mèingûn (29-11-65)［1965 年国軍大会-革命評議会議長ネー・ウィン将軍による大会開会演説（1965 年 11 月 29 日）］.

CD-881(5). 1965. khùhni' ta'màdaw nilahkan si'htau'jou'yôun àsiyinkanza［1965 年国軍大会-兵站局報告書］.

CD-881(6). 1965. khùhni' ta'màdaw nilahkan si'yêijou'yôun àsiyinkhanza［1965 年国軍大会-軍務局報告書］.

CD-882(2). 1966. khùhni' ta'màdaw nilahkan kagweyê ûsîgyou' ì mèingûn［1966 年国軍大会-参謀総長演説］.

CD-882(3). 1966. khùhni' ta'màdaw nilahkan dùtìyà kagweyê ûsîgyou' (kyî) ì mèingûn［1966 年国軍大会-参謀次長（陸）演説］.

CD-882(4). 1966. khùhni' ta'màdaw nilahkan kagweyêhtanà ta'màdaw si'ûsîhsainya tinpyàche' hnìn hswêinwêiche'myâ［1966 年国軍大会-国防省-国軍作戦に関する議案および討論］.

CD-882(5). 1966. khùhni' ta'màdaw nilahkan kagweyêhtanà ta'màdaw si'yêihsainya tinpyàche' hnìn hswêinwêiche'myâ［1966 年国軍大会-国防省-国軍軍務に関する議案および討論］.

CD-882(6). 1966. khùhni' ta'màdaw nilahkan kagweyêhtanà pyidùta'màdawyêiya tinpyà che' hnìn hswêinwêiche'myâ［1966 年国軍大会-国防省-人民軍に関する議案および討論］.

CD-882(9). 1966. khùhni' ta'màdaw nilahkan kagweyêhtanà ta'màdaw si'ûsîhsainya tinpyàche'myâ (khà)［1966 年国軍大会-国防省国軍作戦に関する議案（イ）］.

CD-883(1). 1968. khùhni' ta'màdaw nilahkan tâinsi'htanàjou' àthîdî hmà hswêinwêi tinpyàche'myâ［1968 年国軍大会-各軍管区司令部の議案および討論］.

CD-883(7). 1968. khùhni' ta'màdaw nilahkan kagweyê ûsîgyou' (kyî) àsiyinkhanza (1-10-66 hmà 30-9-67 ye'nèàhtì)［1968 年国軍大会-参謀本部（陸）報告書（1966 年 10 月 1 日から 1967 年 9 月 30 日まで）］.

CD-883(8). 1968. khùhni' ta'màdaw nilahkan kagweyê ûsîgyou' (kyî) àsiyinkhanza (1-10-67 hmà 30-9-68 ye'nèàhtì)［1968 年国軍大会-参謀本部（陸）報告書（1967 年 10 月 1 日から 1968 年 9 月 30 日まで）］.

CD-883(9). 1968. khùhni' ta'màdaw nilahkan si'yêijou'yôun àsiyinkhanza［1968 年国軍大会-軍務局報告書］.

CD-883(10). 1968. ta'màdonilahkan si'yadûhhkàn atwînwan àsiyinkhanza［1968 年国軍大会-人事局長報告書］.

CD-884(1). 1969. khùhni' ta'màdaw nilahkan tâinsi'htanàjou' àthîdî hmà hswêinwêi tinpyàche'myâ［1969 年国軍大会-各軍管区司令部の議案および討論］.

CD-884(2). 1969. khùhni' ta'màdaw nilahkan dùtìyàkagweyê ûsîjou' (kyî) ì panama hnìn nìgôunjou' mèingûnmyâ［1969 年国軍大会-参謀次長（陸）の議長閉会演説］.

CD-884(4). 1969. khùhni' ta'màdaw nilahkan si'htau'jou'yôun àsiyinhkanza [1969 年国軍大会-兵站局報告書].

CD-884(5). 1969. khùhni' ta'màdaw nilahkan kagweyêi wangyîhtanà kagweyê ûsîgyou' (kyî) àsiyinkhanza (1-4-68 hmà 31-3-69 ye'nèàhtì) [1969 年国軍大会-国防省参謀本部（陸）報告書（68 年 4 月 1 日から 69 年 3 月 31 日まで）].

DR-8452. kagweyêi wangyîhtanà lèikyìnyêi hnyunkyâyêihmûyôun thamâinàkyîn 1991 khùhni' [国防省訓練局史・1991 年].

DR-8460. kagweyêi wangyîhtanà si'yadûhkànjou' yôun thàmâin [国防省人事局史].

DR-8461. kagweyêi wangyîhtanà ta'màdaw si'hsêiyêi àyasìjou'yôun ì thàmâir [国防省国軍監察局史].

DR-8482. kagweyêi ûsîgyou' (kyî) thàmâin akyîn 1948-84 [参謀本部（陸）史・1948-84].

DR-8483. kagweyêi wangyîhtanà si'htau'jou'yôun àkyâunàya, kagweyêi wargyîhtanà, si'htau'jou'yôun thàmâin, 1985/7/15 [国防省兵站局事情・国防省兵站局史・1985 年 7 月 15 日].

DR-9852. lèkyìnyêi hnyunkyâyêihmû yôun thàmâin àkyîn 1991 [訓練局史・1991].

DR-8373. si'yadûhkànamèinmyâ, htaunkôyâhkùni'sehnîhkù jannàwarilà hmà htaunkôyâhkùni'sehnîhkù èplilà àhtì [軍辞令集・1972 年 1 月から 4 月].

DR-8374. si'yadûhkànamèinmyâ, htaunkôyâhkùni'sehnîhkù meilà hmà htaunkôyâhkùni'sehnîhkù zulainlà àhtì [軍辞令集・1972 年 5 月から 7 月].

DR-8375. si'yadûhkànamèinmyâ, htaunkôyâhkùni'sehnîhkù ógou'là hmà htaunkôyâhkùni'sehnîhkù dizinbalà àhtì [軍辞令集・1972 年 8 月から 12 月].

DR-8376. si'yadûhkànamèinmyâ, htaunkôyâhkùni'sethôunhkù jannàwarilà hmà htaunkôyâhkùni'sethôunhkù zunlà àhtì [軍辞令集・1973 年 1 月から 6 月].

DR-8377. si'yadûhkànamèinmyâ, htaunkôyâhkùni'sethôunhkù zulainlà hmà htaunkôyâhkùni'sethôunhkù dizinbalà àhtì [軍辞令集・1973 年 7 月から 12 月].

DR-8378. si'yadûhkànamèinmyâ, htaunkôyâhkùni'selêihkù jannàwarilà hmà htaunkôyâhkùni'selêihkù zunlà àhtì [軍辞令集・1974 年 1 月から 6 月].

DR-8379. si'yadûhkànamèinmyâ, htaunkôyâhkùni'selêihkù zulainlà hmà htaunkôyâhkùni'selêihkù dizinbalà àhtì [軍辞令集・1974 年 7 月から 12 月].

DR-8380. si'yadûhkànamèinmyâ, htaunkôyâhkùni'sehkùni'hkù jannàwarilà hmà htaunkôyâhkùni'sehkùni'hkù zunlà àhtì [軍辞令集・1977 年 1 月から 6 月].

DR-8381. si'yadûhkànamèinmyâ, htaunkôyâhkùni'sehkùni'hkù zulainlà hmà htaunkôyâhkùni'sehkùni'hkù dizinbalà àhtì [軍辞令集・1977 年 7 月から 12 月].

DR-8382. si'yadûhkànamèinmyâ, htaunkôyâhkùni'sehsi'hkù jannàwarilà hmà htaunkôyâhkùni'sehsi'hkù zunlà àhtì [軍辞令集・1978 年 1 月から 6 月].

DR-8383. si'yadûhkànamèinmyâ, htaunkôyâhkùni'sehsi'hkù zulainlà hmà htaunkôyâhkùni'sehsi'hkù dizinbalà àhtì [軍辞令集・1978 年 7 月から 12 月].

DR-8384. si'yadûhkànamèinmyâ, htaunkôyâhkùni'sekôkù jannàwarilà hmà htaunkôyâhkùni'sekôkù zunlà àhtì [軍辞令集・1979 年 1 月から 6 月].

DR-8385. si'yadûhkànamèinmyâ, htaunkôyâhkùni'sekôkù zulainlà hmà htaunkôyâhkùni'sekôkù dizinbalà àhtì [軍辞令集・1979 年 7 月から 12 月].

DR-8386. si'yadûhkànamèinmyâ, htaunkôyâsi'sekù jannàwarilà hmà htaunkôyâsi'sekù zunlà àhtì [軍辞令集・1980 年 1 月から 6 月].

DR-8387. si'yadûhkànamèinmyâ, htaunkôyâsi'sekù zulainlà hmà htaunkôyâsi'sekù dizinbalà àhtì［軍辞令集・1980年7月から12月］.
DR-8388. si'yadûhkànamèinmyâ, htaunkôyâsi'seti'kù jannàwarilà hmà htaunkôyâsi'seti'kù zunlà àhtì［軍辞令集・1981年1月から6月］.
DR-8389. si'yadûhkànamèinmyâ, htaunkôyâsi'seti'kù zulainlà hmà htaunkôyâsi'seti'kù dizinbalà àhtì［軍辞令集・1981年7月から12月］.
DR-8390. si'yadûhkànamèinmyâ, htaunkôyâsi'sehnîkù jannàwarilà hmà htaunkôyâsi'sehnîkù zunlà àhtì［軍辞令集・1982年1月から6月］.
DR-8391. si'yadûhkànamèinmyâ, htaunkôyâsi'sehnîkù zulainlà hmà htaunkôyâsi'sehnîkù dizinbalà àhtì［軍辞令集・1982年7月から12月］.
DR-8392. si'yadûhkànamèinmyâ, htaunkôyâsi'sethôunkù jannàwarilà hmà htaunkôyâsi'sethôunkù zunlà àhtì［軍辞令集・1983年1月から6月］.
DR-8502. si'yadûhkànamèinmyâ, htaunkôyâsi'sethôunkù zulainlà hmà htaunkôyâsi'sethôunkù dizinbalà àhtì［軍辞令集・1983年7月から12月］.
DR-8503. si'yadûhkànamèinmyâ, htaunkôyâsi'selêikù jannàwarilà hmà htaunkôyâsi'selêikù zunlà àhtì［軍辞令集・1984年1月から6月］.
DR-8504. si'yadûhkànamèinmyâ, htaunkôyâsi'selêikù zulainlà hmà htaunkôyâsi'selêikù dizinbalà àhtì［軍辞令集・1984年7月から12月］.
DR-8506. si'yadûhkànamèinmyâ, htaunkôyâsi'sengâkù jannàwarilà hmà htaunkôyâsi'sengâkù zunlà àhtì［軍辞令集・1985年1月から6月］.
DR-8514. si'yadûhkànamèinmyâ, htaunkôyâsi'sengâkù zulainlà hmà htaunkôyâsi'sengâkù se'tinbalà àhtì［軍辞令集・1985年7月から9月］.
DR-8515. si'yadûhkànamèinmyâ, htaunkôyâsi'sengâkù au'toubalà hmà htaunkôyâsi'sengâkù dizinbalà àhtì［軍辞令集・1985年10月から12月］.
DR-8566. si'yadûhkànamèinmyâ, htaunkôyâsi'sechau'kù jannàwarilà hmà htaunkôyâsi'sechau'kù zunlà àhtì［軍辞令集・1986年1月から6月］.
DR-8600. si'yadûhkànamèinmyâ, htaunkôyâsi'sechau'kù zulainlà hmà htaunkôyâsi'sechau'kù dizinbalà àhtì［軍辞令集・1986年7月から12月］.
DR-8601. si'yadûhkànamèinmyâ, htaunkôyâsi'sehkùni'kù jannàwarilà hmà htaunkôyâsi'sehkùni'kù zunlà àhtì［軍辞令集・1987年1月から6月］.
DR-8601. si'yadûhkànamèinmyâ, htaunkôyâsi'sehkùni'kù zulainlàlà hmà htaunkôyâsi'sehkùni'kù dizinbalà àhtì［軍辞令集・1987年7月から12月］.

(6) 年報，雑誌，新聞
『東南アジア要覧』各年版．東南アジア調査会．
『アジア動向年報』各年版．アジア経済研究所．
『世界週報』．
Asian Survey.
Asia Yearbook 各年版．
Far Eastern Economic Review.
Asian Week.

Working People's Daily.
Cêimoun.
pyidù ta'màdo sazin.
pati yêiya.
hki' yêi.
Myàwàdi.

索　　引（事項索引／人名索引）

1. 原則として和文は音による五十音順，欧文項目はアルファベット順とした．
2. ただし適宜階層づけした項目があるので参照されたい．
3. 用語そのものではなく，文脈によってとったものもある．

事項索引

[略　号]
AFO → 反ファシスト組織
AFPFL → 反ファシスト人民自由連盟
BCS → ビルマ高等文官
BDA → ビルマ防衛軍
BIA → ビルマ独立軍
BNA → ビルマ国民軍
BWP → ビルマ労働者党
DIG → 副監察総監
DSA → 国軍士官学校
EAYL → 東亜青年連盟
GCBA → ビルマ人団体総評議会
ICS → インド高等文官
KMT → 国民党軍
KNDO → カレン民族防衛機構
KNU → カレン民族同盟
NIB → 国家情報局
NUF → 民族統一戦線
OTS → 士官訓練校
PBF → 愛国ビルマ軍
PVO → 人民義勇軍
SLORC → 国家法秩序回復評議会
SPDC → 国家平和発展評議会
YMBA → 仏教青年会

[ア　行]
アウン・サン＝アトリー協定　49
赤旗共産党　51,68,80,218n
新しい階級　72
アメリカ　5,19,54n,80,89,90n,145,224
アラカン問題　33
イスラム教　180-181
インド帝国　32-41,66,141-142
インドネシア　5,12,15,19n,20n,44,76,80,139,
　　186,189,221n,284-285
インド高等文官（ICS）　34,142-143,149,159

愛国ビルマ軍（PBF）　48-50,52-53,59,60n,192
安定派 AFPFL　55,87,90n
英緬戦争　32-33,42-43,141
衛兵主義
　　──社会　4n,19
　　──的軍人　25

[カ　行]
下位党務組　122-124
開発体制　21-22,139-140
価格低位安定　11
革命評議会　4-7,101-105
学歴 → 政治エリート
カチン　xiii,41-44,47,52,74,196,259
ガバナンス　8-9,289
カレン
　　──（民族）　xiii,41-44,47,52-53,59,74,
　　178
　　──州　87,115,121,181,183,200
　　──民族同盟（KNU）　51,74,197,287
　　──民族防衛機構（KNDO）　51,74,197,
　　287
幹部政党　105,112,118
官房　142-143,148-151,156,158
官僚的権威主義体制論　21-22
キャリア・パス
　　官僚の──　142-144,158-160
　　中央委員の──　120-125
　　中央執行委員の──　128-129,135-137
　　国軍将校の──　250-258
キャンディー協定　48-49,74
キリスト教　8,37-38,56,180-181
近代国家　29
クーデタ
　　──未遂　52
　　──（1958）　86-89

317

──（1962） 89-91,214-224
──（1988） 280-281
クラス中隊制（クラス大隊制） 43,48
軍管区司令官 3-4,242-243,250-260
軍事政権 17-23
軍事ドクトリン 76-77,231-232
軍辞令集 153,250-251
軍務組 120-124
計画青年団 7,223
計画党 → ビルマ社会主義計画党
経済構造 11
経済制裁 i,289
憲法
──（1948年） 50-51,58,65,77-78,83,88,
 91,95,143
──（1974年） 148,159,164-170,208,
 228-229,267,273
──（2008年） 288
──起草コミッション 165-166
鋼鉄のフレーム (Steel Frame) 142,159
国軍
──改革 74-79
──機構 240-243
──士官学校（DSA） 158,183,243-245,
 251
──士官学校第1期生 282
──士官学校同期生 261,282
──大会 78,92,153,218,225-226,231-
 232,246-247
──の新兵採用数と除隊者数 218-220
──の戦闘数 218
──の総兵力 214,286
国防省 214,241-242
──心理戦部門 24n,73-77,79,84,241
──予算 216-217
国防国家 95,272
国防大学 258
国民会議 288
国民軍 225-226
国民党（中国） 5,40,54,74,218n,231
国民投票 111,167,276,288
国名 xii
国有化 7-8
五大戦線 226
国家イデオロギーと国軍の行動指針 76-78
国家情報局 170,229

国家団結協会 232
治安行政委員会
国家破綻 57,290
国家評議会 114,170
国家平和発展評議会 289
国家法秩序回復評議会（SLORC） 104n,162,
 269,281-283,285-289
コミッサール制 227-228

[サ　行]
三界 82,84,93
三十人の志士 45,60n,68
参謀本部 24n,55,75-79
──穏健派 73-79,85-91
士官 → 将校
士官訓練校（OTS） 183,244-245
指揮幕僚学校 248-249
市民社会 12-13
事務次官 149-151
社会党 52,55,68
シャン
──（民族） 5,34-35,44,178
──州 25,54,74,203
宗教 → 政治エリート
シュエダゴン・パゴダ 209
出身地 → 政治エリート
上位党務組 122-124
将校
──団 24
──団の規模 245
──の海外留学 221
──の階級 xiv
──の給与 216
──の出向（転出） 152-156
──の年齢構成 246
──養成制度 243-245
幹部──の就任数 260-261
勝者総取り 161-164,190-197,207-209
昇進 → キャリア・パス
尚武の民 41
白旗共産党 51,80,231
人民監察評議会 169-170
人民議会 167-168
──議員候補者の資格 172-173
人民義勇軍（PVO） 50,74
人民軍 226-228

――雑誌　233-239
人民警察　101-102,153,199
人民検察官評議会　169-170
人民裁判官評議会　168,170,260
人民政党　111
人民戦　231-233
人民評議会　147-148,153-156
スターリニズム批判　71,73,79-80
正規軍　40-44
制憲会議　288
政治エリート　170-174
　　　――の学歴　183-188
　　　――の宗教　180-182
　　　――の出身地　182n,183n
　　　――の年齢構成　177-178
　　　――の民族　178-179
政治危機
　　　――（1977年）　127-134
　　　――（1988年）　277-279
政治将校 → コミッサール制
政治文化　10-11,18-19
政務組　122
清廉派 AFPFL　55-56,88
選挙管理内閣　86-89
専門職業主義　19-20
　　　新しい――　20,224

[タ　行]
タイ　5-6,11-12,19n,37n,139-141,231n,288
大衆組織　14
　　　――（日本軍政期）　46,192-194
タキン党　39-40,45-47,57-59,64,191,212
治安行政委員会　146-147
中央委員会　118-134,171,174-205
中央執行委員会　111-118,132-133,175,279-280,284
中央政治学大学（学校）　100,108-109,198,203,228
中産階級　12-13,37,82
チン
　　　――（民族）　34-35,41-43
　　　――州　173,178,196,198
帝国主義　53,84,144
テクノクラート　21-22,139-140,158-159
デモ　127,276-279
天然ガス　11,288-289

東亜青年連盟（EAYL）　46,192-194
党幹部リクルート　189-190
党国家　97
　　　――建設　127,129-137,272-273
党大会
　　　第1回――　111,118-120
　　　第3回―― → 政治危機（1977）
　　　臨時―― → 政治危機（1977）

[ナ　行]
内戦第一世代　268,285
内務省　86,91,143,147
内務・宗教省　153
ナガーニー出版会　66
ナガー・ナイン（臥龍）　54,231
ナーマルーパ主義　80-84
日本軍　44-50
農業　5,6n,12-13,37
農地改革　8
農民評議会　7,14,156

[ハ　行]
廃貨　275
白人の責務　37-38
反ファシスト人民自由連盟（AFPFL）　48-50,55,68,73,86-88
反ファシスト組織（AFO）　48,228
反乱勢力　218n,287
人と環境の相互作用の原理　63-65,91-94
人の本質と民主主義の批判可能な発展原理　84
ビルマ → 国名
ビルマ高等文官（BCS）→ インド高等文官（ICS）
ビルマ国民軍（BNA）　46
ビルマ式社会主義への道　5,62,92,100,145,225
ビルマ社会主義計画党
　　　――の設立　99-101
　　　――の整備　105-111
　　　――による指導　100,111
　　　――と国軍　227-230
　　　――と人民議会議員　172-173
　　　――機構編制規則　227
　　　――の組織構造　119
ビルマ人団体総評議会（GCBA）　38-40,45
ビルマ人民解放宣　51
ビルマ統治法　34,38,142

索　引　319

ビルマ独立軍 (BIA)　45-47,60n,66,192-194
ビルマ防衛軍 (BDA)　46-47,66-67,192-194
ビルマ・ライフル大隊　43-44,52,60n,228n,259
ビルマ労働者党 (BWP)　196
ビルマ連邦新行政体制調査会　148-150
フィリピン　13,37n,212-213
フォー・カッツ　232-233
副監察総監 (DIG)　49
副大臣　103,112-117,150-152
　　——の学歴　158-159
　　——の経歴　167-168
武器輸入　287
武装警察　40-44,52,59,86-87
仏教　37-38,58,64,82-85,180-182
仏教青年会 (YMBA)　38
分割統治　41
文民党幹部　189-190,197-207
文民統制　17-18,25n
兵営国家　212
　　——の建設　273
歩兵師団　214,242-243,251-260
歩兵大隊　78,54,216,242,246,287

[マ 行]
マルクス・レーニン主義　7,67-68,70,73,82-83,85,168-169

南機関　45
ミャワディー　79,81,84
ミャンマー → 国名
民主化理論　262-263
民主化運動　276-279
民政移管　20,111,112n,114,124-125,148,153,289
民族統一戦線 (NUF)　55,58,86-87,196
民族統一党　208-209
モーラル・エコノミー　11
モンタイ軍　287
モンタギュー・チェルムスフォード改革　142

[ヤ 行]
ヤカイン州　56,143,180,182
ユーゴスラビア　68-73

[ラ 行]
ラングーン政府　55
ラングーン大学　37,276-277
立法参事会　38,162,191
労働者評議会　7,14,106
連邦党→清廉派 AFPFL

[ワ 行]
我らビルマ人協会 → タキン党

人名索引

[ア 行]
アウン・サン　5,40,45-50,58,67-68,237-239
アウン・サン・スー・チー　i,279
アウン・ジー　73-79,85-91
アウン・ミョー　231n
五十嵐誠　86n
ウ・タン　127
ウ・ナウン・チョー　67-68
ウ・ヌ　50,55-57,86-87,165n,241,279
ウェーバー，マックス　29
エー・コー　259,261
オドンネル，ギレルモ　21-22

[カ 行]
カルデリ，エドワード　70
ギーヨウ，ドロシー　15,191
キャスパー，グレッチェン　282
キャラハン，メアリー　15-16,24n,79n
キン・ニュン　269,287
クロスウェイト，チャールズ　35
コー・コー・マウン　66n,79n

[サ 行]
サン・ユ　103,112,127-128,130-131,165,258
シュエ・モー　79,81
ジラス，ミロバン　70,72
末廣昭　21

スコット，ジェームス　11
スタインバーグ，デイビッド　64
ステパン，アルフレッド　20,124,224
セイン・ルウィン　133,266-267
セー・マウン　143
ソー・チャー・ドー　53
ソー・マウン　262-263,266,268,279-281,
　　283-285

[タ　行]
タイ・ソー　205
タキン・ソー　51,66-68,80
タキン・タン・トゥン　51,80
タキン・ティン　55,86-87
タキン・ティン・ミャ　227-228
タキン・バ・タウン　39
武田康裕　124n
ダン，スミス　52n,53n
タン・シュエ　262-263,266,279-280
チッ・フライン　66-73,75-85,92-95
チョー・イン・フライン　120n,131
チョー・ソー　90-91,103,131,242n
チョー・ゾー（准将）　15,78
チョー・ティン　112,132,259,261,263
チョー・ニェイン　55,72,86,265n
土屋健治　38
テイラー，ロバート　14-16,22,64,280
ティリー，チャールズ　15,22
ティン・ウ（国家情報局長官）　132-135,260,
　　269
ティン・ウ（国軍参謀総長）　112,127,258-
　　259,261,279
ティン・トゥッ　142
ティン・ングェ　269
トゥン・ティン　277
トゥン・リン　129-132
ドーマン＝スミス，レジナルド　48,74

[ナ　行]
ネー・ウィン　ii,4-6,10,24-27,47,53-54,56,
58,66n,74,84n,87-95,97-104,111-112,118n,
122,127-137,140,145,148-149,153n,160,163,
165-166,175,197,201,207-209,211,213,224,
228-230,233,237,240,248,258-259,261,274-
285,290-292
──の経歴　60n,61n
──の「革命」　6,272-274
──の政治手法　268-270

[ハ　行]
パールマター，アモス　23
パットナム，ロバート　207
バ・スェ　55,86,165n,241
バ・ニェイン　90,102,149,196
パイ，ルシアン　19n
ハン・シュエ　204-205
ハンチントン，サミュエル　19
ファーニバル，J. S　35,142
ファイナー，サミュエル　17-19
藤田幸一　11
ベンディクス，ラインハルト　29
ボー・イェ・トゥッ　227-228

[マ　行]
マウン・マウン（大佐）　24n,65,74-78,84n,
　　85,88-91,95,242n
マウン・マウン（博士）　201,277-279,281
マウン・マウン・ジー　10
マウントバッテン，ルイス　49
マン，マイケル　3
毛沢東　68,168-169,226,233

[ヤ　行]
ヤン・ナイン　47

[ラ　行]
ラスウェル，ハロルド　212
ラストウ，ダンクワート　21
リントナー，バーティル　282

著者略歴

中西　嘉宏（なかにし　よしひろ）
日本貿易振興機構・アジア経済研究所 研究員
1977 年 兵庫県生まれ
2001 年 東北大学法学部卒
2007 年 京都大学アジア・アフリカ地域研究研究科より博士（地域研究）取得
京都大学東南アジア研究所非常勤研究員（2007 年）を経て，2008 年より現職

軍政ビルマの権力構造 ── ネー・ウィン体制下の国家と軍隊 1962-1988
（地域研究叢書 20）　　　　　　　　　　　　　　　　© Yoshihiro NAKANISHI 2009

平成 21（2009）年 6 月 10 日　初版第一刷発行

著　者　　中西嘉宏
発行人　　加藤重樹

発行所　　京都大学学術出版会
京都市左京区吉田河原町 15-9
京 大 会 館 内（〒606-8305）
電　話（075）761 - 6182
Ｆ Ａ Ｘ（075）761 - 6190
Home page http://www.kyoto-up.or.jp
振　替　01000 - 8　64677

ISBN 978-4-87698-787-0　　　印刷・製本　㈱クイックス東京
Printed in Japan　　　　　　　定価はカバーに表示してあります